中国教育科学研究院 2017 年度基本科研业务费
专项资金委托／招标项目
（课题批准号：GYG12017001）

让十三亿人民享有更好更公平的教育

十八大以来教育质量提升的成就与经验

田慧生　邓友超 ◎ 主编

教育科学出版社
·北京·

出版人　李　东
责任编辑　刘明堂
版式设计　宗沅书装　郝晓红
责任校对　贾静芳
责任印制　叶小峰

图书在版编目（CIP）数据

让十三亿人民享有更好更公平的教育：十八大以来
教育质量提升的成就与经验／田慧生，邓友超主编. —
北京：教育科学出版社，2017.9
ISBN 978-7-5191-1222-6

Ⅰ.①让… Ⅱ.①田… ②邓… Ⅲ.①教育质量—研
究—中国 Ⅳ.①G420

中国版本图书馆 CIP 数据核字（2017）第 242974 号

让十三亿人民享有更好更公平的教育——十八大以来教育质量提升的成就与经验
RANG SHISAN YI RENMIN XIANGYOU GENG HAO GENG GONGPING DE JIAOYU —— SHIBADA
YILAI JIAOYU ZHILIANG TISHENG DE CHENGJIU YU JINGYAN

出版发行	教育科学出版社			
社　　址	北京·朝阳区安慧北里安园甲 9 号	**市场部电话**	010-64989009	
邮　　编	100101	**编辑部电话**	010-64981167	
传　　真	010-64891796	**网　　址**	http://www.esph.com.cn	
经　　销	各地新华书店			
制　　作	北京浪波湾图文工作室			
印　　刷	中煤（北京）印务有限公司			
开　　本	184 毫米 ×260 毫米　16 开	**版　　次**	2017 年 9 月第 1 版	
印　　张	25.25	**印　　次**	2017 年 9 月第 1 次印刷	
字　　数	379 千	**定　　价**	98.00 元	

如有印装质量问题，请到所购图书销售部门联系调换。

把推动发展的立足点转到提高质量和效益上来。

——十八大报告

努力让每个孩子享有受教育的机会，努力让十三亿人民享有更好更公平的教育，获得发展自身、奉献社会、造福人民的能力。

——2013 年 9 月 25 日，习近平主席在联合国"教育第一"全球倡议行动一周年纪念活动上发表的视频贺词

代 序

创新人才培养方式 全面提高教育质量 [①]

■ 田慧生

国务院印发的《国家教育事业发展"十三五"规划》提出要遵循教书育人规律、遵循学生成长规律，以学生为主体，以教师为主导，创新育人模式，更新育人理念，创新育人方式，全面提升育人水平，不断提高学生思想水平、政治觉悟、道德品质、文化素养。要培养德智体美全面发展的社会主义建设者和接班人，就必须通过创新人才培养方式，全面提高教育质量。

一要坚持正确的育人方向。创新人才培养方式必须以坚持"培养什么样的人，如何培养人，以及为谁培养人"为前提。立德树人是教育的根本任务，是中国特色社会主义教育事业的核心所在，是提高国民素质、建设人力资源强国的战略行动，也是适应教育内涵发展、实现教育现代化的必然要求。全面落实立德树人根本任务需要创新和改革人才培养方式，创新和改革人才培养方式更需要坚持立德树人这一正确的政治方向，为不断提高学生的创新创业精神与实践动手能力，培养德智体美全面发展的社会主义建设者和接班人探索更加有效、适合的培养方法、途径和机制。

二要构建多样化的人才培养体系。形成更加适应全民学习、终身学习的现代教育

---

① 发表于 2017 年 2 月 4 日《中国教育报》第 2 版。

体系，建立大中小学之间人才培养沟通机制，鼓励不同层次和类型的学校围绕人才培养开展合作。搭建普通教育与职业教育衔接沟通的桥梁，建立普通教育与职业教育学校之间、学校与经过认证的培训机构之间课程互选、学分互认机制，打通升学壁垒。在国家基本学制下，允许各地试验不同形式的分段培养制度。

三要形成有利于个性发展的人才培养模式。顺应时代要求，以社会主义核心价值观教育为指导，继承和发扬优秀传统文化和世界先进文化，紧紧围绕学生发展的核心素养及培养要求，构建完善的课程教材体系，深入研究、确定不同教育阶段学生必须掌握的核心内容，形成教学内容更新机制，确保教学内容紧跟时代发展步伐，满足文化传承发展和学生健康成长需要。尊重教育规律和学生成长规律，坚持因材施教，注重学思结合，引导知行统一，创新教学方法，推进分层教学、走班制、导师制等教学管理改革，推广启发、讨论、参与的教学方式，开展自主、合作、探究的学习方式。

四要完善优异学生选拔和培养机制。对成绩优异的学生跳级、转学、提前毕业、选修高学段课程、转换专业等制定特殊支持政策。建立中小学与大学、大学与大学、大学与企业在优异学生培养方面的合作机制，开展跨学科、跨学校、跨国的教学与研究；鼓励高等学校探索创新人才培养的新途径、新模式，加大对学生创新活动的支持和资助力度。

五要建立开放多元的评价体系。改革宏观层面的人才评价和选人用人制度，引导社会用人克服单纯追求学历的导向，为人才培养营造良好环境。根据不同阶段培养目标建立多元化学生评价标准，推广学生成长记录、发展性评价等多种形式的学生评价，完善学生评价体系。鼓励学校根据实际制定多样化教学评价标准，支持学校自主开展教育质量评价和教学诊断活动，同时培育相对独立的第三方教育认证机构和评价机制，参与对学校教育质量的评价，以及教学诊断活动的指导。

创新人才培养方式需要全社会共同努力。创新和改革人才培养方式是一个复杂的、专业的、系统的工程，需要有针对性的、持续的专业支持和指导，要发挥教育科研的智库作用，凝聚专业团队进行长期专门研究。人才培养方式创新和改革必须依赖于在教育教学改革过程中的经验积累，要鼓励各地开展区域教育试验，允许试点先行，鼓励各校大胆突破，在课程设置、内容选择、教学组织形式、课堂形态和考试评价等方面进行前瞻性探索和试验。此外，还要加强宣传引导，使全社会都能够树立正确的教育观念和人才成长观念，彻底转变唯学历的选人用人观念，转变唯分数、唯智育的教育教学观念，为人才成长营造良好的社会环境。

目　录

图表目录

education

质量是教育的生命线。开展教育质量研究，是质量兴国的选择，是教育强国的要求，是立德树人的本义。

一、问题提出

研究始于问题。开展教育质量研究，是质量兴国的选择，是教育强国的要求，也是立德树人的本义。

首先，开展教育质量研究是质量兴国的必然选择。我国经济发展进入新常态，经济发展不仅要追求速度，更要追求质量，注重"有质量"的内涵式发展。国际竞争归根结底是人才竞争，教育是经济社会的一个重要方面，因此，质量兴教是质量兴国的应有之义。而且质量兴国会越来越重视教育的作用。正如有学者指出的："质量运动的重点将从制造业转移到教育、医疗保健和政府管理，因为这些领域是一个庞大的服务业。"（赵中建，2005）

其次，开展教育质量研究是教育强国的必然要求。我国拥有世界最大规模的教育体系。追求规模、速度、硬件等的外延式发展，不应是我国教育下一步的发展思路和战略。下一步我国教育应该实现由大到强。因此，建设教育强国是必然选择。而强，必定强在质量上。2010年，《国家中长期教育改革和发展规划纲要（2010—2020年）》（以下简称《教育规划纲要》）提出，"把提高质量作为教育改革发展的核心任务"。在《教育规划纲要》的文本中，"质量"一词出现51次。其中，"教育质量"出现23次，"提高质量"出现7次，"高质量"出现3次。这与改革开放以来我国数次教育改革标志性文件中"质量"一词出现的次数相比，要多出很多（图I）。对教育质量的关注，已经上升到我国国家发展战略的高度。

再次，开展教育质量研究是立德树人的应有之义。十八大报告提出，"把立德树人作为教育的根本任务，培养德智体美全面发展的社会主义建设者和接班人"。十八届三中全会通过的《中共中央关于全面深化改革若干重大问题的决定》明确指出，"坚持立德树人"。落实立德树人根本任务，必须提高教育质量。只有提高教育质量，才能培养出德智体美全面发展的社会主义建设者和接班人。

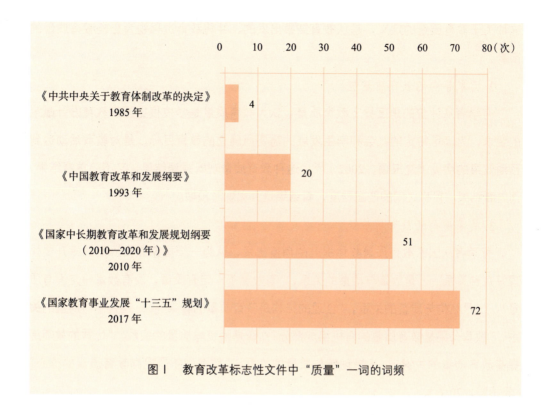

图 1　教育改革标志性文件中"质量"一词的词频

二、文献综述

教育质量是一个永恒议题，人们谈得多，但相关的学理研究还有待丰富。此外，教育质量是一个内涵非常丰富的概念，因此研究者的视角也不尽相同。

（一）国内教育质量研究述略

1. 结果导向的教育质量观

《教育大辞典》将教育质量（quality of education）界定为："教育水平高低和效果优劣的程度。主要受以下因素影响：教育制度、教学计划、教学内容、教学方法、教学组织形式和教学过程等的合理程度；教师的素养，学生的基础以及师生参与教育活动的积极程度。最终体现在培养对象的质量上。衡量的标准是教育目的和各级各类学校的培养目标。前者规定受培养者的一般质量要求，亦是教育的根本质量要求；后者规定受培养者的具体质量要求，是衡量人才是否合格的质量规格。"（顾明远，1998）[798]

这种关于教育质量的定义，是从教育结果出发的，并将教育过程视为影响教育质量的因素。

2. 需求导向的教育质量观

有学者从评价的角度界定教育质量，认为教育质量是学校根据国家教育方针政策的要求，为满足特定的社会和学生发展的需要而确立的教育目标，是对教育活动达到预期效果的度量（沈玉顺，2002）[195]。这种教育质量观既强调结果，又不简单看结果，而是看结果与目标之间的匹配程度，看结果是否实现了预期。

3. 关系视角的教育质量观

有学者从国家教育质量整体提升的角度出发，认为一个国家教育质量的提升要处理好几种关系：一是数量与质量的关系，"有数量不一定有质量，没有数量一定没有质量"；二是结构与质量的关系，"合理的结构是教育质量的骨架"；三是公平与质量的关系，"教育公平是教育质量的有机组成部分"；四是师资与质量的关系，"优秀的教师是提高教育质量的关键"；五是创新与质量的关系，"教育创新是提高教育质量的核心"（袁振国，2016）。

还有一些学者分各个学段来分析教育质量，于此不赘。

（二）国际组织教育质量研究述略

1. 联合国教科文组织对全民教育质量的分析

2000 年，联合国教科文组织（United Nations Educational，Scientific and Cultural Organization，UNESCO）世界教育论坛通过了《达喀尔行动纲领》，提出了为每个公民和社会实现全民教育的六项目标［扫盲，发展幼儿教育，普及初等教育，促进男女教育机会平等，生活技能培训，全面提高教育质量（特别是读写能力、计算能力和必要的生活技能）］，确定了教育质量是教育的核心。

联合国教科文组织指出，质量是教育的核心，在教室和其他学习环境中发生的一切，对儿童、青年和成人未来一生的发展都至关重要；有质量的教育是人类基本的学习需求，能够丰富学习者的生活经验及生命历程（UNESCO，2000）[17]。

与此同时，联合国教科文组织明确提出，各国政府和其他全民教育的合作伙伴必须同心协力确保所有儿童（无论其性别、财富、地理位置、语言、种族）都能获得有质量的基础教育，并指出有质量的教育应具备以下特征：一是学生身心健康且积极向上；二是教师训练有素，并拥有有效学习的技巧；三是拥有充足的教学设施和教材；四是用当地语言进行教学，课程内容具有适切性，教学能够基于教师和学生原有的知识与经验并不断发展；五是营造鼓励学习的氛围，打造性别敏感的，包容、健康而安全的场所；六是对学业成就有清楚的界定，对知识、技能、态度和价值观进行准确的评估；七是进行参与性的治理和管理；八是尊重当地社区和文化并将教育有机地融入其中（UNESCO，2000）[17]。

联合国教科文组织进一步提出了教育质量的两个层次。一个层次是学习者：了解学习者已有的知识，组织正式和非正式的教学，没有歧视地实施练习，提供一个安全和具有支持性的学习环境。另一个层次是学习系统：一个支撑性的结构需要有效的政策执行、颁布法律、配置资源并测量学习效果（UNESCO，2004）[5]。

《全民教育：提高质量势在必行——全民教育全球监测报告 2005》[Education for All: The Quality Imperative（EFA Global Monitoring Report 2005）]明确提出了教育质量的框架，这一框架获得了普遍认可，至今仍被广泛引用。在定义教育质量时，有两条基本的原则。一是导向学习者的认知发展，这可以通过指标进行测量。二是强调教育在促进公民的社会责任感、价值观和观念以及创造力培养、社会情感发展等方面的作用，这很难进行评价和国际比较（UNESCO，2004）[35-37]。

鉴于在不同文化传统、文本情境中对质量的理解和解释的多样性，为了定义质量以便监测和改进质量，为连接环境、学习者、投入和学习效果及其他可能的影响因素提供一个可供参考的分析框架，联合国教科文组织提出了五个分析维度，说明了各个维度与各个要素的相互关系。这五个维度分别是环境、学习者、可行的投入、教与学及学习效果（图Ⅱ）。

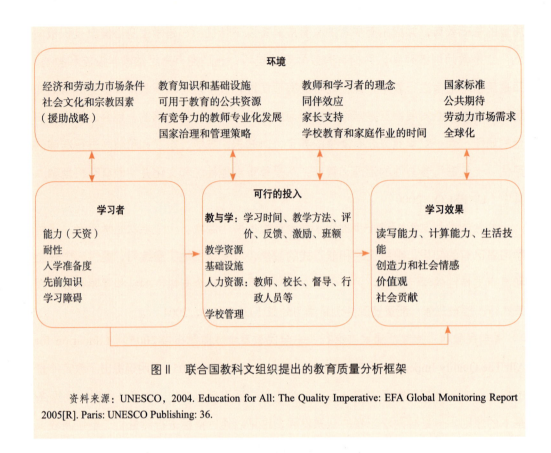

图 II 联合国教科文组织提出的教育质量分析框架

资料来源：UNESCO，2004. Education for All: The Quality Imperative: EFA Global Monitoring Report 2005[R]. Paris: UNESCO Publishing: 36.

2012 年，联合国教科文组织开发的教育质量诊断框架包括发展目标、预期产出、核心过程、核心资源和支持机制五部分（毕斯塔，何培，李萍，2013）。

第一，发展目标。一是相关性和对需求的响应，主要包括教育目标和内容是否顺应国际发展的趋势，是否适应国家和社会发展的需要，是否满足劳动力市场的需求，是否适应个体发展的需要，教育系统内部的目标和策略是否协调一致等。二是公平和全纳，主要包括教育系统如何确保所有学习者获得公平的、全纳的、有质量的教育并实现有效学习等。

第二，预期产出。一是能力维度，包括学习者需要通过教育系统获得哪些能力才能够为共同的发展目标作出有效的贡献，并能够在当今及未来的社会中生存等。二是终身学习者维度，主要包括教育系统能否有效地培养学习者终身学习的能力，能否为公民提供有效的机会以开展终身学习等。

第三，核心过程。一是学习过程，主要包括哪些因素使得学习无法成为教育系统的核心过程，如何排除这些障碍等。二是教学过程，主要包括教师的教学过程是否有助于开展针对所有学习者的有质量的教育，并使其实现有效学习等。三是评价过程，主要包括如何通过评价提高教育质量并促进有效学习等。

第四，核心资源。一是课程，主要包括现有课程能否确保学习者掌握当今以及未来社会所要求的各种能力（知识、技能、情感、价值观），并使其能够有效应对可能的各种挑战等。二是学习者，主要包括哪些因素使得学习者（包括不同年龄段及不同背景的学习者）无法成为有效的终身学习者，如何消除这些障碍等。三是教师，主要包括教师及教育工作者是否是影响教育系统质量的主要因素，哪些因素影响了教师和教育工作者的质量提升等。四是学习环境，主要包括是否为每位学习者提供了适合其身心发展、有助于提高教育质量并促进有效学习的学习环境等。

第五，支持机制。一是治理，主要包括教育系统的治理能在多大程度上促进有质量教育的获得和持续发展，能在多大程度上促进学生的有效学习等。二是财政，主要包括教育财政体制的设计如何促进有质量的教育和有效学习的实现等。三是教育系统的效率，主要包括教育系统利用资源的效率在多大程度上影响教育质量和公平等。

2. 联合国儿童基金会关注儿童有质量的发展

联合国儿童基金会（United Nations International Children Emergency Fund, UNICEF）关注儿童的发展，在联合国教科文组织的工作基础上，进一步提出教育应面向每一个儿童，并且能够使每个儿童的潜能得到充分的发挥。这个界定更多地关注学习者，主要从五个维度来定义教育质量（图Ⅲ）。联合国儿童基金会界定的教育质量不仅关注学习环境、学习条件导致的成果产出的变化，更关注一些不易测量的质量维度（UNICEF，2000）[4]。这一界定旨在将教育嵌入一个处于政治、文化和经济背景下的复杂系统中，以便更好地帮助人们理解教育质量。最为重要的是，它突出教育的系统性，系统的各个方面是相互依存、相互影响的，有时还是不可预见的。

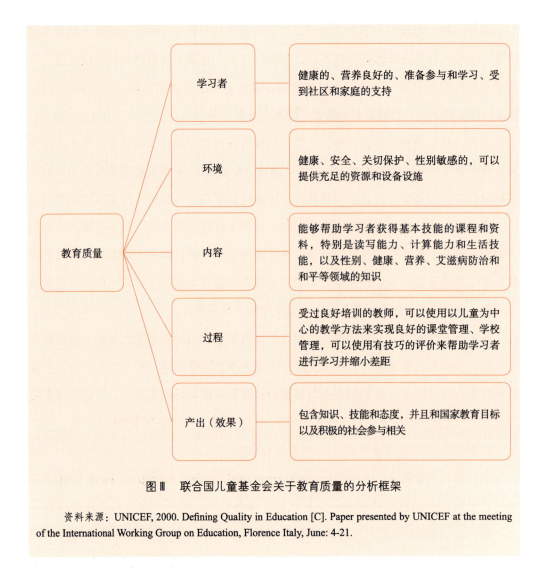

图Ⅲ 联合国儿童基金会关于教育质量的分析框架

资料来源：UNICEF, 2000. Defining Quality in Education [C]. Paper presented by UNICEF at the meeting of the International Working Group on Education, Florence Italy, June: 4-21.

3. 经济合作与发展组织发起的评估项目关注学生的学业成就

经济合作与发展组织（Organisation for Economic Co-operation and Development，OECD，简称经合组织）开发了国际学生评估项目（Programme for International Student Assessment，PISA），该项目是一个大型的学生学习质量比较研究项目。PISA 的测试对象为各国正在学校就读的 15 岁少年，主要从阅读素养、数学素养和科学素养三个方面进行测试，以了解各国初中学生是否具备了未来生活所需的知识与技能。此类国际比较评估还有很多，如国际教育成就评价协会（International Association for the Evaluation of Educational Achievement，IEA）发起和组织的国际数学和科学趋势研究（Trends in International Mathematics and Science Study，TIMSS）。TIMSS 对各国的教学质量进行横向对比，关注的也是学生的学业成就。

（三）发达国家教育质量研究述略

1. 美国注重基础教育质量标准建设

在美国，教育条件已经不是影响教育质量的主要因素，"课程标准"和"学业成就标准"成为政府追求"公平而卓越的教育"的主要抓手。2010 年出台了《共同核心州立标准》（The Common Core State Standards）。基于课程和标准来提升教育质量已经成为美国基础教育改革的趋势。

2. 澳大利亚以儿童为中心建立国家标准

澳大利亚的《国家质量标准指南》（Guide to the National Quality Standard）提出了澳大利亚国家教育质量标准框架的原则：一是儿童的权利是最为重要的；二是儿童是成功的、有竞争力的和有能力的学习者；三是公正、全纳、多元化是框架的基础；四是澳大利亚土著居民和托雷斯海峡岛民的文化需要受到重视；五是父母和家庭的作用也要受到重视并获得支持；六是提供教育和保健服务。该指南进一步指出，关注教育质量问题，需要重视以下六个领域：教育规划和实践、儿童的健康和安全、人事管理、父母与孩子的关系、社区和家庭的合作关系、领导力和服务管理。澳大利亚的教育质量评估，由所在州（地区）的教育部门以项目的形式委托澳大利亚教育研究委员会（The Australian Council for Educational Research，ACER）实施。该委员会负责提供学校水平的报告，向教师和家长提供反馈，并将有关结果提供给教育政策制定者（ACECQA，2016）。

3. 芬兰注重系统提升教育质量

芬兰基础教育质量改进的关键要素包括六个方面：有效的教育投入，教师质量的不断提升，教育规划及执行、评价，学校质量的持续提升，教育发展的共同目标，理想与愿景（Ministry of Education and Culture of Finland，2010）。

（四）对国内外已有研究的评述

以上研究为后续研究提供了基础。从以上研究来看，国内外教育质量研究呈现出如下特征：

第一，对教育质量的评价从结果诊断向系统诊断迈进。现在各个国家和国际组织对教育质量的评价并不仅仅局限于教育是否达到了社会对其的期望，更不限于所谓的学业成就水平。许多国家和国际组织开始关注如何系统地提升教育品质，如何丰富教育质量评价体系。

第二，已有研究越来越倾向于以学生为本，教育的服务功能也以促进学生发展为根本宗旨。虽然在教育质量分析框架中教育服务经济、社会和政治的功能有所体现，但是，仍然需要通过培养多样化的高层次创新人才来实现这些功能。

第三，已有研究不满足于在理论层面上对教育质量的内涵进行辨析或者探索。许多国家通过研制具有可操作性的教育质量分析框架，来推进对本国教育质量提升标准的研发和评估。

当然，已有研究也有一些不足，主要有两点：第一，在国家层面上探讨全面提升教育质量的研究比较少，有的研究仅仅在某个学段或者某个层面上探索如何提高教育质量，以及如何界定教育质量分析框架；第二，已有研究对于教育质量的系统分析框架中各要素之间的关系和结构着墨不多。这些不足是后续研究需要着力的地方。

三、思路框架

"怎么看"之后是"怎么办"。如何清楚描述十八大以来我国教育质量提升方面的成就与经验，需要破题，需要思路，需要框架，需要方法。

（一）研究思路

第一，明确边界。本研究致力于教育质量的系统研究，对于其他范畴，如教育公平、教育改革和教育发展等，尽量避让，实在避让不开，就将相关内容统合在教育质量的分析框架内。

第二，明确重点。主要聚焦三个重点，即十八大以来我国在教育质量提升方面采取的重大举措、取得的重要成就和得出的主要经验。

第三，明确时段。虽然教育质量提升是一个永恒议题，但是本研究的目的是总结十八大以来我国教育质量提升方面的成就与经验。因此，十八大的召开是本研究的时间起点。必要时，有关论题分析的时间起点会根据需要适当前溯。

第四，明确维度。由于教育质量的内涵丰富且内在关系复杂，为了能够对我国教育质量进行全面分析，本研究力图开发一套具有可操作性的教育质量分析框架。在综合分析国内外教育质量研究成果的基础上，将教育质量分析的基本维度确定为学生发展、质量标准、课程改革、教师队伍和教育环境五个方面（图Ⅳ）。

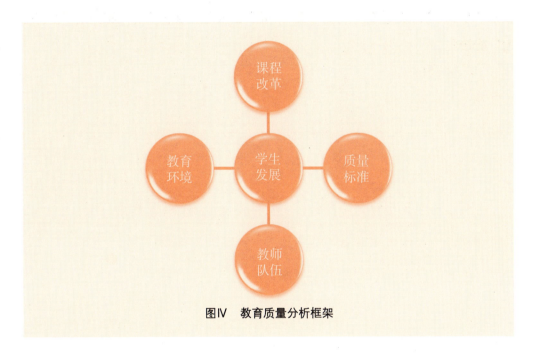

图Ⅳ　教育质量分析框架

（二）研究方法

首先，从多学科视角，采用理论思辨法、文献分析法、国际比较法等，剖析教育质量的内涵，系统阐释教育质量提升的外在表现。

其次，采用数据挖掘法和国际比较法等，收集、整理和分析国内外与教育质量提升密切相关的指标体系及调查数据，制定分析框架，对我国相关数据进行深度挖掘，探索十八大以来我国教育质量提升的规律、成就与经验。

最后，在对各级各类教育质量进行专题研究的基础上，对我国教育质量整体提升的成就和经验进行系统总结，进一步探索未来我国教育质量全面提升的策略与路径。

（三）研究框架

　　本书主体部分包括四编：第一编总体描述我国教育的质量，第二编分析与学生发展有关的德育、体育、艺术教育的质量，第三编分析各级各类教育的质量，第四编分析教育质量保障体系。

　　每一编的分析主要包括重大举措、重要成就、主要经验等部分。在内容上，"重大举措"旨在回答"做了什么"，"重要成就"旨在回答"做成了什么"，"主要经验"旨在回答"为什么这么做"。在写法上，"重大举措"重依据，"重要成就"重事实，"主要经验"重道理。

我国教育总体发展水平进入世界中上行列

　　十八大以来，以习近平同志为核心的党中央，高度重视教育工作，坚持优先发展教育，坚持立德树人，坚持推进素质教育，把提高教育质量作为教育改革发展的核心任务，推动我国教育总体发展水平进入世界中上行列。在提升教育质量过程中，坚持以方向带质量、向学校要质量、借课改推质量、靠师资保质量、用评价促质量，遵照办学兴校的基本规律，遵循教书育人的基本规律，尊重学生成长的基本规律，形成了宝贵经验。

▶ 第一章
重大举措

《教育规划纲要》提出把"提高质量作为教育改革发展的核心任务","树立以提高质量为核心的教育发展观"。围绕学生发展、质量标准、课程改革、教师队伍、教育环境等,国家采取了若干重大举措,推动教育质量不断提升。

一、促进学生发展

发展是硬道理,促进学生发展是教育质量提升的核心。在"创新、协调、绿色、开放、共享"五大发展理念的指导下,国家系统出台了促进学生德智体美全面发展的政策措施,坚持立德树人,构建全面育人的新机制。全面贯彻党的教育方针,将社会主义核心价值观融入教育教学全过程。推广校园足球,实施农村义务教育学生营养改善计划(以下简称营养改善计划),促进学生身心健康。将提高学生审美和人文素养作为改革发展的主线,实现以美育人、以文化人。将研学旅行纳入教育教学,鼓励学生走出校园,拓宽视野,不断增强学生的社会责任感和实践能力(表 1.1)。

表 1.1　"学生发展"政策主题词

领域 主题	全学段	基础教育	高等教育	职业教育
社会主义 核心价值观	社会主义核心 价值观长效机制	中华优秀传统文化	思想政治教育	《中等职业学校学生 公约》
		《中小学生守则（2015 年修订）》		《中等职业学校德育大 纲（2014 年修订）》
身心健康	《"健康中国 2030"规划纲要》	每天一小时校园体育 活动	—	
		校园足球		
		农村义务教育学生营 养改善计划		
审美和 人文素养	改进学校美育	—	—	
社会责任感 和实践能力	学生志愿服务	劳动教育		
	《青少年法治教育 大纲》	研学旅行		

（一）开展社会主义核心价值观教育

2014 年 4 月和 10 月，教育部先后出台《关于培育和践行社会主义核心价值观进一步加强中小学德育工作的意见》《关于在各级各类学校推动培育和践行社会主义核心价值观长效机制的意见》，推动社会主义核心价值观融入教育教学、社会实践和文化育人的全过程，深入推进"爱学习、爱劳动、爱祖国"和"我的中国梦"主题教育活动。

1. 弘扬优秀传统文化教育

2014 年 3 月，教育部印发《完善中华优秀传统文化教育指导纲要》，以弘扬爱国主义精神为核心，以家国情怀教育、社会关爱教育和人格修养教育为重点，把加强中华优秀传统文化教育与培育和践行社会主义核心价值观相结合，与革命传统教育相结合，努力培养富有民族自信心和爱国主义精神的社会主义事业建设者和接班人。

2. 修订学生守则

2015 年 8 月，教育部印发《中小学生守则（2015 年修订）》，涵盖学生德智体美劳全面发展的基本要求，补充更具可操作性、学生可以做到的具体行为规范内容，并增加家务劳动、上网行为以及环保生活等学校、社会和家庭高度关注的内容。

3. 发布中等职业学校学生公约和德育大纲

2014年7月，教育部发布《中等职业学校学生公约》，针对中等职业学校学生的特点，提出了八个方面的基本要求，体现了以学生为主体，自我教育、自我管理的理念，对引导学生形成良好行为习惯，增强德育的针对性、实效性具有重要意义。2014年12月，教育部印发《中等职业学校德育大纲（2014年修订）》，新修订的大纲体现了十八大以来党和国家的新精神及对教育工作的新要求，确立德育内容要以中国特色社会主义理论体系为统领，科学设置教育教学内容，主要包括理想信念教育等六大方面。

4. 加强高校思想政治教育

2015年1月，中共中央办公厅、国务院办公厅印发《关于进一步加强和改进新形势下高校宣传思想工作的意见》，指出加强高校意识形态阵地建设，是战略工程、固本工程、铸魂工程，具有十分重要而深远的意义。2015年7月，中共中央组织部、中共中央宣传部、教育部发布《关于领导干部上讲台开展思想政治教育的意见》，进一步增强高校思想政治工作的针对性、实效性。2016年12月，全国高校思想政治工作会议在北京召开，习近平总书记强调要把思想政治工作贯穿教育教学全过程，实现全程育人、全方位育人。2017年4月，教育部审议通过《2017年高校思想政治理论课教学质量年专项工作总体方案》，并将2017年定为"高校思想政治理论课教学质量年"。

（二）促进学生身心健康

1. 强化学校体育锻炼

2016年4月，国务院出台《关于强化学校体育促进学生身心健康全面发展的意见》，强化体育课和课外锻炼，促进学生体育锻炼习惯基本养成，运动技能和体质健康水平明显提升。2016年10月，中共中央、国务院印发《"健康中国2030"规划纲要》，明确提出构建相关学科教学与教育活动相结合、课堂教育与课外实践相结合、经常性宣传教育与集中式宣传教育相结合的健康教育模式。2012年10

月，《国务院办公厅转发教育部等部门关于进一步加强学校体育工作若干意见的通知》提出，切实保证中小学生每天一小时校园体育活动，每个学生学会至少两项终身受益的体育锻炼项目。

2. 推广校园足球

2015 年 3 月，国务院办公厅发布《中国足球改革发展总体方案》，提出开展校园足球特色学校试点工作，加大足球学时比重。2015 年 7 月，教育部等六部门发布《关于加快发展青少年校园足球的实施意见》，鼓励有条件的学校开展以足球为特色的"一校一品"体育教学改革，足球特色学校每周至少安排一节足球课。

3. 实施营养改善计划

2011 年 11 月，国务院办公厅印发了《关于实施农村义务教育学生营养改善计划的意见》，试点工作覆盖 22 个省份、699 个县（含新疆生产建设兵团 19 个团场）、近 2600 万农村义务教育学生。2012 年 5 月，教育部等十五部门印发《农村义务教育学生营养改善计划实施细则》《农村义务教育学生营养改善计划食品安全保障管理暂行办法》《农村义务教育学校食堂管理暂行办法》《农村义务教育学生营养改善计划实名制学生信息管理暂行办法》《农村义务教育学生营养改善计划信息公开公示暂行办法》，指导规范营养改善计划的组织实施。

（三）提升学生审美和人文素养

党的十八届三中全会提出"提高学生审美和人文素养"。2017 年 1 月，国务院印发《国家教育事业发展"十三五"规划》，确定了"以美育人、以文化人"的学生艺术文化素养培养方向，要求学校艺术教育以提高学生艺术素养、陶冶高尚情操、培育深厚民族情感、激发创新意识为导向，统筹整合学校与社会美育资源，推动开齐开足艺术课程，开展艺术类第二课堂教育活动，鼓励特色发展，促进每个学生形成一两项艺术特长和爱好。2015 年 9 月，国务院办公厅出台《关于全面加强和改进学校美育工作的意见》，要求各地进一步强化美育的育人功能，构建科学的美育课程体系，引导学生树立正确的审美观念、陶冶高尚的道德情操、培育深厚的民族情感，激发学生的想象力和创造力，实现以美育人、以文化人，推进学校美育的改革发展。

（四）增强学生社会责任感和实践能力

2015 年 3 月，教育部出台《学生志愿服务管理暂行办法》，明确学生志愿服务的内涵、工作机构、组织实施、认定记录、教育培训、条件保障等流程，进一步规范了学生的志愿服务工作。2015 年 7 月，教育部、共青团中央、全国少工委联合印发《关于加强中小学劳动教育的意见》，要求加强中小学劳动教育，建立评价制度，评价结果记入综合素质评价档案，作为升学评优参考依据。2016 年 6 月，教育部、司法部、全国普法办联合发布《青少年法治教育大纲》，推动法治教育纳入国民教育体系，全面增强青少年法治观念和法律意识。2016 年 11 月，教育部等十一部门联合出台《关于推进中小学生研学旅行的意见》，把研学旅行纳入学校教育教学计划，让学生走出校园，拓展视野，丰富知识，增长才干。

十八大以来促进学生发展的突出特点

1. 社会主义核心价值观教育形式多样，多措并举

中小学强调以行为守则、道德礼仪、习惯养成等形式将社会主义核心价值观入脑、入心。高校则重在加强学生的思想政治教育。2017 年被教育部定为"高校思想政治理论课教学质量年"。可见，从中小学到大学，都在着力构建培育和践行社会主义核心价值观的长效机制。

2. 校园足球扎实推进

校园足球活动作为增强学生体质、培养运动技能的重要途径，被中小学大力推进，有利于弘扬足球精神，培养学生坚毅的品格。

3. 学生的审美素养和实践能力得到前所未有的重视

十八届三中全会对全面改进美育教学作出重要部署。国务院对学校美育也提出了明确要求。教育部专门出台学生美育的相关文件。可以看出，促进学生审美教育的发展得到了国家的高度重视。此外，促进学生研学旅行上升为国家政策，有利于提升学生的综合实践能力。

二、健全质量标准

积极探索和建立健全教育领域的标准体系，确保教育质量的提升有据可依。在国家标准化发展规划的指导下，我国重视教育领域标准体系建设的顶层设计，初步构建起了涵盖各级各类教育，涉及教学、管理、教师、学生等多维度的标准体系，有力地促进了我国教育质量的有效提升（表1.2）。

表 1.2 "教育质量标准"政策主题词

主题 领域	教学标准	管理标准	教师校长专业标准	学生评价标准
全学段	—	—	"四有"好老师	《国家学生体质健康标准（2014年修订）》
基础教育	《3—6岁儿童学习与发展指南》	《义务教育学校管理标准（试行）》	《小学教师专业标准（试行）》	《中小学教育质量综合评价指标框架（试行）》
			《中学教师专业标准（试行）》	
			《义务教育学校校长专业标准》	
		义务教育学校校长教师交流轮岗	《普通高中校长专业标准》	
			统一中小学教师职称（职务）制度	
			《中小学教师信息技术应用能力标准（试行）》	
高等教育	《学位授予和人才培养一级学科简介》	地方普通本科高校转型发展		《学位论文作假行为处理办法》
	《一级学科博士、硕士学位基本要求》	《高等学校章程制定暂行办法》	《高等学校辅导员职业能力标准（暂行）》	《高等学校预防与处理学术不端行为办法》
				"申请—审核"制
职业教育	制订中等职业学校专业教学标准	—	《中等职业学校教师专业标准（试行）》	—
特殊教育	—		《特殊教育教师专业标准（试行）》	
继续教育	《成人教育培训服务术语》	—	—	—
	《成人教育培训组织服务通则》			
	《成人教育培训工作者服务能力评价》			

（一）部署教育标准化战略规划

2015 年 12 月，国务院办公厅印发了我国标准化领域第一个国家专项规划《国家标准化体系建设发展规划（2016—2020 年）》，从国家层面部署推动实施标准化战略，并提出建立健全教育领域标准体系，这标志着我国教育标准化体系建设被正式纳入国家标准化体系建设的范畴。2017 年 1 月，国务院发布的《国家教育事业发展"十三五"规划》进一步将"加强教育标准工作"作为构建有效监管体系的首要任务。2017 年 2 月，国务院常务会议通过了《中华人民共和国标准化法（修订草案）》，下一步将提请全国人大常委会审议，为新时期国家教育标准体系的建立完善及教育标准化工作的推进进一步提供法律保障。

（二）试点教学标准

1. 发布儿童学习与发展指南

2012 年 9 月，教育部发布了《3—6 岁儿童学习与发展指南》，首次从儿童的角度对学前教育提出了以儿童良好学习与发展为导向的教育质量要求，帮助教师和家长理解 3—6 岁儿童学习与发展的规律，特别是明确提出了科学的幼儿园保教途径和方式，指出了应该避免的误区，对防止和克服"小学化"倾向，全面提高学前教育质量具有重要意义。

2. 明确中等职业学校教学规范

2012 年 11 月，上海市和天津市开发出首批 25 个中等职业学校专业教学标准。在此基础上，2012 年 12 月，教育部发布《关于制订中等职业学校专业教学标准的意见》，专业教学标准包括以下主要内容：专业名称、入学要求、基本学制、培养目标、职业范围、人才规格、主要接续专业、课程结构、课程设置及要求、教学时间安排、教学实施、教学评价、实训实习环境、专业师资等。

3. 制定研究生教育质量的"国家标准"

2013 年 9 月，国务院学位委员会第六届学科评议组按照保证质量、体现特色、突出能力的要求，从学科前沿、社会需求、知识结构、综合素质与能力、基本规范等方面研究制定了《一级学科博士、硕士学位基本要求》。同时，学科评议组从学科概况、学科内涵、学科范围、培养目标和相关学科等方面，对 110 个一级学科进行界定和描述，发布了《学位授予和人才培养一级学科简介》。

4. 推动成人教育培训服务标准化建设

2012 年 10 月，国家质量监督检验检疫总局、国家标准化管理委员会批准发布了《成人教育培训服务术语》《成人教育培训组织服务通则》《成人教育培训工作者服务能力评价》三项国家标准，大力推进教育培训服务的标准化建设和规范化管理，不断提高继续教育的质量和水平。

（三）开发管理标准

1. 实施义务教育学校规范管理和科学管理

2014 年 8 月，教育部出台了《义务教育学校管理标准（试行）》，推动义务教育学校不断提高管理水平，实现学校治理的法治化和规范化。2014 年教育部、财政部、人力资源和社会保障部联合发布了《关于推进县（区）域内义务教育学校校长教师交流轮岗的意见》，提出城镇学校、优质学校每学年教师交流轮岗的比例不低于符合交流条件教师总数的 10%，其中骨干教师交流轮岗应不低于交流总数的20%。推动优秀校长和骨干教师到农村、薄弱学校任职任教并发挥示范带动作用。乡镇范围内，重点推动中心学校向村小学、教学点交流轮岗。全面推进义务教育教师队伍"县管校聘"管理政策，加强县域层面教师的统筹配置。

2. 以标准促进地方普通本科高校转型发展

2015 年 10 月，教育部、国家发展改革委、财政部联合发布了《关于引导部分地方普通本科高校向应用型转变的指导意见》，提出"建立适应应用型高校的人才培养、科学研究质量标准、内控体系和评估制度，将学习者实践能力、就业质量和创业能力作为评价教育质量的主要标准"，高校分类体系建设迈出了关键步伐。

3. 以章程强化高校内部质量管理

2011 年 11 月，教育部发布《高等学校章程制定暂行办法》，高等学校章程建设开始启动。2013 年 8 月，教育部首次批准中国人民大学、东南大学等 6 所高校的大学章程。同年 9 月，教育部发布《中央部委所属高等学校章程建设行动计划（2013—2015 年）》，要求到 2015 年底，教育部及中央部门所属的 114 所高等学校，分批全部完成章程制定和核准工作。2014 年 5 月，教育部发布《关于加快推进高等学校章程制定、核准与实施工作的通知》，要求各地教育部门在 2015 年 12 月 31 日前完成所有高校章程的核准工作，以章程建设推动高校综合改革。

（四）形成教师校长专业标准体系

习近平总书记提出了"四有"好老师的标准：一要有理想信念，二要有道德情操，三要有扎实学识，四要有仁爱之心。国家围绕培养"四有"好老师，出台了相关政策措施。

1. 构建中小学教师专业标准体系

2012 年 2 月，教育部制定了《小学教师专业标准（试行）》《中学教师专业标准（试行）》《义务教育学校校长专业标准》《普通高中校长专业标准》，促进中小学教师和校长的专业发展。2015 年 8 月，人力资源和社会保障部、教育部印发《关于深化中小学教师职称制度改革的指导意见》，建立统一的中小学教师职称（职务）制度。

2. 引导特殊教育教师专业成长

2015 年 8 月，教育部印发《特殊教育教师专业标准（试行）》，明确特殊教育教师专业标准的基本内容，作为特殊教育教师培养、准入、培训、考核等工作的重要依据。

3. 强化中小学教师信息技术应用能力

为适应信息技术的发展，2014 年 5 月，教育部印发了《中小学教师信息技术应用能力标准（试行）》，从应用信息技术优化课堂教学和应用信息技术转变学习方式两个维度，对教师应该具备的信息技术应用能力进行了描述与界定。这一标准为教师信息技术应用能力的培养与评价提供了标尺，使得教师信息技术应用能力建设有据可循。

4. 制定中等职业学校教师专业标准

2013 年 9 月，教育部印发了《中等职业学校教师专业标准（试行）》，这是新中国成立以来第一个针对中等职业学校教师制定的专业标准，是引领中等职业学校教师专业发展的基本准则，是中等职业学校教师培养、准入、培训、考核等工作的基本依据。该标准从专业理念与师德、专业知识和专业能力三大维度要求教师，并细分为 15 个专业领域，15 个专业领域又细分出 60 个基本要求，对中职教师进行全面的考查。

5. 推动高校辅导员专业化建设

2014 年 3 月，教育部印发了《高等学校辅导员职业能力标准（暂行）》，构建辅导员能力标准体系，提升高校辅导员的专业化水平。

（五）研制学生评价标准体系

1. 深化中小学教育质量综合评价

2013 年 6 月，教育部出台了《关于推进中小学教育质量综合评价政策的意见》，提出了《中小学教育质量综合评价指标框架（试行）》，把学生的品德发展水平、学业发展水平、身心发展水平、兴趣特长养成、学业负担状况等方面作为评价学校教育质量的主要内容，着力构建中小学教育质量综合评价指标体系。

2. 修订国家学生体质健康标准

2014 年 7 月，教育部印发《国家学生体质健康标准（2014 年修订）》，对现行的《国家学生体质健康标准》进行了修订，使得体质健康监测工作更具科学性和实效性。

3. 推行"申请—审核"制和分类考试

2013 年 3 月，教育部、国家发展改革委、财政部印发《关于深化研究生教育改革的意见》，强调"积极推进考试招生改革，建立与培养目标相适应、有利于拔尖创新人才和高层次应用型人才脱颖而出的研究生考试招生制度"。北京大学、清华大学等国内知名高校的部分专业相继实行了博士生招生"申请—审核"制。

4. 强化研究生学术规范与学术道德

从 2013 年 1 月 1 日起，教育部第 34 号令《学位论文作假行为处理办法》开始实行，严肃处理学位授予工作中出现的一些剽窃他人作品和学术成果、买卖学位论文等学位论文作假行为。2016 年 6 月，教育部发布《高等学校预防与处理学术不端行为办法》，规定了应当认定为构成学术不端的具体行为，以"零容忍"的态度处理学术不端行为，确保研究生教育质量不被"注水"。

十八大以来健全质量标准的突出特点

1. 将我国教育质量标准纳入国家标准化发展规划

我国修订了《中华人民共和国标准化法》，作为我国健全教育质量标准的重要法律依据，《国家标准化体系建设发展规划（2016—2020年）》也将教育标准体系建设作为标准化发展的重要组成部分，引导我国不断完善教育标准体系。

2. 基础教育阶段的标准体系更为健全

基础教育阶段标准体系更加完善，从学前教育阶段的《3—6岁儿童学习与发展指南》，到义务教育阶段的《义务教育学校管理标准（试行）》《义务教育学校校长专业标准》《小学教师专业标准（试行）》《中学教师专业标准（试行）》和《中小学教育质量综合评价指标框架（试行）》等，可以看出，基础教育阶段初步形成了集管理标准、教师校长专业标准和学生评价标准等于一体的标准体系。

3. 涉及校长、教师的标准受到重视

教育的关键在教师，学校的发展靠校长。校长、教师在学校教育中的重要性毋庸置疑。近年来，国家非常重视健全各领域的教师校长专业标准，从基础教育阶段到特殊教育和职业教育领域，国家对校长、教师的专业标准和能力都提出了明确的要求，这为提高我国教育质量提供了关键的师资保障。

三、深化课程改革

课程是教育的重要载体。十八大以来，完善各级各类课程标准、丰富并优化课程专业设置、规范教材建设、推进各类教学改革的政策文件不断出台，为学校课程改革提供了方向定位与指导。同时，有关部门大力推进评价改革与质量监测，强化教育督导并将其法制化、规范化，发挥教育科研在育人上的引领价值，为教育质量提升提供了重要保障（表1.3）。

表 1.3 "课程改革"政策主题词

领域 主题	基础教育	高等教育	职业教育	特殊教育
课程 标准	《义务教育语文课程标准（2011 年版）》等 19 门学科课程标准	《高等学校思想政治理论课建设标准》	—	《盲校义务教育课程标准（2016 年版）》
	《义务教育小学科学课程标准》			《聋校义务教育课程标准（2016 年版）》
	修订普通高中课程方案及各学科课程标准			《培智学校义务教育课程标准（2016 年版）》
专业 设置	开展中小学书法教育	优化学科专业结构	推进职业院校民族文化传承与创新	—
			《中等职业学校德育大纲》	
	《中小学书法教育指导纲要》	修订《学位授予和人才培养学科目录》《普通高等学校本科专业目录》	《中等职业教育改革创新行动计划（2010—2012 年）》	
			《普通高等学校高等职业教育（专科）专业设置管理办法》	
教材 建设	《中小学教科书选用管理暂行办法》	—	"十三五"职业教育教材	—
	统一编写义务教育道德与法治、语文和历史学科教材		中等职业教育改革创新示范教材	
	成立国家教材委员会			
教学 改革	强化实践教学	巩固本科教学基础地位	产教融合、校企合作、协同育人	—
		实践育人共同体建设计划		
		高等学校创新创业教育	全国职业院校技能大赛	
		科教结合协同育人		

续表

主题＼领域	基础教育	高等教育	职业教育	特殊教育
评价监测	义务教育质量监测	普通高等学校本科教学评估	职业院校教学工作诊断与改进	—
	中小学教育质量综合评价	高校毕业生就业质量年度报告		
	学生体质健康监测			
	中小学艺术教育质量监测	研究生教育质量保障体系		
	高中招生制度改革			
教育督导	《学前教育督导评估暂行办法》	—	《中等职业学校办学能力评估暂行办法》	—
	《县域义务教育均衡发展督导评估暂行办法》			
	《中小学校责任督学挂牌督导办法》		《高等职业院校适应社会需求能力评估暂行办法》	
	《中小学校体育工作督导评估办法》			
科研育人	国家级教学成果奖评审	"双一流"建设	—	—
		"2011计划"		

（一）完善课程标准

1.修订义务教育各学科课程标准

2011年12月，教育部组织专家对义务教育各学科课程标准进行修订完善，正式印发《义务教育语文课程标准（2011年版）》等19门学科课程标准，涵盖小学一年级到初中三年级的所有学科，包括语文、数学、物理、外语、品德与社会、音乐、美术、体育等。为进一步加强小学科学教育，2017年1月，教育部印发了《义务教育小学科学课程标准》，确保小学科学课程的规定课时，强化教学实践环节，从小激发和保护孩子的好奇心和求知欲，培养学生的科学精神和实践创新能力。2013年秋季，14个学科共168套义务教育教材全部完成修订并通过审查，陆续投入使用。

2.首次颁布特殊教育课程标准

2016年12月，教育部发布了《盲校义务教育课程标准（2016年版）》《聋校义务教育课程标准（2016 年版）》和《培智学校义务教育课程标准（2016 年版）》。这是我国第一套专门为残疾学生制定的系统的学习标准，是目前和今后一个时期我国特殊教育教学改革的顶层设计，对提升特殊教育教学质量有重要意义。

3. 修订普通高中课程方案及各学科课程标准

2014 年 3 月，教育部发布《关于全面深化课程改革落实立德树人根本任务的意见》，提出"依据学生发展核心素养体系，进一步明确各学段、各学科具体的育人目标和任务，完善高校和中小学课程教学有关标准"的要求。同年，普通高中课程标准修订工作启动。

4. 修订高等学校思想政治理论课建设标准

2015 年 9 月，教育部印发《高等学校思想政治理论课建设标准》，进一步加强高校思想政治理论课宏观指导，规范组织管理、教学管理、队伍管理和学科建设。

（二）丰富优化课程专业设置

1. 开展中小学书法教育

2011 年 8 月发布的《教育部关于中小学开展书法教育的意见》指出，"中小学校主要通过有关课程及活动开展书法教育。在义务教育阶段语文课程中，要按照课程标准要求开展书法教育，其中三至六年级的语文课程中，每周安排一课时的书法课"，"普通高中在语文等相应课程中设置与书法有关的选修课程"。2013 年 1 月，教育部印发《中小学书法教育指导纲要》，引领书法教科书编写和教学。

2. 加强民族文化教育

教育部、文化部、国家民委于 2013 年 5 月共同发布了《关于推进职业院校民族文化传承与创新工作的意见》，推动民族文化融入学校教育全过程。

3. 创新中职教育课程体系

2010 年 11 月，教育部印发《中等职业教育改革创新行动计划（2010—2012 年）》，提出要"更新课程内容、调整课程结构、创新教学方式，构建适应经济社会发展要求、有利于和高等职业教育、继续教育相衔接的课程体系。根据新专业教学指导方案，开发 500 个专业课程教学大纲"。2014 年 12 月，教育部发布《中等职业学校德育大纲（2014 年修订）》，进一步加强对德育工作的领导和管理。

4. 完善职业教育专业动态调整机制

2015 年 8 月，《教育部关于深化职业教育教学改革全面提高人才培养质量的若干意见》明确提出，要改善专业结构和布局，优化服务产业发展的专业布局。建立专业设置动态调整机制，及时发布专业设置预警信息。进一步完善专业动态调整机制的红黄牌制度。2015 年 10 月，教育部印发《普通高等学校高等职业教育（专科）专业设置管理办法》和《普通高等学校高等职业教育（专科）专业目录（2015年）》，对高职高专院校专业设置审批工作进一步放权。

5. 以社会需求为导向调整优化高校学科专业结构

2012 年 3 月，教育部发布《关于全面提高高等教育质量的若干意见》，明确提出"优化学科专业和人才培养结构"。2016 年 6 月，教育部发布《关于中央部门所属高校深化教育教学改革的指导意见》，鼓励中央部属高校制订学科专业建设发展规划，适应经济社会发展需要，合理布局学科专业。"优化学科专业结构，积极设置'互联网＋''中国制造 2025'等战略性新兴产业、经济社会发展和民生改善领域亟需相关专业，调减与学校办学定位不相符的专业，推动教育资源向服务国家、区域主导产业和特色产业的专业集群汇聚。"对传统学科专业进行更新升级，调整专业培养目标和建设重点，推进专业综合改革，提高高校优势特色专业集中度。2011 年 3 月，修订《学位授予和人才培养学科目录》《普通高等学校本科专业目录》，增设新兴学科和紧缺专业，提高人才培养的针对性。

6. 加强高等学校在线开放课程建设

2015 年 4 月，教育部发布《关于加强高等学校在线开放课程建设应用与管理的意见》。按照文件精神，计划在高等教育领域建设一批以大规模在线开放课程为代表、课程应用与教学服务相融通的优质在线开放课程，认定一批国家精品在线开放课程，建设在线开放课程公共服务平台，促进在线开放课程广泛应用，规范在线开放课程的对外推广与引进，加强在线开放课程建设应用的师资和技术人员培训，推进在线开放课程学分认定和学分管理制度创新。

7. 加强研究生创新实践能力培养

2014 年 12 月，教育部发布《关于改进和加强研究生课程建设的意见》，提出要坚持以能力培养为核心、以创新能力培养为重点，加强不同培养阶段课程体系的整合、衔接。

（三）规范教材建设

1. 规范中小学教科书的审查及选用

2014 年 9 月，教育部印发《中小学教科书选用管理暂行办法》，明确了地方、学校和教师在教科书选用中的职责，以及教科书选用程序、选用工作监督和对违规行为的处罚等。这是对多年来中小学教科书选用基本政策、制度建设等的经验总结，也是新中国成立后发布的第一个中小学教科书选用规范性文件。

2. 统一编写并使用义务教育道德与法治、语文和历史学科教材

2011 年，教育部着手组织编写义务教育道德与法治、语文和历史三科教材。2014 年底，完成义务教育道德与法治、语文起始年级和历史全部册次教材编写工作，完成现行义务教育三科教材起始年级教材修订工作。2016 年秋季开始，义务教育道德与法治、语文和历史学科起始年级使用新编、修订教材。

3. 成立国家教材委员会，指导统筹全国教材工作

2017 年 7 月，国务院办公厅发布《关于成立国家教材委员会的通知》，规定国家教材委员会的主要职责包括审查国家课程设置和课程标准制定，审查意识形态属性较强的国家规划教材等。

4. 加强职业教育教材建设

2012 年 11 月，教育部发布《关于"十二五"职业教育教材建设的若干意见》，强调"加强教材统筹规划"，以打造精品为重点，组织开发一批覆盖现代农业、先进制造业、现代服务业、战略性新兴产业和地方特色产业，以及艰苦行业、民族传统技艺等相关专业领域的职业教育教材。2017 年，教育部着手重点推动"十三五"职业教育教材建设，健全教材开发、编写、审定、选用、评价和研究机制，加强全国职业院校技能大赛成果在教学中的转化和应用，完善职业院校专业（类）企业生产实际教学案例库，丰富教材内容，以跟上产业发展和技术更新的节奏和步伐。

5. 赋予中等职业学校教材和课程开发自主权

2011 年 6 月发布的《教育部办公厅关于组织开展中等职业教育改革创新示范

教材遴选活动的通知》指出，"充分发挥地方参与教材建设的积极性和行业的指导作用，丰富和完善中等职业教育教材体系，推进中等职业教育教材的改革与创新"。2013年5月，教育部公布了第二批129种中等职业教育改革创新示范教材名单。

（四）深化教学改革

1. 强化实践教学

2014年3月教育部发布《关于全面深化课程改革落实立德树人根本任务的意见》，提出强化教学的实践育人功能，确保实践活动占有一定课时或学分。中小学要探索把课堂教学与社区服务、研究性学习与社会实践相结合的途径和方法。职业院校要不断创新技能人才培养模式，进一步深化产教融合、校企合作，推进协同育人。高校要把实践教学纳入学校教学计划，摆在人才培养的重要位置。实施"实践育人共同体建设计划"，建立一批青少年社会主义核心价值观实践基地。

2. 强化职业学校实习实训

2016年4月，教育部等五部门联合发布了《关于印发〈职业学校学生实习管理规定〉的通知》，以引导和规范实习管理，保证实习教学效果，提高人才培养质量。2010年以来，教育部联合十几个部委、地方政府和行业协会，每年组织一次全国职业院校技能大赛，用于检验职业院校实践教学质量并促进其提高实践教学水平。2013年1月，教育部专门印发《全国职业院校技能大赛三年规划（2013—2015年）》，着力提升技能大赛的社会影响。

3. 巩固本科教学的基础地位

2012年3月，教育部发布《关于全面提高高等教育质量的若干意见》，明确提出牢固确立人才培养的中心地位，领导精力、师资力量、资源配置、经费安排和工作评价都要体现以教学为中心。2016年6月，教育部发布《关于中央部门所属高校深化教育教学改革的指导意见》，再次重申"巩固本科教学基础地位"，要求教授、副教授更多承担本科教育任务，普遍建立教师教学发展中心，发挥国家级教师教学发展示范中心的示范辐射作用，不断提高高校教学水平。

4. 深化"协同育人"培养模式

2012年8月，教育部、中国科学院联合启动实施"科教结合协同育人行动计划"。2014 年，教育部设立"产学合作协同育人项目"，组织国内外知名企业与高校开展产学合作育人。2016 年 6 月，教育部发布《关于中央部门所属高校深化教育教学改革的指导意见》，提出要"完善协同育人机制"，推进人才培养与社会需求间的协同，与实务部门、科研院所、相关行业部门共同推进全流程协同育人，建设与行业企业共建共享的协同育人实践基地，加强综合实训中心建设。通过产学合作专业综合改革、大学生创新创业训练计划联合基金项目、建设产学研融合协同育人实践平台等多项举措，促进高校与实务部门、行业企业开展深度合作，专业链与产业链、课程内容与职业标准、教学过程与生产过程融合发展。

5. 大力推进高等学校创新创业教育

2015 年 5 月，国务院办公厅印发《关于深化高等学校创新创业教育改革的实施意见》，提出"明确本科、高职高专、研究生创新创业教育目标要求"，健全创新创业教育课程体系，改革教学方法和考核方式，强化创新创业实践，加强教师创新创业教学能力建设，完善创新创业资金支持和政策保障体系。

6. 推进学术学位和专业学位研究生培养模式分类改革

2013 年以来，学术学位研究生培养模式重视对研究生进行系统科研训练，以高水平科学研究支撑高水平研究生培养。专业学位研究生培养模式以提升职业能力为导向，面向特定职业领域，形成产学结合的培养模式。2012 年 8 月，教育部、中国科学院发布《科教结合协同育人行动计划》，启动"联合培养研究生计划"。2013 年 11 月，教育部、人力资源和社会保障部发布《关于深入推进专业学位研究生培养模式改革的意见》，对专业学位研究生的招生制度、培养方案、实践基地建设等作出部署。

（五）推动教育评价与监测

1. 实施义务教育质量监测

2015 年 4 月，国务院教育督导委员会办公室出台《国家义务教育质量监测方案》，依据我国义务教育课程设置的基本要求，考虑相关学科对学生发展的影响程度，将监测学科确定为语文、数学、科学、体育、艺术、德育。监测对象为义务教育阶段四年级和八年级学生。每个监测周期为三年，每年监测两个学科领域。发布国家和分省份监测报告，供教育部门决策参考。

2. 开展中小学教育质量综合评价

2013 年 6 月，教育部出台《关于推进中小学教育质量综合评价改革的意见》，把学生的品德发展水平、学业发展水平、身心发展水平、兴趣特长养成、学业负担状况等方面作为评价学校教育质量的主要内容，着力构建中小学教育质量综合评价指标体系，作为评价考核学校教育工作的主要依据。

3. 全面开展学生体质健康监测

2012 年 12 月召开的"全国推进学校体育工作电视电话会议"要求进一步落实中央关于发展学校体育的战略部署，重申"任何学校不得以任何理由和借口占用体育课时，确保每天锻炼一小时，对学生体质健康水平持续三年下降的地区和学校，在教育工作评估和评优评先中实行'一票否决'"。"从 2013 年起，全面开展学生体质健康监测，切实加强监督评估，及时向社会公布体育督导评估结果。要形成教育部门牵头、有关部门分工负责和社会参与的学校体育推进机制。"

4. 开展艺术教育质量监测

2015 年 5 月，教育部下发《中小学生艺术素质测评办法》《中小学校艺术教育工作自评办法》《中小学校艺术教育发展年度报告办法》三个文件，分别从学生、学校、教育行政部门三个维度，对学校艺术教育的质量进行立体评价，为监测评价全日制小学、初中、普通高中、中等职业学校艺术教育及其效果提供重要手段。

5. 改革高中阶段考试招生录取模式

2014 年 9 月，国务院印发《关于深化考试招生制度改革的实施意见》，标志着新一轮的考试招生制度改革全面启动，上海市、浙江省作为高考综合改革试点，于当年率先实施高考改革方案。2014 年 12 月，教育部陆续发布《关于普通高中学业水平考试的实施意见》《关于加强和改进普通高中学生综合素质评价的意见》《关于进一步减少和规范高考加分项目和分值的意见》《关于进一步完善和规范高校自主招生试点工作的意见》等配套文件。2016 年 9 月，教育部又出台《关于进一步推进高中阶段学校考试招生制度改革的指导意见》，逐步建立基于初中学业水平考试成绩结合综合素质评价的高中阶段学校考试招生录取模式。

6. 开展职业院校教学工作诊断与改进

2015 年 7 月，教育部办公厅发布《关于建立职业院校教学工作诊断与改进制度的通知》，决定从 2015 年秋季学期开始，逐步在全国职业院校推进建立教学工作诊断与改进制度，全面开展教学工作诊断与改进。

7. 建立教学质量和就业质量年度报告制度

2011 年 10 月，教育部发布《关于普通高等学校本科教学评估工作的意见》，提出要"建立健全以学校自我评估为基础，以院校评估、专业认证及评估、国际评估和教学基本状态数据常态监测为主要内容的'五位一体'的本科教学评估制度体系"。2013 年 12 月，教育部发布《关于做好 2014 年全国普通高等学校毕业生就业工作的通知》，指出继本科教学质量报告之后，要进一步建立高校毕业生就业质量年度报告制度，从 2014 年起，各高校要逐步发布本校的毕业生就业质量年度报告。这两项报告制度的实施完善了高校的自我评估制度，增强了高校的质量意识，促进了高校建立有效的教学质量监测制度，健全教学质量保障体系。

8. 构建研究生教育"五位一体"质量保障体系

2014 年初颁布的《关于加强学位与研究生教育质量保证和监督体系建设的意见》，对我国研究生教育质量保障体系进行了顶层设计，学位授权单位、教育行政部门、学术组织、行业部门和社会机构五大利益相关主体在研究生教育质量保障体系中相互配合，各司其职。随后，教育部发布了《学位授权点合格评估办法》《博士硕士学位论文抽检办法》《关于开展学位授权点合格评估工作的通知》，确保我国研究生教育质量保障体系不断完善。2016 年 9 月，国务院学位委员会公布《关于下达 2016 年动态调整撤销和增列的学位授权点名单的通知》，共有 25 个省份的 175 所高校撤销 576 个学位点，包括大量博士学位授权点。各大学的学位授权点开始打破"终身制"，授权点"有上有下""有增有撤"成为常态。

（六）强化教育督导

1. 完善教育督导制度

2012 年 8 月，国务院办公厅发布《关于成立国务院教育督导委员会的通知》，统筹指导全国教育督导工作。2016 年 2 月，教育部教育督导团办公室更名为教育督导局，加挂国务院教育督导委员会办公室牌子，由此进一步完善了国家教育督导机构的设置。2012 年 9 月，国务院颁布《教育督导条例》，标志着教育督导走上法制化轨道。2016 年 7 月，教育部印发《督学管理暂行办法》，对督学的聘任、责权、培训、考核等作出全面规定，构建了督政、督学、评估监测三位一体的教育督导体系。

2. 制定一系列督导评估办法

2012 年 2 月，教育部印发《学前教育督导评估暂行办法》，重点对实施学前教育三年行动计划的情况进行督导评估。2012 年 1 月，教育部印发《县域义务教育均衡发展督导评估暂行办法》，开展义务教育发展基本均衡县（市、区）的评估认定工作。2013 年 9 月，国务院教育督导委员会办公室印发《中小学校责任督学挂牌督导办法》，明确对每所学校实施经常性督导，每月不得少于一次。2017 年 3 月，国务院教育督导委员会办公室印发《中小学校体育工作督导评估办法》，要求加强中小学校体育督导检查。2016 年 3 月，国务院教育督导委员会办公室印发《中等职业学校办学能力评估暂行办法》和《高等职业院校适应社会需求能力评估暂行办法》，引导职业教育提高办学能力和水平。

3. 开展专项督导

国务院教育督导委员会办公室 2013 年开展了北方地区中小学校冬季取暖专项督导，2015—2019 年每年开展一次全面改善贫困地区义务教育薄弱学校基本办学条件工作专项督导，2016 年开始开展校园欺凌专项治理等。

（七）发挥科研育人价值

开展基础教育国家级教学成果奖评审工作。基础教育国家级教学成果奖评审工作体现了对中小学教育科研的重视与支持，强调国家级特等奖教学成果应在教育教学理论上有建树；国家级一等奖教学成果应提出自己的理论，或发展和完善已有理论。

十八大以来课程改革的突出特点

1. 课程改革在不同学段的侧重点不同

课程改革作为提高教育质量的核心环节，在各级各类教育中被赋予不同的使命，如在基础教育中强调培养学生的实践能力，在高等教育中强调本科教学的基础地位，在职业教育中强调实习实训等。

2. 国家对教材的统筹力度不断加大

从国家修订完善义务教育学科课程标准，到统编道德与法治、历史和语文三科教材，2017年又成立国家教材委员会，国家对教材的宏观统筹和管理力度不断加大。

3. 标准和评价是课程改革的重要抓手

一是不断完善各级各类教育的课程标准，从基础教育的学科课程标准，到特殊教育的盲、聋和培智义务教育课程标准。可以看出，国家非常重视标准对课程教学改革的指导作用。二是不断强化评价和监测的指导作用。从义务教育质量监测、学生体质健康监测、艺术教育质量监测，到本科教学评价、研究生教育质量保障体系构建、职业院校教学工作诊断与改进等，都将评价作为提升教育质量的重要手段。

四、夯实教师队伍建设

高质量的教师是教育质量提升的重要保障。十八大以来，国家出台了较为全面的支持教师专业发展的政策措施。建立完善中小学教师师德建设长效机制，将师德建设和考核贯穿日常教育教学的全过程。继续实施农村义务教育阶段学校教师特设岗位计划（以下简称"特岗计划"）和师范生免费教育，健全农村教师补充新机制。开展5年一周期不少于360学时的全员培训，持续实施中小学教师国家级培训计划（以下简称"国培计划"），不断提高教师的专业素养和水平。完善各级各类教师准入制度，加强义务教育教师交流，下放高校教师职称评审权，不断规范教师管理。建立乡村教师荣誉制度，不断提升教师待遇和从业地位。

（一）加强师德建设

1. 建立完善中小学师德建设长效机制

2012 年 8 月，国务院印发《关于加强教师队伍建设的意见》。2012 年 9 月，国务院首次召开全口径全国教师工作会议，以社会主义核心价值体系为引领，引导教师立德树人，为人师表，不断提升人格修养和学识修养。对教师实行师德表现一票否决制。2013 年 9 月，教育部出台《关于建立健全中小学师德建设长效机制的意见》，要求创新师德教育，突出师德激励，强化师德监督。2014 年 1 月和 2015 年 6 月，教育部分别印发《中小学教师违反职业道德行为处理办法》和《严禁中小学校和在职中小学教师有偿补课的规定》，将师德建设落到实处。2013 年 5 月，教育部发布《关于深化中小学教师培训模式改革全面提升培训质量的指导意见》，将中小学教师师德教育等作为通识课程，列入培训必修模块。

2. 制定高校教师职业道德规范

2012 年 3 月，教育部发布《关于全面提高高等教育质量的若干意见》，明确提出"加强师德师风建设，提高教师业务水平和教学能力，完善教师分类管理"，制定高校教师职业道德规范，健全师德考评制度。2014 年 9 月，教育部发布《关于建立健全高校师德建设长效机制的意见》，规定了高校教师七种禁止行为，明确了为师从教的政治底线、法律底线、道德底线。2016 年 8 月，教育部发布《关于深化高校教师考核评价制度改革的指导意见》，将师德考核摆在教师考核的首位，贯穿日常教育教学、科学研究和社会服务的全过程。

（二）改进教师培养

1. 实施"特岗计划"和师范生免费教育

继续实施自 2006 年开始的"特岗计划"，对于建立农村教师补充新机制，吸引更多优秀人才到农村学校从教，提高农村义务教育质量产生了积极的推动作用。逐步完善自 2007 年开始实施的师范生免费教育政策，在北京师范大学等 6 所部属师范大学以及 2013 年新增省部共建师范院校江西师范大学实行师范生免费教育，免费师范生在校学习期间免除学费、免缴住宿费并补助生活费，所需经费由中央财政安排。

2. 实施卓越教师培养计划

2014 年 8 月，教育部发布《关于实施卓越教师培养计划的意见》，要求深化教师培养模式改革，建立高校与地方政府、中小学（含幼儿园、中等职业学校、特殊教育学校）协同培养新机制，探索分学段卓越教师的培养模式。

3. 加强师范生教育实践

2016 年 3 月，教育部发布《关于加强师范生教育实践的意见》，要求将教育实践贯穿教师培养全过程，全面推行教育实践"双导师制"，建立健全指导教师激励机制。

（三）重视教师培训

1. 开展 5 年一周期不少于 360 学时的全员培训

2011 年 1 月，教育部出台《关于大力加强中小学教师培训工作的意见》，实施 5 年一个周期的教师培训制度，且每人 5 年累计培训时间不少于 360 学时。

2. 持续开展"国培计划"

启动幼儿园教师国家级培训计划，对幼儿园园长和教师实施全员培训。加强中小学特别是农村教师信息技术方面的指导和培训，提高教师的信息技术应用水平。2014 年 1 月，国务院办公厅印发《关于转发教育部等部门特殊教育提升计划（2014—2016 年）的通知》，要求加大"国培计划"中特殊教育教师培训的比重，逐级开展特殊教育教师全员培训和校长、骨干教师培训。实施万名教师支教计划，预计到 2020 年，组织内地 3 万名教师赴西藏、新疆支教，置换出当地 90% 以上理科教师脱产培训。开展足球骨干教师"国培计划"，2016 年 7 月，教育部办公厅发布《关于开展 2016 年全国青少年校园足球骨干师资国家级专项培训的通知》，加强青少年校园足球师资队伍建设，提高校园足球有关从业人员工作能力和综合素养，打造一支师德高尚、业务精良的校园足球师资队伍。

3. 大力推进全国中小学教师信息技术应用能力提升工程

2013 年 10 月，教育部正式启动全国中小学教师信息技术应用能力提升工程，目标是到 2017 年底完成全国 1000 多万中小学（含幼儿园）教师新一轮提升培训。

该项工程从建立教师信息技术应用能力标准体系入手，推行符合信息技术特点的培训新模式，遴选一线教师满意的培训资源，组织实施全员培训。将信息技术应用能力培训纳入教师和校长培训必修学时（学分），将教师信息技术应用能力作为教师资格认定、资格定期注册、职称（职务）评聘和考核奖励等的必备条件，将信息技术应用成效纳入教师绩效考核指标体系，由各地区组织中小学教师信息技术应用能力全员测评。从纳入考核到实施网络测评，积极推动广大教师在教学中主动应用信息技术。

4. 加强职业教师培训

2011 年 11 月，教育部、财政部发布《关于实施职业院校教师素质提高计划的意见》，计划 2011—2015 年组织 45 万名职业院校专业骨干教师参加培训，支持职业院校设立兼职教师岗位，优化职业院校教师队伍的人员结构，支持国家职业教育师资基地重点建设 300 个职教师资专业点，开发 100 个职教师资本科专业的培养标准、培养方案、核心课程和特色教材，加强基地的实训条件和内涵建设，完善适应教师专业化要求的培养培训体系。开展职业院校教师信息化教学大赛。2016 年 5 月，教育部等七部门印发《职业学校教师企业实践规定》，要求进一步加强职业学校"双师型"教师队伍建设，专业课教师（含实习指导教师）要根据专业特点每 5 年累计不少于 6 个月到企业或生产服务一线实践。

（四）完善教师管理

1. 推行和完善各级各类教师资格证书和准入制度

2012 年 9 月，教育部等部门发布《关于加强幼儿园教师队伍建设的意见》，建立幼儿园园长任职资格制度。2013 年 8 月，教育部印发《中小学教师资格考试暂行办法》和《中小学教师资格定期注册暂行办法》，提出教师资格考试合格证明有效期为 3 年，中小学教师资格实行 5 年一周期的定期注册。2012 年 12 月，教育部办公厅发布《关于制订中等职业学校专业教学标准的意见》，要求中等职业学校专业教师具有中等职业学校教师资格证书、专业资格证书及中级以上专业技术职务所要求的业务能力。2014 年 1 月，国务院办公厅印发《关于转发教育部等部门特殊教育提升计划（2014—2016 年）的通知》，要求研究建立特殊教育教师专业证书制度，逐步实行特殊教育教师持证上岗。

2. 加强"三区"人才支持

2012年11月发布的《教育部等五部门关于印发〈边远贫困地区、边疆民族地区和革命老区人才支持计划教师专项计划实施方案〉的通知》提出，通过教师交流的方式加大对"三区"农村教育的支援力度，即"从2013年起至2020年，每年选派3万名优秀幼儿园、中小学（含普通高中，下同）和中等职业学校教师到'三区'支教一年；每年为'三区'培训3000名幼儿园、中小学和中等职业学校的骨干教师和紧缺专业教师"。

3. 深化高校教师考核评价

2016年8月，教育部发布《关于深化高校教师考核评价制度改革的指导意见》，提出加强师德考核力度、突出教育教学业绩、完善科研评价导向、重视社会服务考核、引领教师专业发展等改革意见。其中，突出教育教学业绩的改革意见包括：建立健全教学工作量评价标准，把教授为本专科生上课作为基本制度；完善教学质量评价制度，学校应实行教师自评、学生评价、同行评价、督导评价等多种形式相结合的教学质量综合评价；提高教师教学业绩在校内绩效分配、职称（职务）评聘、岗位晋级考核中的比重，充分调动教师从事教育教学工作的积极性。

4. 健全研究生指导教师制度

2013年3月，教育部、国家发展改革委、财政部联合发布《关于深化研究生教育改革的意见》，强调发挥导师对研究生思想品德、科学伦理的示范和教育作用。综合考虑学科特点、师德表现、学术水平、科研任务和培养质量，确定招生导师及其指导研究生的限额，打破导师终身制。完善研究生与导师互选机制和导师评价模式。

5. 下放高校教师职称评审权

2017年4月发布的《教育部等五部门关于深化高等教育领域简政放权放管结合优化服务改革的若干意见》明确将高校教师职称评审权直接下放至高校，由高校自主组织职称评审、自主评价、按岗聘用。条件不具备、尚不能独立组织评审的高校，可采取联合评审的方式。

6. 设立青年学者项目，完善长江学者奖励计划

2015年长江学者奖励计划首次设立青年学者项目，重点支持优秀青年学术带头人，努力将其培养成优秀学科带头人。

（五）提高教师待遇

1. 给予乡村教师生活补助

2013年9月，《国务院办公厅转发教育部等部门关于实施教育扶贫工程意见的通知》提出，待遇向村小学和教学点专任教师倾斜。2013年9月，教育部、财政部出台了《关于落实2013年中央1号文件要求对在连片特困地区工作的乡村教师给予生活补助的通知》，落实乡村教师生活补助，给在乡村学校从教30年的教师颁发荣誉证书。2015年6月，国务院办公厅印发《乡村教师支持计划（2015—2020年）》，这是国家第一个专门就乡村教师队伍建设下发的政策文件。该计划提出全面落实连片特困地区乡村教师生活补助政策，扩大农村教师"特岗计划"实施规模。除连片特困地区外，265个省贫县也被纳入了实施范围，工资性补助标准提高到西部人均每年3.1万元、中部人均每年2.8万元。向音体美、外语和信息技术等紧缺薄弱学科教师倾斜。

2. 保障民办教师工资福利待遇

2012年6月，教育部出台《关于鼓励和引导民间资金进入教育领域促进民办教育健康发展的实施意见》，明确要求民办学校依法依规保障教师工资、福利待遇，按照国家有关规定为教师办理社会保险和住房公积金，鼓励为教师办理补充养老保险。2016年11月修订的《中华人民共和国民办教育促进法》提出民办学校应当依法保障教职工的工资、福利待遇和其他合法权益，并为教职工缴纳社会保险费，鼓励民办学校按照国家规定为教职工办理补充养老保险。

3. 加强乡村教师周转房建设和教师交流

2015年6月，国务院办公厅印发《乡村教师支持计划（2015—2020年）》，提出加快实施边远艰苦地区乡村学校教师周转宿舍建设，将符合条件的乡村教师住房纳入当地住房保障范围，统筹予以解决。采取定期交流、跨校竞聘、学区一体化管理、学校联盟、对口支援、乡镇中心学校教师走教等多种途径和方式，重点引导优

秀校长和骨干教师向乡村学校流动。

　　图 1.1 是十八大以来关于夯实教师队伍建设政策的词频统计图，其中"培训""标准""中小学教师""专业""职业"是词频最高的前五项。也就是说，自十八大以来，政策措施主要面向中小学教师，并通过教师培训和专业标准的建立来保障教师队伍的质量。

　　其中，2012 年共发布 12 份夯实教师队伍建设方面的政策文件，出台了涵盖各级各类教育的教师专业标准；2013 年在前一年的基础上相继颁发 9 个有关教师培训模式、师德建设、中小学教师资格认定及乡村教师提高待遇的政策文件；2014 年发布的 7 个政策文件聚焦于教师的信息技术能力发展、师德建设与在职专业发展；2015 年发布的 4 个政策文件针对教师队伍的质量提升提出应对策略，从普惠性培训与提升性培训两个层面推进；2016 年出台的 8 个政策文件对各级各类教育的管理评价进行了规范与引领，校园足球、师范生教育成为教育发展的新关注点；2017 年 3 月《教育部等五部门关于深化高等教育领域简政放权放管结合优化服务改革的若干意见》的出台，标志着高等教育综合改革、全面提高高等教育质量、统筹推进"双一流"建设进入新阶段。

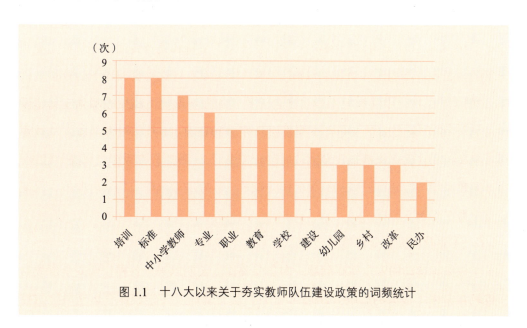

图 1.1　十八大以来关于夯实教师队伍建设政策的词频统计

五、优化教育环境

优化教育环境是确保教育质量提升的重要环节。十八大以来，国家非常重视为学校构建一个良好和谐的育人环境。一是创新基层党组织制度建设，为学校质量提升保驾护航。二是强化以法制为保障的校园安全环境。三是构建以预防为主导的卫生健康环境。四是顺应教育信息化发展趋势，营造有利于学生发展的信息化环境。五是以现代公共文化服务体系搭建全方位育人的立体格局，建设有助于教育质量提升的良好生态环境。

（一）创新基层党建环境

十八大作出创新基层党建工作、加强基层服务型党组织建设的重大部署，根据《中央国家机关贯彻落实全面从严治党要求实施方案》，教育部成立了党建工作领导小组，定期研究解决直属机关和高校党建工作重大问题。2016年6月，中组部、中共教育部党组发布《关于加强中小学校党的建设工作的意见》，要求推进中小学校党组织和党的工作全覆盖，增强党组织政治功能，充分发挥政治核心作用，切实加强中小学校党的建设。2010年8月，中共中央印发《中国共产党普通高等学校基层组织工作条例》，对推进高等学校党的工作的科学化、制度化、民主化有重要意义。2014年10月，中共中央办公厅印发《关于坚持和完善普通高等学校党委领导下的校长负责制的实施意见》，确定高等学校全面实行党委会领导下的校长负责制。2017年8月，中共教育部党组出台《关于加强新形势下高校教师党支部建设的意见》，推进全面从严治党向高校基层延伸。2015年11月，教育部印发《教育部直属高校和直属单位基本建设廉政风险防控手册》，狠抓教育系统党风廉政建设，举办廉政风险防控研讨班，从源头上预防腐败，做好廉政风险点的实时监控，保证公共权力在阳光下运行。

（二）强化校园安全环境

学校体育运动的安全保障问题一向备受关注。长期以来，各种校园安全事故给学校教育带来了极大的影响。2015年5月，教育部印发《学校体育运动风险防控暂行办法》，要求加强各级各类学校体育运动风险防控工作，保障学校体育工作健康有序开展。2016 年 11 月，教育部等九部门联合印发《关于防治中小学生欺凌和暴力的指导意见》，要求加强教育预防、依法惩戒和综合治理，切实防治学生欺凌和暴力事件的发生。2017 年 4 月，国务院办公厅印发《关于加强中小学幼儿园安全风险防控体系建设的意见》，把保障中小学和幼儿园安全放在公共安全的突出位置，认真做好风险预防、管控、事故处理和风险化解等工作，进一步健全完善工作机制和防控体系。

（三）优化卫生健康环境

在传染病防控方面，有关部门多次下发预警通知，如《教育部办公厅关于2011 年学校突发公共卫生事件防控工作第一次预警通知》等。2012 年 3 月，教育部办公厅下发了《关于做好近期学校常见传染病防控工作的通知》。这些政策文件主要关注以下方面：做好各项防护工作；加强健康教育，预防中小学生急性血吸虫病感染病例的发生；落实疫情报告制度；预防控制学校传染病疫情的发生和蔓延，维护学生身体健康；落实晨检制度等。在艾滋病防控方面，2012 年 1 月，国务院办公厅印发了《中国遏制与防治艾滋病"十二五"行动计划》，2015 年 7 月，国家卫生计生委办公厅、教育部办公厅下发了《关于建立疫情通报制度进一步加强学校艾滋病防控工作的通知》，主要围绕建立学校艾滋病疫情通报制度等提出政策要求。在食品安全方面，2011 年 8 月和 10 月，国家食品药品监督管理局分别印发了《餐饮服务食品安全操作规范》和《关于迅速开展学校食堂食品安全整治严防食物中毒事件发生的紧急通知》，切实保障学校食品安全。

（四）改善学校信息化环境

2012 年 3 月，教育部发布《教育信息化十年发展规划（2011—2020 年）》，对未来十年的教育信息化工作进行整体设计、全面部署。提出基础教育信息化重在缩小地区、城乡和学校之间的数字化差距，帮助教师应用信息技术提高教学质量，促进教育均衡发展。2016 年 6 月，教育部印发《教育信息化"十三五"规划》，提出深入推进"三个课堂"建设，不断扩大优质教育资源覆盖面，优先提升教育信息化促进教育公平、提高教育质量的能力。一是建立学校管理信息系统。2012 年 9 月《国务院关于深入推进义务教育均衡发展的意见》出台，要求省级教育部门尽快建立与国家基础教育信息化平台对接的电子学籍管理系统和学校管理信息系统，建立以居住地学龄人口为基准的义务教育管理和公共服务机制。重点建设贯穿学前教育、中小学教育、中等职业教育和高等教育等各个教育层次的教育基础信息数据管理与服务系统。二是改善农村地区的网络教学环境。财政部启动实施全面改善贫困地区义务教育薄弱学校基本办学条件工作，农村学校网络教学环境得到大幅改善，信息化应用基础条件进一步夯实。2015 年 8 月，《国务院关于加快发展民族教育的决定》出台，要求加强民族地区教育信息基础设施建设。2016 年 5 月，《国务院办公厅关于加快中西部教育发展的指导意见》出台，要求实现教学点数字教育资源全覆盖，有条件的地方接入宽带网络。三是建设智慧校园。鼓励学校建设电子校务平台，2016 年 7 月，《教育部关于新形势下进一步做好普通中小学装备工作的意见》出台，明确鼓励探索建设智慧校园。《教育信息化十年发展规划（2011—2020 年）》要求建立电子校务平台，加快学校管理信息化进程，推动学校管理规范化与校务公开，支持学校服务与管理流程优化再造，提升管理效率与决策水平，深入推进管理信息化，从服务教育管理拓展为全面提升教育治理能力。

（五）建立现代公共文化服务体系

2015 年 1 月，中共中央办公厅、国务院办公厅印发《关于加快构建现代公共文化服务体系的意见》，要求积极开展面向未成年人的公益性文化艺术培训服务、演展活动。开展向中小学生推荐优秀出版物、影片、戏曲工作。将中小学生定期参观博物馆、美术馆、纪念馆、科技馆纳入中小学教育教学活动计划。加强乡村学校少年宫建设。完善公共文化设施免费开放的保障机制。深入推进公共图书馆、博物馆、文化馆、纪念馆、美术馆等免费开放工作，逐步将民族博物馆、行业博物馆纳入免费开放范围。推动科技馆、工人文化宫、妇女儿童活动中心以及青少年校外活动场所免费提供基本公共文化服务项目。开展优秀文化遗产和高雅艺术进校园、进社区活动。2017 年 3 月 1 日开始实施的《中华人民共和国公共文化服务保障法》，对上述若干举措在立法层面予以保障。

有关优化教育环境的政策主要集中于基层党建、校园安全、卫生健康、学校信息化和现代公共文化服务五大方面。根据对十八大以来关于优化教育环境政策的词频统计，"学校""防控""公共卫生""预警""食品及食品安全""义务教育""党建"出现频次较高，凸显了义务教育阶段学校在校园安全和卫生健康环境的创设与管理方面的重要责任（图1.2）。

自2012年9月《国务院关于深入推进义务教育均衡发展的意见》发布以来，营养餐改善成为助力农村义务教育的重要措施。2014年，学生体质健康问题被提到国家层面，备受重视；2015年，加强和改进高校党的建设成为把握高校办学方向的基本方针；2016年，着重关注教育信息化环境的硬件保证和软件提升；2017年，更加着重公共文化的环境建设和服务体系的完善，加强学校教育与社区教育的融合。

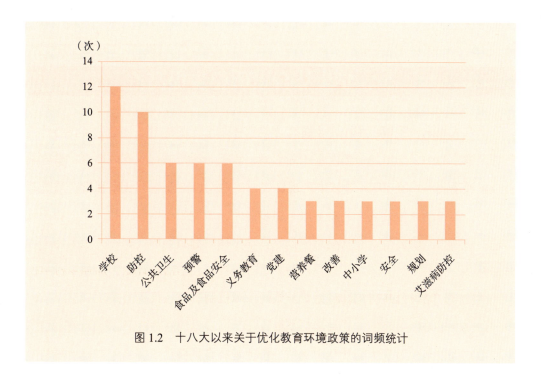

图1.2　十八大以来关于优化教育环境政策的词频统计

▶ 第二章

重要成就

十八大以来，教育综合改革不断深化，教育整体质量显著提升。大中小学生德智体美整体水平不断提升，课程改革取得新进展，教师队伍素质日益提高，教育支持系统更加完善，教育环境日益优化，教育领域不断取得新的重要成就。

一、学生综合素质稳步提高

十八大以来，我国大中小学生德智体美整体水平不断提升。社会主义核心价值观深入学生心中，学生的道德水平不断提高，积极心理品质得到有效培育；学生学业成就显著提升，在 PISA 测试中表现良好，职业院校毕业生就业率和就业质量不断提高，本科毕业生就业率和薪资水平稳步提升，研究生学术研究和科技创新贡献力进一步增强，研究生就业状况总体良好；学生体质健康稳中向好，艺术素养进一步提升。

（一）学生品行育成有实效

1. 社会主义核心价值观深入学生心中

十八大以来，对学生的社会主义核心价值观教育把握住了青少年道德发展的阶段特征、层次规律，在小学、中学和大学不同阶段采取了不同的教育方式和引导策略，真正让社会主义核心价值观入心入脑。教育部 2015 年开展的全国学生思想品德状况调查结果显示，中华传统文化教育、中国特色社会主义教育、礼仪教育、节俭教育、心理健康教育得到普遍加强，德育环境得到明显改善，学生的思想品德总体向好，思想主流积极向上，具有强烈的民族自豪感、自尊心和自信心，对中国特色社会主义充满制度自信和道路自信。调查显示，90.4%的学生对作为一个中国人感到自豪，93.0%的学生对中国特色社会主义道路前景看好（王定华，2016）。2016年发布的《中国大学生思想政治教育发展报告2015》调查结果表明，91.6%的大学生拥有明确的人生理想，91.7%的大学生对社会主义核心价值观表示高度认同。

2. 学生的道德水平不断提高

全国学生思想品德状况调查结果显示，中小学生品德素质良好，孝亲尊师、明理守法、崇尚环保、互助友善。97.7%的学生看到同学有困难时"经常"或"有时"能帮忙；对于学习成绩差、家庭条件不好或身体有缺陷的弱势同学，80.5%的学生能关心帮助。

3. 学生的积极心理品质得到有效培育

全国学生思想品德状况调查结果显示，中小学生阳光健康，生活愉快，满意度高，乐观自信，有专注力、有韧性，心理承受力较强。86.3%的学生生活得愉快，93.9%的学生对自己有积极正向评价，认为自己"很棒"或"还行"。

（二）学生学业成就显著提升

1. 我国四省市学生PISA测试成绩名列前茅

我国北京、上海、江苏、广东四省市268所学校的1万多名学生参加了由OECD组织实施的PISA测试。结果显示，四省市学生的科学测试成绩排名第10，阅读测试成绩排名第27，数学测试成绩排名第6，学生成绩名列前茅。

2. 职业院校毕业生就业率和就业质量不断提高

"十二五"期间，中职毕业生就业率在95%以上，高职毕业生就业率在90%以上。职业院校每年输送技术技能人才近1000万名，占新增就业人口的60%，培训上亿人次。近年来，我国职业院校毕业生的就业质量不断提高。以2015年为例，全国中职毕业生就业率为96.30%，对口就业率为77.60%。在直接就业学生中，签订劳动合同的比例达89.26%，比2014年增长1.22个百分点，毕业生就业稳定性不断提高。中职毕业生到国家机关、企事业单位就业的占就业总人数的52.04%，合法从事个体经营的占14.27%，以其他方式就业的占11.67%。

3. 高校本科毕业生就业率和薪资水平稳步提升

根据第三方教育数据咨询和评估机构麦可思研究院2016年发布的《中国大学

生就业报告》，我国 2015 届大学毕业生毕业半年后的就业率为 91.7%，其中本科院校毕业生毕业半年后的就业率为 92.2%。麦可思研究院自 2007 年以来每年对大学生毕业半年后的就业状况进行调查，年度对比结果显示，自 2012 年以来，我国大学生的就业率持续显著提高，2015 届本科院校毕业生半年后就业率比 2012 届提高了 0.7 个百分点（表 2.1）。

表 2.1　2012—2015 届大学生毕业半年后就业率

届别	大学毕业生	本科院校毕业生
2012	90.9%	91.5%
2013	91.4%	91.8%
2014	92.1%	92.6%
2015	91.7%	92.2%
2015 届比 2012 届增加	0.8 个百分点	0.7 个百分点

数据来源：2013—2016 年《中国大学生就业报告》。

从毕业生就业薪资来看，2012 届大学毕业生毕业半年后平均月薪为 3048 元，2015 届大学毕业生毕业半年后平均月薪为 3726 元，比前者增加了 678 元。2012 届本科院校毕业生毕业半年后平均月薪为 3366 元，2015 届本科院校毕业生毕业半年后平均月薪为 4042 元，比前者增加了 676 元（表 2.2）。可见，自 2012 年以来，我国本科院校毕业生的薪资水平有显著提高。

表 2.2　2012—2015 届大学生毕业半年后平均月薪

（单位：元）

届别	大学毕业生	本科院校毕业生
2012	3048	3366
2013	3250	3560
2014	3487	3773
2015	3726	4042
2015 届比 2012 届增加	678	676

数据来源：2013—2016 年《中国大学生就业报告》。

4. 研究生学术研究和科技创新贡献力进一步增强

研究生成为我国高水平学术论文创作的生力军。2012—2014 年发表的 800 多篇国际高水平热点论文中第一作者为我国在校研究生的有 314 篇。2012—2016 年，国家自然科学基金重点项目组成人员中，博士生的比例从 28.8% 提高到 30.9%，研究生对科技创新的贡献度不断提高（图 2.1）。

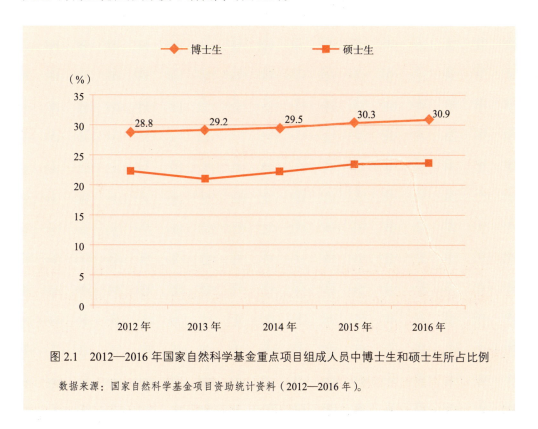

图 2.1　2012—2016 年国家自然科学基金重点项目组成人员中博士生和硕士生所占比例

数据来源：国家自然科学基金项目资助统计资料（2012—2016 年）。

另外，研究生中的应用型人才增加。2015 年，全国有在校研究生 1911406 人，其中学术学位博士生占 16.7%，专业学位博士生占 0.4%，学术学位硕士生占 48.1%，专业学位硕士生占 34.8%。学术学位硕士生的比例首次降至 50% 以下，专业学位硕士生的比例持续提高，研究生教育的结构进一步优化，应用型高层次人才数量进一步增加（图 2.2）。

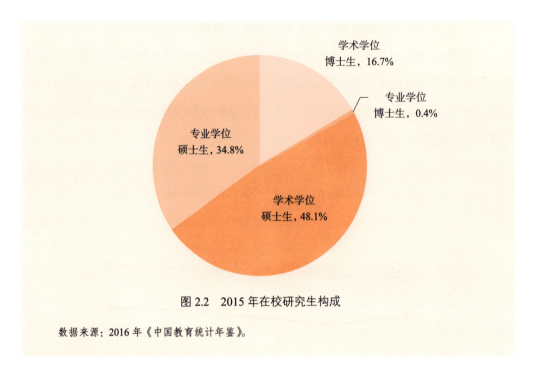

图 2.2　2015 年在校研究生构成

数据来源：2016 年《中国教育统计年鉴》。

5. 研究生就业状况总体良好

北京大学教育经济研究所 2013 年对 30 所高校进行的调查显示，硕士生与博士生的初次就业率均为 86.2%，体现出学历优势。腾讯教育—麦可思 2015 届应届大学生毕业流向月度跟踪调查显示，2015 年硕士毕业生首年正式工作平均薪资高于本科生、高职高专生。

76 所教育部直属高校发布的 2014 年和 2015 年应届毕业生就业质量年度报告显示：2015 年有 54 所直属高校提供了硕士生就业率数据，其中硕士生就业率超过 95% 的有 44 所，低于 90% 的有 3 所；53 所直属高校提供了博士生就业率数据，其中博士生就业率超过 95% 的有 41 所；37 所部属高校提供了研究生总体就业率数据，其中研究生总体就业率超过 95% 的有 28 所。2014 年的就业数据显示：在 54 所有硕士生就业率数据的高校中，硕士生就业率超过 95% 的有 41 所；在 52 所有博士生就业率数据的高校中，博士生就业率超过 95% 的有 45 所；在 37 所有研究生总体就业率数据的高校中，研究生总体就业率超过 95% 的有 11 所（表 2.3）。

表 2.3　2014 年和 2015 年研究生就业率

（单位：所）

年份	硕士生就业率 95% 以上的高校数量	博士生就业率 95% 以上的高校数量	研究生总体就业率 95% 以上的高校数量
2014	41（54）	45（52）	11（37）
2015	44（54）	41（53）	28（37）

注：括号内为有数据的高校数。
数据来源：2015 年和 2016 年《中国研究生教育质量年度报告》。

（三）学生体育艺术素养稳步提高

1. 学生营养状况明显改善

2017 年 3 月，教育部《关于农村义务教育学生营养改善计划实施情况的报告》指出，2011—2016 年底中央财政累计安排资金近 1600 亿元，用于实施国家试点、奖励地方试点、改善就餐条件和补助困难学生。按照目前的标准，国家给每生每天 4 元膳食补助（全年按照在校时间 200 天计算），寄宿生加上"一补"（补助生活费）后达到每天 8—9 元，基本解决了贫困学生在校吃饭问题，减轻了贫困家庭的经济负担。自 2011 年启动营养改善计划至 2016 年底，全国共有 29 个省份（北京、天津、山东单独开展了学生供餐项目）1590 个县实施了营养改善计划，覆盖学校 13.4 万所，受益学生总数达到 3600 多万人。全国超过 1/2 的县实施了营养改善计划，超过 1/2 的义务教育学校提供营养餐，近 1/4 的义务教育阶段学生享受营养膳食补助。全国实行食堂供餐的试点学校比例达到 71%，国家试点县达到 76.6%（比 2012 年提高了近 20 个百分点），大大提高了为学生供应安全、卫生、营养饮食的能力。

2. 学生身体素质总体向好

身高和体重是反映儿童营养和健康状况的基本指标。通过实施营养改善计划，试点地区学生的平均身高和体重增长明显，高于全国农村学生平均增长速度。2015 年，男、女生各年龄段的平均身高比 2012 年高 1.2—1.4 厘米，各年龄段男、女生的平均体重增长 0.7 千克和 0.8 千克。其中，6—11 岁的小学生平均身高和体重的增长幅度更为明显，学生的身体素质明显提升（中国疾病预防控制中心，2016）。

3. 学生艺术素养明显提升

自 2006 年起，我国每年对 200 余所普通高校一年级新生进行美育调查，调查表明近 80% 的被调查学生在中小学阶段接受了正规的艺术课堂教学，62% 的学生参与了学校的艺术社团或兴趣小组，33% 的学生掌握了一定的艺术技能，67% 的学生具备了一定的艺术鉴赏能力（柴葳，李小伟，2016）。遵循学生艺术学习规律和中国特色的美育教学规律，艺术课程教学、课外艺术活动、校园文化艺术建设和艺术教育社会资源有效利用四位一体的协同育人机制初步形成，学生艺术素养整体上有了明显提升。

二、课程改革成效显著

十八大以来，我国积极推进课程和教学改革，各级各类学校课程建设取得显著成效。德育为先、能力为重、全面发展的教育理念得到普遍认同，核心素养研究取得较大进展，各级各类学校课程体系不断优化，教材编写更加规范，育人模式不断创新，教育满意度和国际认可度显著提升。

（一）德育为先、能力为重、全面发展的教育理念得到广泛认同

1. 坚持用"大德育"理念开展品德教育

十八大以来，国家坚持"大德育"的政策理念，全面开展对学生的思想教育、道德教育、公民教育、法治教育和心理健康教育等。在学科融合的大背景下，丰富的学科体系相互融合、渗透，促进了德育学科体系的完善，赋予了学生更多体验，促进了学生的全面发展。

2. 将社会主义核心价值观融入各级各类教育全过程

根据学段的发展规律与特点，将社会主义核心价值观贯穿基础教育、高等教育、职业技术教育和成人教育等各领域；将社会主义核心价值观落实到教育教学和管理服务的各环节，以及课堂教学、社会实践和校园文化塑造等各方面；将社会主义核心价值观教育渗透至家庭和社会，引导广大家庭和社会各方面配合学校教育，以良好家庭氛围和社会风气巩固学校的教育成果。

3.以创新、协调、绿色、开放、共享的发展理念促进学生的能力提升和全面发展

以创新发展激发教育活力，实现学生全面发展与个性发展相统一；以协调发展优化教育结构，解决发展区域、学科的不平衡问题，促进不同区域学生的能力提升和全面发展；以绿色发展引领教育风尚，全面实施素质教育，按规律办学、按规律育人；以开放发展拓展教育资源，让社会分享教育资源，形成家校共育、学校社会协同的良好教育生态；以共享发展促进教育公平，让特殊群体共享优质教育资源。

（二）课程体系日趋完善

1.基础教育课程进一步关注核心素养

在高中课程标准修订之际，教育部组织专家团队集中研制中国学生发展核心素养体系框架。此次普通高中课程标准修订，就是依据中国学生发展核心素养体系进行的。各学科专家组依据学生发展核心素养，凝练学科核心素养，科学设计各学段学科课程，精心选择教育内容，指导教材编写。同时，根据学生发展核心素养，建立素养不断提升的发展水平表现等级，借以对学生学业质量、核心素养进行监测评估，实现对学校教育教学行为的有效反馈与指导，系统推进基于核心素养发展的课程体系建设。

2.职业院校探索形成基于校企合作的课程开发机制

职业院校的专业课程内容开发形成了校企合作的开发机制。职业院校积极与行业企业人员密切联系、深度合作，开发了多姿多彩的专业课程内容。大部分学校都有适合自己学生情况、符合地方产业需求的课程资源。在课程开发过程中，各校形成了自己的专业团队，教师队伍得到有效锻炼，课程开发能力显著提升。

3.高校创新导向的课程与教学探索初见成效

高校扭转了以往"千校一面"的状况，按照创新型、复合型、应用型、技能型的人才培养要求，向着各显其能、特色发展、争创一流的方向发展。新建本科院校对于人才培养的目标定位也更加切合实际。各高校主动作为，扎实推进创新创业教育，112所中央部属高校制定了深化创新创业教育改革方案，82%的高校开设了创新创业必修课或选修课。高校教学思想、教学内容和教学方法的探索促进了育人模式的创新。众多高校深化教学改革的举措，促进了人才培养模式和课程体系的全面

改革。

4.特殊教育课程体系逐步健全

特殊教育在研制盲、聋和培智三类特殊教育学校义务教育课程标准的基础上，逐步健全适合残疾学生学习特点的课程教材体系，覆盖义务教育学校所有学科所有年级。

5.民族地区有效开发双语教学资源

民族地区积极开发以广播、电视、新兴媒体为介质的双语教学资源，注重把中华民族共同体意识融入教材和教学资源，充分发挥教材和教学资源的育人功能。民族地区还开发了以国家通用语言文字和少数民族语言文字为载体的双语教学资源。与此同时，双语教学资源库的开发建设也在紧锣密鼓地进行。如，中央和新疆共投入 9.1 亿元，实施了 854 个计算机教室和 4.07 万个班的"班班通"建设项目，新疆中小学双语班"班班通"覆盖率达 85%。

（三）教材编写更加规范

1.义务教育教材的审查机制不断完善，学生课业负担总体下降

实行学科审查、综合审查、专题审查、终审"四审"制度，全方位、多角度抓好定向把关；按照"一科一套教辅"的要求，将省编配套教辅材料配给学生使用，严格落实任何单位和个人不得以任何形式强制或变相强制学校或学生购买任何教辅材料，有效地减轻了学生的课业负担和家庭的经济负担。西南大学评估组对全国 14 个省份 10 万余名中小学生的抽样调查显示，2011—2016 年，小学生课业负担总体呈下降趋势。2010—2014 年，每周课时数超过 30 节的小学比例由 39.14% 下降到 26.82%，每天家庭作业时间超过 1 小时的学生比例由 48.70% 下降到 37.41%，每天体育锻炼时间超过 1 小时的学生比例由 58.32% 上升到 72.13%。

2.双语教材编写更加切合实际需求

学前、中小学双语教材和教辅材料的建设不断加强，形成了有规划、有标准、工作程序规范的双语教材编写、翻译、审查制度，实现了与汉语文教材配套同步供书。各类双语教材和教辅材料的编写、修订等工作持续推进。目前，全国每年编译民族文字教材 3500 余种，出版发行 1 亿多册，基本满足了双语教学的需要。

3. 高校教材体系进一步完善

"马工程"教材体系包括中宣部组织编写的 41 种教材和教育部组织编写的 93 种教材，基本涵盖了哲学社会科学各专业的基础课程和主要专业课程。中宣部组织编写的专业课教材已经正式出版 28 种；教育部组织编写的专业课教材计划在 2017 年底出齐。"马工程"教材的编写集中了全国最优秀的教学和科研力量，充分反映了马克思主义中国化的最新成果，反映了各学科领域学术研究与教学改革的最新进展，体现了政治性、思想性、学术性的统一。

4. 职业教育教材更加丰富多样

职业教育教材管理机制不断完善，教改创新持续推进。职业教育教材管理不断规范，教材编写、审定及评价机制进一步完善，教材质量逐步提高，为促进教学改革、规范教学秩序、保证教学质量提供了有力支撑。职业教育开发了一批反映产业升级和结构调整对技能型人才新要求、体现职业教育课程改革新理念的中高职教材，逐步实现了中高职教材在内容和标准上的对接和衔接，职教特色不断凸显。职业教育教材形式和专业门类趋于多元，配套资源不断丰富，逐步对接现代产业体系，注重吸收行业发展的新知识、新技术、新工艺、新方法以及产业文化和优秀企业文化。教材呈现形式不断创新，逐步运用现代信息技术使教材更加生活化、情景化、动态化、形象化，同时开发网络课程、虚拟仿真实训平台、工作过程模拟软件、通用主题素材库等多种形式的数字化教学资源，建立动态、共享的课程教材资源库。

（四）育人模式不断创新

1. 基础教育人才培养模式以学习者为中心

基础教育按照"自主、合作、探究"学习方式的要求，深化教学改革，改变被动传授、机械训练、简单重复的课堂教学，积极探索新课改理念多样、有效的实现形式。通过小班化教学、选修走班等方式，创造条件和机会，让拔尖创新人才脱颖而出。通过实施基础学科拔尖学生培养试验计划、科教结合协同育人行动计划和卓越系列人才培养计划，全面推广协同育人有效模式。将教育与生产劳动和社会实践相结合，以知促行、以行促知，学以致用。积极开展中小学生研学旅行活动，推进中小学社会实践基地建设，加强资源开发，为学生参加社会实践提供专门场地、专业指导、专题教育。做好学生志愿服务，将志愿服务成效作为综合素质评价的重要内容，作为毕业升学的重要参考。

2.普通高校"协同育人"人才培养模式改革不断深化

将协同育人作为破解人才培养难题、创新人才培养机制的一个重要途径，深入推进科教合作、产教融合，聚集多方力量协同育人。2014年，教育部设立产学合作协同育人项目，组织国内外知名企业与高校开展产学合作育人，鼓励企业通过自主立项并提供专项资金，资助高校开展专业综合改革、课程改革、师资培训、大学生创新创业训练计划等，共同推动人才培养模式改革，促进产学合作协同育人，着力培养适应产业发展需要的应用型、复合型、创新型人才。

3.职业院校形成"产教融合、校企合作"的特色化育人模式

职业院校统筹推进活动育人、实践育人、文化育人。2015年以来，职业院校广泛开展"文明风采"竞赛、"劳模进职校"等校园文化和主题教育活动，将德育与智育、体育、美育有机结合，努力构建全员、全过程、全方位的育人格局。广泛开展"大国工匠进校园""学雷锋志愿服务"等活动，利用各类仪式、典礼、纪念日开展主题教育活动，强化学生职业道德和工匠精神培养。

4.继续教育构建职业教育与普通教育相互沟通、职前教育与职后教育有效衔接的人才培养体系

职业教育形成了从中职、专科、本科到专业学位研究生的培养体系，满足各层次技术技能人才的教育需求和职业成长需求。拓宽高等职业学校招收中等职业学校毕业生、应用技术类高等学校招收职业院校毕业生的通道，打开职业院校学生成长空间。在确有需要的职业领域，实行中职、专科、本科贯通培养。普通高等学校和职业院校实行课程和学分互认制度。普通高等学校可以招收职业院校毕业生，并与职业院校联合培养高层次应用型人才。国家开放大学探索建立"学分银行"，将学习者的各类学习成果转换成学分进行存储，实现不同类型学习成果的转换，为学分认证、积累与转换奠定了基础。

（五）教育满意度和国际认可度显著提升

1. 义务教育的满意度不断提升

中国社会科学院财经战略研究院发布的《中国公共财政建设报告 2014（全国卷）》通过政府干预度、财政均等化、可持续性等十大因素，对我国公共财政制度建设进展和公众对公共服务的满意度进行衡量。报告显示，从公共服务均等化的各项指标来看，城乡义务教育经费的均等化程度最高，达到了 89.01 分，城乡医疗卫生服务均等化的程度最低，仅有 45.20 分，城市公共服务均等化的水平要高于农村。在社会公众对各项公共服务的满意度评价中，9 项公共服务的满意度得分都在 60 分以上，且呈现出共同增长趋势，指标间差距不断缩小。其中对义务教育、市政设施和公共基础设施的满意度得分排在前三位。可见，社会公众对义务教育的满意度较高。

2. 义务教育均衡评估认定持续推进

国家建立了促进县域义务教育均衡发展的长效评估认定机制。截至 2016 年底，全国实现义务教育发展基本均衡的县累计达到 1824 个，其中东部地区 740 个，中部地区 556 个，西部地区 528 个。

3. 高等教育的国际认可度有较大提升

2013 年，在国际工程联盟大会上，我国加入《华盛顿协议》，成为本科工程教育国际互认协议成员，标志着我国工程教育认证获得国际认可。我国高校 600 余个学科进入世界基本科学指标数据库（ESI）前百分之一，约 50 个学科进入前千分之一。在国家科学技术奖项中，高校占比高。

随着中国经济的发展和研究生教育质量的提高，十八大以来来华留学生的规模、层次、结构都发生了显著变化，来华攻读硕士、博士学位的留学生规模及其所占比例持续快速增长，这从一个侧面反映了中国研究生教育良好的国际声誉。2012—2015 年，来华攻读硕士、博士学位的留学生人数从 36060 人增长到 53572 人，年度增长率保持在 11% 以上（图 2.3）。从研究生占来华留学生总体的比例来看，2012 年这一比例为 10.98%，到 2015 年这一比例已增长到 13.47%（图 2.4）。

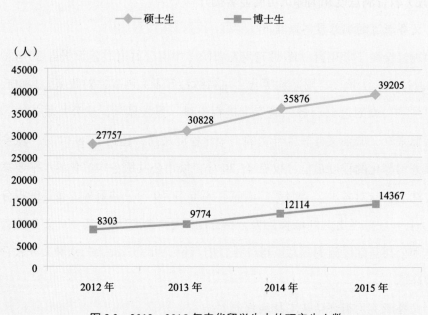

图 2.3　2012—2015 年来华留学生中的研究生人数

数据来源：2012—2015 年来华留学研究生统计数据。

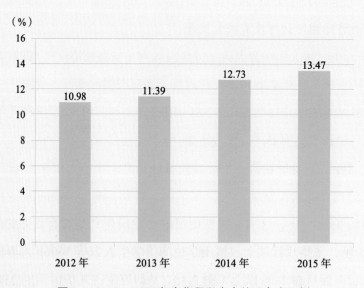

图 2.4　2012—2015 年来华留学生中的研究生比例

数据来源：2012—2015 年来华留学研究生统计数据。

我国高校在国际高等教育中的影响力扩大。首届国际学习型城市大会、首届世界语言大会、首届国际教育信息化大会、国际职业技术教育大会等重要国际会议在我国成功举办，表明中国教育发挥着越来越重要的国际影响。由西安交通大学发起、22 个国家和地区近百所高校参加的新丝绸之路联盟在西安正式成立；复旦大学和俄罗斯乌拉尔国立经济大学等 47 所"一带一路"沿线国家和地区高校在兰州发布《敦煌共识》，成立"一带一路"高校战略联盟。"一带一路"建设赋予了沿线国家和地区教育国际合作与发展的新使命、新机遇，进一步扩大了我国高等教育的影响力。

三、教师队伍素质日益提高

十八大以来，我国教师队伍结构不断优化，整体素质进一步提升。师德建设长效机制得以确立，师德水平不断提高；教师队伍结构不断优化；教师培训日益加强，教师业务水平不断提升；乡村教师队伍整体质量稳步提升，为缩小城乡差距、促进教育公平作出了积极贡献。

（一）师德建设长效机制基本形成

各地各校依据教育部有关规定建立健全师德建设长效机制，落实严禁违规收受礼品礼金、严禁有偿补课等管理规定，从源头和根本上遏制违反师德行为的发生，引导广大教师以德立身、以德立学、以德施教。教育部推出"天津市和平区开展'人人讲师德，弘扬正能量'系列活动"等 30 个全国师德建设优秀工作案例，建立一线优秀教师进课堂宣讲师德先进事迹制度，广泛开展以培育社会主义核心价值观、弘扬中华优秀传统文化和提升依法施教能力为主要内容的"四有"好老师主题教育活动，积极开展"寻找最美乡村教师"等活动，大力宣传优秀教师先进事迹，营造尊师重教良好风尚。

（二）教师队伍结构不断优化

《中国教育统计年鉴》有关数据显示，我国教师队伍结构呈现不断优化的趋势。

1. 中小学生师比明显改善

2012—2015 年，义务教育、高中阶段教育的生师比都有明显改善，小学、初中分别由 2012 年的 17.36、13.59 下降为 2015 年的 17.05、12.41，普通高中、中职学校分别由 2012 年的 15.47、24.19 下降为 2015 年的 14.01、20.47，这将更加有利于教育教学质量的提高（图 2.5）。

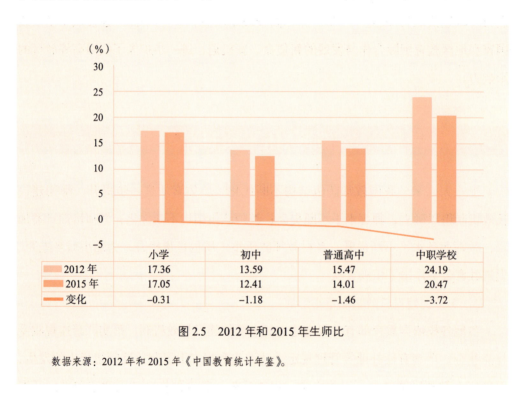

	小学	初中	普通高中	中职学校
2012 年	17.36	13.59	15.47	24.19
2015 年	17.05	12.41	14.01	20.47
变化	-0.31	-1.18	-1.46	-3.72

图 2.5　2012 年和 2015 年生师比

数据来源：2012 年和 2015 年《中国教育统计年鉴》。

2. 教师队伍的性别结构趋于优化

与 2012 年相比，2015 年学前教育女教师比例略有下降，由 97.97% 微降为 97.92%，男教师比例略有提升，这表明新增少量男教师进入幼儿园。其他各级各类教育女教师比例都有所增加，但除特殊教育和小学女教师比例相对较大以外，初中、普通高中和中职学校男女教师性别比例相对合理。具体说来，特殊教育、小学、初中、普通高中及中职学校女教师比例分别由 72.37%、59.58%、50.92%、49.05%、49.98% 上升为 73.02%、63.73%、53.53%、51.35%、51.95%（图 2.6）。

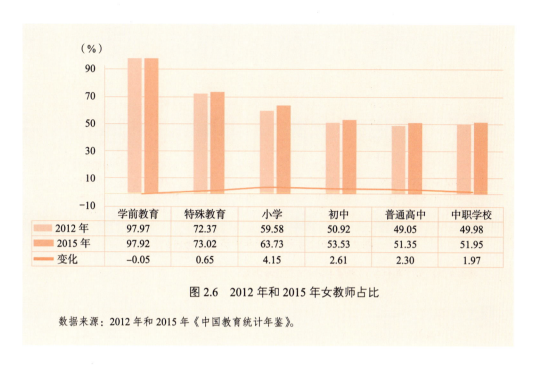

	学前教育	特殊教育	小学	初中	普通高中	中职学校
2012 年	97.97	72.37	59.58	50.92	49.05	49.98
2015 年	97.92	73.02	63.73	53.53	51.35	51.95
变化	−0.05	0.65	4.15	2.61	2.30	1.97

图 2.6　2012 年和 2015 年女教师占比

数据来源：2012 年和 2015 年《中国教育统计年鉴》。

3. 教师队伍年龄结构更趋合理

2015 年中小学各学段 30—44 岁的中青年教师比例均在 50% 以上，其中小学因新增教师较多，中青年教师比例较 2012 年有所增加（图 2.7）。

4. 高学历教师比例趋于上升

教师学历结构明显优化。2015 年与 2012 年相比，特殊教育、小学、初中、普通高中及中职学校高学历教师比例分别增加 3.30、6.98、8.60、2.15 和 1.60 个百分点。尤其是义务教育学校由于持续采取师范生免费教育、"特岗计划"等补充教师的措施，教师学历提升更为明显（图 2.8）。普通高校专任教师中拥有博士学位教师的比例有显著提高。2012 年我国普通高校博士学位专任教师占比从 2012 年的 17.66%增加到 2015 年的 21.17%，增加了 3.51 个百分点（表 2.4）。

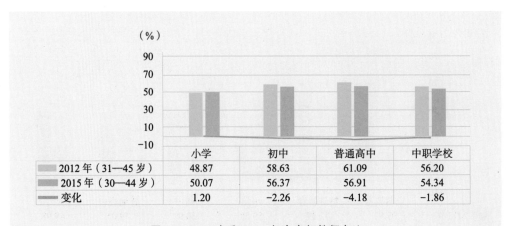

（%）	小学	初中	普通高中	中职学校
2012 年（31—45 岁）	48.87	58.63	61.09	56.20
2015 年（30—44 岁）	50.07	56.37	56.91	54.34
变化	1.20	-2.26	-4.18	-1.86

图 2.7　2012 年和 2015 年中青年教师占比

数据来源：2012 年和 2015 年《中国教育统计年鉴》。

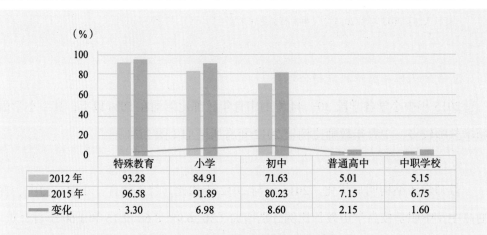

（%）	特殊教育	小学	初中	普通高中	中职学校
2012 年	93.28	84.91	71.63	5.01	5.15
2015 年	96.58	91.89	80.23	7.15	6.75
变化	3.30	6.98	8.60	2.15	1.60

图 2.8　2012 年和 2015 年高学历教师占比

数据来源：2012 年和 2015 年《中国教育统计年鉴》。

表 2.4　2012—2015 年普通高校博士学位专任教师数及其占比

年份	普通高校专任教师（万人）	博士学位专任教师（万人）	博士学位专任教师占比（%）
2012	144.03	25.44	17.66
2013	149.69	28.54	19.07
2014	153.45	31.31	20.40
2015	160.28	33.93	21.17

数据来源：2012 年和 2015 年《中国教育统计年鉴》。

5. 教师队伍职称结构趋于改善

中高级职称教师比例除小学因新进 10 万名教师而略有下降外，其他各学段都有所提升，特殊教育、初中、普通高中及中职学校中高级职称教师比例 2015 年比 2012 年分别增加 0.15、2.90、2.04 和 1.24 个百分点（图 2.9）。

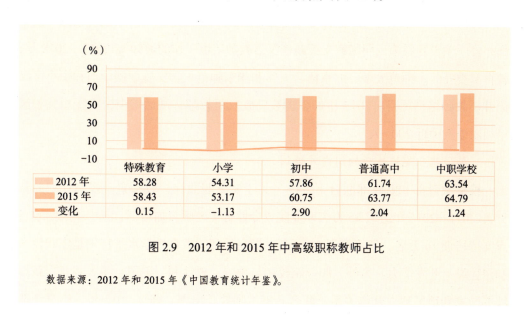

图 2.9　2012 年和 2015 年中高级职称教师占比

数据来源：2012 年和 2015 年《中国教育统计年鉴》。

（三）教师培训日益加强

十八大以来，国家不断加强教师培训，促进了教师业务水平的提升。

1. 中小学教师持续参与常态化培训

国家明确了教师、校长每 5 年接受不少于 360 学时的培训目标任务，优化培训内容，改进培训方式，推进网络研修社区试点，探索建立中小学教师、校长常态化研修机制。分项目持续推进实施"国培计划"，根据《〈国家中长期教育改革和发展规划纲要（2010—2020 年）〉中期评估教师队伍建设专题评估报告》，2010—2015 年，中央财政投入 85.5 亿元，培训中小学幼儿园教师 900 多万人次。实施中小学教师信息技术应用能力提升工程，2013 年启动后已完成 500 多万人次的中小学幼儿园教师专项培训。2014 年实施中小学校长"国培计划"，推出边远贫困地区农村校长助力工程、特殊教育学校校长能力提升工程、卓越校长领航工程等，2011—2015 年培训中小学校长、幼儿园园长近 11.7 万人。

2. 加大双语教师培训力度

"国培计划"向民族地区农村中小学特别是双语教师倾斜。2010 年以来,南疆补充 4.7 万名学前和中小学业务过硬的双语教师。"国培计划"加强国家通用语言和专业培训,培训教师 10 万人次,为少数民族学生学好国家通用语言文字奠定师资基础。2014 年,中央安排 0.6 亿元专项资金,培训双语教师 1.58 万人次。根据《教育部办公厅关于开展第三期国家支援新疆汉语教师培训工作的通知》,2013—2018 年,教育部委托北京师范大学、北京语言大学和华东师范大学实施新疆学前和中小学汉语骨干教师培训项目。2015 年加强少数民族双语教师普通话培训,委托相关省区培训双语教师近 2000 人。

3. 加强职业院校教师的国内外培训

根据教育部和财政部联合下发的《关于实施职业院校教师素质提高计划的意见》,2011—2015 年组织 45 万名职业院校专业骨干教师参加培训,其中中央财政重点支持培训 10 万名,省级培训 35 万名,提高教师的教育教学水平特别是实践教学和课程设计开发能力。另外,职业院校还与德国、奥地利、美国、澳大利亚、新加坡等国家和地区建立合作关系,联合开展教师校长培训。截至 2015 年,已累计选派 2000 名中等职业学校教师、500 多名中等职业学校教学管理干部、450 名高等职业学校校长、2200 名高等职业学校教师到国(境)外进修,为 3400 多所职业院校培养"种子"教师,取得了一大批高水平教科研成果。

4. 强化特殊教育教师专业培训

由于特殊教育教师中很大一部分是由普通教育甚至其他行业转岗而来,因此是否接受过特殊教育专业培训是影响特殊教育专任教师专业化水平的重要因素。2012 年以来,随着"国培计划"的深入开展和各项政策措施的贯彻落实,特殊教育教师培训力度加大,特殊教育教师中接受过特殊教育专业培训的比例逐年显著增长,尤其是 2012—2013 年,共提高了 14.3 个百分点,并在 2014 年、2015 年保持了较为稳定的增长幅度,提升了特殊教育教师针对特殊儿童开展教育教学的专业性和胜任力(图 2.10)。

图 2.10 2012—2015 年特殊教育教师中接受过特殊教育专业培训的比例

数据来源：2012 年和 2015 年《中国教育统计年鉴》。

（四）乡村教师队伍整体质量得到提升

十八大以来，通过采取师范生免费教育、"特岗计划"以及"乡村教师支持计划"等相关措施，农村教师队伍进一步扩大，素质不断提升。

1. 农村基础教育各学段专任教师学历合格率稳步增长

学前教育教师学历合格率提升最快，2015 年较 2012 年增长了 10.73 个百分点。初中和小学教师学历合格率的增长也十分显著，分别从 2012 年的 66.48% 和 81.73% 增长到 2015 年的 76.07% 和 89.73%，各增长了 9.59 和 8.00 个百分点。普通高中教师学历合格率增长趋势相对平稳，2015 年较 2012 年增长了 1.59 个百分点（图 2.11）。可见，在多种政策推动下，近年来我国农村基础教育师资素质提升迅速。

2. 教师职称评聘向农村教师倾斜

《〈国家中长期教育改革和发展规划纲要（2010—2020 年）〉中期评估教师队伍建设专题评估报告》显示，在中小学职称制度改革试点中，教师职称评聘向农村教师倾斜，按照新的评价标准和办法评聘中小学正高级教师 806 人，其中县及以下农村学校教师有 240 多人，约占总数的 30%，拓宽了农村教师的职业发展通道。

	2012 年	2013 年	2014 年	2015 年
学前教育	58.99	62.68	66.24	69.72
小学	81.73	84.44	87.29	89.73
初中	66.48	70.01	73.34	76.07
普通高中	95.40	95.83	96.38	96.99

图 2.11　2012—2015 年农村基础教育专任教师学历合格率

数据来源：2012 年和 2015 年《中国教育统计年鉴》；2013—2015 年《全国教育事业发展简明统计分析》。

3."国培计划"等教师培训项目主要向农村教师倾斜

2010—2014 年"国培计划"中央财政投入 64 亿元，培训全国中小学幼儿园教师 730 万余人次，其中农村教师 706 万余人次，完成对 640 多万中西部农村教师的一轮培训。2015 年教育部、财政部《关于改革实施中小学幼儿园教师国家级培训计划的通知》明确提出：集中支持中西部乡村教师、校长培训，培训 200 万人；实施边远贫困地区农村校长助力工程，每年组织连片特困地区 2000 名中小学校长、幼儿园园长参加国家级培训。2016 年，国家投入 21.5 亿元，实施中西部项目和幼师国培项目，培训教师约 160 万人次，切实提升了农村教师的专业化水平（教育部，2017a）。

（五）乡村教师待遇不断提高

1.连片特困地区乡村教师生活补助基本实现全覆盖

2016 年，乡村教师生活补助实施工作取得显著成效，在享受连片特困地区政策的 22 个省份 708 个县中，有 684 个县实施乡村教师生活补助，覆盖率达到 96.6%，比上年提高了 14.6 个百分点，受益乡村教师达 129.5 万人，比上年增加了 34.6 万人。

2. 补助标准不断提高

2016 年各地共投入补助资金 44.3 亿元，比上年增加 9.9 亿元，增幅达 28.8%。中央核拨奖补资金 29.8 亿元，比上年增加 7 亿元。人均补助标准 284 元，比上年增加 22 元。有连片特困县的 22 个省份中，有 18 个省份提高了补助标准。新疆生产建设兵团和宁夏、四川、青海、湖南等地人均补助标准较高，如湖南分为 700 元、500 元、300 元三个档次，注重向村小、教学点和艰苦边远地区倾斜。

3. 政策实施范围不断扩大

实施连片特困地区乡村教师生活补助政策的省份，多数将非连片特困县纳入实施范围，如广西、宁夏扩大到所有县（市、区），广东在全省范围内实施乡村教师生活补助政策，2016 年补助标准提高到不低于人均 800 元 / 月。

四、教育支持系统更加有力

十八大以来，国家积极致力于教育支持体系建设和教育环境改善，教育支持体系日益成熟，教育环境日益向好，为促进教育现代化、基本形成学习型社会奠定了良好的支持体系和环境基础。

（一）国家数字教育资源公共服务体系初具规模

国家教育资源公共服务平台于 2012 年底上线运行，到 2016 年 12 月，已开通教师空间 960 万个、学生空间 470 万个、家长空间 389 万个，已实现与 22 个省级平台和 23 个市 / 县级平台的互联互通，服务体系注册用户达到 5800 万人。全国已有超过 30% 的学校开通了网络学习空间，师生空间开通数量超过 6300 万个。

（二）高等教育优质数字资源日益丰富

国家精品开放课程建设进展顺利，视频公开课已上线 992 门，资源共享课已上线 2886 门；爱课程网"中国大学慕课"、清华大学"学堂在线"、上海交通大学"好大学在线"和北京大学"华文慕课"陆续开通服务，企业主导建设的慕课（MOOC）平台不断涌现。我国高水平大学率先建设了一批慕课课程，上线的慕课超过 1400 门，为高校定制课程（SPOC）5600 多门次，选课超过 3000 万人次，在校生获得在线课程学分的超过 200 万人次。截至 2016 年底，我国高水平大学共有 170 余门优质在线开放课程走向世界。建立了普通高校继续教育数字化学习资源开放联盟，建设和开发了 2 万门课程和 5 万个微课程。国家开放大学累计完成了 2.8 万个五分钟课程的建设，免费供学生和社会公众阅览、学习。网络孔子学院注册人数 986.3 万人，注册学员 60.1 万人，累计开设在线汉语课程 30.5 万节。

（三）职业教育搭建跨时空集成的共享教育资源库

2010 年，国家启动实施职业教育专业教学资源库建设项目。截至 2016 年 10 月，中央财政已投入专项资金近 5.2 亿元，拉动社会各界支持资金 6 亿元左右，形成了由 71 个国家级专业教学资源库、1 个民族文化传承与创新资源库（包括 8 个子库）和 1 个学习平台构成的国家级资源库建设体系，覆盖了农林牧渔、交通运输等 19 个专业大类。共有 745 所（次）院校和 1337 个（次）行业企业参与；形成各类多媒体资源 71 万余条，资源总量达到 15.8 太字节（TB）；注册学员达 92 万余人，累计访问量超过 1.5 亿人次（教育部，2016e）。截至 2015 年底，国家组织开发了 300 多门国家精品资源共享课程教学资源，开通了全国中等和高等职业教育数字化学习资源平台，向社会免费开放了 1000 门网络教育精品课程和 1000 个视频讲座，国家数字化学习资源中心整合了 3 万多门继续教育课程，湖南、广东、山东、辽宁等省也建设了网络学习空间和数字化资源库，初步实现了职业教育数字化优质资源共建共享（吴升刚，2016）。

（四）继续教育提供免费开放数字化学习资源和社区课程资源

继续教育向学习者免费提供开放的、丰富的数字化学习资源以及社区课程资源，为学习者接受高质量的继续教育提供了便利。截至 2014 年，参与高校继续教育数字化学习资源开放与在线教育联盟的高校已建设和开放网络课程 2 万余门，微课程 5 万余门，学习者达 1 亿多人。联盟高校探索了慕课、微课、移动课程等多种新型资源开放课程和教学模式，紧密结合"依法治国""三农建设""一带一

路""大众创业、万众创新""创新驱动发展"等国家重大发展战略,推出包括国际
轨道交通人才培养计划在内的 30 个服务国家发展战略的人才培养和资源建设行动
计划。2014 年至 2015 年底,68 所现代远程教育试点高校开设专业和课程 3000 多
个(门),设置现代远程校外学习中心 2 万多个,形成了广覆盖、多途径、全过程、
信息化的学习支持服务体系。社区教育在课程内容、课程载体、教学形式、评价方
式等方面进行有益的探索和创新。在长期的实践发展中,形成了内容丰富的社区教
育课程,主要包括公民素养、人文艺术、科学技术、医疗保健、生活休闲、职业技
能等几大类。

(五)覆盖城乡的教育信息化体系初步形成

国家加快推进"三通两平台"建设与应用,逐步完善教育信息化基础支撑环
境,全面推进信息技术与教育教学的深度融合。23 个省份已基本建成教育资源公
共服务平台,15 个省份全面或基本建成省级教育数据中心,信息化教学应用基本
普及,融合创新案例不断涌现,信息技术安全体系初步建立,覆盖城乡的教育信息
化体系初步形成。

1."宽带网络校校通"覆盖面进一步扩大

截至 2016 年 6 月,全国中小学互联网接入比例为 87.5%,较 2014 年提高了
5.3 个百分点。全国普通教室全部配备多媒体教学设备的中小学比例为 56.6%,较
2014 年提高了 17.4 个百分点。

2.教学点基本实现数字教育资源全覆盖

截至 2016 年 6 月,全国 6.4 万个教学点全面完成教学点数字教育资源全覆盖
项目建设任务。其中,2.5 万个教学点接通了互联网,其余教学点可以通过卫星接
收等方式接收数字教育资源;教学点已配备多媒体教学设备 6.4 万套;34.5 万名教
学点教师接受全员专项培训,具备了基本信息技术应用能力,72% 的教师已运用相
关设备和资源开展教学(图 2.12、图 2.13)。

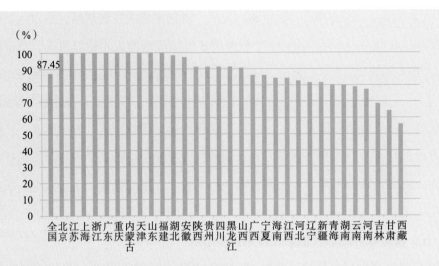

图 2.12　2016 年全国各省份接入互联网的中小学比例

数据来源:《2016 全国教育信息化工作专项督导报告》。

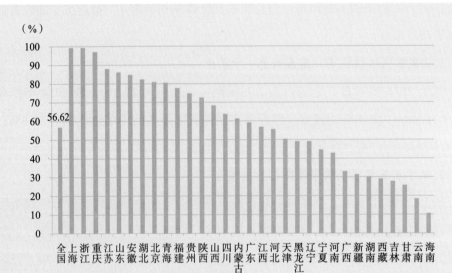

图 2.13　2016 年全国配备多媒体教学设备的中小学比例

数据来源:《2016 全国教育信息化工作专项督导报告》。

▶ 第三章
主要经验

十八大以来，一系列教育举措得到切实推进，我国教育质量实现了稳步提升。我国教育由外延式发展稳步转向内涵式发展，坚持以方向带质量，坚持向学校要质量，坚持借课改推质量，坚持以师资保质量，坚持用评价促质量。面向未来，教育若要承担起实现中华民族伟大复兴中国梦所赋予的历史使命，从人口大国迈向人力资源强国和人才强国，需要坚定教育内涵式发展的信念，遵照办学兴校的基本规律，遵循教书育人的基本规律，尊重学生成长的基本规律。

一、坚持以方向带质量

培养德智体美全面发展的社会主义建设者和接班人是我国的教育方针，它是具有中国特色的社会主义教育事业的根本目的，内在地规定了我国教育质量提升的总方向。方向正确是教育质量的根本保证。十八大以来，坚持中国特色社会主义教育事业方向、努力培养全面发展的社会主义建设者和接班人的自觉意识更为凸显。把立德树人作为教育的根本任务，这是对注重理想人格培养的中国优秀传统文化的传承，也是面对价值多元、文化冲突的全球化背景的中国应答。同其他国家相比，中国学生发展核心素养特别注重对学生必备品格的要求，强调积极培育和践行社会主义核心价值观，将社会主义核心价值观教育贯彻落实到国民教育教学的全过程，使社会主义核心价值观内化于心外化于行，以保障教育的社会主义方向。2014年3月印发的《完善中华优秀传统文化教育指导纲要》，注重中华优秀传统文化教育，强调唤醒文化基因，增强文化认同、文化自信，自觉承担起传承和更新中华文化的文化使命。十八大以来，教育实践更加突出对方向的重视，彰显出方向对质量的带动和定性作用，确保我国教育质量的中国特色方向、社会主义方向以及服务于经济社会发展的方向。

二、坚持向学校要质量

十八大以来，党和国家持续改善学校办学条件，系统优化学校办学政策环境，逐步简政放权，提高学校办学自主权，使学校提升教育质量有平台、有指导、有支持。

学校承担着育人的专门任务，是教育教学活动发生的场所，教育理念与教育政策都需要通过学校来落实，可以说，学校是教育质量提升的第一责任主体。落实责任需要权利和能力。十八大以来，我国持续改善办学条件，为学校提高教育质量提供硬件基础，并努力使硬件设施发挥软性的育人功能。不断落实学校办学自主权，为学校提高教育质量提供现实路径。在教师队伍方面，为校（园）长和教师的专业成长、社会地位提升、生活保障提供有力支撑，为提高学校教育质量提供人力资源支持。此外，引导学校开展教科研工作，鼓励中小学以研究的态度对待学校工作，以提升校长和教师的专业素养，确保学校教育教学不唯上、不唯书、不唯经验，而是把是否有助于学生成长发展作为判断学校教育教学工作正确与否的标准。高等教育"双一流"战略在推进以研究能力为指标的世界一流大学和一流学科建设的同时，突出人才培养的核心地位，改善办学条件，提高学校运营效率，扩展教育教学资源。拥有办学自主权，倒逼教育者从学校实际出发去思考培养什么人、怎么培养人的问题；教科研意识和能力提升使得教育家型校长和教师不断涌现……这些要素的改变促进了教育质量提高。

三、坚持借课改推质量

课程是教育思想、教育目标和教育内容的主要载体，直接影响着人才培养质量。有学者认为，要"深化大、中、小学课程改革，特别是推动大学教学方法改革破冰和职业学校课程改革破题"（邓友超，2017），这既是教育改革的核心抓手，更是教育质量提升的核心路径。十八大以来，我国学校课程教学发生了诸多改变：课程功能从传授知识转到培养人的核心素养；课程内容从单一学科内容转向有机整合多学科内容；教材编制注重增强各学段的衔接，彰显国家要求；鼓励学校根据实际情况改变教学组织形式，鼓励选课走班，鼓励形成"自主、合作、探究"的学习方式，改变教师的教和学生的学；学科教学向跨学科主题教学和问题教学转变，强调通过研学旅行、社会实践等突破课堂教学的局限；开展学生发展指导，进行大学生创新创业教育。

通过课程改革提高教育质量，这是中国经验，也是世界共识。十八大以来，我国课程改革触及了教育教学的各个方面和各个环节，体现出按照教育规律促进学生成长发展的特征，丰富了教育资源的内涵，拓展了教育新思路，促进了我国教育质量的提升。

四、坚持靠师资保质量

教育是一个以人育人的工作，教师素养决定着教育的质量。在师资建设上，注重通过精神倡导与制度规范引导教师以德立教，使师德建设既有榜样引领又有监督规范；提高教师培养的针对性，精准发力补齐师资短板，如面向农村教育实施"特岗计划"和师范生免费教育，为改善体育实施专职体育教师计划，为发挥领军人物的引领与激励作用实施卓越教师培养计划、名师名校长工程等；将全员培训与群体培训相结合，以5年累计培训时间不少于360学时作为硬性指标落实全员培训，以社会主义核心价值观、新课程改革、足球、信息技术应用等为主题开展专项培训；出台各级各类学校的校（园）长和教师专业标准，实施教师资格考试和定期注册制度，通过制度敦促教师始终保持对教育的热情与专注。总的来说，十八大以来，我国以提升教师的人格修养和学识修养为抓手，通过教育和培训将教师内在修养转化为外在的教育教学能力，在学历提升、技能培养、学识拓展的同时切实推进教师教书育人能力建设，为提高教育质量提供了重要保障。

五、坚持用评价促质量

　　教育评价具有导向作用，它依据一定的教育价值观衡量教育过程或结果。就教育质量而言，教育评价既为其高与低的程度判断提供标准，又为其好与坏的性质判断提供引导。在教育评价的依据上，为扭转单纯以考试成绩和学校升学率评价中小学教育质量的倾向，我国构建了包括学生品德发展水平、学业发展水平、身心发展水平、兴趣特长养成、学业负担状况五个方面的中小学教育质量综合评价指标框架。在教育评价的主体上，国家、省、市、县四级人民政府教育督导机构不断完善，教育督导工作迈向常规化和专业化；本科教学质量年度报告和就业质量年度报告制度的实施，使高校自我评估制度进一步完善，促使高校树立了质量意识。在教育评价的内容上，改变单纯重视分数的量化考核方式，增加描述性的、质性的学生综合素质评价方式；从简单考查学生对知识的记忆和技能的重复，转向考查学生运用所学知识分析问题和解决问题的能力。在教育评价的方式上，改革考试招生制度，使其适应不同学段和不同类型学校的培养目标；实行普通高等教育和职业教育分类考试制度，借助学业水平考试和高考实现合理分流，将统一高考和自主招生相结合，拓宽学生进入高等学校的道路；博士研究生入学推行"申请—审核"制，加大对学生学术志趣和研究能力的考查力度。总之，十八大以来，我国教育评价在发挥选拔功能的同时更加注重促进学生的发展，不仅关注终结性评价，更注重形成性评价，在规范外在评价标准的同时赋予自我评价以价值，真正发挥出教育评价促进教育质量提升的功能。

▶ **第四章**

国际坐标

纵向看进步，横向看坐标。只有这样，才能完整把握我国教育的质量。根据可获得、可比较的数据，这里采用教育竞争力比较来确定我国教育的"国际坐标"。

一、研究综述

（一）国际上有关教育竞争力的研究

随着国际社会发展格局日益多元化和复杂化，国际竞争日趋激烈，如何提升国际竞争力成为热点话题。国际上初期的竞争力研究主要以经济为主，教育所占的比重不大。20世纪以来，教育在国际竞争力研究中受到越来越多的重视，最具代表性的两个竞争力研究——世界经济论坛（World Economic Forum, WEF）和瑞士洛桑国际管理学院（International Institute for Management Development, IMD）的竞争力评价体系都将教育作为独立指标。WEF发布的《全球竞争力报告》涉及小学教育质量、小学入学率、中学入学率、高等教育入学率、教育系统质量、数学与科学教育质量、管理类学校的教育质量、学校互联网接入率8个教育指标。最新报告显示，中国在全球竞争力排行榜上居第28位，领跑金砖国家，保持最具竞争力的新兴市场地位（World Economic Forum, 2016）[7]。其中，"高等教育和培训"得分4.64，排在第54名，尽管仍然属于薄弱环节，但比2012年提高了8个名次，进步势头明显。2014年11月，IMD首次发布《世界人才报告》，至今已经发布三份年度报告。根据报告，中国2014年排名为第43名，2015年为第40名，2016年为第43名。总体来看，排名尽管有所浮动，但幅度不大。2016年的最新数据显示：我国虽然与主要高收入国家相比还有较大差距（瑞士第1名，美国第14名，英国第20名），但在中等收入国家行列中处于相对领先地位（俄罗斯第41名，南非第42名，印度尼西亚第44名，巴西第45名，阿根廷第55名，墨西哥第56名，印度第60名）。IMD发布的《世界竞争力年鉴》涉及的教育指标更多，包括教育财政投入、生师比、入学率、留学生情况、PISA成绩等18个教育指标。此外，联合国教科文组织（UNESCO）每年都会发布世界各国教育发展水平及其基本状况方面的数据，联合国开发计划署（UNDP）定期发布的《人类发展报告》，在人类发展指数中包含多项教育指标，包括国民受教育年限、教育普及率等。这些国际报告为教育竞争力研究提供了有效的基础数据。

（二）国内有关教育竞争力的研究

近年来，国内学者采用各种方法对教育竞争力进行研究。有学者运用因子分析的方法，探求出反映国际教育竞争力水平的四个综合指标，即教育投入、教育规模、教育效率和教育产出（薛海平，胡咏梅，2006）。其中，教育投入指标包括公共教育支出占GDP比重、生均公共教育支出占人均GDP比重、公共教育支出占总的政府支出的比重、生均公共初等教育支出占人均GDP比重、生均公共中等教育支出占人均GDP比重、生均公共高等教育支出占人均GDP比重；教育规模指标包括学前教育毛入学率、初等教育毛入学率、初等教育净入学率、中等教育毛入学率、中等教育净入学率、高等教育毛入学率、15岁及以上成人文盲率；教育效率指标包括初等教育完成率、初等教育复读率；教育产出指标包括初等教育水平失业人数占总失业人数的比例、中等教育水平失业人数占总失业人数的比例、高等教育水平失业人数占总失业人数的比例。进一步的数据分析发现，世界教育竞争力水平存在区域不平衡、两极分化严重的现象。从区域上看，教育竞争力水平由高到低呈现出较明显的欧洲—北美洲—亚洲—南美洲—非洲的阶梯分布特征。世界49个国家的教育竞争力水平呈现出明显差异，如教育竞争力水平最高的国家丹麦和最低的国家肯尼亚之间相差了170.86分，标准差为35.57。教育竞争力水平与经济发展水平密切相关，人均国民总收入与教育竞争力总分的皮尔逊相关系数，其值为0.69，在0.01的水平上显著。2006年的数据显示，中国的教育竞争力水平相对偏低，实证分析表明中国教育的投入水平偏低是造成中国教育竞争力水平偏低的最重要原因。

中国教育科学研究院的研究团队认为，教育竞争力是国家综合竞争力的重要组成部分，是一个国家的教育产出和别国比较时所具有的相对优势和能力（中央教科所国际比较教育研究中心，2010）。教育竞争力体现在各级各类教育活动的全部过程和指标要素中，包括教育的投入、规模、效益、产出等硬指标与教育的理念、制度、政策、方法等软指标，还包括教育发展及演变的各个环节和过程。教育竞争力的内涵包括四个方面：教育发展水平、教育对人力资源的贡献、教育对经济发展的贡献和教育对知识创新的贡献。其中，教育发展水平包括初等教育毛入学率、中等教育毛入学率、高等教育毛入学率、识字率、员工培训投入强度、在职培训可获得程度、数学和科学教育质量、教育体系质量等；教育对人力资源的贡献包括全职研发人员数量、主要劳动人口中受过高等教育的人数、在校大学生人数和国民预期受教育年限；教育对经济发展的贡献包括教育系统是否满足经济竞争的需要和大学教育是否满足经济竞争的需要；教育对知识创新的贡献包括居民科技论文数量和居民专利数量。数据分析发现，中国教育竞争力综合排名在 1999 年居第 46 位，与 2009 年的第 29 位相比，经过 10 年的发展提升了 17 位。在所选的 53 个国家中，中国是教育竞争力提升最快的国家，但与发达国家仍有不小距离。

此外，还有一些学者对教育竞争力评价方法、高等教育竞争力、区域教育竞争力作了系列研究，推动教育竞争力从理论探讨走向综合评价体系构建，并寻求以严谨的数量化计算为基础的实证研究（杨明，2000）（吴玉鸣，李建霞，2004）（中国教育科学研究院国际比较教育研究中心，2012）。

二、评价体系

为了解我国教育竞争力水平，本研究梳理了世界银行、联合国教科文组织、洛桑国际管理学院、世界经济论坛等相关报告中的教育指标数据，重点参考了清华大学胡鞍钢教授等提出的教育评价框架（胡鞍钢，王洪川，鄢一龙，2015），研制了一套国际可比的教育竞争力评价指标体系（表4.1），包括教育公平、教育质量、教育保障和教育贡献率四个维度。本研究重点选取 G20 国家为参照框架，同时参考中高收入国家的平均水平进行对比研究。G20 作为一个重要的国际经济合作组织，由20 个经济体组成，GDP 总量占全球的 90%，贸易额占全球的 80%。尽管芬兰不是 G20 成员国，但考虑到芬兰的教育享有盛誉，所以也将其纳入对比对象。

值得注意的是，第一，由于世界银行等国际机构的数据库可能会缺失个别国家的某项数据，所以各指标所选取的对比对象不完全一致；第二，尽管欧盟是 G20 的成员，但由于无法获取更多的有效数据，所以不将其纳入对比对象；第三，为选取更全面的国家样本，当某年份数据缺失时，以可获取的最新年份数据代替（这是国际数据分析研究中的常见做法）——原则上不早于 2012 年。同时，由于无法获取更加广泛的国际可比数据，我们不得不舍弃一些重要指标，这给本研究构建的教育竞争力评价体系带来一定影响。总之，本研究只是从现实可操作性的角度选取了十个关键指标，对中国教育发展水平进行考察，得出一些初步的研究结果。研究所构建的教育竞争力评价指标体系无法涵盖教育发展的所有方面，还需要在以后的工作中不断加以改进和完善。

表 4.1　教育竞争力评价指标体系

一级指标	二级指标	数据来源
教育公平	小学净入学率	世界银行
	中学毛入学率	世界银行
	高等教育毛入学率	世界银行
教育质量	15 岁以上人口的平均受教育年限	国际劳工组织
	高等教育完成率	洛桑国际管理学院
教育保障	公共教育投入占 GDP 比重	洛桑国际管理学院
	小学生师比	世界银行
	中学生师比	世界银行
教育贡献率	教育与经济的匹配度	洛桑国际管理学院
	知识转化率	洛桑国际管理学院

三、主要结论

（一）我国教育公平性显著提升，高等教育大众化实现突破

1. 小学净入学率实现高位增长

2012 年我国小学净入学率为 99.85%，2015 年增长至 99.95%，在接近完全入学的高位上实现新的增长。2015 年国际数据显示，中高收入国家的小学净入学率平均值为 94.54%，G20 国家的平均值为 97.75%，中国是 99.95%，超过了中高收入国家平均水平，在 G20 国家中位居第 2 名（图 4.1）。

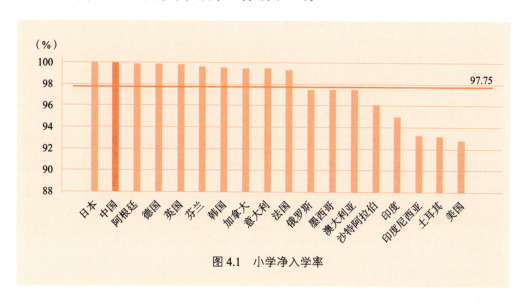

图 4.1　小学净入学率

2. 中学毛入学率保持稳步增长

2012 年我国中学毛入学率为 92.14%，2015 年增长至 94.30%，继续保持稳步增长势头。2015 年国际数据显示，中高收入国家的中学毛入学率平均值为 93.13%，G20 国家的平均值为 95.48%，中国是 94.30%，超过了中高收入国家平均水平，略低于 G20 国家的平均水平（图 4.2）。

图 4.2 中学毛入学率

3. 高等教育毛入学率提升势头强劲

2012 年我国高等教育毛入学率为 30.00%，2015 年增长至 40.00%，三年时间提高 10 个百分点。这意味着，在我国每 10 个 18—22 岁的年轻人中，就有 4 个能够接受高等教育，高等教育实现了大众化的跨越式发展。2014 年国际数据显示，G20 国家的高等教育毛入学率平均值为 61.41%，中国是 40.00%，低于平均水平，但提升势头强劲（图 4.3）。

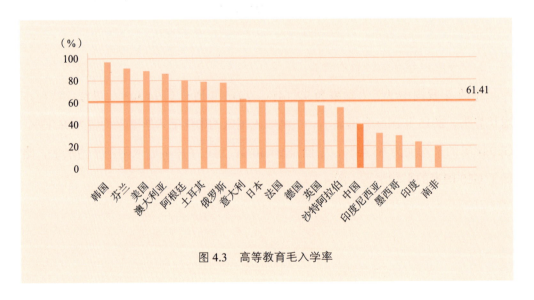

图 4.3 高等教育毛入学率

（二）我国教育质量不断提升，对领先国家保持良好追赶势头

1. 平均受教育年限与发达国家之间的差距进一步缩小

平均受教育年限是指 15 岁以上人口接受学历教育（包括普通教育和成人学历教育，不包括各种非学历培训）的年限总和的平均数。国际数据来自国际劳工组织，该组织每 5 年调查一次，最新调查是在 2010 年进行的，当时 G20 国家的平均值为 10.08 年，中国是 7.51 年，低于平均水平，处于相对落后位置（图 4.4）。据国内最新数据，我国劳动力人口平均受教育年限 2011 年为 9.7 年，2015 年为 10.23 年，与发达国家之间的差距进一步缩小，有力地带动了我国人力资源水平的提高，弥补了我国劳动年龄人口减少带来的损失。

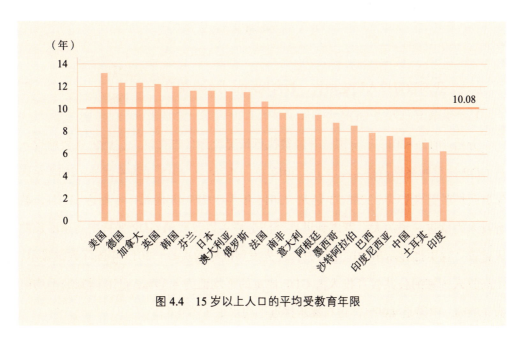

图 4.4　15 岁以上人口的平均受教育年限

2. 高等教育完成率在发展中国家中处于领先地位

高等教育完成率是指 25—34 岁年龄人口中接受高等教育人口的比例。2012 年国际数据显示，G20 国家的平均值为 36.04%，中国是 30.00%，略低于平均水平，但在发展中国家中处于领先地位，超过了印度、南非、巴西等国家（图 4.5）。

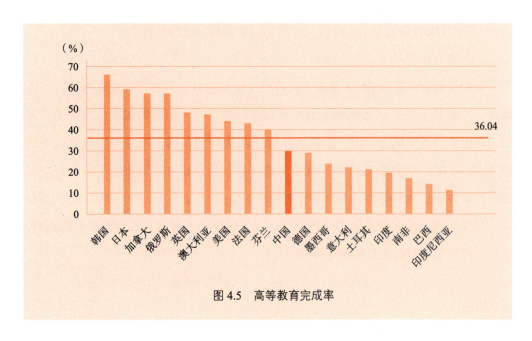

图 4.5　高等教育完成率

（三）我国教育投入稳定增长，教育保障能力不断提升

1. 公共教育投入占 GDP 比重逐步接近 G20 国家平均水平

分析 2012—2015 年全国教育经费执行情况统计公告可知，我国公共教育投入占 GDP 比重始终保持在 4% 以上，2012 年为 4.26%，2015 年为 4.28%。2012 年国家财政性教育经费为 22236.23 亿元，2015 年为 29221.45 亿元，增幅达 31.4%，教育投入力度进一步加大。考虑到世界经济走势[①]以及我国 GDP 保持中高速增长的大背景，这更加显示出中国坚持教育优先发展战略的决心。2013 年国际数据显示，中高收入国家的公共教育投入占 GDP 比重的平均值为 4.39%，G20 国家的平均值为 4.88%，中国是 4.09%，正在逐步接近平均水平（图 4.6）。

---

① 世界银行 2016 年数据显示，全球公共教育支出占 GDP 比重的平均值从 2009 年的 4.87% 降至 2012 年的 4.42%。

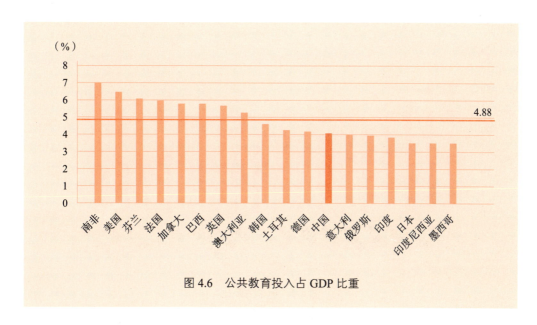

图 4.6　公共教育投入占 GDP 比重

2. 生师比更加合理，接近世界先进水平

十八大以来，我国基础教育阶段的生师比更加合理，接近世界先进水平。2012 年小学生师比为 17.36，2015 年小学生师比为 17.05；2012 年初中生师比为 13.59，2015 年初中生师比为 12.42；2012 年普通高中生师比为 15.47，2015 年普通高中生师比为 14.01。2015 年国际数据显示，中高收入国家的小学生师比平均值为 18.54，G20 国家的平均值为 18.63，中国低于平均水平（图 4.7，该指标值越低，说明教师配比越高）。这说明，我国小学阶段的师资配比优于中高收入国家平均水平，并超过 G20 国家平均水平。

2015 年国际数据显示，中高收入国家的中学生师比平均值为 14.78，G20 国家的平均值为 15.54，中国是 15.14，低于 G20 国家的平均水平（图 4.8，该指标值越低，说明教师配比越高）。这说明，我国中学阶段的师资配比优于 G20 国家的平均水平。

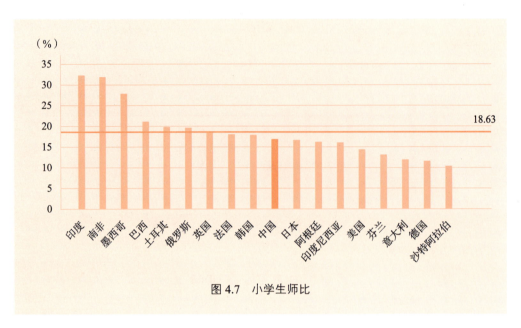

图 4.7　小学生师比

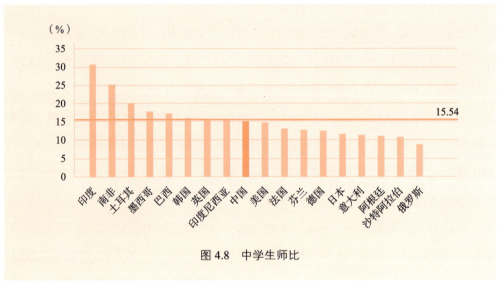

图 4.8　中学生师比

（四）我国教育对经济社会发展的贡献率不断提高

1. 教育与经济的匹配度保持强劲上升势头

十八大以来，我国教育与经济的匹配度不断提升，2012 年为 3.81，2015 年为 4.59，增长 0.78，在 G20 国家中增长幅度最大，排名比 2012 年进步了 2 个名次。2015 年国际数据显示，G20 国家的平均值为 5.25，中国是 4.59，略低于平均水平，但进步明显（图 4.9）。

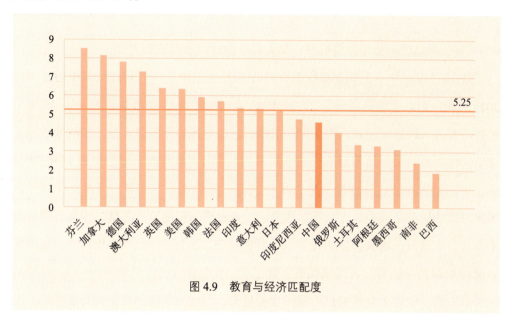

图 4.9　教育与经济匹配度

2. 高校与企业之间的知识转化度大幅提升

十八大以来，我国高校与企业之间的知识转化程度大幅提升，2012 年为 4.04，2015 年为 4.47，排名比 2012 年进步 5 个名次，赶超势头非常强劲。2015 年国际数据显示，G20 国家的平均值为 5.05，中国是 4.47，略低于平均水平（图 4.10）。

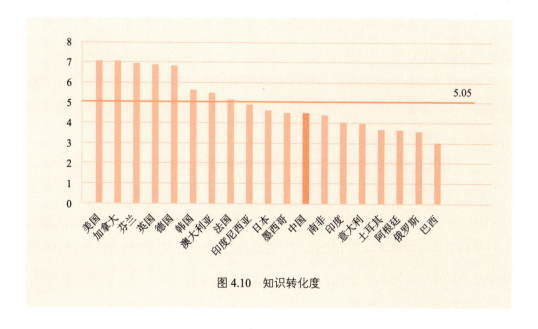

图 4.10　知识转化度

四、政策建议

（一）提高生均公用经费标准，加大省级政府的教育统筹力度

自 2012 年以来，我国财政性教育经费支出占 GDP 比重已经连续四年超过 4%。2015 年国家财政性教育经费为 29221.45 亿元，较之 2012 年增幅达 31.4%，实现了教育经费投入的稳定增长。但从世界范围看，我国人均公共教育投入仍然处于较低水平。世界银行最新数据显示，G20 国家的人均公共教育投入平均值为 1436.79 美元，中国的人均公共教育投入是 260.97 美元，远低于平均水平。尤其是受到经济增速放缓的影响，我国地方政府对教育的投入意愿和程度有所降低，生均教育经费地方政府财政投入增长速度呈现波动下降的状态，2013 年与 2012 年相比，我国地方政府生均教育经费投入增长幅度下降了 25.10 个百分点（张绘，2017）。尽管从绝对值来看，生均教育经费仍然保持增长势头，但增幅下降仍然值得高度重视。历史经验证明，通过教育提高劳动者素质，将人口数量红利转变为人口质量红利，是日本、韩国等发达国家实现社会转型的重要途径（李立国，易鹏，薛新龙，2016）。面对全面建成小康社会的历史重任，只有把教育放在优先发展的地位，加大人力资源开发力度，提高人力资源质量，才能为经济社会转型提供源源不断的动力。为此，我们建议继续加大教育投入力度，提高生均公用经费标准，尤其是中西部欠发达地区，要加大省级政府的教育统筹力度，避免因县级政府财力不足造成区域教育发展不均衡现象。加大教育扶贫力度，实现家庭经济困难学生资助体系全覆盖，使不同家庭背景的学生受到同样的教育，阻断贫困的代际传递。建立完善公办学校建设标准，改善薄弱学校和寄宿制学校办学条件，提高中西部地区教育水平，缩小其与东部发达地区的差距。

（二）构建完整的教育质量观，促进学生全面可持续发展

近年来，我国教育事业发展成就显著，教育普及程度不断提高，小学净入学率达到 99.95%，中学毛入学率达到 94.33%，高等教育毛入学率达到 40.00%，劳动力人口平均受教育年限增加至 10.23 年。与此同时，教育的深层次问题凸显，中小学生学业负担重、片面追求升学率、学生创新意识不足等"老大难"问题尚未破解。

在 2012 年和 2015 年的 PISA 测试中，中国学生在数学、科学和阅读领域表现良好。但是，学生作业时间过长、解决问题能力薄弱、想象力得分偏低等现象令人担忧。实际上，当前教育的主要矛盾正在发生转化，"有学上"已经基本实现，上好学校难、优质教育资源短缺已成为当前我国教育发展的主要矛盾（钟秉林，2016）。为此，我们建议，在保持学业成绩的同时，把特色、多样、选择、适合等核心词融入质量的内涵，高学业水平加特色多样、选择适合才能构成完整的教育质量观（田慧生，2015）。要注重培养学生面向未来的关键技能和核心素养，更加凸显社会责任感、创新精神、实践能力和不断学习掌握新知的能力。制定国家教育质量标准，建立健全教育质量保障体系，推进教育管办评分离，形成多方参与教育治理和评价的体制机制。增加教师职业的吸引力，鼓励优秀人才进入教师队伍，创新育人方式，提高育人水平，培养学生成为德才兼备、全面发展的人才。促进信息技术与教育教学深度融合，利用信息化手段扩大优质教育资源覆盖面，更好地满足人民群众高质量、个性化、多样化的学习需求。

（三）优化教育结构，进一步提高教育服务经济社会发展的能力

近年来，我国教育对经济社会发展的贡献率不断提高，教育与经济的匹配度 2015 年为 4.59，比 2012 年增长 0.78，在 G20 国家中增长幅度最大。高校与企业之间的知识转化度排名 2015 年比 2012 年进步了 5 个名次，赶超势头非常强劲。但是，与其他 G20 国家相比，教育服务经济社会发展的能力仍然不足，人才结构比例失调，同质化、学术化倾向严重，导致人才培养类型无法满足经济社会发展的需要。当前，我国正处在社会转型的关键期，经济增速换挡，经济结构艰难调整。在这个阶段，人力资本的作用至关重要，现在比历史上任何时期都更需要高水平教育的支撑。为此，要加快推进教育的结构性改革，促进普通教育和职业教育协调发展，明确不同类型高等教育的定位，促进高等教育协调发展，提高教育服务经济社会发展的能力和水平。推进高等教育分类发展，加大高校学科专业与人才培养结构调整力度，建立以科技创新为主导的高校科研和人才培养体制，在产学研一体化的科研创新实践中培养一流人才，提高学生创新创业能力，培育大学生创新人才和创新团队，打造经济发展新的"发动机"（楼世洲，薛孟开，2015）。大力发展现代职

业教育，加强产教融合、校企合作，创新应用型人才培养模式，面向社会需要和产业转型培养一大批高素质劳动者和高级技能人才。完善终身学习体系，建立终身学习成果认证机制，依托学分银行搭建终身学习立交桥，深入挖掘并有效利用社会教育资源，建立现代远程公共学习网络服务平台，打造覆盖城乡、跨越时空、满足学习者多元需求的社会教育体系。

第二编

立德树人根本任务全面落实

　　育人为本，德育为先。党的教育方针，要求培养德智体美全面发展的社会主义建设者和接班人。十八大以来，教育系统注重以学生发展为本，着力培养学生的创新精神、实践能力和社会责任感，学生综合素养整体向好。

　　学生道德品行、心理品质、法治意识等方面的发展水平达到新高度。在 2015 年 PISA 测试中，中国学生成绩名列前茅。学生体质健康状况形成了稳中向好的发展趋势。学生的艺术素养呈现可喜的变化。

▶ 第五章

德育：扣好人生第一粒扣子

2014 年 5 月 4 日，习近平总书记在北京大学考察时指出，"人生的扣子从一开始就要扣好"。这对德育工作提出了新要求。引导学生扣好人生第一粒扣子，是德育工作的出发点和落脚点，也是衡量德育质量的标准。

一、德育质量观

考察德育质量，需要从学习者、课程设置、教学过程和教育环境四个维度出发。学习的主体是学生，德育质量要以学生的发展水平来衡量。具体来说，主要包括对社会主义核心价值观的熟悉和认可程度、道德发展（包括行为习惯）水平、心理健康水平和法治意识这四个方面。就课程设置而言，一方面要将社会主义核心价值观纳入国民教育全过程，另一方面要根据不同学段的学生发展规律，科学定位各学段的发展目标。教学过程主要关注德育的途径。教育环境则主要包括师德师风建设与校园安全两方面。

二、促进德育质量提升的重大举措

为全面贯彻落实十八大精神，我国从培育践行社会主义核心价值观、提升教师队伍师德水平、强化德育工作纲领等方面着手，采取多个举措提升了德育质量。

（一）确立立德树人为教育的根本任务

《教育规划纲要》提出坚持德育为先、立德树人的理念。十八大报告首次将

"立德树人"作为教育的根本任务。2013 年 11 月十八届三中全会通过的《中共中央关于全面深化改革若干重大问题的决定》中再次重申"坚持立德树人，加强社会主义核心价值体系教育"。2014 年 5 月教育部发布的《关于全面深化课程改革落实立德树人根本任务的意见》，明确了深化课程改革、落实立德树人的主要任务，明确提出把"立德树人"的理念贯穿于课程改革的全过程，明确了改革的关键领域以及主要环节，强调根据学生的成长规律和社会对人才的需求，把学生德智体美全面发展的总体要求具体化、细化，为教育实践提供了政策引领。

（二）把社会主义核心价值观融入国民教育全过程

十八大报告提出，倡导富强、民主、文明、和谐，倡导自由、平等、公正、法治，倡导爱国、敬业、诚信、友善，积极培育和践行社会主义核心价值观。十八届三中全会通过的《中共中央关于全面深化改革若干重大问题的决定》强调要"加强社会主义核心价值体系教育，完善中华优秀传统文化教育，形成爱学习、爱劳动、爱祖国活动的有效形式和长效机制"。2013 年 12 月，中共中央办公厅印发的《关于培育和践行社会主义核心价值观的意见》提出要把培育和践行社会主义核心价值观融入国民教育全过程，从小抓起，从学校抓起；要贯穿于各学段教育领域，落实到教育教学和管理服务各环节，完善多位一体的平台，构建有效衔接的课程体系和教材体系。为贯彻落实该意见，2014 年 4 月教育部印发了《关于培育和践行社会主义核心价值观进一步加强中小学德育工作的意见》，进一步细化了中共中央办公厅的要求：通过加强中华优秀传统文化教育、加强公民意识教育、加强生态文明教育、加强心理健康教育、加强网络环境下的德育工作，强化中小学德育的薄弱环节；通过改进课程育人、实践育人、文化育人、管理育人，改进中小学德育的关键载体；通过改进德育工作的方式方法、加强组织领导、强化协同配合、完善督导评价，夯实中小学德育的基本保障，提高德育实效性。

（三）完善规则育人政策

2015 年 8 月，教育部印发了《中小学生守则（2015 年修订）》（以下简称《守则》）。新修订的《守则》共 9 条，282 个字，涵盖了学生德智体美劳全面发展的基本要求，保留了 2004 年版《中小学生守则》中仍具有时代价值、体现中华传统美德、应长期坚持的内容，如热爱祖国、热爱人民、热爱中国共产党、诚实守信和珍爱生命等。此外，《守则》还补充了一些更具操作性的行为规范内容，增加了新时代学生成长发展中学校、社会和家庭高度关注的内容，涉及家务劳动、上网行为以及环保等方面。

同时，中等职业学校的德育大纲也在"十二五"期间得以修订。《中等职业学校德育大纲（2014年修订）》体现了十八大以来党和国家的新精神及对教育工作的新要求，是新形势下进一步做好中等职业学校德育工作的重要基础性文件。它明确了中等职业学校的德育目标，提出要以中国特色社会主义理论体系为统领，科学设置教育教学内容，具体包括理想信念教育、中国精神教育、道德品行教育、法治知识教育、职业生涯教育、心理健康教育六大方面。强调中等职业学校德育工作要遵循五大基本原则：方向性和时代性相结合，贴近实际、贴近生活、贴近学生，知行统一，教育与管理相结合，解决思想问题与解决实际问题相结合。另外，它从德育途径、德育评价和德育实施三个方面对中等职业学校德育工作提出了具体要求。

（四）统编义务教育三科教材并投入使用

2013年以来，围绕落实立德树人根本任务，教育部组织专家精心编写了义务教育道德与法治、语文、历史三科教材。2016年9月秋季学期开始，统编三科教材在中小学起始年级投入使用。统编义务教育三科教材，在理念上突出德育为魂、能力为重、基础为先、创新为上，在内容上强化中华优秀传统文化教育、革命传统教育、国家主权教育和法治教育等。2017年5月，为确保义务教育统编三科教材顺利使用，国家统编义务教育道德与法治、语文、历史三门学科教材国家级培训班在国家教育行政学院开班。三科教材于2017年秋季学期统一在全国一年级和七年级首先使用，2018年将延伸至二年级和八年级，2019年将实现义务教育学校全覆盖。

（五）健全师德建设长效机制

2013年9月，教育部发布《关于建立健全中小学师德建设长效机制的意见》，强调建立健全教育、宣传、考核、监督与奖惩相结合的中小学师德建设的长效机制。同年12月，中共中央办公厅印发《关于培育和践行社会主义核心价值观的意见》。该文件提出要建设师德高尚、业务精湛的高素质教师队伍，将师德表现作为教师考核、聘任和评价的首要内容，形成师德师风建设长效机制，着重抓好学校党政干部和共青团干部，思想品德课、思想政治理论课和哲学社会科学课教师、辅导员和班主任队伍建设。

三、德育质量提升的重要成就

十八大以来，我国德育质量得到很大提升，学生道德品行、心理品质、法治意识等方面的发展水平达到新高度，德育课程体系日趋完善，教学途径更加多样，德育环境得到显著改善。

（一）学生道德和心理健康水平明显提高

1. 社会主义核心价值观入脑入心

社会主义核心价值观分为三个层次。其中，"富强、民主、文明、和谐"是国家价值的目标，"自由、平等、公正、法治"是社会价值的目标，"爱国、敬业、诚信、友善"是公民价值的目标。三个层次按照个人、社会、国家的维度逐级升高，同时也跟学生的认知发展水平相符。十八大以来，对学生社会主义核心价值观的教育注意把握青少年道德发展的阶段特征、层次规律，在小学、中学和大学等不同阶段采取了不同的教育方式和引导策略，真正让社会主义核心价值观入脑入心。具体来说，针对小学生认知发展刚起步的特点，制作了儿歌《牢记核心价值观》，使得广大小学生对社会主义核心价值观牢记于心。《守则》侧重中小学生社会主义核心价值观中的公民价值观，如"爱党爱国爱人民、好学多问肯钻研、诚实守信有担当、孝亲尊师善待人"等。2014年对广东省肇庆、汕头和广州三地的五所高职院校学生的调研发现，89.5%的高职学生了解社会主义核心价值观，87.4%的高职学生能够利用网络和报纸等媒体来了解社会主义核心价值观，91.6%的学生能够准确回答社会主义核心价值观是在党的十八大报告中提出的（杨玳梧，2014）[29]。自十八大以来，社会主义核心价值观在学生群体中得到广泛普及。

2. 学生的道德品行得到长足发展

2012年有研究以山东、江苏、河北、湖南、四川和甘肃六省份10403名90后中小学生为样本，就其孝亲、尊师、助人和合作等道德品质进行调查，结果表明：70% 左右的学生能够礼让和尊重父母、尊敬教师，80% 左右的学生乐于助人。在诚实、守信、遵守公共秩序等道德品质方面，有半数的学生能够对父母保持坦诚，70% 左右的学生能够惜时守诺，70% 左右的学生能够遵守公共秩序，还有 50% 的学生具有爱护环境的行为表现（赵丽霞，2012）。2014 年对山西某高职院校的调研发现，学生对职业道德的认知程度有很大提高，79.6% 的在校生和 68.0% 的毕业生认为良好的职业道德在学生求职就业中非常重要。诚信、敬业与责任感是用人单位最关心的三项职业道德品质。对用人单位的调研显示，65.3% 的受访者认为"大多数毕业生讲诚信"，51.0% 的受访者认为"大多数毕业生敬业"，46.9% 的受访者认为"大多数毕业生有责任感"（乔昊，2014）[17, 26]。

3. 学生的积极心理品质得到有效培育

2014 年中国教育科学研究院对重庆、宁波、烟台、合肥、邢台和渭南六市2439 名中小学生的调研发现，中小学生积极心理品质总体发展良好，宽容、信念与希望、友善、求知力、幽默等积极品质位列前茅，城市青少年的积极心理品质显著优于农村青少年。2016 年中国教育科学研究院对山东、北京、河北、广东、黑龙江、河南、甘肃、四川、山西和广西等地的中小学生进行调研，比较分析小学生、初中生和高中生积极心理品质的发展特点，发现小学生的积极心理品质分为六大维度 13 项，而初高中学生的积极心理品质分为六大维度 17 项，比小学生发展得更为全面和充实；中学生将小学生的求知力分化为思维与洞察力，社交智力发展得更为完善，同时也更为勇敢。总体而言，随着时间的推移，学生的积极心理品质从结构到内容均得到有效发展，更为全面与完善（孟万金，张冲，Wagner，2016）。2013 年对长沙某职业院校的调查发现，排名靠前的积极心理品质为人性与爱、正直与勇气、正义与合作等（杜娟，2013）[20]。2015 年对郑州某职业院校的调查发现，学生感恩、善良、信用、诚实、责任感和正直等积极心理品质发展良好（龚平，2015）[15]。

4. 学生的法治意识明显增强

在法治教育中，除了对青少年进行法律知识的教育之外，还应当指导其培养法治精神，树立法治观念、法治意识，建立法治信仰。十八大以来，我国学生的法

治意识得到提升。2013 年对武昌某高中的调研发现，高中生的权利意识逐步增强
（杨倩，2013）[16-19]。

（二）德育课程体系日趋完善

1. 各学段德育目标有序衔接

小学阶段的德育目标是注重小学生品德、良好性格和行为习惯的养成；初中阶段的德育目标是注重学生民族自尊心和自豪感的培养，初步树立公民的国家观念、道德观念和法制观念，培养科学思维，培养积极进取和不怕困难的品质；高中阶段的德育目标是形成正确的人生观、世界观和价值观，拥护党的基本路线，自觉遵守宪法和法律，培养坚毅、勇敢等心理品质；中等职业学校的德育目标是把学生培养成高素质的劳动者和技术技能人才。各学段的德育目标根据本学段学生的发展特点设置，各有特点而又协调一致，上下学段之间实现有序衔接。

2. 立足"大德育"推进学科融合

狭义的德育是指道德教育，而我国坚持"大德育"的概念，其内容更为丰富，包括思想教育、道德教育、政治教育、法治教育、心理健康教育等。十八大以来，我国继续坚持"大德育"的政策理念，丰富的德育内容体系对学生的思想、政治、道德和心理健康等素质发挥了提升效应。一方面，在学科融合的大背景下，各学科体系之间相互融合、相互渗透，促进了德育学科体系的完善；另一方面，丰富的学科体系赋予了学生更多的经历与体验，促进了学生的全面发展。

3. 线上线下同步推进

网络资源的快速发展为德育工作提供了新的契机。一方面，中小学的德育素材由课本等纸质素材发展为音像输出的多媒体素材，丰富和立体的教学素材为学生提供了多感官的信息输入，使学生的学习效果大幅提升；另一方面，网络资源的发展又带动了线下教学的逐步完善。各级教育部门和中小学不断探索网络环境下德育工作的有效途径，引导学生正确使用互联网以及微博、微信等新媒体，树立网络责任意识，形成积极向上的校园网络文化。

（三）德育途径日益多样化

1. 以课程建设为抓手落实课程育人

首先，各级教育部门和中小学充分发挥德育课程的育人功能，将社会主义核心价值观的内容和要求细化、落实到德育的课程目标之中，完善德育教学体系，推出新的德育教材《道德与法治》。其次，加强学科间的渗透，推动学科间的融合，在其他学科教学中挖掘德育因素，提升德育效果。最后，教学资源日益丰富。除了国家指定的统一教材，各级教育部门积极开发源于学生生活、与学生息息相关的地方课程、校本课程和网络课程，"生活德育"的理念得以贯彻落实。

2. 以校园文化建设为抓手落实文化育人

各级教育部门和中小学将社会主义核心价值观融入校园物质文化、精神文化、制度文化和行为文化之中，各中小学都张贴了 24 字社会主义核心价值观，通过举办相关的演讲比赛、歌唱比赛、体育比赛、主题班会等强化学生对社会主义核心价值观的认识，利用板报、橱窗等设施将社会主义核心价值观融入校风班风建设当中。

3. 以德育导师制为抓手落实管理育人

德育导师制坚持"每一个教育工作者首先是德育工作者"的理念，着力形成全员育人、全科育人、全程育人的良好育人模式，是全员导师制的一种模式。它通过成立以班主任为核心、以任课教师为成员的导师组，在学习、生活、品德和心理方面为学生提供全方位、个性化的指导和帮助。在实行德育导师制的学校，德育工作取得巨大成效。例如，德育导师制的实施对苏州市 12 所中小学校学生的身心发展发挥了积极的作用，71% 的学生反映"学习成绩有所提升"，81% 的学生表示"自己多了个倾诉的朋友"，92% 的学生反馈"父母支持自己的德育导师"（朱玉林，2015）[12]。德育导师制已被证实是一种切实可行的育人模式、学校德育管理模式和对学生进行思想工作的模式，各级教育部门和学校应积极探索推行德育导师制。

4. 以社会实践为抓手落实实践育人

各级教育机构与学校努力落实教育部等部门下发的《关于推进中小学生研学旅行的意见》，建立了各类社会实践基地和青少年活动中心等校外活动场所，逐步完善中小学开展社会实践的机制。德育以实践为主要抓手，以学生所经历的生活事件为切入点，取得良好的效果。

（四）德育环境不断优化

重拳出击，对校园安全问题零容忍。各地中小学在一年一度的全国中小学生安全教育日当天开展一次专门的安全教育活动。教育部2016年组织全国中小学生观看《新闻大求真》栏目组播出的安全教育日专题节目；积极开展安全教育活动，组织全国中小学生参加网络竞赛公益活动，组织教师参加中小学"安全教育精品课程"征集展示活动。全国中小学每月开展一次应急疏散演练，校园安全被纳入教师的考评体系。在各方的努力下，学生安全事故逐渐减少，学生非正常死亡人数和死亡率均逐年下降，目前97%的中小学生非正常死亡都发生在学校之外（张烁，2015）。

四、德育质量提升的主要经验

十八大以来，我国明确把"立德树人"作为教育的根本任务，坚持将社会主义核心价值观融入国民教育全过程，坚持大德育观，坚持全员育人、全程育人和全方位育人的模式，促进了德育质量提升。

（一）坚持德育为先是德育质量提升的关键

百年大计，教育为本；教育大计，育人为本；育人为本，德育为先。十八大报告首次将"立德树人"确定为教育的根本任务，这是对十七大"育人为本，德育为先"教育理念的深化，更进一步指明了教育改革的发展方向。"立德树人"的理念引领了德育的发展，一方面各级教育部门和教育工作者从思想上重视德育，从行动上支持"立德树人"理念的落实；另一方面，教育科研人员从课程设置、教学资源、教学途径、教学评价等多方面探讨提升德育质量的有效途径，并尝试将研究成果应用于实践。在国家政策的引领下，各级教育工作者协同努力，德育质量得到提升。

（二）坚持社会主义核心价值观引领是德育质量提升的根本

价值观教育是德育的重要内容之一，将社会主义核心价值观融入国民教育全过程，为德育质量的提升奠定了基础。首先，它意味着价值观教育从小抓起，贯穿于基础教育、高等教育、职业教育，各个学段各有侧重点而又相互统一，形成了完善的德育教学体系；其次，它拓宽了学生践行社会主义核心价值观的途径，课堂教学、实践活动、媒体宣传齐头并进，将抽象的价值观教育融入实实在在的实践生活中，使学生在生活中体味、在生活中吸收，有效促进了学生对社会主义核心价值观的理解；最后，它意味着不仅学生需要学习，教师更需要践行社会主义核心价值观，躬亲示范，而师德的提升为德育质量的提升提供了保障。

（三）坚持大德育观是德育质量提升的基础

大德育观是指通过知识传授、观念养成、性格培养等途径来提高受教育者思想观念、政治意识、行为规范、心理调适等方面的素质。大德育观的"大"体现在四个方面。第一，课程体系丰富，包括思想教育、政治教育、道德教育、法治教育、心理健康教育等内容。第二，覆盖面广，中国特色的大德育覆盖教学活动和管理活动，将"德言、德行、德风"贯穿于对教师和学生的各种管理、教学活动中。第三，全员参与，德育导师制的实施不仅需要学校领导的倡导，而且需要学校各部门的广泛参与。第四，全过程贯穿，从小学、中学、大学到成人教育，坚持系统性的德育。

（四）坚持全员育人是德育质量提升的保障

以班主任为主体、全体教师参与的德育导师制能够在教师和学生之间建立一种互动的"导学"关系。教师针对学生的个性差异因材施教，通过学习辅导、生活指导、思想引导和心理疏导等为学生提供全方位、个性化的指导和帮助。以整体性和一贯性的原则建立导师工作记录袋，建立受导学生成长档案袋，记录师生活动的全过程。这种全员育人、全程育人和全方位育人的良好育人模式有效提升了学生的思想品德、心理品质和学习成绩，是德育质量提升的制度保障。

▶ 第六章

体育：每天锻炼一小时

十八大以来，以习近平同志为核心的党中央，高度重视体育工作，将促进青少年体质健康提高到国家战略高度。学校体育工作明显加强，校园足球轰轰烈烈，学生体质稳中向好。每天锻炼一小时，正在成为广大学生的行为习惯和生活方式。

一、体育质量观

这些年，学校体育质量问题得到了关注，虽然多数研究都从教育和教学两个维度展开，但秉持的质量观各有不同。

（一）满足需求角度的质量观

这种质量观从"满足需求"的角度阐述学校体育质量的内涵，强调了"满足需求"这一核心，把评判高等体育质量的重点落在满足社会和个体需求的程度上。

（二）课堂教学角度的质量观

这种质量观从"课堂教学"的角度对体育教学质量作了阐释，突出了教与学两大系统，在范围上更为广泛，在定位上略微后移。如果说"需求"在先的话，"教学"就紧跟其后，它是能否"满足需求"的关键环节。

（三）实际效果角度的质量观

多数研究是根据"实际效果"衡量体育教学质量的。这种质量观从学生身体素质，终身体育锻炼习惯的养成，体育基础技术、卫生知识、运动技术的掌握，良好道德品质的形成等方面进行评价。体育教学质量是体育教学效果的反映，是通过体育教学表现出来的学生学习效果的多种目标要素的综合体现，指向的是体育教学效果非过程。它可以从学生的运动技能、心理素质和体质健康等方面来评价（于素梅，2014）。实际效果角度的质量观较为普遍。与前几种质量观相比，这种质量观将重心落在了学生学习效果而非学习过程上。

（四）素养培育角度的质量观

当前，世界诸多国家都从学生发展核心素养的层面来探讨教育质量问题，据此，学校体育质量应该集中反映学生体育学科核心素养培育情况与学生体质健康状况。其中，学生体育学科核心素养包含体育情感与品格、运动能力与习惯、健康知识与行为。体质健康状况是衡量学校体育质量的重要指标，但不是唯一指标，它与学生体育学科核心素养共同构成了学校体育所要达到的目标。同时，影响学校体育质量的因素是多元的，如教师教育教学能力、教学环境等。因此，从狭义上讲，学校体育质量指向的是效果，反映在学生学习的结果上；从广义上看，学校体育质量是教育教学过程中的相关因素质量与学生学习效果的总称，尤其是体育与健康素养的培育结果。

二、促进体育质量提升的重大举措

学校体育领域的重大举措包括深化体育课程改革，制定课程标准、器材配备标准、体质健康标准等各项标准，落实阳光体育，推广校园足球，实施学生体质监测，强化健康教育工作和学校卫生工作，推进学校体育场馆在课余时间向学生开放，加大校园安全事故风险防控和开展督导检查工作。

（一）深化体育课程改革

体育课程改革的深化对提升学校体育质量起到了关键性作用。国家在深化体育课程改革方面出台了诸多政策，提出了明确的体育课程改革与发展要求。教育部等四部门发布的《关于进一步加强学校体育工作的若干意见》，明确提出了"十二五"期间学校体育改革发展的基本思路和政策，要求各地建立起学校体育评价机制、合力推进机制和条件保障机制。2013 年 11 月，《中共中央关于全面深化改革若干重大问题的决定》明确提出"强化体育课和课外锻炼，促进青少年身心健康、体魄强健"。2014年3月，《关于全面深化课程改革落实立德树人根本任务的意见》要求把学校体育纳入教育综合改革，加强体育育人功能；把学生体质健康水平纳入教育现代化指标体系，作为评估地方教育发展水平的基本依据。2016年5月发布的《国务院办公厅关于强化学校体育促进学生身心健康全面发展的意见》进一步强调，要深化教学改革，完善体育课程，提高教学水平，强化体育课和课外锻炼。

2015年7月教育部等六部门印发的《关于加快发展青少年校园足球的实施意见》明确提出深化足球教学改革，各级各类学校要把足球列入体育课教学内容，积极推进足球教学模式的多样化。鼓励有条件的学校开展以足球为特色的"一校一品"体育教学改革。足球特色学校可适当加大学时比重，每周至少安排一节足球课，不断提高教学质量。科学统筹足球教学与其他学科教学，在课时分配、教师配备、教学管理、绩效评价等方面为足球教学改革创造良好条件。发布青少年校园足球教学指南、学生足球运动技能等级标准，规范指导校园足球教学。建设全国青少年校园足球教学资源库，鼓励各地各校因地制宜采取多种方式开发共享高质量的足球教学资源，逐步实现优质足球教学资源全覆盖。依托有条件的单位建立校园足球运动研究基地，加强理论与实践研究，提升校园足球运动发展的科学化水平。

（二）制定学校体育发展标准

学校体育质量的提升与国家相继制定并公布各项体育发展标准密切相关，包括器材配备标准、课程标准、体质健康标准等。

《义务教育体育与健康课程标准（2011年版）》进一步明确了体育课程内容和实施建议等，使体育教学工作更加规范化、系统化。《国家学生体质健康标准（2014年修订）》对一些衡量学生体质健康状况的身体素质指标作了适当调整，使体质健康监测工作更具科学性和实效性。2016年，教育部发布了《小学体育器材设施配备标准》《初中体育器材设施配备标准》，规范了学校体育教学和课外体育活动时使用的器材设施标准，使体育教学获得了良好的发展条件，提升了体育质量。

（三）落实阳光体育

为全面贯彻党的教育方针，认真落实"健康第一"的指导思想，在全国亿万学生中掀起群众性体育锻炼的热潮，切实提高学生体质健康水平，2006年《教育部国家体育总局共青团中央关于开展全国亿万学生阳光体育运动的决定》下发。2007年以来，结合《国家学生体质健康标准》的全面实施，全国各级各类学校广泛深入地开展了全国亿万学生阳光体育运动，吸引广大青少年学生走向操场、走进大自然、走到阳光下，积极参加体育锻炼，掀起群众性体育锻炼热潮。同时，全国各级各类学校广泛开展阳光体育冬季长跑活动。阳光体育冬季长跑活动是全国亿万学生阳光体育运动的重要内容，它的广泛深入实施，使学生的身体素质得到提高，学生顽强的意志品质得到培养。

（四）推行校园足球

从2014年起，校园足球发展的各项政策制定、组织管理、培训等工作由国家体育总局主导转向了教育部主导，由教育部体卫艺司牵头开展校园足球各项工作。学校体育工作以校园足球为突破口，获得了较大发展。2015年3月发布的《中国足球改革发展总体方案》中提出推进校园足球发展，各地中小学要把足球列入体育课教学内容，加大学时比重。以扶持特色带动普及，对基础较好、积极性较高的中小学进行重点扶持，2020年校园足球特色学校的建设要达到2万所，2025年达到5万所。

2015年7月印发的《教育部关于公布2015年全国青少年校园足球特色学校及试点县（区）名单的通知》认定并命名北京市崇文小学等8627所中小学校为"全国青少年校园足球特色学校"，北京市延庆县等38个县（区）为"全国青少年校园足球试点县（区）"。2016年6月印发的《教育部关于公布2016年全国青少年校园足球特色学校及试点县（区）名单的通知》认定并命名北京市第五十四中学等4754所中小学校为"全国青少年校园足球特色学校"，北京市海淀区等31个县（区）为"全国青少年校园足球试点县（区）"。2017年6月印发的《教育部关于公示2017年全国青少年校园足球特色学校和试点县（区）遴选结果名单的通知》，拟认定并命名北京市第一师范学校附属小学等6832所中小学校为"全国青少年校园足球特色学校"，北京市丰台区等33个县（区）为"全国青少年校园足球试点县（区）"。截至2017年，校园足球特色学校已经达到20213所，试点县（区）102个（图6.1、图6.2）。

图 6.1　2015—2017 年认定的校园足球特色学校数量

图 6.2　2015—2017 年认定的校园足球试点县（区）数量

　　2015 年 6 月发布的《教育部办公厅关于开展全国青少年校园足球骨干师资国家级专项培训的通知》，要求加强青少年校园足球师资队伍建设，提高校园足球从业人员工作能力和综合素养，支持校园足球特色学校发展，大力提升校园足球教育教学质量。通过培训，在全国范围内培养一大批校园足球师资骨干，使其全面把握校园足球的方针政策，增强发展校园足球的责任感和使命感，不断提升骨干教师的教学、训练、研究与管理水平，打造一支师德高尚、业务精良的校园足球师资队伍，并引导各地不断加强校园足球师资队伍建设，为全国青少年校园足球持续健康发展奠定扎实的基础。

（五）实施体质监测

青少年学生的体质健康一直是党和国家关注的重点，体质健康水平的提升也是长期以来最难解决的问题。为此，国家相继召开重大会议，制定体质监测制度等，不断改善青少年体质健康状况，提升学生体质健康水平。2012年12月召开的全国推进学校体育工作电视电话会议，要求进一步落实中央关于发展学校体育的战略部署，重申任何学校不得以任何理由和借口占用体育课时，确保每天锻炼一小时，对学生体质健康水平持续三年下降的地区和学校，在教育工作评估和评优评先中实行"一票否决"；明确了从2013年起，全面开展学生体质健康监测，切实加强监督评估，及时向社会公布体育督导评估结果；要求形成教育部门牵头、有关部门分工负责和社会参与的学校体育推进机制。

（六）强化健康教育

健康教育是学校体育工作的重要内容。中共中央、国务院印发的《"健康中国2030"规划纲要》明确提出：将健康教育纳入国民教育体系，把健康教育作为所有教育阶段素质教育的重要内容；以中小学为重点，建立学校健康教育推进机制；构建相关学科教学与教育活动相结合、课堂教育与课外实践相结合、经常性宣传教育与集中式宣传教育相结合的健康教育模式；培养健康教育师资，将健康教育纳入体育教师职前教育和职后培训内容。

（七）加强学校卫生工作

青少年学生的健康问题一向受到国家高度重视。国家围绕促进学生健康制定了一系列政策。

在传染病防控方面，有关部门多次下发了预警通知，如《教育部办公厅关于2011年学校突发公共卫生事件防控工作第一次预警通知》等。此外，还下发了《教育部办公厅关于做好近期学校常见传染病防控工作的通知》。这些政策文件主要关注以下方面：做好各项防护工作；加强健康教育，预防中小学生急性血吸虫病感染病例的发生；落实疫情报告制度，预防控制学校传染病疫情的发生和蔓延，维护学生身体健康；落实晨检制度等。

在艾滋病防控方面，下发了《国务院办公厅关于印发中国遏制与防治艾滋病"十二五"行动计划的通知》《国家卫生计生委办公厅教育部办公厅关于建立疫情通报制度进一步加强学校艾滋病防控工作的通知》，并围绕建立学校艾滋病疫情通报制度等提出政策要求。

在食品安全方面，下发了《餐饮服务食品安全操作规范》《关于迅速开展学校食堂食品安全整治严防食物中毒事件发生的紧急通知》《教育部办公厅关于做好学校食品安全与传染病防控工作的通知》，重点围绕加强食品安全管理提出了明确的要求。另外，发布了《中国食物与营养发展纲要（2014—2020年）》等。

（八）开放体育场馆

场馆的对外开放，在一定程度上能够为青少年学生的体育锻炼提供保障，也能培养青少年运动兴趣，使其逐步养成锻炼习惯等。2016年11月下发的《国务院办公厅关于进一步扩大旅游文化体育健康养老教育培训等领域消费的意见》和2017年2月下发的《教育部国家体育总局关于推进学校体育场馆向社会开放的实施意见》均提出，要积极推进学校体育场馆向学生和社会开放。

（九）加大风险防控

校园安全尤其是学校体育运动的安全保障问题一向备受关注。长期以来，各种校园安全事故的发生，给学校教育工作带来了极大的影响。2015年4月印发的《学校体育运动风险防控暂行办法》，要求加强各级各类学校体育运动风险防控工作，保障学校体育工作健康有序开展。

（十）开展督导检查

督导检查对于推动学校体育工作开展，优化学校体育环境，提升学校体育质量，促进学生体质健康水平提升等发挥着重要的作用。2013年9月《教育部办公厅关于组织开展学校体育工作专项督查的通知》中明确提出了学校体育专项督导检查的具体内容：（1）地方各级政府加强学校体育工作的具体措施；（2）落实加强学校体育工作机制建立情况；（3）学校体育工作三年行动计划编制情况；（4）学校体育师资配备与培训情况及计划；（5）学校体育设施设备达标情况及计划；（6）学校体育运动安全及购买校方责任险经费落实情况；（7）保证学生每天锻炼一小时情况

（体育课、大课间、课外体育活动）的具体措施；（8）实施《国家学生体质健康标准》情况（实施国家学生体质健康标准测试工作情况、学生体质健康标准测试结果与变化情况、视力不良率）；（9）各地各校加强学校体育工作的经验、创新举措和成效等。文件要求进一步完善学校体育政策措施，健全学校体育制度，做好学校体育工作，大力提高学生体质健康水平。教育部、国家发展改革委、财政部、国家体育总局、中央编办和国办等部门组成督查组，开展了学校体育工作专项督查。

2016 年 4 月下发的《教育部办公厅关于组织开展加快发展青少年校园足球重点督察工作的通知》提出，督察工作包括以下内容。（1）建立校园足球工作机制情况：各地制定本地区青少年校园足球发展规划，实施青少年校园足球发展项目，明确支持政策等方面的情况。（2）校园足球普及情况：大力推进校园足球普及工作，积极开展全国青少年校园足球特色学校遴选工作，区域内学校开足开齐体育课，保证学生每天一小时校园体育活动，并把足球列入体育课教学内容，加大学时比重等方面的情况。（3）校园足球竞赛开展情况：广泛开展多样化的足球竞赛活动，构建包括校内竞赛、校际联赛、区域选拔在内的青少年校园足球竞赛体系，建成纵向贯通、横向衔接和规范有序的高校、高中、初中、小学四级青少年校园足球联赛机制等方面的情况。（4）足球专业师资队伍建设情况：在核定编制总量内配齐体育教师，满足教学工作需求，建立教师长期从事足球教学的激励机制，按计划组织区域内教师、足球教练员、裁判员进行专业培训等方面的情况。（5）条件保障情况：因地制宜提供校园足球配套资金，积极改善学校体育场地设施条件等方面的情况。

三、体育质量提升的重要成就

十八大以来，学生体质健康状况形成了稳中向好的发展趋势，体育教师的数量增加，质量提升，体育课程改革逐步深入、初见成效，学校卫生保健工作成效显著。

（一）学生体质健康状况稳中向好

学生体质健康状况形成了稳中向好的发展趋势，尤其是中小学生的体质健康状况改善较为明显。如教育部发布的 2014 年全国学生体质与健康调研结果显示，学生体质与健康状况总体有所改善：与 2010 年相比，2014 年我国城乡学生身体形态发育水平，即身高、体重和胸围等发育水平继续提高；肺活量继 2010 年出现上升拐点之后，继续呈现上升的趋势；城乡学生营养不良检出率进一步下降，且基本没有重中度营养不良；乡村小学生蛔虫感染率持续降低。但是，大学生身体素质继续呈现下降趋势；视力不良检出率仍然居高不下，继续呈现低龄化倾向；各年龄段学生肥胖检出率持续上升。

（二）体育教师队伍实现数量增加与质量提升

体育教师是开展体育与健康工作的核心力量，教育部、卫生部、财政部印发的《国家学校体育卫生条件试行基本标准》中提出了中小学体育教师配备基本标准。学校应当在核定的教职工总编制数内，根据体育教学工作的特点，按照教学计划中体育课授课时数和开展课外体育活动的需要，配备体育教师。小学一至二年级每 5—6 个班配备一名体育教师，三至六年级每 6—7 个班配备一名体育教师；初中每 6—7 个班配备一名体育教师；高中（含中等职业学校）每 8—9 个班配备一名体育教师。农村 200 名学生以上的中小学至少配备一名专职体育教师。我国大中小学体育教师数量约为 51 万人，其中普通高校 54992 人，中职 20843 人，普通高中 70843 人，普通初中 166033 人，小学 196476 人。近几年，体育教师的数量和质量发生了明显的变化，体育（或足球）"国培计划"的实施提高了体育教师的专业素养和教育教学能力。

（三）体育课程改革初见成效

随着体育课程改革的逐步深入，体育课程开设率有所提高。课外体育活动的内容和开展形式更加丰富多彩，学生参与体育锻炼的热情逐步提升。学校运动会从少数精英参与的体育竞赛过渡到全员参与的全员运动会，每一个学生都能在运动会上获得展示自我的机会。这些在一定程度上体现了体育课程改革的成效。体育教学内容、方法更加丰富与规范，传统项目学校和校园足球特色学校的建设与发展，强化了专项技能的教学工作，提升了教学的有效性。学校体育目标更为明确与聚焦，体育学科核心素养培育逐步得到落实。自校园足球工作开展以来，青少年足球人口不断扩大，学生的体育锻炼兴趣、意识和习惯逐步形成。体育学习环境条件日趋改善，体育场地器材逐步得到补充和完善。笼式足球的开发，使得小场地开展足球运动成为可能。

（四）学校卫生保健工作成效显著

学校公共卫生事件数量逐年降低。学生营养状况持续改善。乡村小学生蛔虫感染率持续降低。中小学生身体素质继续呈现稳中向好趋势。根据各省份报送的《中国遏制与防治艾滋病"十二五"行动计划》终期评估报告，青少年艾滋病防治知识知晓率达到 90% 以上，达到预定的目标。

四、体育质量提升的主要经验

十八大以来，学校体育质量提升工作积累了一些宝贵经验。

（一）重制度引领，实现学校体育目标

学校体育相关文件的印发和制度的完善，保证了学校体育工作的有序开展。各地陆续出台学校体育工作三年行动计划，推动了学校体育工作的制度化建设。体质健康监测和公告制度大大提高了地方领导对学生体质健康的重视程度。运动风险防控举措的出台、安全保障制度的建立、保险制度的探索等，为学校体育工作的开展提供了保障。教育部、地方政府等对学校体育卫生工作的督导评估，促进了相关政策的落实。各地加快建章立制，促进了学校体育工作目标的实现。

（二）抓特色项目，推动学校体育发展

青少年校园足球运动作为强化学校体育工作的突破口，提高了学生参与体育活动的兴趣，带动了其他体育项目的开展。各地学校积极创建"一校一品""一校多品"，着力培养学生的体育兴趣爱好，引导学生养成终身体育锻炼的习惯。

（三）强健康理念，促进健康素养提升

学校通过教师培训、优秀教案和优质课展示等多种途径强化教师的健康观念，提升健康教育师资素质，提升健康教育实施效果。全国及地方各级各类培训工作的加强，使体育教师的专业素养得到提升，确保了体育课堂教学质量，与此同时，学生健康素养水平也不断提升。

▶ 第七章

艺术教育：都有一颗美丽的心灵

艺术教育是心灵的教育。立足学生审美和人文素养培养，全面提升学校艺术教育质量，是学校艺术教育的生命线。十八大特别是十八届三中全会以来，学校艺术教育的受重视程度前所未有，一系列学校艺术教育新政策、新要求和新举措相继出台，让全国学校艺术教育工作者对守住这条生命线，有了十足的信心和强劲的动力。

一、艺术教育质量观

学校艺术教育质量到底是什么，其内涵如何把握，多年来始终存在分歧。有的侧重于学生的艺术素质，主张在学生完成某一学段的音乐、美术课标内容学习之后，以形成性和终结性评价方式，进行艺术（音乐、美术）学科学业水平测评，以量化学校艺术教育的质量水平——这是较为典型的教育产品观；有的侧重于课内外的教学与活动，认为艺术教育质量包括课堂教学的过程质量和课外活动（尤指高水平艺术社团）的展演质量——这是普遍意义上的教育过程观；还有的侧重于艺术教师的教育教学质量，抑或学校艺术学习环境，包括学校艺术教育设施设备等——这是要素思维指导下的教育环境观。事实上，对于学校艺术教育质量而言，上述诸要素缺一不可，它们是一个不可分割的整体。

根据国际经验，特别是发达国家、经济体的认知习惯，以及对我国艺术教育当前发展现状的调查和未来发展预期的把握，我们认为，学校艺术教育质量应体现为以学习者为中心，以立德树人为根本任务，以稳步提高学生艺术素养水平为根本目标，以课程教学、课外活动、教师队伍、学校文化艺术环境、艺术教育社会资源五位一体的学校艺术教育环境为抓手，适应学生全面发展和经济社会发展的实际需要，以美育人、以文化人和培养学生创新创意能力的质量。

二、促进艺术教育质量提升的重大举措

十八届三中全会明确提出的"提高学生审美和人文素养"，是学校艺术教育改进的主线。围绕这一主线，一系列重大举措密集出台。

（一）确立社会主义核心价值观为学校美育的灵魂

2016 年习近平在中国文联十大、中国作协九大开幕式上的讲话中提出："文艺是铸造灵魂的工程，承担着以文化人、以美育人的职责，应该用独到的思想启迪、润物无声的艺术熏陶启迪人的心灵，传递向善向上的价值观。广大文艺工作者要做真善美的追求者和传播者，把崇高的价值、美好的情感融入自己的作品，引导人们向高尚的道德聚拢。"

（二）确立以美育人、提高质量的学校艺术教育改革方向

2017 年，国务院印发《国家教育事业发展"十三五"规划》，确定了以美育人、提高质量的学校艺术教育改革方向，要求学校艺术教育以提高学生艺术素养、陶冶高尚情操、培育深厚民族情感、激发创新意识为导向，统筹整合学校与社会美育资源，推动开齐开足艺术课程，开展艺术类第二课堂教育活动，鼓励特色发展，促进每个学生形成一两项艺术特长和爱好；积极引导学生阅读欣赏中外文学艺术经典，鼓励高雅艺术进校园、非物质文化遗产进校园、民族民间优秀文化进校园；充分利用图书馆、博物馆、文化馆等各类文化资源，广泛开展中华民族优秀传统文化、革命文化、社会主义先进文化教育，培育青少年学生文化认同和文化自信；加强多元文化教育和国际理解教育，提升跨文化沟通能力。

（三）确立学校美育的育人目标、阶段任务和配套举措

"美育的要义在于审美精神、立美精神的培养……美育不仅是艺术教育，还包括德育以及社会、自然、科学等对美的认识。这些内容整合起来，才能够真正提高学生的审美与人文素养，实现'立德树人'的育人目标。"（朱建民，2017）《国务

院办公厅关于全面加强和改进学校美育工作的意见》要求：到 2018 年，我国美育工作取得突破性进展，美育资源配置逐步优化，管理机制进一步完善，各级各类学校开齐开足美育课程；到 2020 年，初步形成大中小幼美育相互衔接、课堂教学和课外活动相互结合、普及教育与专业教育相互促进、学校美育和社会家庭美育相互联系的具有中国特色的现代化美育体系。

为此，一要构建科学的美育课程体系。科学定位美育课程目标，开设丰富优质的美育课程，实施美育实践活动的课程化管理。二要大力改进美育教学。深化学校美育教学改革，加强美育的渗透与融合，创新艺术人才培养模式，建立美育网络资源共享平台，注重校园文化环境育人作用，加强美育教研科研工作。三要统筹整合学校与社会美育资源。采取有力措施配齐美育教师，通过多种途径提高美育师资整体素质，整合各方资源充实美育教学力量，探索构建美育协同育人机制。四要保障学校美育健康发展。加强组织领导，加强美育制度建设，加大美育投入力度，探索建立学校美育评价制度，建立美育质量监测和督导制度。

（四）明确将中华优秀传统文化贯穿学校艺术教育全过程

2015 年发布的《中共中央关于繁荣发展社会主义文艺的意见》提出：建立"结对子、种文化"工作机制，组织专业文艺工作者到基层教、学、帮、带；实施农村中小学艺术教育计划，鼓励艺术院校毕业生到农村中小学任教；重点支持传递"向善价值观"的青少年文艺创作和推广；实施中华文化传承工程，通过国民教育、民间传承、礼仪规范、政策引导和舆论宣传、文化创作等，传承中华文化基因；推进戏曲进校园；扶持中华文化基因校园传承工作，建设一批中华优秀传统文化教育基地；弘扬创新中华美学精神，推动美德、美学、美文相结合，展现当代中国审美风范；举办各种展映展播展演展览和品读鉴赏传唱活动，让优秀文艺作品走进基层群众特别是广大青少年中；加大国内文化艺术领军人才和青年拔尖人才培养支持力度；加强和改进专业艺术教育工作，优化专业结构，提高教学质量；加强各级各类学校艺术教育，推动学校与社会艺术教育资源和设施共建共享，提高青少年的艺术素养。

2017 年，中共中央办公厅、国务院办公厅印发的《关于实施中华优秀传统文化传承发展工程的意见》提出，"到 2025 年，中华优秀传统文化传承发展体系基本形成"。要求围绕立德树人根本任务，遵循学生认知规律和教育教学规律，按照一体化、分学段、有序推进的原则，把中华优秀传统文化全方位融入思想道德教育、文化知识教育、艺术体育教育、社会实践教育各环节，贯穿于启蒙教育、基础教育、职业教育、高等教育、继续教育各领域。以幼儿、小学、中学教材为重点，构建中华文化课程和教材体系。推动高校开设中华优秀传统文化必修课。推进职业院校民族文化传承与创新示范专业点建设。推进书法、戏曲、高雅艺术等进校园，实施中华经典诵读工程，开设中华文化公开课，抓好传统文化教育成果展示活动。加强面向全体教师的中华文化教育培训，全面提升师资队伍水平。

（五）签署学校美育改革发展备忘录

2016 年，教育部与首批 8 个省市签署学校美育改革发展备忘录。2017 年，教育部与第二批 13 个省（市、区）签署学校美育改革发展备忘录。该工作着力推动中央地方政府联动、统筹整合、协同推进学校美育改革发展工作机制落地，明确各省（市、区）学校美育综合改革发展目标、时间表和路线图；在美育课程建设与教学改革、学生艺术实践与校园环境建设、统筹整合学校与社会美育资源、构建美育协同育人机制、实施美育评价制度、加强美育条件保障等方面提出了切实可行的举措。

2015 年，中共中央办公厅、国务院办公厅印发的《关于加快构建现代公共文化服务体系的意见》提出全面促进基本公共文化服务均等化；到 2020 年，基本建成覆盖城乡、便捷高效、促基本、促公平的现代公共文化服务体系。要求积极开展面向未成年人的公益性文化艺术培训服务、演展和科学普及活动，开展向中小学生推荐优秀出版物、影片、戏曲工作，将中小学生定期参观博物馆、美术馆、纪念馆、科技馆纳入中小学教育教学活动计划，加强乡村学校少年宫建设；要求完善公共文化设施免费开放的保障机制，深入推进公共图书馆、博物馆、文化馆、纪念馆、美术馆等免费开放工作，逐步将民族博物馆、行业博物馆纳入免费开放范围，推动科技馆、工人文化宫、妇女儿童活动中心以及青少年校外活动场所免费提供基本公共文化服务项目；要求加强戏曲等优秀文化艺术的普及推广工作，开展优秀文化遗产、高雅艺术进校园、进社区。2017 年 3 月 1 日开始实施的《中华人民共和国公共文化服务保障法》，为上述举措在立法层面提供了坚实保障。

（六）抓住关键环节，着力弥补师资、评价督导和器材配置等短板

2014 年，《教育部关于推进学校艺术教育发展的若干意见》提出"艺术教育对于立德树人具有独特而重要的作用"，要求通过牢牢抓住开齐开足艺术课程、创新活动内容与形式、多渠道解决艺术师资短缺、整合各类教育教学资源等重点环节，统筹推进、规范发展学校艺术教育。2016 年，教育部等六部门下发《教育脱贫攻坚"十三五"规划》，要求建立省级统筹乡村教师补充机制，依托师范院校开展"一专多能"乡村教师培养培训，着力解决幼儿园教师不足、音体美外语教师短缺等问题，坚决打赢教育脱贫攻坚战。

2015 年，教育部下发《中小学生艺术素质测评办法》《中小学校艺术教育工作自评办法》和《中小学校艺术教育发展年度报告办法》（以下简称"三个办法"）三个文件，分别从学生、学校、教育行政部门三个维度，建立学校艺术教育立体评价制度和督导制度，为摸清楚、搞明白小学、初中、普通高中、中等职业学校艺术教育发展和学生学业水平提供重要抓手。

2016 年，教育部发布《小学音乐教学器材配备标准》《初中音乐教学器材配备标准》《小学美术教学器材配备标准》《初中美术教学器材配备标准》四个教育教学行业标准，要求在九年义务教育阶段学校音乐、美术教育教学中认真落实和贯彻实施。时隔 14 年后，教育部对 2002 年下发的九年义务教育阶段学校音乐、美术教学器材配备目录进行修订并将其上升为国家标准，政策力度前所未有。

三、艺术教育质量提升的重要成就

在前述六方面重大举措的推动下，学校艺术教育在五年间获得了发展。这不仅体现在社会各界的思想认识上，也集中体现在学生的艺术素养提高、教师的师资配置水平、学习环境的结构性改善、相关制度的配套保障等方面。

（一）学校艺术教育质量提升的认识得到进一步深化

"说起来重要，做起来次要，忙起来不要"，这是学校艺术教育地位的生动写照。2012 年以来，在党中央、国务院对美育的高度重视和各项政策措施的推动下，各级党委、政府、教育行政部门对美育的认识和理解不断深化，全面落实和创新践行美育的意识不断加强。如重庆市铜梁区区长结合区情提出"要彻底转变观念，全面提升美育在学校教育中的地位：一是通过多种宣传手段，加强美育重要性宣传，在全社会形成重视美育的浓厚氛围；二是分层次召开美育工作会、座谈会、研讨会，提升教育主管部门、学校领导、美育工作者、学生家长和社会各界对学校美育工作重要性的认识；三是开展美育与地方人文精神培养大讨论，强化美育在学校教育中的地位"（唐川，2015）。

（二）社会主义核心价值观融入学校艺术教育方方面面

1. 贯穿于各学段艺术课程教学目标中

2015 年国务院办公厅发布的《关于全面加强和改进学校美育工作的意见》指出：幼儿园美育主要培养幼儿拥有美好、善良的心灵，能用自己的方式去表现美、创造美，使幼儿快乐生活、健康成长。义务教育阶段学校美育课程要注重激发学生艺术兴趣，传授必备的基础知识与技能，发展艺术想象力和创新意识，帮助学生形成一两项艺术特长和爱好，培养学生健康向上的审美趣味、审美格调、审美理想。普通高中美育课程要满足学生不同艺术爱好和特长发展需要，丰富学生审美体验，开阔人文视野。特殊教育学校美育课程要尊重学生身心水平和特点，培养学生兴趣和特长，将艺术技能与职业技能培养有机结合，为学生融入社会、创业就业和健康快乐生活奠定基础。职业院校美育课程要强化艺术实践，注重与专业课程有机结合，培养具有审美修养的高素质技术技能人才。普通高校美育课程要依托本校相关学科优势和当地教育资源优势，拓展教育教学内容和形式，强化学生的文化主体意识和文化创新意识，增强学生传承弘扬中华优秀文化艺术的责任感和使命感。

2. 贯穿于多彩丰富的艺术课外活动中

十八大以来，在教育行政部门引导下，尤其是在艺术教育课外实践活动课程化管理推动下，以社会主义核心价值观为导向的课外艺术教育，基本形成了以年度活动和项目为双轴的发展机制（许洪帅，2015）。各级各类学校艺术社团活动掀起层层浪潮，班班有歌声、校校有社团、市市有展演，艺术教育普及基础上的提高和提高指导下的普及紧密结合，推动着课堂内外、学校内外、家庭社会艺术教育积极互动。艺术教育形成了大学生艺术展演、中小学生艺术展演、高雅艺术进校园、体育艺术"2+1"项目、"一校一品"项目、中华优秀传统文化艺术传承学校评选、全国高校音教专业本科学生基本功展示、全国农村学校艺术教育实验县等品牌活动（表7.1）。以班级为基础的合唱、书法、剪纸、舞蹈、戏曲等兴趣小组蓬勃发展。

表 7.1　2012—2017 年全国学校艺术教育活动、项目及会议

类别	名称	举办届次与覆盖情况
活动	全国大学生、中小学生艺术展演	每 3 年一届，2012 年以来各举办 2 届
	高雅艺术进校园	2005 年至今已举办 10 年
	全国高校音教专业本科学生基本功展示	每 2 年一届，1999 年至今已举办 9 届
项目	全国农村学校艺术教育实验县	覆盖 31 个省份，126 个农村县
	中华优秀传统文化艺术传承学校评选	覆盖 31 个省份，449 所学校
	全国高校音乐、美术师范教育本科专业课程试点	覆盖 21 个省份，45 所院校的音乐院系和 48 所院校的美术院系
会议	全国高校美育改革发展座谈会	已举办 2 次
	全国学校艺术教育工作专题研讨班	已举办 7 次，培训基层教育行政人员和高校领导干部近 700 人

数据来源：教育部体卫艺司网站。

（三）学生艺术素养呈现可喜变化

1. 初步形成以学习者为中心的教学方式

从 2002 年《学校艺术教育工作规程》、2014 年《教育部关于推进学校艺术教育发展的若干意见》提出"开齐开足"艺术课程，到 2015 年《关于全面加强和改进美育工作的意见》提出"开齐开足上好"艺术课程，以学习者为中心的教学质量提升要求得到凸显。2012 年以来，不少优质学校正在从注重一般性审美接触的粗放型教学方式，向更加注重学段特点、深度学习和关联开放的精益型教学方式转变。以学习者为中心的艺术课程教学方式，正在从城市核心区向城乡、村镇推进，正在从发达地区向欠发达、不发达地区传播。

2.学生艺术素养的培育方式不断丰富

随着教育部"三个办法"的下发，已确定的全国 31 个省份 102 个中小学生艺术素质测评实验区开始创建学生参与课外艺术活动记录制度，内容包括学生参与社区乡村文化艺术活动、学习优秀民族民间艺术、欣赏高雅文艺演出、参观美术展览等情况。调研显示，在学校艺术教育评价督导制度推动下，特别是随着中小学生艺术素质测评指标体系将"课外活动""校外学习""艺术特长"等指标纳入其中，各级各类学校均能根据学生特点，探索具有时代特征、区域特点和校园特色的艺术实践活动形式，艺术教育的方式和途径不断丰富。

3.学生艺术素养在原有水平上得到提高

在 2013 年、2014 年、2015 年部分省份普通小学、初中和高中（含中职学校）学生艺术素养调查中，学生艺术素养水平，尤其是某些感性反应能力、审美表现能力和艺术创造能力的微观指标，如视听、分析、阐释和评价能力等方面出现了可喜的变化。2015 年教育部针对学校美育改革发展情况的新闻发布会指出，对 200 余所普通高校一年级新生进行的美育调查表明：近 80% 的被调查学生在中小学阶段接受了正规的艺术课堂教学，62% 的学生参与了学校的艺术社团或兴趣小组，33% 的学生掌握了一定的艺术技能，67% 的学生具备了一定的艺术鉴赏能力。

（四）五位一体的学校艺术教育环境明显优化

1.课内外、校内外相互结合的发展态势正在形成

学生艺术素养水平的提高，不仅得益于课内外、校内外一体发展，也得益于学校、家庭和社会融合育人模式的形成，得益于艺术教育有效利用社会资源的积极探索。实践证明，推进艺术教育综合改革发展，需要统筹整合好课内、课外两个课堂和学校、社会、家庭各方面的有效资源，形成以美育人、以文化人的合力。将高水平课外社团活动与课堂教学紧密结合，实现课外社团课内化（包括作品课程化、指导教学化、测评素质化）和课堂教学课外化（包括体验展演化、表现课外化、人文交流化），实现课内外彼此衔接、校内外相互渗透、学校家庭社会协调创新，实现

艺术教学一体化、生态化发展。

2. 艺术教育有效利用社会资源的协同发展模式得到全面探索

北京市"金帆艺术团"建设、北京市中小学生社会大课堂实践、北京市中小学生课外活动计划和"高参小、高参高"项目（在京高校、科研院所、艺术文化院团等社会资源积极参与北京市小学阶段、高中阶段学校的艺术教育项目），正是利用国家基本公共文化服务体系建设政策红利，通过购买社会服务，精准利用学校周边、社区和社群的艺术文化资源与学校艺术教育紧密对接，以点带面的学校艺术教育协同育人机制落地的经典案例。此外，山东、河南、江苏、广东、浙江、辽宁等很多省份均能充分利用基本公共文化服务体系建设政策红利，定期组织中小学生到辖区内的博物馆、美术馆、图书馆、文化馆、音乐厅等开展相关艺术教育活动。上海市依托上海学生交响乐团等社团组建各类艺术联盟，鼓励文化系统选派优秀文艺工作者参与美育支教志愿服务项目（柴葳，李小伟，2016）。

另外，随着中小学音乐、美术教学器材国家标准下发，大中小学艺术专用教室、教学器材与课外活动场地等学校艺术教育条件得到持续改善，校园文化艺术环境的育人功能不断凸显。

（五）学校艺术教师配置状况持续改善

1. 学校艺术教师配置出现令人鼓舞的改善势头

制约学校艺术教育发展的最大难题仍然是艺术师资严重缺编。根据《全国义务教育阶段美育师资状况分析报告》，目前全国义务教育阶段美育师资仍然存在较大缺口。数据显示，广西、青海、甘肃、江西、河南、海南等省份乡村小学美育教师缺额率超过50%，即使按最基本的美育指标来衡量，其美育课程开课率也仅为30%。按照低课时中等工作强度的需求目标来定，所缺12万余名美育师资只有约0.5%分布在城区学校，而乡村学校足足占了83.4%（刘博超，2016）。2012年以来，教育部提出"优化存量，强化增量"的指导原则，各地在艺术师资配置上均提出了切实可行的举措。甘肃省把30%的特岗计划用于招录艺术教师，并在三年内培训1500名非艺术教师转岗或兼岗开展艺术教学（王嘉毅，2015）。福建省确保在每年公开招聘的新任教师中留出15%的名额给艺术教师，将乡村学校新任艺术教师列入农村紧缺师资代偿学费计划实施范围（柴葳，李小伟，2016）。普通高校的公共艺术师资建设成效较为理想，全国上下基本形成了一支比较稳定的公共艺术教育师资队伍。

2. 艺术教师能力有了稳步提高

专业能力和教学能力是艺术教师基本技能的基础构成。从近年各省份普通学校艺术教师教学技能的相关展示活动情况看，艺术教师的教学能力出现了积极变化，尤其表现在撰写教案、说课和上课三个方面。艺术教师能够适时融入特色鲜明的区域性音乐、美术等教学资源，较好地吸纳中华优秀传统音乐、美术等艺术文化精髓，适时运用现代化的多媒体技术，富有吸引力和感染力的艺术课堂不时出现在学生面前，不少优秀的艺术教师涌现出来。

3. 学校艺术教育质量评价和督导制度初步形成

在教育部"三个办法"的大力推动下，学校艺术教育质量评价、监测和督导制度建设取得突破，学校艺术教育质量管理的制度体系正在形成。重庆市铜梁区将艺术教育纳入全区教育教学质量监测体系，每年形成全区学校艺术教育质量监测评价报告，建立覆盖艺术教育全学科、全学段、全体学生的评价体系，将学校艺术教育监测结果纳入学校年度目标考核范围（唐川，2015）。江苏省正在探索将小学生艺术素质测评结果纳入素质报告书，将初中毕业生艺术素质测评结果计入中考成绩，将普通高中艺术课程纳入学业水平测试并作为高考艺术专业录取依据（沈健，2016）。

四、艺术教育质量提升的主要经验

十八大以来，在诸多政策的引领和推动下，学校艺术教育迎来了历史上最好的发展机遇。学校艺术教育工作在艺术教育认识理解、教育教学、学生活动参与、师资配置与能力提升、校园环境艺术化、社会资源有效利用、相关制度保障等诸多方面取得重大成就，积累了学校艺术教育质量提升的宝贵经验。

（一）以学习者为中心是学校艺术教育质量提升的硬道理

以学习者为中心，稳步提高学生艺术素养水平是国际共识。许多发达国家和地区均根据自身学校艺术教育发展变化，以学习者为中心，以学生艺术素养提升为核心目标，探索创新学校艺术教育。这一点，已成为全世界提升学校艺术教育质量的成功经验。

抓住感性体验、审美能力和人文理解就等于抓住了艺术素养的基本内涵。艺术是体验，是理解，是创造。艺术的感性能力牢牢占据着艺术素养培养的核心，它是感受美、表现美、创造美、鉴赏美的基础和前提，是艺术反应、表现和创造能力发展的圆心。尽管其外显的能力表征更多集中在对艺术的综合反应上，但其培养并非仅停留在听觉、视觉、动觉等知觉过程中，其"核心意涵更多指向中小学生要通过亲身参与、真实体验和直觉感受，对周围世界、不确定环境、未知事物抱有某种触动、感动、激动、冲动……这恰恰是孩子们好奇心、求知欲、专注力培养的最佳条件，是孩子们灵感闪现、自由创意和艺术表达的动力源泉。正因如此，未来的他们才有可能创造出伟大的产品和贴心的服务。这不仅是一个社会持续增长的附加值和核心竞争力，更是一个国家责任、形象、价值和精神的生动阐释"（许洪帅，2016）。

（二）夯实课程教学是学校艺术教育质量提升的主渠道

面向全体学生的课程教学有助于贯彻落实立德树人的根本任务。艺术课程教学要重视艺术课程基本概念、知识与技能的循序渐进、前后贯连与学段衔接，这有助于增强课程内容的经典性、多样性和综合性；要通过多角度、多途径、多层面的生动教学，提高学生艺术素养、陶冶高尚情操、培育民族情感、增强爱国主义精神，这是立德树人根本任务落到实处的基本路径。

要坚持一切从实际出发、从基本原理出发，遵循美育规律和艺术学习规律，用元素教学、精益教学、主题教学引领艺术教学方式深刻转型，不断挖掘童谣、民歌、曲艺、书法、剪纸等中华优秀传统文化中蕴含的审美情趣、功能和价值，加强学科间的有机渗透与融合，用生动鲜活、极富感染力的教学提升学生综合素养。这既有助于全面培育青少年文化认同、文化自信，激发爱国主义精神和民族自豪感，也有助于促进多元文化教育和国际理解教育，提升跨文化沟通能力、人文理解能力和社群包容能力。

（三）优化学习环境是学校艺术教育质量提升的关键点

优化艺术教育发展结构是改善艺术教育的学习环境的关键环节。加强艺术教育与德育、智育、体育相互渗透，促进艺术教育与各学科教学和社会实践活动彼此结合，大力开展以审美和艺术为主题的跨学科课程教学、课外校外实践活动和校园文化艺术创造，整合美育相关内容和形式要素，不仅有利于发挥艺术教师的专业优势，更有利于学校、社会、家庭共同关注学生艺术参与。事实上，"诸多学科虽基本要素、材料结构、表达方式和逻辑运行有所不同，但其均蕴藏着大量、经典、永恒的审美价值和人文追求，而这正是立足自身、发挥个性，运用自己的符号，在音乐音响、技术表现上挖掘并寻求创意关联，进而生成音响、完善创作，将其审美价值和人文主张推介给世界的最佳路径"（许洪帅，2016）。所有这一切，无不依赖于持续优化艺术教育发展五位一体的内在结构，这恰恰是改善艺术教育环境的关键环节。

提升艺术教育社会资源制度化水平是改善艺术教育环境的有力保障。围绕艺术教育目标，充分调动、挖掘、统筹和有效利用学生身边、学校周边和社区范围内广泛的艺术教育社会资源，充分利用博物馆、文化馆、美术馆、音乐厅、图书馆、公共电子阅览室等各类公共文化（数字）资源，建立良好的协同共享机制，吸引德艺双馨、技艺精湛的艺术人士、行家里手以及社会机构积极参与学校艺术教育，将艺术实践活动纳入课程管理，全面增强课堂教学、课外活动、校园文化的育人合力。

（四）培养艺术教师是学校艺术教育质量提升的"牛鼻子"

造就有能力、有智慧、有见地、有情怀的艺术教师是学校艺术教育质量提升的第一要务。艺术教师是学校艺术教育的第一资源，有求真务实、优秀卓越的艺术教师，才可能有高质量、高效益的艺术教育教学。抓住艺术教师的合理配置和素养提升，就基本抓住了学校艺术教育发展的生命线。要促进艺术教师责任心、职业道德、业务能力、艺术视野的培养，提升艺术教师的职业幸福感。

牢牢抓住学生艺术素养的监测评估与教学督导制度，以学生艺术素养和艺术教师教学技能水平稳步提升为目标，充分利用艺术教师教学技能的年度考核与评估，以艺术教师教学创新、科研学分制度、活动实践参与等教育改革创新作支撑，不断抬高整个队伍的基础水平，不断扩大艺术教师参与学校建设和区域美育建设的发言权和自主权，促进学校艺术教育质量提升。

（五）健全规章制度是学校艺术教育质量提升的压舱石

没有规矩，不成方圆。法规制度是学校艺术教育工作者都应该共同遵守的，规范艺术教育教学质量实现程序、约束艺术教育管理运行的根本行为准则。我国学校艺术教育制度建设取得了一些成绩，如2002年公布的《学校艺术教育工作规程》明确了艺术课程教学、课校外艺术活动、校园文化艺术环境建设三位一体的学校艺术教育发展机制，要求实行教育部艺术教育委员会专家咨询制度、省市县中小学校三级艺术学科教研员制度，每三年举办一届大中小学学生艺术展演。这不仅极大地推动了学校艺术教育的实施，也促进了社会主义核心价值观在学校艺术教育各环节的落实，初步明确了政府、学校和社会组织在艺术教育中的作用。2015年公布的"三个办法"基本建立起学校艺术教育工作评价和督导制度。但是，深化艺术教育，还需要进一步深化对学校艺术教育法规制度功能的认识，加大学校艺术教育工作法制化力度；深化机制创新，稳步实现制度在更高层面的系统整合；发挥制度整体功效，构建科学、管用、可行、与时俱进、依法治理的学校艺术教育规范制度体系。例如，用更为具体和具有行政约束力的质量标准和工作条例，明确各级教育行政主管部门、艺术教育委员会、教科研机构及相关人员的职能权限、工作程序、责任义务，做到边界清晰、事权规范、责任到位等。

第三编

各级各类教育转向内涵提升

education

质量是教育的生命线。

十八大以来，各级各类教育向着更好、更公平的方向，不断探索，取得了显著的成效。从注重规模到关注内涵，从关注"硬件"到打磨"软件"，各级各类教育日益把提升质量作为发展的重要战略，着力夯实质量这条生命线。

这条生命线充满活力：学前教育在规模数量的快速扩张中日趋规范；义务教育迈向优质均衡；普通高中教育一改千校一面的状况，呈现多样化特色化发展的态势。

这条生命线蓄满动力：民族教育不断完善人才培养模式，逐渐丰富办学层次；特殊教育进入全纳时代；民办教育注重特色发展；农村教育进一步缩小城乡差距迈向一体化。这些变化为迈向更高水平、更优质的教育蓄积了巨大能量，为实现公平、有质量和适切的教育蓄满动力。

这条生命线洋溢创造力：高等教育加快建设一流大学和一流学科成效显著，我国高校国际影响力和竞争力明显提升；职业教育服务经济社会的能力大幅提升，为国家经济结构调整和产业转型升级提供了强大的技术技能人才支撑。以社会需求为导向，提升教育与经济社会发展的适切性，培养更多管用实用的高技能人才、创新人才、拔尖人才，使之成为我国在激烈的国际竞争中的重要潜在力量和后发优势。

这条生命线是各级各类教育的合力，是内部整体实力提升与外部合作协调发展的体系构筑。

▶ 第八章

学前教育：让孩子们成长得更好

十八大以来，按照党中央、国务院的决策部署，各级政府落实《教育规划纲要》的要求和《国务院关于当前发展学前教育的若干意见》（以下简称学前教育"国十条"）的精神，高度重视学前教育的发展，财政投入持续增加，以县为单位实施第一期、第二期和第三期学前教育三年行动计划，长期制约改革发展的一些瓶颈问题得到突破。2016 年全国学前三年毛入园率达到 77.4%，"入园难"进一步缓解，学前教育发展迈上新的台阶。

一、学前教育质量观

学前教育以促进社会发展和幼儿发展为目的。基于此，学前教育的质量就是在既定的社会条件下，学前教育所培养的人才满足社会需要的程度和学前教育促进幼儿身心发展的程度。对学前教育质量的理解应秉持以下几个原则。

一是全面性。任何时代、任何阶段的教育都是在同时满足个体和社会两方面的需要中得到发展的，因此在判断学前教育的质量时既需要看到学前教育满足社会需求的程度，也需要关注学前教育促进幼儿发展的程度（萨利斯，2005）[18]。

二是多样化。学前教育的多样化主要体现在教育需求、办园主体以及教育方式等方面，因此学前教育质量的定位需要基于不同的办园主体、办园类型和教育方式来确定，鼓励教育部门办园、集体办园和民办园等共同发展，满足不同人群接受学前教育的多样化需求。

三是整体性。教育是教育过程和教育结果的有机统一，教育质量评价是对静态质量和动态质量的整体把握，因此对学前教育质量的关注既需要看到教育的成效——作为受教育者的幼儿的发展，也需要看到教育的过程——作为教育要素的人财物等条件的变化。

四是特色化。我国的教育事业已经进入内涵式发展的阶段，改变千校一面、齐步走的局面将是教育质量提升的必由之路。关注学前教育的内涵式发展就必然鼓励幼儿园利用传统文化、社会资源、已有优势以及区域位置等各种因素进行个性化、多样化的发展，使每一所幼儿园都扬长避短，努力形成自己的特色。

根据以上四个基本原则，学前教育质量指学前教育机构的硬件环境和保教条件、学前课程的开发与建设、学前阶段保育教育的有效性、学前教师的专业素养以及幼儿的发展水平。

二、学前教育质量提升的重大举措

十八大以来，党和政府始终把提高保教质量作为学前教育改革的一项重要任务，出台系列重要政策文件引领质量提升的方向，组织全国性宣传月活动明确质量提升的内涵，并通过行动计划的实施全面推进学前教育质量的不断提高。

（一）明确提出学前儿童发展目标，具体规定幼儿园阶段的基本学习内容

2012 年 10 月教育部颁布了《3—6 岁儿童学习与发展指南》，首次从儿童的角度对学前教育提出了以儿童良好学习与发展为导向的质量要求，帮助教师和家长理解 3—6 岁儿童学习与发展的规律。《3—6 岁儿童学习与发展指南》具体在三个方面明确了学前教育的质量要求：第一，重申和进一步明确了学前教育阶段的学习观和发展观，强调了幼儿发展的连续性和阶段性，重申了幼儿的游戏和生活是重要的学习方式和途径；第二，从健康、语言、社会、科学和艺术五大领域提出了 11 项重要发展目标，并分别为 3—4 岁、4—5 岁、5—6 岁三个年龄阶段提出了百余条基本发展要求和典型表现，明确了各年龄阶段幼儿发展的重点和需要学习掌握的关键经验；第三，为幼儿园实施科学的保育教育提供了依据和参考（李季湄，冯晓霞，2013）[16]。《3—6 岁儿童学习与发展指南》中特别明确地提出了科学的幼儿园保育

教育的途径和方式，指出了应该避免的误区。

（二）制定幼儿保育教育工作的相关规范，提出幼儿园科学管理的基本要求

通过颁布《教育部关于规范幼儿园保育教育工作防止和纠正"小学化"现象的通知》，出台《托儿所幼儿园卫生保健管理办法》和修订《幼儿园工作规程》，幼儿的保育教育要求得到进一步明确，幼儿园管理制度得到不断完善。

2011年12月，教育部发布了《教育部关于规范幼儿园保育教育工作防止和纠正"小学化"现象的通知》，并要求各地全面开展"小学化"专项治理，要求各级各类幼儿园遵循幼儿身心发展规律，坚决纠正"小学化"教育内容和方式，整治各种"小学化"现象。同时要求各地加强学前教育的业务指导和动态监管，对学前教育"小学化"和小学违规入学考试问题进行督查整改。该文件一方面要求切实规范幼儿园办园行为，严禁幼儿园提前教授小学内容，要求幼儿园不得以举办兴趣班、特长班和实验班为名让幼儿进行各种提前学习和强化训练；另一方面要求小学严格执行义务教育招生政策，依法坚持就近免试入学制度，严禁小学举办各种形式的考核、面试、测试等招生选拔考试。这种针对学前保教活动中的突出问题进行的规定，有助于保教质量的提高。

2010年9月，教育部和卫生部联合发布了第76号令，要求从2010年11月起施行《托儿所幼儿园卫生保健管理办法》，以提高托儿所、幼儿园卫生保健工作的水平，预防和减少疾病发生，保证幼儿身心健康。《托儿所幼儿园卫生保健管理办法》规定，托幼机构的建筑、设备、环境及提供的食品、饮用水等应符合国家有关卫生标准及规范的要求，该文件还对卫生保健人员的任职资格与工作职责提出了明确具体的要求。2016年公布实施的《幼儿园工作规程》在1996年版文件的基础上对幼儿园的办园行为提出了一系列新的要求，旨在引领和指导幼儿园保育教育质量不断提高。《幼儿园工作规程》不仅对幼儿园的性质定位、招生编班、组织管理等工作进行了具体规定，还特别通过单章单列的方式对幼儿园的卫生保健、安全管理、教育教学进行了细致的规定。通过上述两个国家文件的相关规定，幼儿园的保教质量有了全面的规范和具体的要求，科学保教得以落实。

（三）持续开展全国性宣传月活动，引导学前教育科学发展的基本方向

自 2012 年以来，教育部每年举行全国学前教育宣传月活动，确定每年的 5 月 20 日至 6 月 20 日为活动周期，利用电视频道、网络媒体、报纸杂志、"微言教育" 平台等多种渠道，通过专题片、宣传册、系列文章等多形式，向幼儿园教职工、家 长和社会进行了灵活多样的系列宣传活动，旨在引导学前教育科学发展，提高质 量。至今为止，学前教育宣传月活动已经举办了六届，通过专题性系列宣传活动， 引导着幼儿园、家庭乃至全社会树立科学保教理念，推进了学前教育的科学发展。

2012 年学前教育宣传月的主题为"快乐生活，健康成长"。这一主题源自《教 育规划纲要》中我国学前教育的发展目标和重点任务。宣传月通过多形式、多渠道 的宣传和舆论引导，明确了学前教育的性质、任务和目标，呼吁重视幼儿的全面发 展和身心健康，珍视童年生活的价值，让幼儿既拥有快乐的童年生活，又为后继学 习和终身发展奠定良好的基础。

2013 年学前教育宣传月的主题为"学习《指南》，了解孩子"。这一主题宣传 的重点在于引导广大幼儿园教师及幼教工作者深入学习和贯彻《3—6 岁儿童学习 与发展指南》，树立正确的儿童观和发展观，全面了解、把握和尊重幼儿的年龄特 点和身心发展规律，实施科学的保育教育，以游戏为基本活动，重视生活对幼儿学 习和发展的价值，合理安排幼儿的一日生活，让幼儿在丰富的环境和多样的活动中 积极主动地学习和发展。

2014 年学前教育宣传月的主题为"《3—6 岁儿童学习与发展指南》，让科学育 儿知识进入千家万户"。这一主题宣传的重点在于引导全社会特别是广大幼儿家长 深入了解《3—6 岁儿童学习与发展指南》对不同年龄幼儿的基本要求，纠正和避 免家长普遍存在的"拔苗助长""过度教育""追求知识技能"等违背幼儿年龄特点 和身心发展规律的错误做法和观点，重视幼儿的人格培养和良好品德行为的养成。

2015 年学前教育宣传月的主题为"给孩子适宜的爱"。这一主题旨在针对幼儿 园和家庭教育中普遍存在的过度保护、过高期待、过分控制、过于放任以及忽视幼 儿自身发展需求等方面的现象和问题，帮助教师和家长反思自己的教育行为，分辨 适宜的爱和不适宜的爱，尊重幼儿的独立人格，遵循幼儿的发展规律，倾听幼儿的

心声，陪伴幼儿成长。

2016 年学前教育宣传月的主题为"幼小协同，科学衔接"。各地组织幼儿园和小学针对近年来普遍存在的提前学习、片面准备等问题，广泛参与该活动。该活动鼓励幼儿园联合家长一起为幼儿做好生活常规、学习品质、社会交往等方面的入学准备；鼓励小学坚持"零起点"教学，采取多种方式帮助幼儿适应小学生活。该系列活动促进了幼儿园和小学阶段教育的高质量衔接。

2017 年学前教育宣传月的主题为"游戏——点亮快乐童年"。科学保教与加快科学保教理念的普及同等重要，要在全社会树立尊重儿童、尊重规律的理念，引导社会充分认识游戏是幼儿的天性，是幼儿特有的生活和学习方式，也是幼儿的基本权利。家长和幼儿园应当创造充足的机会和条件，鼓励和支持孩子在游戏中学习，在快乐中成长，扭转当前存在的重知识轻游戏、成人干预、用电子游戏产品替代玩教具等违反幼儿身心发展规律的现象。

（四）连续实施三年行动计划，将学前教育质量的提升纳入各级政府的工作重点

《教育规划纲要》和学前教育"国十条"勾画了有质量的学前教育的基本框架。2011—2013 年第一期学前教育三年行动计划的重点是落实学前教育"国十条"中的要求，在扩大学前教育资源、解决"入园难"问题的同时坚持科学保教，促进幼儿身心健康发展，遵循幼儿身心发展规律，面向全体幼儿，关注个体差异，坚持以游戏为基本活动，保教结合，寓教于乐，促进幼儿健康成长。各地根据具体情况还对幼儿园教育环境创设、玩具教具配备、质量评估、教研指导、家园合作等保障条件进行了有针对性的改进和提高。

2014—2016 年第二期学前教育三年行动计划把提高质量作为四大重点任务之一，主要采取四个方面的措施：一是健全学前教育教研指导网络，要求各地建设一支业务精湛的学前教育教研队伍，实行教研指导责任区制度；二是加强区域教研和园本教研，充分发挥优质幼儿园的辐射带动作用，通过教研交流和互助提高，提高教师的专业素质和教育实践能力；三是构建保教质量评估体系，研究制定幼儿园保教质量评估指南，以质量评估为手段，建立幼儿园保育教育的科学导向；四是防止和纠正"小学化"，要求幼儿园认真落实《幼儿园教育指导纲要》和《3—6 岁儿童

学习与发展指南》，坚持科学保教，以游戏为基本活动，严禁提前教授小学教育内容。

2017年4月，《教育部等四部门关于实施第三期学前教育行动计划的意见》指出，2017—2020年第三期学前教育三年行动计划的主要目标是"到2020年，基本建成广覆盖、保基本、有质量的学前教育公共服务体系"，其中的重点任务是在增加普惠性学前教育资源和深化学前教育体制机制改革的基础上提升保育教育质量；要求各地"深化幼儿园教育改革，坚持正确的办园方向，尊重幼儿身心发展规律和学习特点，坚持以游戏为基本活动，保教并重，养成良好的品德与行为习惯，锻炼幼儿健康的体魄，激发幼儿探究兴趣，培养积极的交往与合作能力，促进幼儿身心全面和谐发展。建立健全幼儿园保教质量评估体系，推进幼儿园质量评估工作。加强学前教育教研力量，健全教研指导网络"。

（五）开展幼儿园园长和教师"国培计划"，着力提升学前教育的师资水平

自2012年起，国家启动了幼儿园教师国家级培训计划（即幼儿园教师"国培计划"），对幼儿园园长和教师实施全员培训，特别加强对广大农村地区及民办幼儿园教师和园长的培训。为了保证培训质量和效果，教育部进行了严密组织和统一部署，对承担培训工作的机构资质和培训方案进行了评估和筛选；组织有关专家研制并实施了《幼儿教师国家级培训计划课程标准》，对培训目标、课程模块与具体内容、培训方式与效果评估等进行了具体的规定；创新了培训的组织形式，根据教师的不同状况进行了长期和短期的各种培训，采取了集中脱产培训和在职网络研修相结合、集中授课与跟岗研修相结合的有效方式，提高了培训的质量和效果。此外，教育部还组织了多种培训者培训、教研员培训、幼教管理者培训等。总之，这一时期的培训是有史以来覆盖面最广、规模最大、受益人数最多的在职培训，普遍提高了城乡学前教育师资的专业水平，为学前教育质量的提高提供了保证。

（六）加强幼儿园教研科研建设，完善质量提高和指导的体制机制

国家、省、市、区县和幼儿园各个层面都加强了对学前教育的科学研究，在理论和实践两个层面引领幼儿园教育质量的提高，学前教育科研环境与科研体制机制日趋完善。第一，加强学前教育的科学研究。在国家、省、市、区县和幼儿园各层

面，学前教育科研立项数量不断增加，内容涉及教研方式创新、教师专业发展、保教质量提高和幼儿学习与发展的各个领域和各个方面。第二，加强学前教育教研队伍和指导网络的建设。近年来，各地逐步完善省、市、区县各级学前教育教研队伍，加强对幼儿园保育教育实践的业务指导。第三，广大幼儿园加强了园本教研制度建设，积极开展园本教研活动，及时研究和解决教师在教育实践中的困惑和问题，不断提高教师的教育实践能力和保育教育水平。第四，加强学前教育科研战线的协同合作和创新。2017 年 6 月"首届全国学前教育科研工作论坛"的举办以及"全国学前教育科研工作联盟"的成立标志着全国学前教育科研工作进入了一个新的阶段。

（七）健全学前教育质量监管体系，实行科学的督导评估和动态管理

2012 年教育部印发的《学前教育督导评估暂行办法》提供了六项评估指标，其中有三项都与学前教育的质量直接相关：取得学前教育资格证的教师比例、保育教育质量、社会公众对学前教育的满意程度。各省份均制定了各具特色的幼儿园等级评定标准和督导评估细则，建立了幼儿园质量的动态评估和监管体系。

2017 年教育部印发了《幼儿园办园行为督导评估办法》，旨在推动各地加强和改进对幼儿园的管理，促进幼儿园规范办园，保障幼儿身心健康、快乐成长，对面向 3—6 岁儿童提供保育教育服务的幼儿园（班、点）实施督导评估。对幼儿园的督导评估重点包括办园条件、安全卫生、保育教育、教职工队伍、内部管理等五个方面，督导评估的主要目的是推动各地加强对薄弱幼儿园的指导和监督管理，引导幼儿园遵循幼儿身心发展的特点和规律，提高保育教育质量。

三、学前教育质量提升的重要成就

近年来，促进学前教育发展的一系列举措在学前教育的事业发展和质量提升两个方面都取得了显著成效，特别是从确立科学适宜的幼儿园课程、规范各级各类幼儿园的发展、减少幼儿园安全事故的发生、提高学前教育师资队伍专业水平、改善幼儿园保教条件等各个方面凸显了学前教育质量的提升。

（一）以游戏为基本活动，适合儿童发展且具有中国本土特色的课程体系初步确立

"游戏是幼儿的主要活动，幼儿园以游戏为基本活动"的学前教育理念得到普遍认同，相关政策要求基本得到落实，各级各类幼儿园努力为幼儿创设丰富的游戏环境和条件，为幼儿配备适宜的玩具和游戏材料。幼儿园普遍开展的游戏活动主要包括：运动游戏、沙水游戏、角色游戏、表演游戏、建构游戏、益智游戏、科学游戏、艺创游戏等，许多幼儿园还根据所处环境条件和资源的特点，因地制宜地开展了具有地方特色的游戏活动。幼儿园课程体系的框架也基本形成。基于健康、语言、社会、科学和艺术五大领域的关键经验和学习内容，幼儿园普遍开展了丰富多样、具有综合性特征的教育活动。综合性单元主题活动成为主要的课程模式，课程教学的游戏化理论和实践研究逐步深入，促进幼儿的主动学习和快乐发展成为广大教师的教育价值追求。

随着幼儿园发展多样化格局的初步形成，课程建设也呈现出多元化的发展态势。幼儿园依托本土自然和文化资源，整体规划和设计发展方案，厘清办园思路，确定幼儿园的发展方向，使其朝着更具有本土性和个性化的方向发展，更适应幼儿发展的需要和家长的需求，普遍提高教育服务质量，使幼儿园逐步走向科学化和内涵式发展的道路。幼儿园的课程建设也呈现出国家基础性课程和幼儿园个性化园本课程相互补充的新局面。以促进幼儿的良好发展为根本目标，广大幼儿园积极研究和开发利用本土自然与文化资源的园本课程，使课程更丰富生动、灵活多样，更适合幼儿个性化学习和个别化教育，形成了许多具有中国特色和本土文化特点的幼儿园教育和园本课程的主题，如爱的教育、生态教育、传统文化教育、自然教育和本真教育等。

（二）幼儿园教育"小学化"现象得到明显改善

2011 年以来，在教育部的统一部署和领导下，通过政策要求、实验探索、舆论引导和学前教育宣传月专题宣传等多种渠道和方式，幼儿园有效地纠正和扭转了"小学化"现象。第一，广大幼儿园教师和家长认清了"小学化"对儿童后继学习和发展的危害，特别是对幼儿入学后学习动机激发、学习习惯养成的不利影响。第二，明确了幼小衔接的重点和内容。幼儿学习兴趣、学习品质、时间观念、责任和任务意识、规则和群体意识、同伴关系和社会性交往能力等逐步成为幼儿园阶段入学准备的重点内容。第三，许多省市努力从治理幼儿园教材、各种兴趣班和实验班入手，规范和推进科学适宜的幼儿园课程。第四，一些省市（如上海等）幼儿园园长和小学校长共同研究，推进幼儿园和小学的双向互动，努力实现科学衔接。

（三）各级各类幼儿园的办园行为不断规范

规范学前教育管理是确保学前教育健康、科学发展的重要保障条件。近年来，从中央到地方，各级政府加强对幼儿园准入、收费、卫生等各方面管理制度的建设，密集出台了一系列法律、法规、政策、条例，制定出台了各种类型幼儿园的办园标准、收费标准，实行分类管理；完善和落实了幼儿园年检制度，对幼儿园实行动态监管；学前教育被纳入了教育督导工作的范畴；对无证办园进行了专项分类治理。教育部门办园的保教质量进一步提高，真正发挥了对学前教育的引领示范作用。各地还高度重视对集体办园的重新整治，通过探索集体办园属地化管理等方式，将优质的集体办园逐渐重新纳入当地公办园的行列，规范集体办园的产权关系和主办职责等，积极发挥集体办园的优势。最为重要的是，近年来我国在积极引导社会力量投入学前教育、大力发展民办园的同时，通过建章立制规范了民办园的开办与管理；通过对普惠性民办园的政策支持和财政奖补等方式引导越来越多的民办园为广大人民群众提供普惠性的学前教育服务；通过将民办园纳入与公办园统一的师资培训体系和教科研体系为民办园开展科学的日常保教活动提供支持；通过民办园年检制度和质量监测制度保障民办园的保教质量。

（四）幼儿园的安全事故逐年减少

幼儿园的根本是安全，只有在安全的基础上才能谈论保教质量。因此，保护幼儿的生命和促进幼儿的健康永远应该被放在幼儿园工作的首位。幼儿园一旦发生安全事故，就不仅是严重的教育问题，也是严重的社会问题，会产生广泛的、消极的社会影响。因此，幼儿园安全也是学前教育管理中的重点。近年来，随着学前教育事业的发展，幼儿园的数量和在园幼儿数量急剧增长，特别是民办园数量和民办园在园幼儿数量的大幅增长使幼儿园的安全问题得到了前所未有的关注。

　　为此，各级政府也从制度建设、具体举措、规范监督等各方面积极为幼儿园安全保驾护航。2012 年国务院颁布《校车安全管理条例》，对幼儿园安全问题中最容易造成惨痛事故的校车安全进行了规范。2012 年颁布的《幼儿园教师专业标准（试行）》对幼儿园教师保护幼儿安全所需要的理念、知识和能力进行了详细规定。2016 年颁布的《幼儿园工作规程》将"幼儿园安全"单列一章，从幼儿园的安全制度建设、幼儿园的园舍和设备安全、幼儿园的食品药品安全、幼儿园的安全教育和投保校方责任险五个方面提出了明确要求。2017 年的《幼儿园办园行为督导评估办法》将"安全卫生"作为幼儿园办园行为要求的第二重点列入督导评估的范畴。以贯彻和落实这些文件精神为契机，各地对幼儿园中其他类型的安全问题，如食品安全、午睡窒息、教学活动和游戏中的人身事故等进行排查并加强监督，使得近年来幼儿园的安全事故逐渐减少，特别是恶性安全事故少有发生。一份对近年来全国幼儿园安全事故的分析调查报告指出，2010—2012 年在园幼儿死亡事件数总体上呈增加趋势，2012 年达到顶峰，2012—2015 年在园幼儿死亡事件数呈下降趋势，这可能与 2012 年之后出台的系列政策的实施直接相关（冯宝安，周兴平，2016）。

（五）学前教育师资队伍建设得到加强

　　学前教育师资队伍的充足性、稳定性和专业化发展水平是影响幼儿园保教质量的重要因素，近年来学前教育师资队伍建设成绩显著。

　　学前教育教师数量稳步增长（图 8.1）。2015 年，全国幼儿园专任教师数为 205.10 万人，比 2010 年增加 90.68 万人，增长了 79.25%。而且，增加的专任教师主要集中在乡镇地区。同时期，园长数量也增加了 9.10 万人，增长了 56.49%。

　　同时，学前教育教师的专业发展水平也在不断提高，其中最为明显的变化是幼儿园教职工队伍的学历层次明显提高。2015 年，本科以上学历教职工的占比为 19.75%；专科以上学历教职工的占比达到 74.90%（图 8.2）。幼儿园教师持证人数逐年增加，无证教师人数总体上呈逐渐下降的趋势。从部分样本市的情况来看，2014 年，有幼儿教师资格证的教师占 61.00%，持非幼儿教师资格证的教师占 17.00%，无证教师占 22.00%。

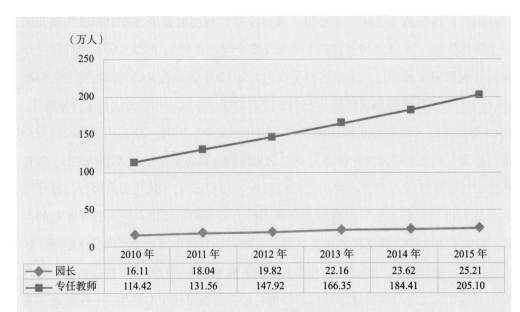

（万人）	2010 年	2011 年	2012 年	2013 年	2014 年	2015 年
园长	16.11	18.04	19.82	22.16	23.62	25.21
专任教师	114.42	131.56	147.92	166.35	184.41	205.10

图 8.1　2010—2015 年学前教育教师数量

数据来源：2010—2015 年《中国教育统计年鉴》。

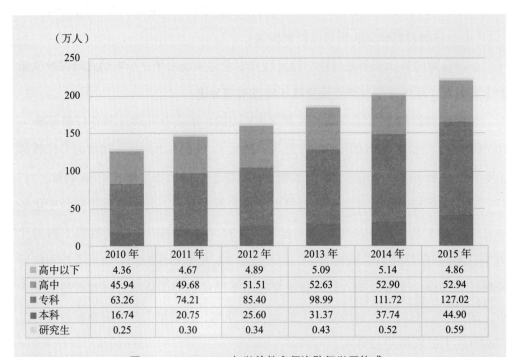

（万人）	2010 年	2011 年	2012 年	2013 年	2014 年	2015 年
高中以下	4.36	4.67	4.89	5.09	5.14	4.86
高中	45.94	49.68	51.51	52.63	52.90	52.94
专科	63.26	74.21	85.40	98.99	111.72	127.02
本科	16.74	20.75	25.60	31.37	37.74	44.90
研究生	0.25	0.30	0.34	0.43	0.52	0.59

图 8.2　2010—2015 年学前教育师资队伍学历构成

数据来源：2010—2015 年《中国教育统计年鉴》。

各级培训覆盖的教师人数持续增长。2011年面向全体幼儿园园长和教师的"国培计划"开始实施，十八大以后培训覆盖面继续扩大，培训人数持续增加。几年来，中央财政投入17亿元，培训中西部农村幼儿教师58.5万人次，带动各级政府加大对幼儿园园长和教师培训的投入力度，幼儿园教师每年人均参加培训的机会不断增加（图8.3）。

（次）	2011 年	2012 年	2013 年	2014 年	2015 年
◆ 全国	4.00	5.00	5.20	5.90	6.40
■ 城市	5.20	6.00	6.90	7.90	8.50
▲ 农村	2.90	3.00	3.70	4.00	4.60

图8.3　2011—2015年幼儿园教师年人均培训次数

数据来源：2011—2015年《中国教育统计年鉴》。

（六）幼儿园环境和保教条件得到改善

2010年特别是十八大以来，由于各级政府对学前教育的高度重视，以及社会各界对学前教育的持续关注，投入到学前教育事业的财政经费和社会资金逐年增长，各类行动计划和具体项目逐步实施，极大地促进了各类学前教育机构保教条件的改善。这既从教育过程和教育要素的角度反映出学前教育质量的改善，同时也成为促进幼儿身心发展的基础。

幼儿园硬件环境和保教活动基本条件的不断改善具体体现在幼儿园的生均占地面积、生均建筑面积、生均活动室面积、生均睡眠室面积、生均户外活动场地面积等的逐年增加上，生均图书拥有量也有明显增长。2015年，幼儿园的生均占地面积达到11.19平方米，生均建筑面积达到6.06平方米，生均活动室面积达到2.46

平方米，生均睡眠室面积达到 1.06 平方米，生均图书达到 6.91 本，相比于 2010 年，每一项指标均有大幅提高和改善（图 8.4）。这些条件的改善为保教活动的实施提供了必要的保障，也是实现有质量的学前教育的基础。

	2010 年	2011 年	2012 年	2013 年	2014 年	2015 年
■ 生均占地面积（平方米）	8.54	8.86	9.37	10.09	10.66	11.19
□ 生均建筑面积（平方米）	4.50	4.38	4.66	5.18	5.68	6.06
■ 生均活动室（平方米）	1.75	1.79	1.90	2.11	2.29	2.46
□ 生均睡眠室（平方米）	0.80	0.79	0.83	0.92	1.00	1.06
＊ 生均图书（本）	3.87	4.35	4.94	5.62	6.27	6.91

图 8.4　2010—2015 年幼儿园保教条件变化情况

数据来源：2010—2015 年《中国教育统计年鉴》。

（七）幼儿科学保教氛围逐步形成，社会满意度较高

学前教育是重要的社会公益事业，是关系千家万户切身利益的民生工程。幼儿家长和幼儿园园长是学前教育改革与发展的主要相关利益群体。2015 年中国教育科学研究院进行的一项对全国 31 个省份 367 个区县 1546 所幼儿园 11804 名幼儿家长的抽样调查显示，家长对幼儿园教育的总体满意度高达 83.90（满分 100），处于良好水平。当然，家长的满意度还存在着比较明显的省际差异。在"入园难"问题的缓解上，山东和江苏的家长更为满意，四川和安徽的家长满意度则相对较低；在"入园贵"问题的缓解上，江苏的家长满意度最高，江西的家长满意度最低；在幼儿园教育质量方面，江苏和山东的家长满意度较高，江西的家长满意度最低；在

幼儿园教师队伍上，江苏、山东和陕西的家长较之江西、安徽和四川的家长满意度高；在幼儿园服务距离及方式上，江苏、山东和陕西的家长满意度显著高于江西、安徽和四川的家长（教育部，2015）。从幼儿园教育理念、幼儿园校园文化、幼儿园课程教学、幼儿园教师素质、幼儿园保育五个重点方面对幼儿园教育质量进行的满意度调查表明，家长对幼儿园教育质量的满意度也达到了 82.84（满分 100），处于良好水平。

幼儿园园长对近年来学前教育发展的情况整体满意度较高，2014 年全国园长的满意率平均为 82.85%。其中，对上级教研部门的指导满意率最高，为 95.10%，经费投入方面的满意率为 94.40%，教师进修为 90.80%，办园条件为 87.80%，玩教具图书投入为 83.40%，满意率最低的是教师编制、待遇、职称等（教育部，2015）。

四、学前教育质量提升的主要经验

从十八大以来为促进学前教育质量提升所采取的诸多举措以及迄今为止所取得的主要成就来看，学前教育质量的提升离不开政府对学前教育事业及其质量的重视、不断完善的学前教育事业发展体制机制、不断加大的对学前教育的财政投入，以及对学前教育质量的引导和监控。

（一）各级政府对学前教育性质的明确定位和高度重视是学前教育质量发展的前提

2010 年颁布的《教育规划纲要》明确了政府在学前教育发展中的主体地位。学前教育"国十条"又进一步强调了政府在构建覆盖城乡的学前教育公共服务体系中的主导作用，要求各级政府加强对学前教育的统筹协调并成为学前教育发展的责任主体。近年来，在贯彻落实这些文件精神的过程中，各级政府明确将学前教育纳入教育基本公共服务体系的范畴，将发展学前教育看作利民惠民的民生工程，在思想上高度重视学前教育的发展，制定了一系列倾斜性、扶持性的优惠政策，并以实施第一期、第二期和第三期学前教育三年行动计划和各种学前教育专项计划为抓手，使我国的学前教育事业取得了规模扩大和质量提升的双重成效。可见，只有将学前教育当作基础教育事业的重要组成部分，学前教育才会引起各级政府的高度重视，学前教育的发展成效才会被纳入各级政府，尤其是一把手工作绩效考核的范围，进而促使政府采取有效举措切实促进学前教育事业的发展与质量的提升。

（二）学前教育体制机制的完善是学前教育质量提高和可持续发展的基础

教育体制机制的健全是教育事业发展的基础。学前教育事业这几年来所取得的显著成效也得益于我国在学前教育体制机制的完善方面所作出的努力。这其中最为关键的是学前教育管理体制的明确和完善。2003 年，《国务院办公厅转发教育部等部门（单位）关于幼儿教育改革与发展指导意见的通知》就规定学前教育应"坚持实行地方负责，分级管理和有关部门分工负责"的管理体制，2010 年学前教育"国十条"又进一步明确了"以县为单位实施学前教育三年行动计划"，实际上就形成了"国务院领导，省级统筹，以县为主"的学前教育管理体制。已经完成的第一期和第二期学前教育三年行动计划就充分证明了这种管理体制在现阶段对于我国学前教育事业发展的科学性、适宜性和有效性。第三期学前教育三年行动计划则将"深化体制机制改革"作为重点任务，并具体将学前教育管理体制、办园体制和成本分担机制的改革作为具体任务。可以看出，学前教育事业发展和质量提升还需要学前教育投入机制、学前教育师资队伍专业发展机制、学前教育质量评估督导机制、学前教育教科研支持机制等各个方面机制的建立、健全与完善。

（三）持续性和制度化的财政性学前教育经费投入是推进学前教育内涵提升的保障

必要的经费投入是学前教育事业健康发展的基础，制度化的财政性经费投入机制是学前教育可持续发展的保障。近年来我国学前教育事业之所以取得长足进步，最直接的原因就是各级政府大力提高财政性学前教育经费投入并积极引导社会资金投入学前教育。各省、市、区县均采取了学前教育的经费保障措施，对学前教育的投入总量逐年增加且增幅显著，学前教育财政性经费占比逐年提升，中央、省、市、区县多级财政共同参与的学前教育投入机制逐渐形成。此外，我国的财政性学前教育经费投入的重点在农村，据有关调查显示，2011—2015 年，农村学前教育经费投入增长了 1011.50%，这在一定程度上有助于缩小东中西部地区和城乡地区学前教育发展的巨大差距，对于提高中西部地区和农村地区的学前教育质量至关重要（教育部，2015）。健全学前教育资助制度也是近年来财政性学前教育经费投入的方式之一，这一举措推动了对弱势群体的扶助和教育公平的实现。由此可见，确保财政性学前教育经费在同级财政性教育经费中占到合理比例并逐年增加，根据各地实际研究制定公办幼儿园生均教育经费标准和生均财政性拨款标准，实行政府公共财政向中西部农村地区和弱势人群的倾斜，都是学前教育全面提升内涵和发展质量的必要举措。

（四）专业化的质量督导评估和教科研支持是促进学前教育质量提升不断深化的动力

教科研的引领和指导支持着学前教育质量的提升。第一期学前教育三年行动计划明确提出要建立县、乡、村三级教科研指导网络，第二期学前教育三年行动计划又进一步提出要根据幼儿园数量和布局，划分学前教育教科研指导责任区，安排专职教研员，定期对幼儿园进行业务指导，完善区域教科研和园本教科研制度，充分发挥城市优质幼儿园和农村乡镇中心幼儿园的辐射带动作用，及时解决教师在教育实践中的困惑和问题。2015年度的幼儿园教师"国培计划"中增加了教研员专项培训的内容，以提高基层教研员的研究指导能力。这些举措都有助于提高幼儿园的保教质量。第三期学前教育三年行动计划则将提高学前保教质量作为三大重点任务之一加以强调，并指出要将"各类幼儿园全部纳入督导评估范围，对幼儿园实施动态监管机制"，"发挥乡镇中心园的辐射作用，加强对农村学前教育的业务指导，探索农村乡镇幼儿园和村幼儿园一体化管理"。此外，专业化的教育质量督导是保障幼儿园保教质量的重要举措，第二期学前教育行动计划开展以来，各级政府及学前教育指导机构强调要构建幼儿园保教质量评估体系，建立科学导向，着重加强对师资配备、教育过程和管理水平等方面的评估，建立学前教育督导评估机制，真正发挥常规性、制度化的督导评估对改进幼儿园保育教育的作用，使督导评估切实促进学前教育质量的提高。2017年，《幼儿园办园行为督导评估办法》颁布以后，幼儿园质量监管评估体系得到进一步完善和健全，督导评估作为幼儿园教育质量可持续发展的重要保障得到进一步加强，这必然对学前教育质量的提升起到科学导向的作用。

▶ **第九章**

义务教育：从"有学上"到"上好学"

在创新、协调、绿色、开放、共享五大发展理念的指导下，义务教育秉持全面发展的教育质量观，努力培养全面而有个性的学生。十八大以来，义务教育的政策措施以"培养什么人、怎样培养人、为谁培养人"为主旨，义务教育质量显著提高。2017 年 5 月，《县域义务教育优质均衡发展督导评估办法》的出台标志着我国义务教育走上了优质均衡的发展道路。

一、义务教育质量观

十八届五中全会提出了创新、协调、绿色、开放、共享五大发展理念，义务教育的质量观以五大发展理念为指导，具体而言：以创新发展激发教育活力，实现学生全面发展与个性发展相统一；以协调发展优化教育结构，解决区域、学科发展不平衡的问题；以绿色发展引领教育风尚，全面实施素质教育，按规律办学、按规律育人；以开放发展拓展教育资源，充分利用社会资源，让社会分享教育资源，形成家校共育、学校社会协同的良好教育生态；以共享发展促进教育公平，让特殊群体共享优质教育资源。

在五大发展理念的指导下，义务教育质量是学校、教师、学生、家长、社会、政府等多主体供求关系的反映，各主体在供求关系中扮演着多种角色，义务教育呈现出以学生发展为中心、过程管理、广泛参与和持续改进的特点，义务教育发展的目标是通过建立多主体的和谐供求关系，创造良好的教育生态，引导学生实现全面而有个性的发展。

二、义务教育质量提升的重大举措

义务教育质量提升是一个复杂的系统工程，以促进学生全面发展为宗旨，以教师、课程、教材、评价、督导等环节的持续改进为重点，以不断完善的义务教育质量标准体系和政策体系为保障，这几个因素共同构成了促进义务教育质量不断提升的动态循环系统。

（一）完善德智体美全面发展的政策体系

"培养什么人、怎样培养人、为谁培养人"是教育的根本问题和永恒主题。为解决这一问题，十八大以来我国出台了一系列政策，德智体美全面发展的政策体系得以进一步完善。一是落实立德树人的根本任务。《中共教育部党组共青团中央关于在各级各类学校推动培育和践行社会主义核心价值观长效机制的意见》出台，推动社会主义核心价值观融入教育教学、社会实践和文化育人的全过程。二是深化课程改革。教育部出台《关于全面深化课程改革落实立德树人根本任务的意见》，整合利用各种资源，统筹协调各方力量，促进全科育人、全程育人、全员育人。三是强化体育课和课外锻炼。国务院办公厅出台《关于强化学校体育促进学生身心健康全面发展的意见》，提出学校要将学生在校内开展的课外体育活动纳入教学计划，列入作息时间安排，将其与体育课教学内容相衔接，切实保证学生每天一小时校园体育活动落到实处。要求学校定期开展阳光体育系列活动和"走下网络、走出宿舍、走向操场"群众性课外体育锻炼活动，形成覆盖校内外的学生体育锻炼体系。四是构建美育课程体系，提升学生的审美和人文素养。国务院办公厅出台《关于全面加强和改进学校美育工作的意见》，构建了科学的美育课程体系，引导学生树立正确的审美观念、陶冶高尚的道德情操、培育深厚的民族情感、激发想象力和创造力，实现以美育人、以文化人。五是加强中小学劳动教育。建立评价制度，将评价结果记入综合素质评价档案，并作为升学评优的参考依据。

（二）建立义务教育质量标准体系

国家非常重视对义务教育办学标准的顶层设计。义务教育办学标准不仅涉及校舍、图书、教学仪器设备等硬件配置标准，还包括师资、管理等相关标准。而质量标准主要指办学标准中的师资、管理等非硬件部分，是国家办学标准的重要组成部分。十八大以来我国主要通过以下几个方面建立义务教育质量标准体系。一是统一城乡中小学教职工编制标准。2015 年《中央编办教育部财政部关于统一城乡中小学教职工编制标准的通知》出台，提出将县镇、农村中小学教职工编制标准与城市标准统一，即初中学生与教职工之比为 13.5、小学生与教职工之比为 19。二是统一城乡义务教育学校生均公用经费基准定额。2015 年《国务院关于进一步完善城乡义务教育经费保障机制的通知》出台，提出从 2016 年春季学期开始，统一确定全国义务教育学校生均公用经费基准定额：中西部普通小学每生每年 600 元、普通初中每生每年 800 元；东部地区普通小学每生每年 650 元、普通初中每生每年 850元。同时，该通知还要求对寄宿制学校按寄宿生每生每年 200 元的标准增加公用经费补助，继续落实好农村地区不足 100 人的规模较小学校按 100 人核定公用经费的制度。三是推动义务教育学校管理的法治化和规范化。2014 年教育部印发了《义务教育学校管理标准（试行）》，规定了义务教育学校规范管理的六大维度：平等对待每位学生、促进学生全面发展、引领教师专业发展、提升教育教学质量、营造和谐安全环境、建设现代学校制度。四是建立中小学教育质量综合评价指标体系。2013 年印发的《教育部关于推进中小学教育质量综合评价改革的意见》提出了评价学校教育质量的五大维度，包括品德发展水平、学业发展水平、身心发展水平、兴趣特长养成、学业负担状况五个方面，涉及 20 项关键指标，是指导地方评价学校教育质量的重要标准。由此，我国初步形成了涵盖教师、管理和评价等领域的相对系统的义务教育质量标准体系。

（三）培养高素质专业化的教师队伍

教师是立教之本、兴教之源，是让每个孩子健康成长、办好人民满意教育的主要承担人。一个学校能不能为社会主义建设培养合格的人才，培养德智体美全面发展、有社会主义觉悟的有文化的劳动者，关键在教师。习近平总书记提出了"好教师"的四个标准：一要有理想信念，二要有道德情操，三要有扎实学识，四要有仁爱之心。为培养高素质专业化的教师队伍，国家出台了相关政策措施。一是建立和完善了中小学教师师德建设长效机制。2013年教育部出台了《关于建立健全中小学师德建设长效机制的意见》，提出创新师德教育、突出师德激励、强化师德监督，教育部还印发了《中小学教师违反职业道德行为处理办法》和《严禁中小学校和在职中小学教师有偿补课的规定》，将师德建设落到实处。二是完善了义务教育教师标准体系建设。2015年，人力资源和社会保障部与教育部共同印发了《关于深化中小学教师职称制度改革的指导意见》，建立了统一的中小学教师职务制度。《小学教师专业标准（试行）》《中学教师专业标准（试行）》和《义务教育学校校长专业标准》的制定，也促进了中小学教师和校长的专业发展。三是实施"特岗计划"和师范生免费教育。2014年《教育部关于实施卓越教师培养计划的意见》出台，探索分学段培养卓越教师的模式。四是对中小学教师实施全员培训。《教育部关于大力加强中小学教师培训工作的意见》等系列政策文件出台，加强了对中小学特别是农村教师信息技术方面的指导和培训，提高了教师信息技术的应用水平。五是改善教师待遇，《教育部财政部关于落实2013年中央1号文件要求对在连片特困地区工作的乡村教师给予生活补助的通知》出台，落实了乡村教师的生活补助，给在乡村学校从教30年及以上的教师颁发荣誉证书。

（四）深化以核心素养为导向的课程改革

课程是教育思想、教育目标和教育内容的主要载体，是教育教学活动的基本依据，直接影响着人才培养的质量。我国从以下几个方面深化了以核心素养为导向的课程改革。一是修订课程标准，完善课程设置。2011年教育部组织专家对义务教育各学科的课程标准进行了修订完善，正式印发了《义务教育语文课程标准（2011年版）》等19门学科的课程标准，切实把课程标准的教育理念和基本要求全面落实到课堂教学之中。为进一步加强小学科学教育，2017年教育部印发了《义务教育小学科学课程标准》，明确了小学科学课程的规定课时，突出强化了教学实践环节，以从小激发和保护学生的好奇心和求知欲，培养学生的科学精神和实践创新能力。二是研制了《中国学生发展核心素养》总体框架。该框架以科学性、时代性和民族性为基本原则，以培养"全面发展的人"为核心，分为文化基础、自主发展、社会参与三个方面，这三个方面综合表现为人文底蕴、科学精神、学会学习、健康生活、责任担当、实践创新六大素养，具体细化为国家认同等18个基本要点。

（五）统筹管理教材的编写与审查

教材是落实党的教育方针、加强主流意识形态教育的主要载体，必须确保其政治性和思想性。为此，我国采取了以下措施。一是依据课程标准和教学大纲，分批修订、审定义务教育阶段学科教材，加强各学段教材的上下衔接、横向配合，将社会主义核心价值观的基本内容写入德育等相关学科教材中，渗透到其他学科教材中。二是组织编写、修订义务教育道德与法治、语文、历史三科教材，全面系统落实社会主义核心价值观、中华优秀传统文化、革命传统、国家主权意识和法治教育等的内容和要求，帮助中小学生扣好人生的第一粒扣子。三是创新义务教育三科教材审查机制，首次实行学科审查、综合审查、专题审查、终审"四审"制度，全方位、多角度进行定向把关。四是印发《中小学教科书选用管理暂行办法》，并公布全国中小学教学用书目录。省级教育行政部门负责本行政区域内中小学教科书选用的统筹管理，领导和监督教科书选用工作。五是成立国家教材委员会，指导和统筹全国教材工作，贯彻党和国家关于教材工作的重大方针政策，审查国家课程设置和课程标准制定，审查意识形态属性较强的国家规划教材。

（六）重视监测和评价的育人导向

国务院教育督导委员会办公室出台《国家义务教育质量监测方案》，依据我国义务教育课程设置的基本要求，考虑相关学科对学生发展的影响程度，将监测学科确定为语文、数学、科学、体育、艺术和德育。监测对象为义务教育阶段四年级和八年级学生，每个监测周期为三年，每年监测两个学科领域，以监测结果为基础发布国家和分省份监测报告，供教育部门决策参考。《教育部关于推进中小学教育质量综合评价改革的意见》把学生的品德发展水平、学业发展水平、身心发展水平、兴趣特长养成、学业负担状况等方面作为评价学校教育质量的主要内容，着力构建中小学教育质量综合评价指标体系，引导学校、社会和家长树立科学的教育质量观。

（七）强化教育督导的机构和制度建设

教育督导是实行依法治教、提高教育治理能力的重要手段，是提高教育质量的重要路径。我国采取了一系列措施强化教育督导的机构和制度建设。一是成立了国务院教育督导委员会和教育部教育督导局，完善了国家教育督导机构的设置。二是 2012 年国务院颁布了《教育督导条例》，标志着教育督导走上法制化轨道。三是 2016 年教育部印发了《督学管理暂行办法》，对督学的聘任、责权、培训、考核等作出了全面规定，构建了督政、督学、评估监测三位一体的教育督导体系。四是 2012 年教育部印发了《县域义务教育均衡发展督导评估暂行办法》，开展了义务教育发展基本均衡县（市、区）的评估认定工作。2017 年教育部印发的《县域义务教育优质均衡发展督导评估办法》将"教育质量"作为一个独立的部分，设计了九项指标，强化了指标体系对学生综合素质发展水平的关注，提高了质量评估的权重和权威性，标志着我国义务教育优质均衡发展有了政策评价依据。

（八）加快推进教育信息化进程

没有信息化就没有现代化，为加快推进我国教育信息化发展进程，教育部 2012 年发布《教育信息化十年发展规划（2011—2020 年）》，指出基础教育信息化的重点是缩小地区、城乡和学校之间的数字化差距，帮助教师应用信息技术提高教学质量，促进教育均衡发展。2016 年 6 月，教育部印发《教育信息化"十三五"规划》，提出深入推进三个课堂建设，不断扩大优质教育资源覆盖面，优先提升教育信息化促进教育公平、提高教育质量的能力；继续开展"一师一优课、一课一名师"等信息化教学推广活动，加快探索数字教育资源服务供给模式，有效提升数字教育资源服务水平与能力；要求有条件的地区深化信息技术与教育教学的融合发展，积极探索信息技术在"众创空间"、跨学科学习、创客教育等新的教育模式中的应用，着力提升学生的信息素养、创新意识和创新能力，帮助其养成数字化学习习惯，促进学生的全面发展。

三、义务教育质量提升的重要成就

质量是教育的生命线。十八大以来，围绕"立德树人"的根本任务，国家高度重视、社会各界共同关心、教育系统齐心协力，我国义务教育阶段的学生素质、教师水平显著提高，课程改革取得了重要成就，教育质量提升呈现出良好的发展势态。

（一）学生综合素质不断提高

1. 我国 2015 年四省市 PISA 成绩名列前茅

2015 年，北京、上海、江苏、广东四省市参加了由 OECD 组织实施的 PISA 测试。来自四省市 268 所学校的 1 万多名学生在各自学校通过计算机考试顺利完成了 PISA 的正式测试和调查问卷，268 所学校的负责人和 6400 余名教师完成了在线调查问卷。

结果显示，四省市学生的科学测试成绩排名第 10，阅读测试成绩排名第 27，数学测试成绩排名第 6，学生成绩名列前茅。

2. 学生营养改善计划不断优化

2011—2016 年来中央财政累计安排资金近 1600 亿元，用于实施学生营养改善计划国家试点、奖励地方试点、改善就餐条件和补助困难学生。按照目前的标准，国家给每位学生每天 4 元的膳食补助（全年按照在校时间 200 天计算），寄宿生的膳食补助加上"一补"（对家庭经济困难寄宿生补贴生活费）后达到每天 8—9 元，基本解决了贫困学生的在校吃饭问题，减轻了贫困家庭的经济负担。

实施学生营养改善计划后，试点地区学生每天吃三餐的比例有所提高。中国疾病预防控制中心 2015 年开展的农村义务教育学生营养改善计划学生营养健康监测评估显示：学生每天吃到三餐的比例由 2012 年的 89.6% 上升到 2015 年的 93.6%；"吃不饱"的学生减少，2015 年学生反映午餐（2.9%）、晚餐（3.1%）"总吃不饱"的比例较 2012 年（4.7% 和 5.0%）略有下降；上午第三节或第四节课"每天都感觉饿"的学生比例在 2013 年为 5.7%，低于 2012 年（6.6%）（中国疾病预防控制中心，2016）。

3. 学生身体素质明显提升

身高和体重是反映学生营养和健康状况的基本指标。通过实施学生营养改善计划，试点地区学生的平均身高和体重增长明显，高于全国农村学生的平均增长速度。中国疾病预防控制中心开展的农村义务教育学生营养改善计划学生营养健康监测评估显示，2015 年，男女生各年龄段的平均身高要比 2012 年高 1.2—1.4 厘米，各年龄段男女生的平均体重 2015 年比 2012 年分别多 0.7 千克和 0.8 千克。其中，6—11 岁的女生的平均身高和体重的增长幅度更为明显（中国疾病预防控制中心，2016）。

微量营养素的缺乏会影响中小学生的体格和智力发育，降低其对疾病的抵抗力。通过实施学生营养改善计划，试点地区学生的微量营养素状况有所改善，如学生的贫血率下降、血清维生素 A 缺乏率减少。学生的贫血率从 2012 年的 17.0%，降低到 2013 年的 14.8%、2014 年的 13.5% 和 2015 年的 7.8%，学生的身体素质明显提升（中国疾病预防控制中心，2016）。

（二）乡村教师补助政策逐步落实

《教育部办公厅关于 2016 年连片特困地区乡村教师生活补助实施情况的通报》显示，截至 2016 年底，乡村教师生活补助实施工作取得显著成效。一是连片特困地区基本实现乡村教师生活补助全覆盖。在享受连片特困地区政策的 22 个省份 708 个县中，有 684 个县实施乡村教师生活补助，覆盖率达到 97%，比 2015 年提高了 15%，受益乡村教师约 130 万人，覆盖率达 96%。二是补助标准不断提高。2016 年各地共投入补助资金约 44 亿元，比 2015 年增加约 10 亿元，增幅近 30%；中央核拨奖补资金近 30 亿元，比 2015 年增加约 7 亿元；人均补助标准 284 元，比 2015 年增加 22 元。有连片特困县的 22 个省份中，有 18 个省份提高了补助标准，其中宁夏、四川、青海、湖南等地人均补助标准较高，如湖南的补助标准分为 700 元、500 元、300 元三个档次，重点向农村小学、教学点和艰苦边远地区倾斜。三是乡村教师补助政策实施范围逐步扩大。实施连片特困地区乡村教师生活补助政策的省份，多数将非连片特困地区纳入实施范围，如广西、宁夏将实施范围扩大到所有县（市、区），广东在全省范围内实施乡村教师生活补助政策，2016 年补助标准提高到不低于人均 800 元 / 月。

（三）育人模式不断创新

十八大以来，我国重视将社会主义核心价值观贯彻落实到课堂教学的全过程，贯彻落实到实践教学活动中。以全面的质量观和人才观为导向的教学改革持续推进，启发、讨论、参与等多种以学生为中心的教学方式不断涌现，信息技术与教学深度融合的探索方兴未艾。

建立以学生为中心的人才培养模式。按照"自主、合作、探究"的学习方式的要求，深化基础教育教学改革，改变被动传授、机械训练、简单重复的课堂教学，积极探索理念多样、行之有效的课堂教学形式；通过小班化教学、选修走班等方式，创造条件和机会，让拔尖创新人才脱颖而出；通过实施基础学科拔尖学生培养试验计划、科教结合协同育人行动计划和卓越人才培养计划，全面推广协同育人的有效模式。

牢固树立健康第一的教育理念，帮助学生养成终身锻炼的习惯、掌握一两项终身受益的技能。推动校园足球蓬勃发展，带动学校体育改革。改进美育教学，以开齐开足美育课程为重点，整合各方资源充实教学力量，改善美育设施，提高学生人文素养和审美情趣。重视学生心理健康问题，关注学生情感需求，加强心理咨询服务，创造学生健康成长、快乐成长的良好氛围。

将教育与生产劳动和社会实践相结合，积极开展中小学生研学旅行活动，推进中小学社会实践基地建设，加强资源开发，为学生参加社会实践提供专门场地、专业指导、专题教育。将志愿服务成效作为学生综合素质评价的重要内容，作为毕业升学的重要参考。

（四）义务教育的满意度不断提升

中国社会科学院财经战略研究院发布的《中国公共财政建设报告 2014：全国版》，对中国公共财政建设的进展提供了"路线图"和"考评卷"。报告通过政府干预度、财政均等化、可持续性等十大因素，对公共财政制度建设进展和公众对公共服务的满意度进行了衡量。报告显示，从公共服务均等化的各项指标来看，城乡义务教育经费的均等化程度最高，达到了 89.01 分，城乡医疗卫生服务均等化的程度最低，仅有 45.20 分，城市公共服务均等化的水平要高于农村。

报告显示，在社会公众对各项公共服务的满意度评价中，九项公共服务的满意度得分都在 60 分以上，且呈现出共同增长的趋势，指标间的差距不断缩小。其中义务教育、市政设施和公共基础设施的满意度得分排在前三位。可见，社会公众对义务教育的满意度最高。

（五）义务教育均衡督导成效显著

截至 2016 年底，全国 99% 的县（市、区）建立了责任督学挂牌督导制度，各地按照 1 名督学负责 3—5 所学校的标准，为每所中小学校配备责任督学。全国 26 万所中小学校配备了 10 万余名责任督学，平均每 3 所学校配备 1 名督学。一支活跃在学校的督导"常规军"基本建立，为提高教育质量、促进教育公平、办人民满意的教育发挥了重要作用。

国家建立了促进县域义务教育均衡发展的长效评估认定机制。教育部教育督导局对义务教育均衡发展状况的调查显示，截至 2016 年底，全国实现义务教育基本均衡发展的县累计达到 1824 个，占全国总数的 62.4%，其中东部地区 740 个，中部地区 556 个，西部地区 528 个。

（六）覆盖城乡的教育信息化体系初步形成

十八大以来，国家高度重视教育信息化建设的顶层设计，颁布了《教育信息化十年发展规划（2011—2020 年）》，加快推进"三通两平台"（宽带网络校校通、优质资源班班通、网络学习空间人人通，教育资源公共服务平台、教育管理公共服务平台）的建设与应用，逐步完善教育信息化的基础支撑环境，全面推进信息技术与教育教学的深度融合。23 个省份已基本建成教育资源公共服务平台，15 个省份已全面或基本建成省级教育数据中心，信息化教学应用基本普及，融合创新案例不断涌现，信息技术安全体系初步建立，覆盖城乡的教育信息化体系初步形成。

四、义务教育质量提升的主要经验

义务教育是全社会的事业，十八大以来，国家不断深化教育领域的综合改革，推进教育治理体系和治理能力的现代化，走出了一条具有中国特色的发展道路，积累了宝贵的经验。

（一）坚持义务教育重中之重的战略地位不动摇

各级政府全面贯彻落实党中央、国务院的战略部署，将推进义务教育均衡发展作为最大民生问题，摆在优先发展的地位，牢牢把握住提高教育质量这个办好人民群众满意教育的生命线不动摇。

各级政府努力落实 1995 年《中华人民共和国教育法》规定的"三个增长"（各级人民政府教育财政拨款的增长应当高于财政经常性收入增长，按在校学生人数平均的教育费用逐步增长，教师工资和学生人均公用经费逐步增长）的法定要求，保障义务教育的经费投入；主动适应新型城镇化和户籍制度改革、城乡义务教育发展一体化的大趋势，逐步建立统一的城乡义务教育经费保障机制；结合"全面改薄"（全面改善贫困地区义务教育薄弱学校基本办学条件）资金，义务教育经费投入重点向农村和贫困地区倾斜，实施教育的精准扶贫。2016 年教育部教育督导局开展的全国义务教育均衡发展督导评估工作指出，全国 31 个省（市、区）和新疆生产建设兵团在义务教育阶段经费累计投入约 2.7 万亿元，其中 2013—2015 年投入约 2.1 万亿元，2016 年投入约 6400.0 亿元；在全国近四年的总投入中，县本级资金投入约 1.6 万亿元，占总投入的 58.7%。由此可见，义务教育已成为各级政府最大的民生工程。义务教育均衡发展纳入省级政府对市级政府的绩效考核，各级政府抓义务教育均衡发展的积极性和主动性得到充分调动，义务教育优先发展的战略地位得到落实。

（二）完善义务教育标准和制度体系

党的十八届三中全会明确提出，全面深化改革的总目标是完善和发展中国特色社会主义制度，推进国家治理体系和治理能力的现代化。实现教育治理体系和治理能力的现代化是实现教育现代化的重要保障。这就需要改进管理方式。一是要加强标准建设，强化对国家教育标准体系的顶层设计。在义务教育领域，在学校内涵式发展方面，目前国家已出台了《义务教育学校管理标准（试行）》、《义务教育学校校长专业标准》、《小学教师专业标准（试行）》、《中学教师专业标准（试行）》、《教育部关于推进中小学教育质量综合评价改革的意见》、19 个学科的义务教育学科课程标准和《中小学生守则（2015 年修订）》等，涵盖了学校、教师、学生、课程等方面，初步构建起了有中国特色的义务教育标准体系。二是要加强制度建设。十八大以来，我国义务教育阶段宏观政策制度和微观学校制度逐渐完善，学校依法依标自主办学能力显著提升，为义务教育质量的不断提升提供了制度支撑与保障。

（三）创新教师管理机制

提高教育质量，关键在教师。十八大以来，我国通过创新教师管理、补充、培训、激励机制，造就了一支结构优化、素质优良的教师队伍。截至目前，全国 31 个省（市、区）和新疆生产建设兵团均已出台了乡村教师支持计划实施办法，重点向农村和薄弱学校教师倾斜。2013—2016 年，全国共新补充教师约 130 万人，其中 2016 年新补充教师 33.6 万人；在全国新补充的教师中，音、体、美、科学、信息教师约 22.8 万人，占新补充教师总数的 17.6%。各地不断健全教师校长交流机制，2013—2016 年全国交流教师校长约 185.0 万人，其中 2016 年交流 51.5 万人；2013—2016 年交流的教师校长中，音、体、美、科学、信息教师 22.4 万人，占交流教师校长总数的 12.1%。教师数量得以增加、教师队伍结构逐渐优化、教师培训日益普及，为学生全面而有个性的发展提供了师资保障，进而助推了义务教育质量的提升。

（四）强化教育督导和监测

党的十八届四中全会作出"深入推进依法行政、加快建设法治政府"的重大部署，"放管服"（简政放权、放管结合、优化服务）改革是深化行政体制改革的核心内容。深化教育领域的综合改革，实现教育治理体系和治理能力的现代化，就要按照"放管服"的要求，推进政府决策、执行和监督的相对分离，构建督政、督学、评估监测三位一体的教育督导体系，为提高教育质量、促进教育公平、服务教育科学决策提供有效的监督和评价。其一，义务教育均衡发展督导评估认定机制确保了县域义务教育均衡发展水平的不断提升和教育质量的不断改善。其二，为全国中小学校配备责任督学，开展学校素质教育督导，有助于督促学校优化教育教学过程，落实育人目标。其三，国家义务教育质量监测推动了学校的内涵式发展和教育质量的提高。

► 第十章

普通高中教育：走向多样化特色化

普通高中教育是基础教育的最后一个学段，其质量直接关系到国民的综合素质，也会影响高等教育及终身教育体系的建设。党和政府积极采取措施，努力扭转以学生考试成绩、学校升学率为唯一标准的普通高中教育质量观，提倡高中生全面而有个性的发展，突出高中生的主动发展和以服务社会为目的的发展。

一、普通高中教育质量观

质量的概念源自管理学，有两种公认的定义方式，一是产品符合规定要求的程度，二是产品在使用时能成功满足用户需要的程度。从质量评价的主体来区分，前者是内部质量，后者是外部质量。评价主体虽然不同，但评价的标准在理论上却是一致的，因为满足产品本身的规定要求与满足用户需要二者之间具有内在的一致性。教育质量具有一定的复杂性，因为学生既是教育质量的载体，又可以对教育质量进行评价。所以在教育质量的范畴中，内部与外部、产品和用户的一致性较高。此外，人是教育的对象，人的发展是教育的目的，人的成长规律是教育必须遵循的规律，所以，只有通过人、为了人的教育才能称得上有质量的教育，违背人的成长规律的教育过程、有违人的本性的教育目的，都不利于教育质量的提升。

以学习者为中心的教育理念既在目的上又在过程上规定了评判教育质量的价值取向。但不同类别、不同阶段教育中的"学习者"有着不同的特点和需求，即产品规格与用户需求会因教育阶段的不同而不同。因此，教育质量的评价标准需要在不同教育阶段具体化。简单来说，教育质量可以用各阶段教育任务的达成度来衡量，达成度越高，教育质量就越高。对普通高中教育而言，在完成升学和就业两大外在的传统任务的同时，还需要在高中生终身学习能力培养、人格养成、公民素养等内在的发展任务上有所作为，这是当今时代普通高中教育质量观的必要内涵（石中英，2014）。

二、普通高中教育质量提升的重大举措

十八大以来，我国在普通高中教育政策制定和落实方面围绕着质量提升采取了系列举措，其中普通高中多样化特色化发展定位起到了转变思路、理念引领的作用。课程改革、教学转型、考试评价改革、教师素质提升等方面协同并进，在改变千校一面、凸显特色发展的过程中提升了普通高中的教育质量。

（一）试点落实普通高中多样化特色化发展任务

《教育规划纲要》提出要"推动普通高中多样化发展，鼓励普通高中办出特色"。地方政府在遵循《教育规划纲要》基本精神的前提下，积极探索本地化的普通高中多样化、特色化发展的行动方案。北京、上海、江苏、新疆四个省份率先开展"普通高中特色化、多样化"国家教育体制改革试点项目。《上海市推进特色普通高中建设实施方案（试行）》提出要建成一批课程特色遍及人文、社科、理工、艺体等多个领域，布局相对合理，能够有效满足学生多样化学习需求的特色普通高中，并使其发挥示范引领作用。浙江省探索普通高中特色发展示范校建设与评选机制，印发《浙江省普通高中特色示范学校评估操作标准》，设置省一级、二级普通高中特色示范学校分级，每三年进行一次资格认定，实现以评促建、以评促改、以评促发展。

（二）继续推进普通高中课程改革

普通高中课程改革在十八大以来从以下几个方面深入而系统地推进。一是修订课标奠定课改方向。普通高中课程标准的修订工作于2014年12月启动，充分发挥

了专家学者的专业作用，将立德树人作为课标修订的出发点和落脚点。本次课标修订把立德树人的要求具体化、细化为发展学生核心素养，在发展学生跨学科的核心素养的基础上，进一步将其融入各学科课程标准之中，明确各学科的核心素养和基于核心素养的质量标准，将立德树人的要求落实、落细、落小。二是编写、修订普通高中相关学科教材，将社会主义核心价值观写入相关学科中，加强普通高中同其他学段的衔接，增加教材内容对学生的吸引力。三是构建以发展学生核心素养为统领的普通高中课程体系。《教育部关于全面深化课程改革落实立德树人根本任务的意见》指出，要合理确定必修、选修课时的比例，增加学生的选择机会，满足学生的个性发展需要，增加职业教育体验、社会实践等方面的课程，落实知行统一原则。四是鼓励学校在开齐开足国家课程的同时，建设自己的优势课程群，给学校和学生更多的选择空间，促进学校特色办学，满足学生多样化发展的需要（申继亮，2015）。

（三）系统推进普通高中教学模式转型

《教育规划纲要》提倡以提高质量为核心的教育发展观，强调教育的内涵式发展。普通高中教育质量的提升要依靠教育内部的力量，通过结构性调整实现整体教学模式转变。具体可体现在以下几个方面。一是稳步推进走班教学，改变普通高中长期以来固定班级的教学模式，实施与选课相配套的走班教学。二是综合考虑学科课程标准、当地学业水平考试安排、学生高考科目选择等情况，重新规划、合理安排高中三年每一学期的教学内容与教学进度。三是探索建立学生发展指导制度，为每一位学生的发展提供有针对性的生涯、心理、学业等多方面的指导。四是促进协同育人。各地政府和学校积极探索以省为主体或以学校为主体的普通高中与大学及科研院所的合作，探索二者在课程设置、培养方式、师资建设方面的衔接与合作，搭建多样化平台推动普通高中与高校协同育人。五是强化教学的实践育人功能。《教育部关于全面深化课程改革落实立德树人根本任务的意见》提倡实施实践育人共同体建设计划，建立青少年社会主义核心价值观实践基地和中小学综合实践活动基地，充分发挥社会实践的养成作用。

（四）稳步推行评价考试制度改革

评价考试是完整教育过程的最后环节，但它却引导着整个教育过程，对普通高中教育而言，更是有着牵一发而动全身的效果。围绕普通高中教育，国家采取了以下措施稳步推行评价考试制度改革。一是开展教育质量综合评价改革。2013 年《教育部关于推进中小学教育质量综合评价改革的意见》颁布，把学生品德发展水平、学业发展水平、身心发展水平、兴趣特长养成、学业负担状况等方面作为主要维度，构建中小学教育质量综合评价指标体系，将学生践行社会主义核心价值观情况、学生体育课和艺术课学习情况纳入评价体系。二是出台考试招生制度改革的系列政策措施，实现了政策之间的相互支持。《国务院关于深化考试招生制度改革的实施意见》首先颁布，明确提出完善普通高中学业水平考试和规范普通高中学生综合素质评价；紧随其后，《教育部关于普通高中学业水平考试的实施意见》《教育部关于加强和改进普通高中学生综合素质评价的意见》《教育部国家民委公安部国家体育总局中国科学技术协会关于进一步减少和规范高考加分项目和分值的意见》《教育部关于进一步完善和规范高校自主招生试点工作的意见》等四个考试招生制度改革配套政策先后出台。三是颁布《教育部关于进一步推进高中阶段学校考试招生制度改革的指导意见》，提出到 2020 年左右，我国将初步形成基于初中学业水平考试成绩、结合综合素质评价的高中阶段学校考试招生录取模式。

（五）建设高素质校长教师队伍

高素质的校长教师队伍是高质量的普通高中教育的前提保障。为建设高水平的普通高中教育，国家采取了以下措施。一是贯彻落实《国务院关于加强教师队伍建设的意见》，以社会主义核心价值体系为引领，引导教师立德树人、为人师表，不断提升人格修养和学识修养，成为学生发展道路上锤炼品格的引路人、学习知识的引路人、创新思维的引路人、奉献祖国的引路人。二是考核、监督、奖惩多措并举，强化师德管理。师德考核成为教师考核的核心内容，考核不合格者在教师资格定期注册、职务（职称）评审、岗位聘用、评优奖励和特级教师评选等环节实行一票否决制。努力构建学校、教师、学生、家长和社会广泛参与的师德监督体系，建立健全违反师德行为的惩处制度。《教育部关于建立健全中小学师德建设长效机制的意见》《中小学教师违反职业道德行为处理办法》《严禁中小学校和在职中小学教师有偿补课的规定》和《教育部办公厅关于开展治理中小学有偿补课和教师违规收受礼品礼金问题自查工作的通知》的出台，明确了中小学教师不可触犯的师德禁行，构建了比较完整的师德建设制度体系，将师德建设推向制度化、规范化和法治化轨道。三是颁布高中师资队伍专业标准。《中学教师专业标准（试行）》发挥着引领和导向作用。各级教育行政部门在其引导下，深化了教师教育改革，建立了教师教育质量保障体系，不断提高中学教师的培养培训质量；制定中学教师准入标准，严把教师入口关；制定中学教师聘任（聘用）、考核、退出等管理制度，保障教师合法权益，形成科学有效的高中阶段教师队伍管理和督导机制。各级教育行政部门在《普通高中校长专业标准》的引领下，严格普通高中校长任职资格标准，完善普通高中校长选拔任用制度，推行校长职级制，建立普通高中校长培养培训质量保障体系，形成了科学有效的普通高中校长队伍建设与管理机制。四是制定《教师教育课程标准（试行）》，以"中学职前教师教育课程目标与课程设置"规范和引导教师教育课程与教学，培养高素质专业化教师队伍。五是实施卓越教师培养计划，高校、地方政府与中小学"三位一体"协同培养适应和引领普通高中教育教学改革的卓越高中教师。

三、普通高中教育质量提升的重要成就

在一系列重大举措的相继落实之下，我国普通高中教育的质量得以提升，并且为进一步提升打下了较好的基础。专门专业的普通高中教育政策的出台为教育质量的提升提供了政策环境与支持，多样化特色化发展定位的确立为教育质量提升指明了方向，课程改革、教学模式改革、评价考试改革本身就是教育质量提升的构成性要素，师资水平的提升既是教育质量的影响性因素又是构成性要素。

（一）普通高中教育政策更加专门专业

《教育规划纲要》之后，国家和地方相继出台与普通高中教育直接相关的专门文件，不再把普通高中教育的相关政策镶嵌在中小学教育、中等教育、高中教育政策之中，而是将普通高中教育同义务教育、初中教育和职业教育加以区别对待。如已经出台的《国务院关于深化考试招生制度改革的实施意见》《教育部关于加强和

改进普通高中学生综合素质评价的意见》《教育部关于进一步推进高中阶段学校考试招生制度改革的指导意见》《普通高中校长专业标准》《高中阶段教育普及攻坚计划（2017—2020年）》等。政策的专门化彰显的是国家对普通高中教育的重要性和独特性的认可，表达出了国家对普通高中教育从经验型管理到科学化管理的转变。观念上的转变、政策上的转变为普通高中教育质量的提升提供了精神引领与制度保障。

（二）普通高中多样化特色化发展样态逐步显现

在对普通高中同质化发展现状进行深刻反省的基础上，普通高中多样化特色化发展的理念逐渐入脑入心，在实践领域中也逐渐得到落实。一是普通高中特色化发展出现多种地方经验。如，上海市特色普通高中建设采用"项目孵化、滚动推进，分类指导、分阶提升"的策略，特色普通高中建设经历特色项目、学校特色和特色学校三个阶段。河南省根据实际情况将本省的特色试点高中分为综合创新高中、学科特色高中、普职融通高中、国际特色高中四类，学校自主申报，教育厅组织专家遴选不同类型的试点学校并加以指导和扶持。黑龙江省除了进行特色高中学校试点外，还建设了特色化发展试点实验区，学校探索与区域推进并行。二是学校有意识构建体现学校特色的课程体系。学校特色发展最终要落实在课程上，以学校整体课程为载体的学校特色才是真正的、稳定的特色。中国教育科学研究院在部分实验区设计并实施学校特色品牌提炼项目，同学校一起提炼学校发展主题，进行主题引领下的学校课程整体建构，从而使得每一所学校都有一个基于本校实际、体现本校特色的课程结构图，学校特色水到渠成（陈如平，2014）。上海长宁区八所高中特色化建设通过"主题轴"课程建设探索出一条"通过课程改革促进学校特色发展"的行动路径。此外，北京十一学校、北京师范大学第二附属中学等具有特色的普通高中皆有学校育人理念引领下的学校整体课程体系。

（三）普通高中课程改革呈现系统效果

课程改革是撬动普通高中教育变革的一个支点，课程改革在可见的层面是学校课程表的变化，在不可见的层面是教育思想、教育目的和教育方式的变化，因此真正的课程改革必然具有系统效应。十八大以来，普通高中课程改革的价值取向实现了转变：由精英教育转向大众化教育，由单一培养目标转向多样化培养目标，由服务于少数学生转向服务于所有学生。使每一位学生和每一所学校都具有选择的权利和成功的机会，成为普通高中课程改革的基本理念。普通高中课程标准在修订的过程中通过专家深度参与、社会普遍探讨等方式，引导普通高中教育工作者主动思考"培养什么人、怎样培养人"的教育根本问题；通过《中国学生发展核心素养》的引入，推动教师由传授知识向育人转变，并为义务教育阶段课程标准修订工作提供示范。同时，依托普通高中课程标准的修订完善，广大教育科研工作者凝练了学科核心素养，以核心素养为纲，选择、建构课程内容，创建新标准，并研制了基于核心素养的学业质量标准。各地在推动普通高中多样化发展的过程中，经过不断探索和实践，涌现出了一批勇于改革、科学规划、措施有力、成效显著的课程示范区和示范校，形成了一批文化内涵丰富、学科优势明显、活动富有创意的特色普通高中。普通高中课程改革体现了课程综合化的思想，避免了传统学科课程之间相互隔离的状况，加强了不同学科领域之间的联系，关照了学生的发展和经验。

（四）普通高中教学模式正在转变

十八大以来，普通高中的教学改革超越了技术层面的教学方式改革、突破了知识层面的教学内容改革、打破了主体层面的普通高中学校改革，呈现出教学模式上的整体变革。普通高中教学模式的转变体现在以下几个方面。一是普通高中走班教学深入人心，学校基于自身条件探索出"小走班""大走班""全走班"等多种走班模式，更有部分普通高中已经实现了走班选课常态化。二是地方与学校探索实施学生发展指导模式。浙江、河南以普通高中生涯规划教育为切入点将学生发展指导制度具体化落实，面向全省，对普通高中学生的心理、学业和职业进行系统的课程化指导。江苏南通通过普通高中示范性学生发展指导中心推动普通高中学生发展指导中心建设。三是普通高中、高校协同创新提供普通高中教育质量提升新途径。这些途径既包括以省级政府牵头组织的项目，如北京市的翱翔计划、陕西省的春笋计划、上海市的普通高中学生创新素养培育实验项目等以探索创新人才培养为主要目的的项目；也包括以高校或普通高中为主体，自主探索、主动构建的大学与普通高中合作育人模式。四是社会主义核心价值观教育实践基地和中小学综合实践活动基地遍地开花。

（五）考试评价改革逐渐落实

考试评价的各项改革举措在国家教育政策的引导和地方的积极探索下，逐渐得到落实，主要体现在以下几个方面。一是各地均已出台高考改革方案。自 2014 年到目前，全国 31 个省份都公布了高考改革方案。2017 年北京、湖南、海南、江西、山东、天津等 6 个省份正式启动高考改革，不再分文理科。云南、广西、新疆等省份招生制度改革方案将于 2019 年开始实施。上海和浙江 2017 年迎来了第一批高考改革后的高中毕业生，两地的考试科目采用"3+3"模式，除语文、数学、英语 3 个主要科目外，其他 3 门为选考科目。上海采用"6 选 3"模式，即从思想政治、历史、地理、物理、化学、生物 6 个科目中自主选择 3 科作为考试科目。浙江则采取"7 选 3"模式，除了以上所提到的 6 科，还多了技术（含通用技术和信息技术）这项科目。二是普通高中学生综合素质评价和学业水平考试全面启动，浙江、上海、北京等基本建成并使用"学生综合素质评价信息化管理平台"。三是考试加分"减法"策略基本达成。2015 年起取消体育、艺术等特长生加分项目。地方性加分项目被重点关注，原则上只适用于本地所属高校在当地招生。而确有必要保留的加分项目，也通过设置合理分值、降低过高分值的方式来实施。

（六）校长教师专业化水平得到全面提升

我国通过颁布加强师德建设的规范和条例，构建了覆盖大中小学的完整的师德建设制度体系，将师德建设推向制度化、规范化和法治化轨道，有效地促进了师德建设的全面发展。通过这些政策和措施，普通高中教师师德水平不断提升，一大批可为楷模的优秀教师涌现出来，塑造了新时期人民教师的光辉形象。由北京师范大学中国教育政策研究院提交的《〈国家中长期教育改革和发展规划纲要（2010—2020 年）〉中期评估教师队伍建设专题评估报告》指出，目前全国有 24 个省份采取在学免费、学费返还等方式，实行地方师范生免费教育，每年约有 3.4 万名师范生和高校毕业生到农村中小学任教。2012 年全国普通高中专任教师数为 159.50 万人，生师比为 15.47，专任教师学历合格率为 96.44%；2015 年全国普通高中专任教师数为 169.54 万人，比 2012 年增加了 10.04 万人，生师比为 14.01，专任教师学历合格率为 97.70%，提高了 1.26 个百分点，呈现稳步上升态势。

四、普通高中教育质量提升的主要经验

十八大以来，普通高中教育质量提升工作呈现出系统化的特征，教育理念、教育政策、教育实践三方面产生了较好的协同效果。"面向每一个人"是以学习者为中心的教育质量观的具体表达，在扭转普通高中教育理念上发挥着重要作用。其在政策语言上则表述为普通高中多样化特色化发展，并通过上下衔接左右关联的政策群得到落实；在具体的教育实践中则是以激发教育质量的责任主体——地方和学校的活力、通过考试评价改革与课程改革的落实加以实现的。

（一）坚持"面向每一个人"的教育质量观

普通高中教育需要惠及每一位高中生，而不是只服务于那些具有升学能力的学生。"满足不同潜质学生的发展需求"需要普通高中不能只"过筛"式地关注一部分学生的发展，而要转变教育观念，面向每一个人，改善组织结构，优化教学方式，以协调创新人才培养与其他一般学生发展的关系。这种教育质量观的政策话语表达即为普通高中多样化特色化发展。这是国家为促进普通高中教育满足不同潜质学生发展需要、扭转普通高中低水平同质化发展态势、倡导每一所普通高中走特色化的内涵式发展之路的政策指向。倡导每一所普通高中基于自身优势形成特色化发展路径不仅契合各个学校的现实，也有利于促进它们差序错位可持续发展，进而扩大优质教育资源，实现区域内普通高中的和谐发展（陈志利，张新平，2014）。

（二）坚持评价考试制度改革的导向作用

2014 年 9 月，《国务院关于深化考试招生制度改革的实施意见》的颁布正式启动了中高考改革，此举直指高考这根指挥棒，在肯定指挥棒对教师教和学生学的定向作用的前提下，改革考试科目、考试方式、考试时间，以招生考试制度作为动全身的那一根头发，以选考科目倒逼学生自我认知能力的培养、以选修课程倒逼教师提高自身综合素质、以选择能力的培养倒逼学生发展指导制度的建设与实施等。而招生制度改革带来的普通高中学生综合素质评价理念的传播与实施，以及普通高中

学业水平考试的实施也在倒逼着普通高中转变育人模式、变革教学组织、改革课程、更新行政制度、重构学校文化，进行"全面开花"式的变革，从而在客观上实现了面向每一位学生的、全面的教育质量的提高（刘月霞，马云鹏，2015）。

（三）坚持以课程改革为主要抓手

课程是教育思想、教育目标和教育内容的主要载体，是学校教育教学活动的基本依据，直接影响人才培养质量。因此，普通高中的教育质量提升要以课程改革为核心，统筹不同学段、不同学科、不同教育环节、不同教育人群、不同教育场域，使它们因为课程而建立有机联系，综合发挥育人功能，形成育人合力。通过选修课程帮助学生认识自己、实现个性化发展，通过课程结构重组带来教师专业结构的变化，通过校本课程体系构建启蒙教师的育人意识和学校特色发展意识，通过将学科核心素养融入课程标准实现课程价值由分数唯一到以学生发展为本的教育理念的变革，通过赋予学校一定的自主排课权来促进学校思考如何构建适合本校实际的课程体系和课程实施方式。上述变化都是发生在教育系统之内的，或者引领着，或者支持着学校课程建设。这些变化必然会促进教育质量的提高，而变化的过程本身亦体现了教育质量的内涵。

（四）坚持发挥政策的组合联动效应

政策目标的实现，从纵向来看，不仅需要国家从宏观层面进行顶层设计和整体规划，也需要地方政府予以深入研究，并将其落实到具体的工作计划中。"普通高中多样化特色化发展"不仅写入了《教育规划纲要》，而且还明确鼓励着各地区各学校探索普通高中多样化特色化发展模式。各省份先后根据地方教育发展的特点和需求出台了具体化的、可操作的、具有地方特色的普通高中多样化特色化实施方案与工作意见，从而实现了政策的上下联动、互相促进。从横向来看，具有高关联度的各个主题的相关政策在同一时期出台，避免了政策的滞后和难以推行。十八大以来，普通高中教育领域先后推出了普通高中课程改革、中高考招生制度改革、学生评价制度改革、教师队伍建设等政策，很大程度上实现了政策之间的相互支持、相互辅助，从而有效发挥了平行政策之间的组合效应。

（五）坚持激发地方和学校的活力

普通高中学校校长和教师是基础教育阶段中学历较高的一个群体，他们大多有着自己的教育理想与信念，在被信任、被赋权的前提下，多能开创出一片崭新的教育天地。十八大以来我国普通高中教育质量提升的新思路、新方法多来自于地方和学校的主动探索与试验。因此，在管办评分离的教育治理背景下，需要坚持和继续向地方和学校分权，搭建平台建立机制，保护并进一步提高普通高中学校校长和教师依法自主办学的积极性。

▶ 第十一章
职业教育：不唯学历凭能力

十八大以来，现代职业教育体系建设快速推进，具有中国特色的现代职业教育发展道路基本形成，职业教育发展开始由规模扩张阶段转入质量提升的新阶段。职业教育改革发展所需的师资队伍建设卓有成效，课程教材开发有序进行，教学改革稳步推进，毕业生素质显著提高。职业教育服务经济社会的能力大幅提升，为国家经济结构调整和产业转型升级提供了强大的技术技能人才支撑。

一、职业教育质量观

《教育大辞典》将教育质量定义为"教育水平高低和效果优劣的程度"，认为其"最终体现在培养对象的质量上"，"衡量的标准是教育目的和各级各类学校的培养目标"。就职业教育而言，其质量是指职业教育所提供的教育产品（过程性、结果性）能够不断满足各个主体需要的程度（刘克勇，2016）。据此，本研究所持的职业教育质量观主要体现在两方面：职业教育既要满足人的全面发展的需求，也要满足经济社会发展的需求。这既是《国务院关于加快发展现代职业教育的决定》对职业教育提出的要求，也是职业教育自身发展的规定性要求。由此可进一步导出，职业教育具有人才培养和社会服务两大功能，结合"投入－产出"和"学生素质表现"两种评价模型，将学生素质表现作为"产出"的重要方面和核心内容。"投入"包括教师、专业、教学、课程四个要素，"产出"包括学生和院校两个要素，由此构成六要素的质量分析框架（图11.1）。

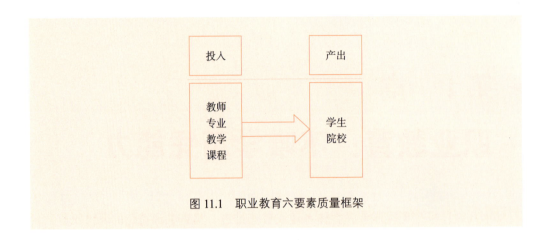

图 11.1　职业教育六要素质量框架

二、职业教育质量提升的重大举措

　　为稳步提升职业教育质量，推动职业教育从规模扩张转向内涵式发展，在专业建设、师资队伍、课程教材以及教学改革等方面，国家采取了多措施、多渠道并举的改革路径。

（一）加强职业教育专业建设

　　专业建设是职业院校改革发展的关键环节，也是提高职业院校核心竞争力的重要抓手。十八大以来，国家通过颁布中高职专业教学标准、下放专业审批权、建立专业的动态调整机制等措施，进一步加强了职业院校与市场的联系。

1. 颁布中高职专业教学标准

　　2012 年 6 月，教育部组织上海市和天津市开展职业教育部分专业教学标准开发试点工作。截至 2012 年 11 月，两市借鉴美国、英国、澳大利亚等国经验，开发出首批 25 个专业教学标准。2012 年 12 月，教育部办公厅印发《关于制订中等职业学校专业教学标准的意见》，该文件是指导和管理中等职业学校教学工作的主要依据，是保证教育教学质量和人才培养规格的纲领性文件。专业教学标准包括专业名称、入学要求、基本学制、培养目标、职业范围、人才规格、主要接续专业、课程结构、课程设置及要求、教学时间安排、教学实施、教学评价、实训实习环境、专业师资等主要内容。文件对专业教学标准的主要内容进行了详细说明，并明确了组织形式和管理安排。2013年，采取试点先行的工作模式，国家在上海、天津选取了100个专业点进行试点，为下一步工作的有序开展提供了典型案例和实践经验。

2. 完善职业教育专业动态调整机制

2015年8月，教育部发布《关于深化职业教育教学改革全面提高人才培养质量的若干意见》，明确提出要改善专业结构和布局，优化服务产业发展的专业布局，"要建立专业设置动态调整机制，及时发布专业设置预警信息。各地要统筹管理本地区专业设置，围绕区域产业转型升级，加强宏观调控，努力形成与区域产业分布形态相适应的专业布局"。随着技术进步速度的加快和劳动力市场竞争的加剧，国家根据经济社会发展形势、技术技能人才需求结构及不同专业招生就业情况，实行专业分类管理，不断强化专业预警，将招生数量与专业结构调整挂钩。职业院校建立专业动态调整机制是职业院校服务区域经济发展的必然要求，也是专业内涵建设的必要保障。根据国家产业结构的调整方向，2015年教育部颁布《普通高等学校高等职业教育（专科）专业目录（2015年）》，并于2016年启动中职专业目录的修改工作，该工作预计将于2017年完成。

3. 下放高等职业院校专业申报审批权

为贯彻落实全国职业教育工作会议精神和《国务院关于加快发展现代职业教育的决定》，进一步扩大省级政府的教育统筹权和学校办学自主权，引导高等职业院校科学合理设置专业，促进高等职业教育人才培养与经济社会发展实际需要的契合，教育部对现行的《普通高等学校高职高专教育专业设置管理办法》和《普通高等学校高职高专教育指导性专业目录》进行修订，形成了《普通高等学校高等职业教育（专科）专业设置管理办法》和《普通高等学校高等职业教育（专科）专业目录（2015年）》。这两份文件的印发实施，是关系我国加快发展现代职业教育的一项带有全局性和时代特征的重要举措，对于改革人才培养模式、提高人才培养质量、增强高等职业教育人才培养的针对性和适用性等方面都具有十分重要的意义。其中《普通高等学校高等职业教育（专科）专业设置管理办法》进一步明确了高等职业教育的专业设置条件与要求、专业设置程序和要求、专业设置指导与监督。该文件的出台进一步下放了高等职业院校专业设置审批权，是贯彻落实党中央、国务院"简政放权"决策部署的重要举措，对于提升高等职业院校服务区域经济社会发展的能力至关重要。

（二）强化职业教育师资队伍建设

教师是职业院校改革发展的核心力量，是决定职业院校教学、科研水平的关键因素。随着职业教育的快速发展，现有师资问题逐渐暴露，加强职业院校的师资队伍建设成为了"十二五"时期职业教育发展的重中之重。为此国家层面出台了系列措施强化教师的素质提高，进一步加强了教师培训，细化了教师专业标准，并为教师信息化教学水平的提升搭建了平台。

1. 实施职业院校教师素质提高计划

为贯彻落实全国教育工作会议精神和《教育规划纲要》提出的完成培训一大批"双师型"教师、聘任一大批有实践经验和技能的专兼职教师的工作要求，2011年，教育部和财政部联合下发了《关于实施职业院校教师素质提高计划的意见》，计划在2011—2015年，组织45万名职业院校专业骨干教师参加培训，其中中央财政重点支持培训教师10万名，省一级培训教师35万名，以提高教师的教育教学水平，特别是实践教学和课程设计开发的能力；支持2万名中等职业学校青年教师到企业实践，提高教师的专业技能水平；支持职业院校设立兼职教师岗位，优化教师队伍的人员结构；支持国家职业教育师资基地重点建设300个职业教育师资专业点，开发100个职业教育教师本科专业的培养标准、培养方案、核心课程和特色教材，加强基地的实训条件和内涵建设，完善符合教师专业化要求的培养培训体系。

2. 制定中等职业学校教师专业标准

为落实《教育规划纲要》和《国务院关于加强教师队伍建设的意见》，构建教师队伍建设标准体系，建设高素质"双师型"中等职业学校教师队伍，2013年教育部印发了《中等职业学校教师专业标准（试行）》。该标准是新中国成立以来第一次针对中等职业学校教师制定的专业标准，体现了国家对中等职业学校教师专业素质的基本要求，是中等职业学校教师开展教育教学活动的基本规范，是引领中等职业学校教师专业发展的基本准则，是中等职业学校教师培养、准入、培训、考核等工作的基本依据。该标准从专业理念与师德、专业知识、专业能力三大维度考查和要求教师，三大维度又分为职业理解与认识、对学生的态度与行为、教育教学态度与行为、个人修养与行为、教育知识、职业背景知识、课程教学知识、通识性知识、教学设计、教学实施、实训实习组织、班级管理与教育活动、教育教学评价、沟通与合作以及教学研究与专业发展等 15 个专业领域，15 个专业领域又细分出 60 个基本要求。

3. 开展职业院校教师信息化教学大赛

《教育规划纲要》对加快教育信息化进程作了全面部署，明确提出要"加快教育信息化进程""加强优质教育资源开发与应用""强化信息技术应用，提高教师应用信息技术水平，更新教学观念，改进教学方法，提高教学效果"。为贯彻落实《教育规划纲要》《教育信息化十年发展规划（2011—2020 年）》和《教育部关于加快推进职业教育信息化发展的意见》，以信息技术推动职业教育教学改革创新、促进教学方式和学习方式的变革、促进信息技术与课程教学的深度融合、提高教师教育技术应用能力和信息化教学水平，自 2010 年起教育部牵头举办全国职业院校信息化教学大赛。2010 年 12 月，首届全国中等职业学校信息化教学大赛在辽宁省沈阳市举办。大赛设多媒体教学软件比赛和信息化教学设计比赛两个大项，设语文组、数学组、土木水利类专业组、加工制造类专业组、信息技术类专业组等五个组别，来自全国各省、自治区、直辖市、计划单列市和新疆生产建设兵团的共 33 个代表队、256 名教师参加了大赛。工业和信息化部有关部门全程参与指导，43 家行业职业教学指导委员会、部分中等职业学校代表观摩了大赛。至今大赛已经成功举办了五届，在赛项设置、比赛方式等方面不断创新，有效激发了广大教师开展信息化教学的动力，提高了广大教师的信息化教学水平，也增强了信息化教学的可持续性，从根本上促进了职业院校教学改革创新。

（三）改革职业教育课程教材

课程教材是职业教育质量提升的主要抓手。改革课程教材，主要通过强化德育课程、推动课程改革以及加强国标教材建设等途径实现。

1. 强化德育课程

2014 年 7 月，教育部发布《中等职业学校学生公约》，针对中等职业学校学生的特点，提出了八个方面的基本要求，体现了以学生为主体、自我教育、自我管理的理念，对增强德育工作的针对性、实效性具有重要意义。同年 12 月，为深入贯彻习近平总书记系列重要讲话精神，进一步加强和改进新形势下中等职业学校德育工作，教育部对 2004 年发布的《中等职业学校德育大纲》进行了修订，新版大纲指出，德育课教学应充分体现社会主义教育的方向和本质要求，充分反映马克思主义中国化的最新成果，全面反映中国特色社会主义理论体系的基本内容、社会主义核心价值观的基本要求。要紧密联系实际，坚持以价值观教育引领知识教育，改进教育教学方法，注重实践教育、体验教育、养成教育，做到知识学习、情感培养和行为养成相统一，切实增强教育的针对性、实效性和时代感。同时，要求其他公共基础课和专业技能课等教学要结合课程特点，充分挖掘德育因素，有机渗透德育内容，结合专业特点和岗位工作要求，寓德育于教学内容和教学过程之中。

2. 推动课程改革

课程改革一直都是职业教育改革发展和内涵建设的重要抓手。2000 年，教育部就印发了《关于全面推进素质教育、深化中等职业教育教学改革的意见》，提出要深化中等职业教育课程改革，积极开展现代课程模式。2008 年，教育部又颁发了《教育部关于进一步深化中等职业教育教学改革的若干意见》，提出要深化课程改革，努力形成就业导向的课程体系，推动中等职业学校教学从学科本位向能力本位转变，以培养学生的职业能力为导向，调整课程结构，合理确定各类课程的学时比例，规范教学。2010 年，《中等职业教育改革创新行动计划（2010—2012 年）》提出，要更新课程内容、调整课程结构、创新教学方式，构建适应经济社会发展要求、有利于和高等职业教育、继续教育相衔接的课程体系。根据新专业教学指导方案，国家已开发了约 500 个专业的课程教学大纲。

在教育部课程改革精神的指导下，不少地方积极推动课程改革。2012 年 7 月，山东省教育厅下发了中等职业学校汽车运用与维修和汽车车身修复两个专业的教学指导方案，标志着中等职业教育课程改革进入了实际操作阶段。2014 年 11 月，浙江省教育厅召开全省中等职业教育课程改革动员会，强调改革不搞"一刀切"，在学校自愿报名、提交改革方案的基础上挑选十几所学校开展试点；2015年以县（市、区）和设区市为单位选择若干个改革实验区，2016年在全省中等职业学校全面推行。《浙江省中等职业教育课程改革方案》要求中等职业学校为学生在读期间至少提供两次专业选择机会。

3. 加强国标教材建设

2012年11月，教育部发布《关于"十二五"职业教育教材建设的若干意见》，强调要"加强教材统筹规划"，以打造精品为重点，组织开发一批覆盖现代农业、先进制造业、现代服务业、战略性新兴产业和地方特色产业，以及艰苦行业、民族传统技艺等相关专业领域的职业教育教材，并根据经济社会和职业教育发展的实际需要，及时组织修订、补充、调整、更新教材内容。同时，为适应经济发展方式、产业发展水平、不同层次岗位对技术技能人才的要求，要根据中等和高等职业教育同类专业的人才培养目标和专业教学标准，统筹开发中高职教材，实现教学重点、课程内容、能力结构以及评价标准的有机衔接和贯通。

2017年，教育部将重点推动"十三五"职业教育教材建设，健全教材开发、编写、审定、选用、评价和研究机制，加强全国职业院校技能大赛成果在教学中的转化和应用，完善与专业相关的企业生产实际教学案例库建设，丰富教材内容，使之跟上产业发展和技术更新的节奏和步伐。

（四）深化职业教育教学改革

教学改革是职业教育质量提升的核心和主要推动手段。为深化教学改革，国家主要采取了德育教学改革、强化实践教学、开展全国职业院校技能大赛以及实施教学过程诊断与改进等重大举措，全方位推动了教育教学的质量提升。

1. 强调德育的重要作用

2015年，《教育部关于深化职业教育教学改革全面提高人才培养质量的若干意见》指出，职业院校的教育教学要始终坚持落实立德树人的根本任务，坚持把德育放在首位。为贯彻落实2015年中共中央办公厅、国务院办公厅颁发的《关于进一步加强和改进新形势下高校宣传思想工作的意见》和教育部印发的《中等职业学校德育大纲（2014年修订）》，各职业院校深入开展中国特色社会主义和中国梦的宣传教育，大力加强社会主义核心价值观教育，帮助学生树立正确的世界观、人生观和价值观；建设学生真心喜爱、终身受益的德育和思想政治理论课程；加强法治教育，帮助学生增强法治观念、树立法治意识；统筹推进活动育人、实践育人、文化育人，广泛开展文明风采竞赛、劳模进职校等多种校园文化和主题教育活动，把德育与智育、体育、美育有机结合起来，努力构建全员、全过程、全方位的育人格局。

2. 提高实习实训比例

实习是职业教育的基本环节，加强实习管理，是保证实习效果、提高人才培养质量的重要保障。近年来，一些职业院校在实习管理方面，失之以宽、失之以松，影响了技术技能人才培养质量的提升，损害了学生的权益，亟须加以引导和规范。为此，教育部等部门于2012年公布了《关于进一步加强高校实践育人工作的若干意见》，要求高职高专类学校的实践教学比重不低于50%。2016年，教育部等五部门联合印发了《关于印发〈职业学校学生实习管理规定〉的通知》，旨在规范学生实习实训，着力保证实习教学效果，推动职业教育人才培养质量的提升。2016年，国务院教育督导委员会办公室印发的《中等职业学校办学能力评估暂行办法》也将"年生均校外实训基地实习时间"作为中等职业学校督导评估的重要指标。

3. 推行全国职业院校技能大赛

全国职业院校技能大赛是由教育部联合十几个部委、地方政府和行业协会组织的一项年度全国性职业教育学生竞赛活动，每年一次，用于检验职业院校的实践教学质量，提升其实践教学水平。2013年，教育部专门印发《全国职业院校技能大赛三年规划（2013—2015年）》，扩大了全国职业院校技能大赛的专业覆盖面，使本规划期内举办的比赛项目覆盖中高职专业目录中80%的专业大类和40%的二级专业，丰富了全国职业院校技能大赛的形式和内容，使大赛成为教学成果展示和教学资源转化的平台，着力提升了全国职业院校技能大赛的社会影响；提高了全国职业院校技能大赛的国际化水平，使大赛成为职业教育国际交流合作的平台。

4. 开展教学诊断与改进

经过多年的改革发展，我国职业教育开始由追求规模阶段转入质量提升阶段。

为持续提升职业院校内涵建设，国家逐步建立了常态化的院校人才培养质量内控机制，以自主保证人才培养质量。2015年7月，《教育部办公厅关于建立职业院校教学工作诊断与改进制度的通知》颁布，决定从2015年秋季学期开始，逐步在全国职业院校推进教学工作诊断与改进制度，全面开展教学诊断与改进工作。截至目前，全国高等职业院校已经全面实施了教学诊断与改进工作，中等职业学校方面也已有9个省份27所职业院校开展了试点工作。

三、职业教育质量提升的重要成就

近年来，随着相关政策的不断出台和贯彻落实，我国职业教育在专业建设、体制机制完善、师资队伍建设、课程教材开发、教育改革等方面取得了重要进展，毕业生素质稳步提高，社会服务能力显著增强。

（一）职业教育专业建设体制机制逐步完善

随着职业教育改革的不断推进，职业院校专业建设稳步推进，建立了专业教学标准和专业动态调整机制，专业审批程序日臻完善，职业院校的专业建设逐步走向了制度化和规范化。

1. 专业教学标准基本形成

为推动职业教育科学发展，国家制定颁发了职业院校专业教学标准：2012年，发布专科高职18个大类410个专业的教学标准；2014年，分两批发布了中职30个大类230个专业的教学标准。作为职业院校加快推进教学改革、进行专业建设和提高教育教学质量的基本依据，专业教学标准促进了专业教学的科学化、标准化和规范化，使教育教学改革有据可依、有律可循。教育部要求各级教育行政部门和有关学校，在专业建设和教学改革中，结合本地本校实际情况，认真组织学习专业教学标准并参照执行，以在教学基本建设、教学条件和人才培养质量等方面有大幅度提升。同时，教育部依据410个专业教学标准制定了"十二五"高职教材建设规划，按照专业教学标准组织教材建设，建立健全职业教育课程与教材体系，并将其作为重要标准纳入人才培养质量评估指标体系。

2. 专业动态调整机制逐渐形成

随着政府相关政策的不断出台和完善，职业院校在积极增设新专业或增开新专业方向的同时，不断改造传统优势专业，积极加强专业内涵建设，建立起了政府宏观调控指导与院校自主设置专业相结合的动态调整机制。2011—2015年，高等职业院校面向先进制造业、智能制造业、新技术新装备和健康养老等支柱产业、新兴产业，积极设置新专业，增设新的专业方向。《2016中国高等职业教育质量年度报告》统计显示：面向第二产业的新增专业点由2010年的2865个增加到2015年的4926个，增幅为71.94%；面向第三产业的专业点由1466个增加到2997个，增幅高达104.43%。2013年，有1个省份、54所院校、74个专业因绩效不明显而暂缓通过验收，被亮"红牌"，专业设置的红黄牌制度逐渐形成。2015年，教育部颁布《普通高等学校高等职业教育（专科）专业目录（2015年）》，专业总数由1170个调减到748个，第一、第二、第三产业专业数分别为51个、295个和402个。2016年，教育部也启动了中等职业学校专业目录的修订工作，要求各省级教育行政部门、各行业职业教育教学指导委员会、专业类教学指导委员会于2017年初报送纸质版和电子版材料。

3. 专业设置与管理程序逐步完善

近年来，教育部进一步规范职业院校专业申报和审批程序，专业设置管理日渐完善，形成了规范化的制度。总体来看，目前职业院校的专业设置自主权逐渐扩大，管理方式由审批制逐渐转变为备案制。从我国职业院校专业设置改革的发展阶段来看，管理制度的变革顺应了经济社会发展的需求，扩大了职业院校专业设置的自主权。目前，根据2015年《普通高等学校高等职业教育（专科）专业设置管理办法》，学校每年将拟招生专业及相关信息报省级教育行政部门备案，然后由省级教育行政部门将本地区专业设置情况报教育部，教育部对各地专业信息进行汇总，并向社会公布。为配合专业设置与管理工作的开展，国家专门建立了"全国职业院校专业设置管理与公共信息服务平台"（http://www.zyyxzy.cn），该信息服务平台涵盖中等职业学校和高等职业院校的专业设置和管理业务。管理制度的改革和信息化平台的建设提高了职业院校专业设置动态调整的积极性，能更有效地服务于经济发展方式转变和产业结构升级。

（二）职业教育师资队伍建设卓有成效

"十二五"期间，职业院校教师素质提高计划实施了二期工程，中央财政共投入 26 亿元，并将培训对象从中职教师扩大到中高职教师，分设专业骨干教师培训、中职青年教师企业实践、兼职教师培训和职教师资培养培训体系建设四个项目，全面提升了中高职教师队伍的素质。

1. 生师比逐渐提高

生师比是学校在校学生数与专任教师数的比例，是考察师资队伍数量的重要指标，也是反映学校规模、人力资源利用效率和办学质量的重要指标。2015 年，受生源变化和教师队伍建设两方面因素的综合影响，高等职业院校生师比达到 17.77，中等职业学校生师比达到 20.47。2011—2015 年，我国中等职业学校的生师比呈现较为良好的发展态势，从 2011 年的 24.97 平稳下降到 2015 年的 20.47；相比较而言，高等职业院校的生师比则变化不大，教师规模继续稳步增长，生师比持续低于普通本科院校（图 11.2）。

图 11.2　2011—2015 年我国中高职院校生师比

数据来源：2011—2015 年《中国教育统计年鉴》。

2. 专任教师培训有序开展

为提高职业教育师资培养培训的针对性和有效性，中央财政累计划拨 6 亿元专项经费，支持国家级职业教育师资培养培训基地重点建设 300 个职业教育师资培养培训专业点。每年承担国家级培训任务的师资培训基地近 100 家，举办培训班超过 500 期。以全国基地为龙头、省级基地为主体，灵活开放的职业教育师资培养培训体系已经形成。我国与德国、美国、澳大利亚以及新加坡等 8 个国家和地区联合开展职业教育教师校长培训。中国职业教育信息资源网 2017 年以"聚焦'双师'奠基职教——职业院校教师素质提高计划实施十周年"为题的报道显示，截至 2015 年，我国已累计选派 2000 名中等职业学校教师、500 多名中等职业学校教学管理干部、450 名高等职业院校校长、2200 名高等职业院校教师到境外进修，为 3400 多所职业院校培养了大批"种子"教师。

近几年，职业教育专任教师中高级职称教师占比持续增加，未定职称教师占比继续减少；与此同时，专业课教师占专任教师的比例继续增加。《中国教育统计年鉴》的数据显示，在学历结构方面，中等职业学校拥有硕士研究生以上学历专任教师的比例从 2011 年的 4.02% 上升到 2015 年的 6.75%。同期，高等职业院校研究生以上学历的教师占整个专任教师队伍的比例逐渐达到 1/3，是历史上专任教师学历提升最快的时期。

3. "双师型"教师数量逐年增加

"双师型"教师是职业教育师资队伍建设的特色和着力点，我国通过教师到企业实践锻炼、引进企业技术技能大师进校园、校企合作共建和专兼职相结合等方式实现职业教育教师队伍结构的不断优化，实现技术技能的积累和文化传承。目前，近 50% 的教师取得了高一级职业资格证书或专业技术资格证书，高等职业院校"双师型"专任教师比例不断提升。《2016 中国高等职业教育质量年度报告》显示，至 2015 年，已有 356 所高等职业院校达到"专业基础课和专业课中双师素质教师比例达 70% 以上"的优秀标准，比上年增加 27 所，其中国家级和省级示范校及骨干校有 240 所，行业企业类院校 134 所。2015 年，我国中等职业学校"双师型"教师占专任教师的比例达到 28.71%，也实现了较快速的增长。

4. 兼职教师成为有益补充

中国职业教育信息资源网 2017 年以"聚焦'双师'奠基职教——职业院校教师素质提高计划实施十周年"为题的报道显示，目前，全国已有 26 个省级财政列支专项经费支持职业院校兼职教师的聘用，累计投入超过 8 亿元，支持 5292 所职业院校 15827 个专业点聘请了 61564 名兼职教师，一大批具有中级以上专业技术职务或高级工以上职业资格、在本行业享有较高声誉、具有丰富实践经验和特殊技能的"能工巧匠"和高技能人才被聘请到职业院校兼职任教。总体来看，职业院校兼职教师比例不断攀升，每年聘用兼职教师约 30 万人次，占专任教师比例达到23.4%，专兼职结合的"双师型"教师队伍逐渐形成，教师队伍结构得到持续优化。

（三）职业教育课程教材较为活跃

职业教育课程体系建设和教材开发积极推进"理实一体"和"行动导向"等理念，充分调动了教师的教学和科研积极性，提升了教师队伍素质，推动了职业教育教学质量稳步提高。

1. 德育内容进一步强化

为了贯彻十八大和十八届三中、四中、五中全会精神，落实中共中央办公厅印发的《关于培育和践行社会主义核心价值观的意见》，切实把立德树人作为教育的根本任务，教育部先后印发了一系列有关文件，提出要进一步加强和改进新形势下中等职业学校德育工作。2013 年 4 月，教育部印发《中等职业学校德育课贯彻党的十八大精神教学指导纲要》，要求通过课堂教学的主阵地，推进十八大精神进教材、进课堂、进头脑。2015 年，教育部对 2004 年发布的《中等职业学校德育大纲》进行了修订，要求把社会主义核心价值观作为主线贯穿始终，推进德育工作规范化。全国深入开展"我的中国梦"主题教育活动，激发学生坚定理想信念、施展才华。同时，教育部颁发了《关于深化职业教育教学改革全面提高人才培养质量的若干意见》，要求"坚持把德育放在首位"，统筹推进活动育人、实践育人、文化育人，广泛开展文明风采竞赛、劳模进职校等丰富多彩的校园文化和主题教育活动。把德育与智育、体育、美育有机结合起来，广泛开展大国工匠进校园、劳模进校园、学雷锋志愿服务等活动，利用各类仪式、典礼、纪念日开展主题教育活动，强化学生职业道德和工匠精神的培养。

2. 专业课程建设走向深入

经过多年的改革探索，职业院校专业课程建设和开发逐渐走向深入。首先，形成了校企合作的开发机制。目前职业院校的专业课程内容开发，大多源于职业院校一线教师与行业企业人员的密切联系、深度合作，稳定的课程开发合作机制逐渐建立，课程开发逐渐从单方面工作自觉走向与外界合作。其次，出现了多姿多彩的专业课程内容。不少职业院校积极开发适合学生情况、符合地方产业或行业企业需求的课程资源，以满足经济社会和学生个体多方面的发展需求。最后，打造了专业课程开发的教师队伍。在课程开发过程中，职业院校逐渐形成了专业团队，有意识地培养了一批教学和科研能力都很强的教师队伍。

3. 教材开发体系逐渐完备

我国职业教育教材建设实行国家和省（市、区）两级规划、两级审定，国家、省（市、区）、校三级建设的原则。国家负责规划并组织开发公共基础课程及大类专业基础课程教材，以及规范要求高、对产业振兴发展起重要支撑作用的重点专业核心课程教材；地方和行业根据区域经济和行业发展实际需要制定省级规划，并组织开发具有地方特点和行业特色的教材；职业院校根据实际需要开发反映自身专业特色的补充教材。其中，职业院校层面的校本教材开发较为活跃，重点院校和示范骨干院校基本上形成了"校校有教材"的局面。

（四）职业院校教学改革稳步推进

通过几年的学校内部的教学改革，实习实训等实践教学环节得以强化，专业教学改革深入推进，教学资源库建设成效显著，全国职业院校技能大赛的影响力逐年扩大。

1. 实习实训环节得到强化

自 2004 年起，教育部、财政部联合实施中央财政支持的职业教育实训基地建设项目，在全国引导性奖励、支持建设一批能够共享资源，集教学、培训、职业技能鉴定和技术服务为一体的职业教育实训基地。截至目前，国家已开展了两期职业教育实训基地建设项目。中央财政累计投入专项建设资金 64.6 亿元，共立项建设了 3806 个职业教育实训基地（其中，高等职业教育实训基地 1302 个，覆盖了全国近 70% 的高等职业院校），极大地改善了职业院校的实训条件，推动了实践教学改革，深化了校企合作。2016 年，教育部等五部门印发《职业学校学生实习管理规定》，专门对职业院校学生的实习实训工作进行规范，着力提高了学生的实习实训质量，强化了实习实训管理。

2. 专业教学改革深入开展

职业院校专业教学改革持续开展，目前已经形成的"产教融合、校企合作"的职业院校专业教学改革已深入到专业教师的教学理念改变上，深入到教师的课堂教学中，使职业院校的教育教学明显区别于普通院校，形成了自己的特色和符号标识。在推动教育教学改革的同时，职业院校积极与行业企业联系，充分发挥行业的指导作用和企业的办学主体作用，密切教育教学改革与产业转型升级、经济社会发展方式转变之间的联系，推进行业企业参与人才培养的全过程，实现校企协同育人。

3. 教学资源建设取得成效

为推动职业院校教学信息化，实现优质教学资源共享，国家启动了职业教育专业教学资源库建设项目。中国新闻网 2017 年以"《职业教育专业教学资源库建设资金管理办法》答记者问"为题的报道显示，自 2010 年正式启动建设以来，中央财政已投入专项资金近 5.2 亿元，拉动社会各界支持资金 6 亿元左右，建成了由 71 个国家级专业教学资源库、1 个民族文化传承与创新资源库（包括 8 个子库）和 1 个学习平台构成的国家级资源库建设体系，覆盖了农林牧渔、交通运输等 19 个专业大类。职业院校和行业企业广泛参与，热情高涨，先后共有 745 所（次）院校和 1337 个（次）行业企业参与；形成各类多媒体资源 71 万余条，资源总量达到 15.8 太字节（TB）；注册学员达 92 万余人，累计访问量超过 1.5 亿人次。

4. 全国职业院校技能大赛影响逐年扩大

全国职业院校技能大赛作为检验和促进职业院校实践教学的有效手段，自 2008 年落户天津并开设高职组比赛以来，影响力逐渐扩大，作用、效益越发明显。到 2013 年，全国职业院校技能大赛的主办单位由最初的 11 个增加到 31 个；大赛承办地扩增到 15 个分赛区；赛项数目由 24 个增加到 100 个；参赛选手从 1800 多人增加到近万人；合作企业从不到 30 家增加到上百家，参与行业达到 80 多个。全国职业院校技能大赛有力地推动了产教融合、校企合作，促进了人才培养与产业发展的结合，扩大了职业教育的国际交流，增强了职业教育的影响力和吸引力。全国职业院校技能大赛已成为广大师生展示风采、追梦圆梦的广阔舞台，成为促进我国职业教育改革发展的重要抓手，对职业院校办出特色、提升人才培养质量的引领作用日益凸显。

（五）职业院校毕业生素质逐渐提高

十八大以来，在我国职业教育教学改革深入推进的同时，职业院校学生的综合素质也随之提升，就业率和就业质量逐年提高，升学人数也稳步增长。

1. 学生就业情况稳定向好

教育部 2016 年统计显示，"十一五"以来，中等职业学校和高等职业院校累计为国家输送了近 8000 万名毕业生，成为我国中高级技术技能人才的主要来源。教育部 2016 年《教育脱贫攻坚"十三五"规划》有关情况显示，"十二五"期间，中等职业学校毕业生就业率在 95% 以上，高等职业院校毕业生就业率在 90% 以上。教育部 2015 年发布的《〈教育规划纲要（2010—2020 年）〉中期评估职业教育评估报告》显示，职业院校每年输送技术技能人才近 1000 万名，占新增就业人口的 60%。

2016 年 2 月 25 日，教育部发布消息称，2015 年，全国中等职业学校毕业生人数为 515.47 万，就业人数为 496.42 万，就业率为 96.30%，对口就业率为 77.60%（图 11.3）。在直接就业学生中，签订劳动合同的比例达 89.26%，比 2014 年增长 1.22 个百分点，毕业生就业稳定性不断提高。毕业生中就业月平均起薪为 2001—3000 元的占 29.56%，高于 3000 元的占 12.02%。约 84% 的就业毕业生有社会保险，毕业生的社会保障状况持续改善。毕业生对就业的满意度达到 84.12%，比上年提高约 4 个百分点。数据显示，中等职业学校毕业生到国家机关、企事业单位就业的占就业总人数的 52.04%；合法从事个体经营的占 14.27%，以其他方式就业的占 11.67%。

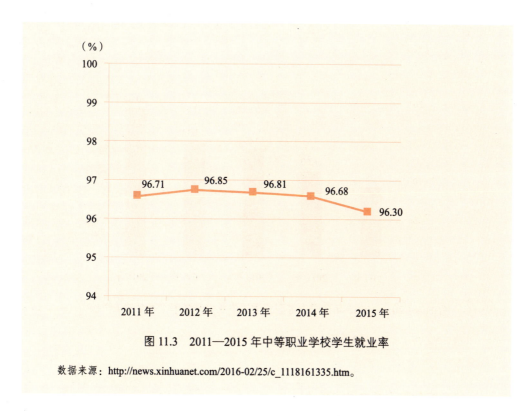

图 11.3　2011—2015 年中等职业学校学生就业率

数据来源：http://news.xinhuanet.com/2016-02/25/c_1118161335.htm。

2. 升学人数和比例稳步增长

随着现代职业教育体系建设的逐步推进，中高职衔接工作取得明显成效，职业院校学生成长立交桥逐步建立，中等职业学校学生升学率多年来保持稳步增长。近年《中国教育统计年鉴》数据显示，2011 年升入高一级学校的中等职业学校毕业生有 49.31 万人，占就业学生数的 9.38%；2012 年升入高一级学校就读的中等职业学校毕业生有 60.39 万人，占 11.60%，比 2011 年增加 2.22 个百分点；2013 年升入高一级学校就读的中等职业学校毕业生有 69.38 万人，占 14.57%，比 2012 年增加 2.97 个百分点；2014 年升入各类高一级学校就读的中等职业学校毕业生占 15.32%；2015 年，这一数据上升至 20.02%，比 2014 年增加了 4.7 个百分点（图 11.4）。

图 11.4　2011—2015 年全国中等职业学校毕业生升学率（不含技工学校）

数据来源：历年《中国教育统计年鉴》及网络公开资料。

3. 学生综合职业能力逐步提升

在职业院校教育教学改革推进的过程中，职业院校对学生的培养由过去单一强调学生技术技能的培养转向更为注重学生综合职业能力的培养。为此，国家从制度方面给予引导，加强职业院校职业素养课程建设，将职业道德与法律、职业生涯规划确定为中等职业学校学生的公共基础课，在"十二五"职业教育国家规划教材中，职业素养教育相关教材达到 70 余种。

学生在校期间，职业院校强化对其职业能力的塑造和培养，学生的沟通能力、团队协作意识、专业技术能力、纪律意识、动手实践能力、学习意识、承受压力能力和创新意识等多种职业能力得到增强，有力推动了学生的职业生涯发展。上海市教育科学研究院和麦可思研究院发布的《2015 中国高等职业教育质量年度报告》显示，2011 届我国高等职业院校毕业生三年内获得职位晋升的比例高达 60%（图 11.5）。

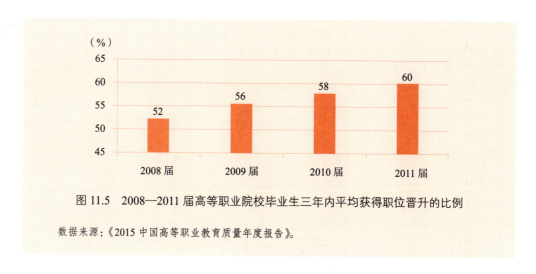

图 11.5 2008—2011 届高等职业院校毕业生三年内平均获得职位晋升的比例

数据来源：《2015 中国高等职业教育质量年度报告》。

（六）职业院校社会服务能力逐渐增强

十八大以来，我国职业教育服务社会的能力显著增强，具体表现为职业院校培训功能逐渐拓展、技能鉴定功能逐步增强、服务行业企业技术功能日益凸显以及社区服务功能健康发展等四个方面。

1. 职业技术培训形成规模

十八大以来，包括职业院校在内的各类社会培训机构规模逐渐趋于稳定，走上健康发展之路。2011—2015 年《全国教育事业发展统计公报》显示，2013 年，全国有职业技术培训机构 11.23 万所，教职工 48.22 万人，专任教师 27.43 万人；2014 年，全国职业技术培训机构比上年减少 0.72 万所，有教职工 47.74 万人，专任教师 27.65 万人；2015 年，全国有职业技术培训机构 9.90 万所，比上年减少 0.61 万所，教职工 47.30 万人，专任教师 28.42 万人（图 11.6）。教育部 2015 年发布的《〈教育规划纲要（2010—2020 年）〉中期评估职业教育评估报告》显示，职业院校和社会力量举办学校开展多种形式的职业培训，每年开展的政府补贴性培训的培训人次达到了 2000 万。

图 11.6 2011—2015 年职业技术培训机构数量

数据来源：2011—2015 年《全国教育事业发展统计公报》。

2. 技能鉴定功能日趋完善

职业院校重在培养学生的职业技能，职业技能鉴定是评价职业院校人才培养工作质量的一项重要指标。职业院校应充分发挥师资、设备、品牌等资源优势，面向社会、瞄准市场，在职业技能鉴定上发挥重要作用。2014 年，《国务院关于加快发展现代职业教育的决定》提出，"支持在符合条件的职业院校设立职业技能鉴定所（站），完善职业院校合格毕业生取得相应职业资格证书的办法"。同年，教育部发布了《关于进一步推进长江三角洲地区教育改革与合作发展的指导意见》，提出"探索区域性职业教育与职业技能鉴定的互通互认"。2015 年，《教育部关于深化职业教育教学改革全面提高人才培养质量的若干意见》发布，要求职业院校加强与职业技能鉴定机构、行业企业的合作，积极推行"双证书"制度，把职业岗位所需要的知识、技能和职业素养融入相关专业教学，将相关课程考试考核与职业技能鉴定合并进行。

3. 技术服务能力不断增强

职业院校在专业设置、课程开发、设施设备配置等方面提升了与市场接轨、与地方经济和产业结构接轨的能力，释放了学校服务地方经济社会的活力。职业院校通过专业结构的优化、课程内容的更新、设施设备的升级换代，引导并促进教师关注技术发展、紧跟技术前沿，使教师服务技术升级的能力得到增强。职业院校尤其是高等职业院校市场意识逐渐增强，每年都会产生不少专利发明、技术转让等，充分显示了职业院校的技术服务能力和市场价值。

4.社区服务功能显著提升

职业院校的高层次专业师资队伍和青春朝气的学生志愿者通过讲授、服务、实训等形式有针对性地开展社区教育活动，为社区发展注入了新鲜血液。职业教育以项目合作、志愿者服务、建设流动服务站等形式融入社区教育，这有利于社区教育资源充分整合优化，缓解社区教育资源的稀缺，满足社区居民各层次的教育需求。

2015年，教育部及人力资源和社会保障部两部委印发了《关于做好首届职业教育活动周相关工作的通知》，文件要求各职业院校发挥专业特长，开展健康饮食咨询、家政、形象设计、园艺插花、家用物品使用与保养、民族文化、传统工艺、职业礼仪培训等服务活动。2016年，《教育部等九部门关于进一步推进社区教育发展的意见》发布，进一步强调了职业院校在推进社区教育发展中的开放和共享资源的作用，鼓励职业院校充分利用场地设施、课程资源、师资、教学实训设备等，积极筹办和参与社区教育。鼓励职业院校开设社区教育相关专业，引导相关专业毕业生从事社区教育工作。

四、职业教育质量提升的主要经验

随着我国职业教育改革的不断推进，职业教育发展总体向好，具有良好的发展势头，同时在专业建设、教师培养、课程开发等方面积累了丰富的经验。

（一）坚持围绕区域经济和产业需求推进专业建设

职业院校要培养出具有地方特色、留得住、用得上、与地区经济建设紧密结合的各层次技术技能人才。在专业设置和布局方面，要根据区域经济发展阶段、产业结构特征以及教育发展水平等方面的差异进行综合考虑，体现区域特色，使职业院校真正成为该地区社会经济发展、科技进步和技术技能人才培养的基地与蓄水池，使专业设置、教育教学内容更加贴近产业发展的现实需求，使产业技术的进步也能更加及时地传递到课程教材和教育教学内容之中。

（二）坚持围绕实践能力推进"双师型"教师队伍建设

职业教育在人才培养方面具有不同于普通教育的特殊性，这就要求职业院校的教师不仅要具备较好的理论储备，而且还要具有扎实的实践操作功底，这是保障职业院校教育教学质量的重中之重，也是决定职业院校办学成功与否的关键因素。教师能否通过理论与实践的结合不断创新教学内容和方法，能否始终站在该领域的技术技能前沿，能否顺利实现技术的更新换代，是保证教育教学质量的关键，也关系到学生所掌握的技术技能能否得到用人单位的认可，这直接影响着我国职业教育的办学成效，也影响着我国创新型国家建设和制造业强国目标的实现。国家赋予职业院校一定的课程和教材开发权，这使得一线教师的素质得到了大幅提升，无论在结合实践的理论修养上，还是在实践水平上都是如此。在课程和教材自主开发的过程中，教师深入了解了职业教育工作岗位的开展逻辑，改变了自身传统的知识结构和能力结构。自主开发课程和教材使经历普通教育培养的教师更熟悉职业教育规律、适应实践教育需求，充分挖掘了教师的个体潜质，培养了大批符合职业教育教学需求、适应职业教育办学规律的"双师型"教师，"双师型"教师队伍建设效果显著。

（三）坚持围绕职业岗位工作逻辑推进教学改革

自学校这种教育组织诞生以来，学校一直以概念、理论等学科知识为体系组织教育教学，但这种体系并不完全适合职业院校的教育教学需求。职业院校以培养适应职业岗位需求的人才为第一要务，必须要建立独立的、与职业岗位工作逻辑相匹配的知识体系，这样才能改变以往接触的课堂教学的方式和逻辑体系，使教师的教育教学更切合生产一线实际，展现出职业院校课堂教学的个性和特色，激发学生学习的积极性。可以说，将教育教学所遵从的逻辑体系从学科知识转到职业岗位工作逻辑，是我国职业教育教学改革的重要成果。

（四）坚持围绕功能扩展推进社会服务

职业院校应广泛开展社会服务，丰富学校功能。社会服务功能主要体现在两个方面：一方面，职业院校以服务社会为宗旨，整合各种优质教育资源，充分发挥其师资、设备、课程等优势，面向社会和企业主动开展下岗职工培训、在职职工技术培训、农村劳动力转移培训以及弱势群体的就业能力提升培训；另一方面，职业院校通过培养经济社会发展急需的技术技能人才，间接为社会服务。职业院校要根据区域经济发展水平、产业结构特色以及地方人力资源市场状况等因素，适时调整专业设置方向，为经济社会发展和地方产业结构调整升级培养需要的人才，同时也为提高区域人民受教育水平、增加地方人民收入、实现脱贫攻坚、全面建成小康社会作出应有的贡献。

▶ 第十二章

本科教育：巩固教学中心地位

十八大以来，我国经济社会发展进入新的历史阶段，面临国际经济与政治环境的新变化带来的机遇和挑战，以及国家战略发展的新要求和经济转型升级的新需求。本科教育被置于事关国家和民族未来的战略高度。在多项举措的合力作用下，本科教学的中心地位进一步得到巩固，本科教育质量得以全面提升，更加适应经济社会发展的需求。

一、本科教育质量观

本科教育质量观是对本科教育质量的基本看法和基本观点，是从价值判断的层面对本科教育质量意涵的理解，是评判本科教育质量的基石。本科教育质量观是选取本科教育质量标准的理论基础。

本科教育是高等教育的重要组成部分。在中外高等教育发展史上，不同的组织和个人对高等教育质量和质量标准下过多种定义。联合国教科文组织曾归纳过学术界"广泛"使用的质量定义，主要包括以下几类：第一，质量即卓越；第二，质量即适应目的，此定义又包括三种观点，即"物有所值方法""价值增值方法""质量即改造方法"；第三，质量即目的适配，包括"质量即门槛"和"质量即满足消费者"；第四，质量即提高和改善（中南大学高等教育研究所课题组，2011）。有学者提出，可以从三个不同的水平思考教育质量：第一水平，即最简单的水平，可以叫作"课堂概念中的质量"，是指学生对知识和基本技能的掌握，这种教育质量是可测量的、争议最少的，是校长眼中的教育质量；第二水平，即较复杂的水平，可以叫作"市场概念中的质量"，在市场中，教育质量是根据"生产能力"来测量的，这是经济学家眼中的教育质量；第三水平，可以叫作社会与个人判断中的教育质量，是根据个人、子女、部落、国家设立的最终目标作出的判断（黄蓉生，2012）。而高等学校的质量是一个复杂的概念，至少有四种不同的含义：大学的声望等级、可得到的资助、学生成果与学生天赋的发展或增值（黄蓉生，2012）。

在国内，学者们对高等教育质量也有多种界定。卢晓中教授认为，"高等教育质量是一个'多层面的概念'，不仅包括高等教育的产品（学生），而且包括高等教育的'所有功能和活动'"（卢晓中，2000）。朱湘虹指出，高等教育质量"是指高等教育系统满足社会需要的程度，不仅包括学生的质量、教师的质量、教学与科学技术研究的质量，还包括社会对教育产品——学生——的满意程度，对科研成果转化为生产力的满意程度"（朱湘虹，2003）。彭未名认为，"所谓高等教育质量，是指高等教育机体在运转、发展过程中满足其自身特定的内在规定要求与社会的外在规定需要的一切特性的总和，它是内适性需要与外适性需要、内在的认识论质量与外部的政治论质量的有机融合与统一"（彭未名，2000）。

概括起来，高等教育质量观主要有以下几种：（1）学术性质量观，它是一种精英质量观，具有内适性，强调的是满足高等教育系统内部自我完善的要求。（2）目的适切性质量观，认为高等教育所体现的是某种"目的适切性"，即衡量教育教学质量的标准应该是当初所设定的相应的行为目标。（3）价值增值质量观，即学生接受高等教育之后，成就越大，价值增值就越多，高等教育质量也就越好。（4）产品质量观，常以"合格"为标准，认为高等教育质量的高低是以毕业生在实际工作中的能力表现来衡量的。

高等教育质量观是一个发展性、多样化、多层次的概念。首先，高等教育质量观随着时代和高等教育的发展而不断完善和充实，因不同时期的发展主题的转换而变化和发展。我们要从特定的时空特点出发确立正确的质量观，而不能一成不变地、僵化地看待质量。例如，有学者总结了高等教育质量观的三个发展阶段："符合规定性"质量观阶段、"符合需要性"质量观阶段、"符合创新性"质量观阶段。其次，由于高等教育机构的类型、层次、人才培养目标的多样性，以及社会对人才需求的多样性，高等教育质量的标准也应是多样的。我们不能用单一的、统一的质量观来束缚高等教育的多样化发展。对教学型、教学研究型、研究型等不同层次的高校，以及学术型和应用型等不同类型的高校，我们的衡量标准是不同的。即使是同一水平层次的学校，其教育特色也不一样。因此，我们不能把学术性作为衡量高等教育质量的唯一标准，而应建立多元化的质量观。最后，高等教育质量观也是多层次的，一是由于高等教育系统本身是分级别的，如我国的高等教育可分为研究生教育、本科教育、高等职业教育；二是由于各级高等教育内部也是分层次的，如我国本科院校分国家重点高校（如"985工程"高校、"211工程"高校）、省级重点高校和普通本科高校等。不同级别和层次的高等教育对应不同的质量标准，不宜用统一的内涵和标准作出限定。

　　由于本科教育的主要任务是人才培养，且人才培养质量又是本科教育质量的核心和最终体现，本章主要从本科人才培养质量的视角来呈现十八大以来本科教育质量提升的成就。在以上对国内外已有高等教育质量观的梳理，以及对高等教育质量观特点的分析的基础上，结合我国高等教育发展所处的社会经济背景，本章提出，可以从以下两个方面来认识本科教育质量。

　　一是内适性质量，指本科教育在发展过程中满足其特定的内在规定与要求的程度。它立足于知识论，在质量评价的指向上强调学术性，主要考察本科教育内部的自我完善程度，以及本科教育在发展知识、培养人才上的进步，包括教学水平、科研水平、学术能力的高低，以及学生的学习成就，并关注教育过程本身。

　　二是外适性质量，指本科教育在发展过程中满足社会的外在规定与需要的程度。它立足于市场需求，在质量评价的指向上强调外部适应性，着重考察高校培养的本科人才满足国家社会经济发展需要的程度，以及满足学生个人或家庭对高等教育需要的程度。

二、本科教育质量提升的重大举措

　　十八大以来，我国在本科教育上坚持走内涵式发展道路，把质量提升作为本科教育改革发展的核心任务，围绕本科教育质量发布了系列重大政策，落实了若干重大项目，有效地促进了本科教育质量的持续提升。

（一）在战略上重塑本科教学的中心地位

2012 年以来，我国将全面提高高等教育质量作为新时期高等教育发展的中心任务，并进一步强化了本科教学的中心地位。2012 年 3 月，全面提高高等教育质量工作会议强调，人才培养是提高质量的重中之重，强调在高校人才培养工作中，首要的一条是落实本科教育教学的地位。2012 年 3 月教育部发布的《关于全面提高高等教育质量的若干意见》明确提出，"牢固确立人才培养的中心地位"，"巩固本科教学基础地位。把本科教学作为高校最基础、最根本的工作，领导精力、师资力量、资源配置、经费安排和工作评价都要体现以教学为中心"，并要求高校每年召开本科教学工作会议，把教授为本科生上课作为基本制度，完善教学名师评选表彰制度，完善本科教学工程体系。此外，2016 年 6 月，教育部发布的《关于中央部门所属高校深化教育教学改革的指导意见》再一次重申"巩固本科教学基础地位"，要求教授、副教授更多地承担本科教育任务，要求高校普遍建立教师教学发展中心、发挥国家级教师教学发展示范中心的示范与辐射作用，不断提高高校教学水平。

（二）把大学生思想政治教育工作摆到更加突出的位置

十八大以来，党中央高度重视思想政治工作，进一步强化和改进了大学生思想政治教育工作。2014 年 10 月，由中共教育部党组、共青团中央发布的《关于在各级各类学校推动培育和践行社会主义核心价值观长效机制建设的意见》提出，要推动社会主义核心价值观融入教育教学、社会实践、文化育人与制度建设。2015 年 1 月，中共中央办公厅、国务院办公厅印发的《关于进一步加强和改进新形势下高校宣传思想工作的意见》指出，高校是意识形态工作的前沿阵地，做好高校宣传思想工作、加强高校意识形态阵地建设，是一项战略工程、固本工程、铸魂工程，对于巩固马克思主义在意识形态领域的指导地位，巩固全党全国人民团结奋斗的共同思想基础，具有十分重要而深远的意义。2015 年 9 月，教育部印发《高等学校思想政治理论课建设标准》，旨在进一步加强高校思想政治理论课宏观指导，规范组织管理、教学管理、队伍管理和学科建设。此外，十八大以来，我国还启动实施了大学生思想政治教育质量提升工程，修订了《普通高等学校辅导员队伍建设规定》，完善了《高等学校辅导员职业能力标准（暂行）》，落实了《普通高等学校辅导员培训规划（2013—2017年）》，并启动了新一轮全国大学生思想政治教育工作测评。这些政策举措进一步把大学生思想政治教育工作摆到了更加突出的位置。

（三）多措并举加快拔尖人才培养

创新型国家的建设需要高等学校培养和造就一批拔尖创新人才。十八大以来，我国在人才选拔和培养上进行了系列改革，使拔尖人才培养进入全面推进的"快车道"。2012年12月，教育部颁布的《关于进一步深化高校自主选拔录取改革试点工作的指导意见》提出，"在统一高考基础上，要积极探索建立符合高校自身培养目标和要求的创新人才选拔标准，完善高考、试点高校考核和普通高中学业水平考试、综合素质评价等多位一体的高校人才选拔综合评价体系"。在人才培养上，2012年以来我国持续稳定地实施了"基础学科拔尖学生培养试验计划"，以及卫生、法律、新闻、农林人才等系列卓越计划和协同育人行动计划。2012年3月，教育部与财政部发布《关于实施高等学校创新能力提升计划的意见》，启动实施高等学校创新能力提升计划（以下简称"2011计划"）。2013年4月，由北京大学、南京大学、中国科学技术大学等高校牵头的首批14家国家协同创新中心通过"2011计划"认定。在"2011计划"的推动下，一批高校充分发挥自身多学科、多功能的综合优势，联合国内外各类创新力量，建立协同创新平台，形成"多元、融合、动态、持续"的协同创新模式与机制，培养拔尖创新人才。2015年10月，国务院印发《统筹推进世界一流大学和一流学科建设总体方案》，提出"双一流"建设的任务要求，并突出人才培养的核心地位，进一步推进了拔尖创新人才的培养。此外，2012年以来，我国还继续深入实施了卫生、法律、新闻、农林等领域的系列卓越计划和协同育人行动计划，得到了行业企业的深度参与。

（四）大力推进创新创业教育

大力推进高校创新创业教育改革是新时期我国高等教育改革的一项重要任务。2015年5月，国务院办公厅印发了《关于深化高等学校创新创业教育改革的实施意见》，倡导以创新创业课程、讲堂、训练、竞赛和成果孵化为主要内容，构建"五位一体"的创新创业教育体系，并提出了完善人才培养质量标准、创新人才培养机制、健全创新创业教育课程体系、改革教学方法和考核方式、强化创新创业实践、改革教学和学籍管理制度、加强教师创新创业教育教学能力建设、改进学生创业指导服务、完善创新创业资金支持和政策保障体系等九项改革任务和措施。为落实该意见精神，近年来我国在创新创业教育上主要采取了以下改革举措：积极探索人才培养模式与培养机制改革，将创新创业教育有效融入人才培养全过程；完善创新创业教育课程体系，开设纳入学分管理的创新创业课程；完善教学管理制度，建立创新创业学分积累与转换制度；建设全国万名优秀创新创业导师人才库；实施大学生创业引领计划，举办全国大学生创新创业大赛等各类赛事；推动建设大学生创新创业服务平台；推动各地建立大学生创业孵化园；建设一批高校实践育人创新创业基地。截至 2016 年，112 所中央部属高校制定了深化创新创业教育改革方案，82% 的高校开设了创新创业的必修课或选修课。

（五）深化协同育人

十八大以来，我国将协同育人作为破解人才培养难题、创新人才培养机制的一个重要途径，深入推进科教合作、产教融合、校企合作，聚集多方力量协同育人。2012 年 8 月，教育部、中国科学院联合启动实施科教结合协同育人行动计划，促进高校与科研院所搭建深度合作的战略平台和沟通桥梁，培育跨学科、跨领域、跨系统的教学科研团队，推动人才培养水平和创新能力的提升。2014 年，教育部设立了产学合作协同育人项目，组织国内外知名企业与高校开展产学合作育人，鼓励企业通过自主立项并提供专项资金，资助高校开展专业综合改革、课程改革、师资培训、大学生创新创业训练计划等，共同推动人才培养模式改革，促进产学合作协同育人，着力培养适应产业发展需要的应用型、复合型、创新型人才。2016 年6 月，教育部发布的《关于中央部门所属高校深化教育教学改革的指导意见》也提出要"完善协同育人机制"："推进人才培养与社会需求间的协同，与实务部门、科研院所、相关行业部门共同推进全流程协同育人，建立培养目标协同、教师队伍协同、资源共享协同、管理协同的机制，加强高校教师与实务部门专家双向交流。建设与行业企业共建共享的协同育人实践基地"；"继续推进国家试点学院改革，运用协同育人等方式，不断创新试点学院人才培养机制，深化高等教育综合改革"；加强综合实训中心建设，统筹各类实验教学资源，构建专业类或跨专业类的实验教学平台。此外，通过实施系列卓越计划、产学合作专业综合改革和国家大学生创新创业训练计划联合基金项目、建设产学研融合协同育人实践平台等多项举措，我国有效促进了高校与实务部门、行业企业的深度合作，以及专业链与产业链、课程内容与职业标准、教学过程与生产过程的融合发展。

（六）以扩充数量和提升层次为重点优化师资队伍

师资队伍的数量和水平直接决定了本科教育的质量。《关于全面提高高等教育质量的若干意见》就师资队伍建设明确提出，要加强师德师风建设，提高教师业务水平和教学能力，完善教师分类管理。该意见提出，要制定高校教师职业道德规范，健全师德考评制度，推动高校普遍建立教师教学发展中心，重点建设一批国家级教师教学发展示范中心，完善基层教学组织，健全老中青教师传帮带机制，完善助教制度，鼓励高校聘用具有实践经验的专业技术人员担任专兼职教师，选择一批高校探索建立人才发展改革试验区，实施教师教育创新平台项目，严格实施高校教师资格制度，完善教师分类管理和分类评价办法，改革薪酬分配办法，完善教师退出机制等。2015 年 5 月，教育部办公厅与中共中央组织部办公厅发布《关于组织开展 2015 年"万人计划"教学名师遴选工作的通知》，遴选支持 100 名"万人计划"教学名师，其中高校（含普通本科院校、高等职业学校等）教师占 60% 左右。2016 年 8 月，教育部发布《关于深化高校教师考核评价制度改革的指导意见》，提出加强师德考核力度、突出教育教学业绩、完善科研评价导向、重视社会服务考核、引领教师专业发展等改革意见。其中，提升教师教学业绩的改革意见包括：建立健全教学工作量评价标准，把教授为本专科生上课作为基本制度；完善教学质量评价制度，学校应实行教师自评、学生评价、同行评价、督导评价等多种形式相结合的教学质量综合评价；提高教师教学业绩在校内绩效分配、职称（职务）评聘、岗位晋级考核中的比重，充分调动教师从事教育教学工作的积极性。这些文件的出台和计划的实施，大力推进了我国高校师资队伍的建设，有效确保了高校的教育教学质量。

（七）以地方高校转型发展为突破口完善高校分类体系

为了引导高校多样化发展，克服同质化倾向，缓解高等教育结构性矛盾，党的十八届五中全会明确提出，要构建产业新体系，鼓励具备条件的普通本科高校向应用型转变，推进产教融合、校企合作。2015 年 10 月，教育部等三部委联合发布了《关于引导部分地方普通本科高校向应用型转变的指导意见》，使高校分类体系建设迈出了关键步伐。该意见明确了应用型本科高校的类型定位和"培养应用型技术技能型人才的职责使命"，坚持试点先行、示范引领，确定一批有条件、有意愿的试点高校率先探索应用型发展模式。该意见还提出，要"建立适应应用型高校的人才培养、科学研究质量标准、内控体系和评估制度，将学习者实践能力、就业质量和创业能力作为评价教育质量的主要标准，将服务行业企业、服务社区作为绩效评价的重要内容，将先进技术转移、创新和转化应用作为科研评价的主要方面"。该意见要求，转型高校要"建立行业企业合作发展平台"，"建立紧密对接产业链、创新链的专业体系"，"创新应用型技术技能型人才培养模式"，"深化人才培养方案和课程体系改革"，"加强实验实训实习基地建设"等。因此，这次地方普通本科高校的转型发展试点不仅是构建高校分类体系的探索，对于引导地方高校合理定位、凝练特色、避免同质化发展、推进人才培养模式改革、提升人才培养与经济社会发展的适切性也发挥了积极有效的作用。

（八）根据经济社会发展需求调整优化学科专业结构

十八大以来，我国强调高校要提升服务经济社会发展的能力，提高学科专业结构和人才培养结构与经济社会发展的适切性。2012 年 3 月，教育部发布的《关于全面提高高等教育质量的若干意见》明确提出，要优化学科专业和人才培养结构，修订学科专业目录及设置管理办法，建立动态调整机制；落实和扩大高校学科专业设置自主权；开展本科和高职高专专业综合改革试点，支持优势特色专业、战略性新兴产业相关专业和农林、水利、地矿、石油等行业相关专业以及师范类专业建设；建立高校毕业生就业和重点产业人才供需年度报告制度，健全专业预警、退出机制。2016 年 6 月，教育部发布的《关于中央部门所属高校深化教育教学改革的指导意见》鼓励中央部属高校"制订学科专业建设发展规划，适应经济社会发展需要，合理布局学科专业"；"优化学科专业结构，积极设置'互联网＋''中国制造2025'等战略性新兴产业、经济社会发展和民生改善领域亟需相关专业"；"调减与学校办学定位不相符的专业，推动教育资源向服务国家、区域主导产业和特色产业的专业集群汇聚"；"对传统学科专业进行更新升级"，"调整专业培养目标和建设重点"，"推进专业综合改革，提高高校优势特色专业集中度"。此外，根据经济社会发展需求，教育部还超前部署了一批国家战略性新兴产业和民生改善急需的学科专业，修订了《学位授予和人才培养学科目录》《普通高等学校本科专业目录》，在两个目录中增设了新兴学科和紧缺专业以提高人才培养的针对性，并深化教学改革，推出了系列人才培养计划。

（九）以大学章程建设为引擎强化内部质量管理

十八大以来，为进一步加强现代大学制度建设，完善高校内部治理结构，提高高校办学质量，我国全面推进了高校的章程建设。自 2012 年 1 月 1 日起施行的《高等学校章程制定暂行办法》，启动了高校的章程建设。2013 年 8 月，教育部首次批准了中国人民大学、东南大学等 6 所高校的大学章程。同年 9 月，教育部颁布《中央部委所属高等学校章程建设行动计划（2013—2015 年）》，要求到 2015 年底，教育部及中央部门所属的 114 所高校分批全部完成章程制定和核准工作。2014 年 5 月，教育部办公厅又发布了《关于加快推进高等学校章程制定、核准与实施工作的通知》，要求各地教育部门在 2015 年 12 月 31 日前完成所有高校章程的核准工作，并要求以章程建设推动高校综合改革。不难看出，近年来教育部在全面快速推进大学章程建设。各高校在《中华人民共和国教育法》《中华人民共和国高等教育法》的框架内，自主确定自身办学定位和办学宗旨，明确内外部的各种利益关系，并制定各项管理运行制度。大学章程的建立加强了高校依法治校的制度建设，完善了包括内部质量保障体系在内的制度安排，推动了高校内部质量管理的进一步强化。

（十）建立教学质量和就业质量年度报告制度

教学质量评估是保障高等教育质量的重要手段。2011 年教育部发布的《关于普通高等学校本科教学评估工作的意见》提出，要"建立健全以学校自我评估为基础，以院校评估、专业认证及评估、国际评估和教学基本状态数据常态监测为主要内容"的本科教学评估制度。近年来我国着力完善了高校的自我评估制度。2011年7月，教育部高等教育司发布了《关于"985工程"高校公布2010年〈本科教学质量报告〉的通知》，要求"985工程"高校先行公布2010年《本科教学质量报告》。2013年10月，教育部办公厅又发布了《关于普通高等学校编制发布2012年〈本科教学质量报告〉的通知》，要求公办高校公布2012年的《本科教学质量报告》，并鼓励民办高校积极参与，从而进一步把本科教学质量年度报告制度进一步扩大到所有普通高校。此外，2013年12月，教育部发布的《关于做好2014年全国普通高等学校毕业生就业工作的通知》要求进一步建立高校毕业生就业质量年度报告制度，要求各高校从2014年起逐步发布本校的毕业生就业质量年度报告。报告要客观反映学校毕业生就业的基本情况、主要特点、相关分析、发展趋势以及对教育教学的反馈等。根据规定，报告要在校园网、就业网、全国大学生就业公共服务立体化平台或其他媒体上公布。这两项年度报告制度的实施完善了高校的自我评估制度，增强了高校的质量意识，能够促进高校建立有效的教学质量检测制度并健全教学质量保障体系。

三、本科教育质量提升的重要成就

在政府多措并举的推动下，在各级各类高校及其教职员工的共同努力下，我国本科教育在人才培养质量和结构、师资队伍数量和水平、国际认可度等方面都有显著的提高。

（一）大学生思想政治状况持续向上向好

十八大以来，高校深入推进社会主义核心价值观建设，进一步提升大学生思想政治教育工作质量，促进了大学生思想政治状况不断向上向好。2013—2016年，全国大学生思想政治教育发展研究中心开展的大学生思想政治状况滚动调查结果显示，广大高校学生拥护党的领导，坚持中国特色社会主义道路，拥护我国基本经济政治制度。该调查显示，2016年有95.4%的学生认可"中国特色社会主义事业进一步发展，综合国力不断增强，国际地位明显提高"，比 2013 年提高了 2.0 个百分点；92.8% 的学生赞同"大学生应成为社会主义核心价值观的积极传播者和践行者"，98.0% 的学生赞同"诚信是做人之本"，分别比 2013 年提高了 2.6 个百分点和 1.0 个百分点。此外，86.6% 的学生对"党的创造力、凝聚力、战斗力进一步增强"表示乐观；分别有 89.9%、81.0%、83.7% 的学生赞同我国必须坚持"走中国特色社会主义道路""人民代表大会制度""公有制为主体、多种所有制经济共同发展的基本经济制度"；91.2% 的学生赞同"核心价值观是一个民族赖以维系的精神纽带，是一个国家共同的思想道德基础"。

此外，从教育部哲学社会科学发展报告建设项目《中国大学生思想政治教育发展报告》课题组的调查结果来看，积极正向、多样活跃是当前大学生思想政治状况的总体态势，大学生普遍拥有正确的人生价值取向、坚定的理想信念、高尚的道德追求、高度的文化自信。该调查显示，2016 年有 88.3% 的大学生赞同"实现民族复兴必须坚持中国特色社会主义道路"，比 2014 年提高了 5.7 个百分点；有 88.4% 的大学生赞同"没有共产党就没有新中国"，88.1% 的大学生认为"中国共产党是中华民族的先锋队"，分别比 2014 年提高了 11.9 个百分点、10.6 个百分点；有 95.1% 的大学生认为雷锋精神"并未过时，仍值得发扬"，比 2014 年提高了 2.7 个百分点。

（二）本科生求学满意度较高

学生是高等教育公认的消费者，尤其是随着高等教育市场化和学生缴费上学制度的确立，学生的消费者地位日益凸显，高校能否满足他们的需求成为评价高校质量的一项重要参考指标。20 世纪 90 年代以来，我国开始出现大学生满意度调查，目的在于从学生的视角考察高等教育满足主体需求的程度，其结果直接反映了学生对学校及其教育服务的感知。

2012 年，厦门大学高等教育质量与评估研究所的"大学生学习情况调查研究"显示，我国高水平大学学生对就读学校的总体满意度为 63.90%，对教师教学的满意度为 60.80%，对校园支持的满意度为 65.10%，对人际关系的满意度为 72.50%。2014 年，清华大学教育研究院的"中国大学生学习与发展追踪调查（CCSS）"项目对全国 40 所本科院校 62968 名本科生的调查发现，大学生对自己成长和收获的满意度均值为 60.02 分，其中"985 工程"高校的学生满意度均值最高（65.57 分），地方本科院校为 59.83 分，"211 工程"高校为 58.89 分；对学校环境支持的满意度均值为 63.27 分；对人际关系的满意度均值为 67.79 分；对教师有效教学实践的满意度均值为 68.82 分；对高影响力教育活动的满意度均值为 40.03 分；对学习吸引力的满意度均值为 65.85 分。2016 年，中国教育科学研究院开展了"全国普通本科教育满意度调查"，对全国 31 个省份 182 所本科院校的 22319 名学生进行了调查。调查结果显示，大学生对普通本科教育的总体满意度为 68.15 分，教育期望、质量感知、环境感知和公平感知四个维度的得分分别为 65.11 分、64.31 分、67.48 分、68.00 分。从不同院校学生的满意度差异来看，中央部属高校的总体满意度得分为 71.91 分，比地方高校高；另外，在教育期望、质量感知、环境感知和公平感知四个维度上，中央部属高校的得分也显著高于地方高校。从这些调查研究结果可以看出，大部分学生对普通本科教育感到满意，当然满意度还有较大的提升空间。

（三）本科生创新创业能力持续提高

在政府和高校的协力推动下，创新创业教育改革成效显著。112 所中央部属高校制定了深化创新创业教育的改革方案，还有许多高校将创新创业教育改革纳入学校综合改革方案。2015 年，首批由 137 所高校、50 家企事业单位和社会团体共同组成的"中国高校创新创业教育联盟"在清华大学成立。新疆、甘肃、陕西、青海 4 个省份的 16 家大学科技园联合建立了"丝绸之路经济带众创空间"。2016 年 2 月，教育部有关创新创业教育改革的相关统计数据显示，全国 82% 的高校开设了创新创业教育课程，68% 的高校建立了创新创业场地，613 万人次参加了各类创新创业实践活动。2015 年，教育部举办了首届中国"互联网 +"大学生创新创业大赛，全国 1800 余所高校的 20 万名大学生参加了比赛。

此外，根据麦可思研究院 2013 年至 2016 年发布的《中国大学生就业报告》，我国本科毕业生的自主创业比例持续上升。2015 届大学毕业生中约有 20.4 万人选择了创业，自主创业比例为 3.0%，其中本科毕业生的自主创业比例为 2.1%，比 2012 届的 1.2% 提高了 0.9 个百分点（表 12.1）。

表 12.1　2012—2015 届大学毕业生的自主创业比例

（单位：%）

届别	大学毕业生	本科毕业生	高职高专毕业生
2012	2.0	1.2	2.9
2013	2.3	1.2	3.3
2014	2.9	2.0	3.8
2015	3.0	2.1	3.9

数据来源：2013—2016 年《中国大学生就业报告》。

（四）本科毕业生就业率与薪资水平不断提高

2007 年以来，麦可思研究院每年对毕业半年后大学生的就业状况进行调查，目前已调查了 2007—2015 届毕业半年后大学生的就业状况。麦可思研究院 2016 年发布的《中国大学生就业报告》显示，我国 2015 届大学毕业生毕业半年后的就业率为 91.7%，比 2012 届提高了 0.8 个百分点。其中，本科毕业生毕业半年后的就业率为 92.2%，比 2012 届提高了 0.7 个百分点（麦可思研究院，2016）。可见，2012 年以来，我国大学毕业生的就业率有了显著持续提高。

2013—2016 年麦可思研究院发布的《中国大学生就业报告》显示，从毕业生就业薪资来看，2015 届大学毕业生毕业半年后平均月薪为 3726 元，2012 届大学毕业生毕业半年后平均月薪为 3048 元，2015 届比 2012 届增加了 678 元。其中，2015 届本科毕业生毕业半年后月收入为 4042 元，比 2012 届增加了 676 元，增幅达 20.08%。不难看出，2012 年以来，我国本科毕业生的就业薪资水平有了显著提高。

（五）师资队伍进一步优化

十八大以来，我国本科院校的教师数量不断增加。2012 年本科院校有教职工 162.76 万人，到 2015 年时增至 172.76 万人，增加了 10.00 万人。专任教师数也从 2012 年的 101.40 万人增加到 2015 年的 111.64 万人，增加了 10.24 万人。2015 年本科院校专任教师占教职工总数的比例为 64.62%，比 2012 年提高了 2.32 个百分点（表 12.2）。另外，2015 年我国本科院校生师比为 17.69，比 2012 年（17.98）略有下降。

表 12.2   2012—2015 年本科院校专任教师情况

年份	本科院校教职工总数（万人）	专任教师数（万人）	专任教师比例（%）
2012	162.76	101.40	62.30
2013	165.75	105.50	63.65
2014	170.31	109.17	64.10
2015	172.76	111.64	64.62

数据来源：国家统计局 2012—2015 年教育统计数据。

普通高校专任教师中具有博士学位的教师比例有显著提高。教育部 2012—2015 年教育统计数据显示，2012 年我国普通高校具有博士学位的专任教师数为 25.44 万人，2015 年增加到 33.93 万人，比 2012 年增加了 8.49 万人，增幅为 33.37%；具有博士学位的专任教师占普通高校专任教师总数的比例也从 2012 年的 17.66% 提高到 2015 年的 21.17%，提高了 3.51 个百分点。

（六）本科教育类型结构进一步完善

我国高等教育建立了从专科、本科、硕士至博士的完整的层次结构，但是在类型结构上依然不完善，其中一个主要表现是本科院校的类型没有得到明确划分，高等职业教育主要是专科层次。事实上，一直以来我国高校在办学观念、发展规划、政策设计和制度安排上，过于强调层次之别，弱化了"类"的划分。这导致我国高校普遍受到"同质化发展""办学定位不清"的困扰，同时也导致人才培养结构与产业结构和劳动力市场需求不协调，引发了高级技能型人才的短缺与大学生的结构性失业。对此，2015 年教育部、国家发展改革委、财政部发布的《关于引导部分地方普通本科高校向应用型转变的指导意见》明确了应用型本科的类型定位和转型路径，鼓励具备条件的普通地方本科高校向"培养应用型技术技能型人才"方向发展。至 2016 年底，全国约有 200 所高校在进行转型试点。此次高校转型发展的改革举措确立了应用型本科人才培养体系，完善了本科教育的类型结构。

（七）本科教育国际认可度持续提升

十八大以来，我国本科教育的国际认可度有显著提升，主要体现为加入国际认证和来华留学生持续增加。2013年6月，国际工程联盟大会全票通过接纳我国为《华盛顿协议》正式成员。《华盛顿协议》是世界上最具影响力的国际本科工程学位互认协议。该协议提出的工程专业教育标准和工程师职业能力标准是国际工程界公认的工科毕业生和工程师职业能力的权威标准。因此，加入《华盛顿协议》在一定程度上表明我国工程教育的质量得到了国际认可。此外，我国不少高校已获得其他国际权威的专业教育认证，例如，上海交通大学和中山大学的商科同时通过了美国商学院联合会（AACSB）认证体系、欧洲管理发展基金会的欧洲质量改进体系（EQUIS）和英国工商管理硕士协会（AMBA）认证体系这三大全球权威商学院认证体系的认证。这些成绩向世界证明了我国本科教育的国际水平。

2012年以来，我国招收的来华留学生人数持续增加，其中接受学历教育的来华留学生比例持续提高，这从一个侧面反映了我国高等教育质量的提升、国际声誉和国际认可度的提高。2016年我国共招收来华留学生442773人，比2012年增加114443人，增长比例为34.86%；其中招收接受学历教育的来华留学生共209966人，占来华留学生总数的47.42%，比2012年提高了6.76个百分点（表12.3）。不难看出，随着我国高等教育质量的提高，我国吸引了越来越多的国际学生。

表12.3　2012—2016年接受学历教育的来华留学生情况

年份	来华留学生总数（人）	接受学历教育的来华留学生数（人）	接受学历教育的来华留学生比例（%）
2012	328330	133509	40.66
2013	356499	147890	41.48
2014	377054	164394	43.60
2015	397635	184799	46.47
2016	442773	209966	47.42

数据来源：教育部2012—2016年来华留学人员统计数据。

四、本科教育质量提升的主要经验

十八大以来，我国本科教育质量的持续提升主要得益于落实立德树人根本任务、分类发展本科教育、提高人才培养与经济社会发展的适切性、发挥改革试点项目的示范引领作用及不断健全高等教育质量保障体系。

（一）坚持立德树人

十八大提出，把立德树人作为教育的根本任务，培养德智体美全面发展的社会主义建设者和接班人，培养学生的社会责任感、创新精神与实践能力。这为教育改革发展指明了方向。在此精神指导下，各级各类高校落实立德树人根本任务，全面推进学校内涵式发展，树立科学的教育理念，把人才培养作为学校的中心工作，加强校园文化建设，重视师德师风建设，把思想政治教育贯穿于人才培养的全过程。总之，十八大以来，立德树人根本任务在本科人才培养中发挥了提纲挈领的作用，使本科教育在正确的轨道上健康发展，促进了高校对人才培养工作的关注与投入，以及本科教育质量的持续提升。

（二）坚持分类发展

十八大以来，我国高等教育进一步向普及化迈进，高校的办学类型、层次、形式日益多样化，社会对人才规格、类型、层次的需求也日益多元化。高等教育在社会经济发展中的作用日益凸显，高等教育质量已经不只是教育系统内部的事情，也是国家发展和社会进步的重要依托。因此，在新形势下，我国更加强调高等教育对经济社会发展的适切性、高等教育质量标准的多维性，关注高等教育发展的内部关系和外部关系，即"教育性"和"适切性"。以多维度的质量观引领高等教育发展，完善本科教育的类型结构，促使不同类型的高校在其所处层级中争创一流，实现不同类型高校的协调发展，形成多元化的高等教育生态体系，是我国近年来从本科教育发展和质量提升中获得的重要经验。

（三）坚持需求导向

近年来，我国致力于促进高等教育与经济社会的协调发展，以社会需求为导向，开展本科教育教学的系列改革，包括鼓励部分高校向应用型转变、以社会需求为导向加大对高校学科专业结构的调整、加强校企合作育人及推进人才培养模式改革等。我国在本科人才培养上，提出以培养应用型、复合型人才为重点，同时培养适量的基础性、学术型人才，但更重要的是加大力度培养多规格、多样化的应用型人才；在专业设置上，更多关注经济与产业发展需求、国家战略需要；在课程设置上，更加注重科学知识、人文素养、实践能力等的融合；在社会合作上，更加注重用人单位的参与，构建协同育人机制，合力深化教育教学改革，创新人才培养机制。这些改革举措促进了高校在人才培养上与行业企业深度合作，促使高校重视实践教学环节、开展创新创业教育、调整优化专业设置，有效解决了我国高等教育系统人才培养类型特征不清晰、办学封闭化、与行业企业需求和区域发展需求脱节的问题，提升了本科教育的整体质量。

（四）坚持项目引领

十八大以来，我国为促进本科教育质量的提升，实施了多项试点项目和质量提升行动计划。其中，继续深入实施的延续性项目包括高等学校本科教学质量与教学改革工程、"985 工程"、"985 工程优势学科创新平台"建设、"211 工程"和特色重点学科项目等；新启动实施的项目包括基础学科拔尖学生培养试验计划、卓越人才培养计划、新建本科院校办学基础能力提升计划、普通高校思想政治理论课建设体系创新计划、高等学校创新能力提升计划、高等学校哲学社会科学繁荣计划（2011—2020 年）、中西部高等教育振兴计划（2012—2020 年）、科教结合协同育人行动计划、产学合作协同育人项目等。这些项目和计划发挥了先行先试作用和典型示范效应，在全国高校中产生了广泛影响，带动、引领了全国高校在本科人才培养观念和培养模式上的转变，推进了教育综合改革的深入，促进了本科教育质量的全面提升。

（五）坚持夯实保障

高等教育质量保障体系的建立与完善是确保和提升本科教育质量的有效途径。十八大以来，我国根据高校按标准办学、第三方机构进行评价、有关部门进行督导的运行机制，不断完善高等教育质量保障体系，建立了包括院校自我评估、合格评估、审核评估、专业认证及评估、国际评估在内的"五位一体"教学评估制度。在外部质量保障上，更加体现分类评价、分类指导，根据学校的不同类型分别设计不同的评估指标体系，对新建的本科高校实行合格评估，对参加过评估的高校实行审核评估。在内部质量保障上，要求高校完善本科教学状态数据库，建立健全校内的质量保障体系，主动向社会公布本科教学质量年度报告和就业质量年度报告。内外部质量保障体系建设的加强与完善，对保障本科教学质量的持续提高发挥了重要作用。

▶ 第十三章

研究生教育：造就国家创新体系生力军

十八大以来，我国研究生教育基本完成了从扩大规模向提高质量、从外延扩张向内涵式发展、从以知识为本向以能力为本的转变。我国研究生教育以"服务需求、提高质量"为主线，深化研究生教育改革，着力优化研究生教育结构，大力发展专业学位研究生教育，推动研究生教育与国家经济社会发展相适应。同时，我国对研究生考试招生、人才培养、课程建设、经费投入、导师队伍等关键环节进行系统性改革，强化研究生教育质量保障，大力提高研究生教育质量。在以质量为核心的综合改革的推动下，我国研究生教育总体水平大幅提升，对国家经济社会发展的支撑能力大幅提高。

一、研究生教育质量观

研究生教育质量是一个多维度、多层次和多要素的概念，其核心是研究生创造和应用知识的能力。按照质量的一般定义，研究生教育质量同样是其自身属性和特征满足主体需要的程度。从维度上说，研究生教育质量是研究生教育满足政府、高校、社会和研究生个人等主体需要的程度；从层次上说，研究生教育质量既包括研究生培养单位等微观层面的质量，也包括研究生教育系统等宏观层面的质量；从要素上说，研究生教育质量既包括教学、科研和社会服务等活动要素的质量，也包括教师、课程、管理等构成要素的质量。因此，考察十八大以来研究生教育质量提升的成就和经验，既要考察研究生教育的内部质量（以学习者为中心的质量模型），又要考察研究生教育的外部质量（研究生教育满足国家发展需要的程度）；既要考察培养单位的质量，又要考察整个教育系统的质量；既要考察教学、科研和服务的质量，又要考察教师、课程和管理的质量。只有这样才能对研究生教育质量有一个整体的把握。

二、研究生教育质量提升的重大举措

十八大以来，我国研究生教育确立了"服务需求、提高质量"的发展主线，制定了研究生教育质量的"国家标准"，通过优化研究生教育结构和加强研究生教育质量保障体系建设，大幅提升了研究生教育满足国家发展需求的能力。同时，我国在招生方式、培养模式和课程建设等方面进行了改革，以确保研究生获得更加优质的就读体验。这些改革举措使得研究生教育的内部质量和外部质量有了大幅提升。

（一）制定研究生教育质量的国家标准

2013年国务院学位委员会、教育部联合印发了针对学术学位的《一级学科博士、硕士学位基本要求》和《学位授予和人才培养一级学科简介》。国务院学位委员会第六届学科评议组按照保证质量、体现特色、突出能力的要求，从学科前沿、社会需求、知识结构、综合素质与能力、基本规范等方面研究制定了《一级学科博士、硕士学位基本要求》。同时，学科评议组从学科概况、学科内涵、学科范围、培养目标和相关学科五个方面对110个一级学科进行了界定和描述，制定了《学位授予和人才培养一级学科简介》。这两个政策文本使研究生教育有了"国家标准"。"国家标准"提出了各学科研究生获得博士或硕士学位时必须达到的要求，具有较强的指导性，从法理上有效地避免了学术学位"掺水"，更好地保障了培养单位培养研究生的自主权，也为社会开展质量监督提供了依据（姜绳，2013）。

（二）大力发展专业学位研究生教育，优化研究生教育结构

2012年以来，国家加快研究生教育结构调整，在层次结构上积极发展专业学

位研究生教育，在就读形式上重视发展非全日制研究生教育，将研究生教育结构调整的重心放在层次和类别的多样化上，逐步引导研究生培养单位形成多样化的培养目标和模式。与 2011 年相比，2012 年我国学术学位研究生的招生人数减少了2.36%，专业学位研究生的招生人数则增长了 24.35%，这"一增一减"显示了国家加快调整研究生教育结构的力度（刘贵华，2015）[150]。教育部在《关于做好 2013年全国硕士学位研究生招生工作的通知》中，要求研究生招生单位"按照'以增量促存量'的原则，做好学术学位和专业学位研究生招生计划安排的结构调整"。2013 年硕士生招生计划的增量原则上主要用于专业学位，要将存量部分中的学术学位计划按不少于 5% 的比例调减，用于增加专业学位计划（刘贵华，2015）[150-151]。

（三）加强学位点动态调整和论文抽检，构建"五位一体"的质量保障体系

2013 年以来，随着关于研究生教育发展的一系列政策的发布，我国研究生教育迈入了质量时代。2014 年颁布的《关于加强学位与研究生教育质量保证和监督体系建设的意见》，对我国研究生教育质量保障体系进行了顶层设计。这一体系具有四大特点：一是"五位一体"，即学位授权单位、教育行政部门、学术组织、行业部门和社会机构五大利益相关主体在研究生质量保障体系中相互配合、各司其职，分别发挥第一主体、监管和引导主体、监督和评价主体等方面的积极作用。二是重心下移，即明确学位授权单位是研究生教育质量保证的第一主体。三是特色发展，即根据社会对人才需求的多样性，按照培养类型、层次与学科类别等分别制定学位标准，实行分类管理和分类评价；在确保基本质量的基础上，引导、激发培养单位追求卓越、特色发展。四是注重质量文化建设，通过制度建设增强导师、研究生和管理者的质量意识，引导培养单位逐步形成体现自身发展定位、发展特色与学术传统的质量文化。随后，教育部又发布了《学位授权点合格评估办法》《博士硕士学位论文抽检办法》《关于开展学位授权点合格评估工作的通知》。《博士硕士学位论文抽检办法》规定每年都要进行一次学位论文抽检，抽检范围为上一年度被授予博士、硕士学位的论文，博士、硕士学位论文的抽检比例分别为 10% 左右和 5%左右。从政府主导到多元参与，从严进宽出到严格退出，我国研究生教育质量的保障体系不断得到完善。

2016 年，国务院学位委员会发布《关于下达 2016 年动态调整撤销和增列的学位授权点名单的通知》，共有 25 个省份的 175 所高校撤销 576 个学位点，包括大量博士学位授权点。从撤销学位点较多的学科来看，软件工程最多，共有 36 个软件工程学位点被撤销；从撤销学位点较多的省份来看，北京市撤销最多，共有 71 个学位点被撤销（刘博智，2016）。各大学的学位授权点开始打破"终身制"，授权点"有上有下""有增有撤"成为常态，高校走上了内涵式发展道路。

（四）推进学术学位和专业学位研究生培养模式分类改革

2013 年以来，学术学位研究生培养模式的改革以提高创新能力为目标，促进课程学习和科学研究的有机结合，重视对研究生进行系统科研训练，要求并支持研究生更多参与前沿性、高水平的科研工作，以高水平科学研究支撑高水平研究生培养。专业学位研究生培养模式以提升职业能力为导向，面向特定职业领域，培养学生适应专业岗位的综合素质，形成产学结合的培养模式，并加强实践基地建设，强化专业学位研究生的实践能力和创业能力培养。2012 年，中国科学院、教育部发布了《科教结合协同育人行动计划》，启动联合培养研究生计划，决定在现有联合培养博士生试点工作每年培养 300 名博士生的基础上，向联合培养硕士生延伸，并坚持互选课程、共同指导。高校和中国科学院各研究所联合遴选若干名学术骨干组成导师组，统筹双方资源，制定有针对性的培养方案，共同培养研究生。2013 年教育部、人力资源和社会保障部发布《关于深入推进专业学位研究生培养模式改革的意见》，对专业学位研究生的招生与培养方案、实习基地建设等作出了部署。

（五）推行"申请—审核"制和分类考试，完善研究生招生考试制度

十八大以来，为提高研究生教育质量，研究生教育改革严把"入口关"，根据培养目标选拔具有科研潜力的学生，提高生源的质量。2013 年，针对博士生招生中出现的问题，教育部、国家发展改革委、财政部联合印发的《关于深化研究生教育改革的意见》强调，"积极推进考试招生改革，建立与培养目标相适应、有利于拔尖创新人才和高层次应用型人才脱颖而出的研究生考试招生制度"。此后，北京大学、清华大学等国内知名高校的部分专业相继实行了博士生招生"申请—审核"制。"申请—审核"制取消了学校统一考试，把招生权还给导师团队，注重专业兴

趣和科研能力考察，能够对考生进行更具个性化和全面性的评价。2015 年教育部印发《关于推进临床医学、口腔医学及中医专业学位硕士研究生考试招生改革的实施意见》，对临床医学类专业学位和医学学术学位硕士研究生初试业务课考试科目分别设置，推进分类考试，强化复试考核，充分发挥招生单位的录取主体作用。

（六）加强研究生课程建设与创新实践能力培养

课程学习是我国学位和研究生教育的重要内容，是保障研究生培养质量的关键环节，在研究生成长成才中具有全面、综合和基础性的作用。2014 年教育部发布的《关于改进和加强研究生课程建设的意见》提出，要坚持以能力培养为核心、以创新能力培养为重点，拓宽研究生知识基础，加强不同培养阶段课程体系的整合、衔接，避免单纯因人设课；科学设计课程分类，根据需要按一级学科设置课程和设置跨学科课程，增加研究方法类、学术实践类、研讨类等课程；建立开放性、竞争性的课程设置申请机制；增加开设短而精的课程和模块化课程；探索将在线开放等形式的课程纳入课程体系的机制办法；鼓励培养单位与企事业单位合作开设实践性课程。为提高研究生的实践创新能力，推动"大众创新、万众创业"，2015 年以来，教育部会同有关部门举办了三届中国"互联网 +"大学生创新创业大赛，激励研究生将创新成果转化为实践。

（七）深化研究生教育投入机制改革

研究生教育投入机制改革可以激发研究生教育发展的活力，提高研究生教育质量。2014 年之前，研究生教育实行公费自费"双轨制"，研究生培养严进宽出，学生没有足够、可持续的动机来投入学习和科研工作，培养质量堪忧。2013 年，财政部、国家发展改革委和教育部联合出台了《关于完善研究生教育投入机制的意见》，决定从 2014 年开始取消研究生公费自费"双轨制"，实行研究生全面收费政策。在新的研究生教育投入体制下，我国通过国家助学金、国家奖学金、"三助"（助教、助研和助管）岗位津贴和研究生助学贷款等财政援助手段，保证家庭经济困难的研究生不因经济压力过大而丧失入学机会。研究生收费政策的预期目标是激发研究生的学习动机，从而调动其开展学术研究的主动性与积极性，进而改善研究生教育质量。一旦研究生向学校缴纳学费，学校对学生的责任感和服务意识就有可能增强，而有了奖学金所产生的"鲶鱼效应"，研究生学习的积极性也会有所提高（张文静，崔雪芹，2013）。

（八）健全研究生指导教师制度与责任

导师是研究生培养的第一责任人，负有对研究生进行学科前沿引导、科研方法指导和学术规范教导的责任。2013年教育部、国家发展改革委、财政部发布的《关于深化研究生教育改革的意见》强调，要发挥导师对研究生思想品德、科学伦理的示范和教育作用。研究生发生学术不端行为的，导师应承担相应责任。同时，改变单独评定研究生导师资格的做法，强化与招生培养紧密衔接的岗位意识，防止形成导师终身制。根据年度招生需要，综合考虑学科特点、师德表现、学术水平、科研任务和培养质量，确定招生导师及其指导研究生的限额。完善研究生与导师互选机制，尊重导师和学生选择权。以培养质量为中心，改革导师评价模式，改变单纯以发表文章的数量、影响因子及引用次数等量化指标来考核研究生导师的做法。根据培养需要，增强对导师的培训，提升他们的指导能力。

（九）强化研究生学术规范与学术道德

学术诚信制度是研究生教育和科研质量的重要保证。2010年国务院学位委员会就发布了《关于在学位授予工作中加强学术道德和学术规范建设的意见》，对学术不端行为及其处理意见作出了明确规定。2013年教育部第34号令《学位论文作假行为处理办法》开始实行，要求严肃处理学位授予工作中出现的抄袭与剽窃他人学术成果、买卖学位论文、弄虚作假骗取学位等问题。2016年教育部发布《高等学校预防与处理学术不端行为办法》，要求教师对其指导的学生进行学术道德、学术规范教育，对学生公开发表论文、学位论文的研究和撰写过程是否符合学术规范、学术诚信进行审核。该办法主要将六类行为认定为学术不端行为，包括：剽窃、抄袭、侵占他人学术成果；篡改他人研究成果；伪造科研数据、资料、文献、注释，或捏造事实、编造虚假研究成果；未参加研究或创作而在研究成果、学术论文上署名，未经他人许可而不当使用他人署名，虚构合作者共同署名，或者多人共同完成研究而在成果中未注明他人工作、贡献；在申报课题、成果、奖励和职务评审评定、申请学位等过程中提供虚假学术信息；买卖论文、由他人代写或者为他人代写论文。教育部和各地教育主管部门以"零容忍"的态度处理学术不端行为，以确保研究生教育质量不被"注水"。

三、研究生教育质量提升的重要成就

十八大以来，我国在校研究生的科研贡献度明显提升，专业学位研究生教育迅速发展，研究生教育的结构更加合理，适应国家经济发展的能力进一步增强。随着研究生培养模式的改革和质量保障措施的完善，研究生的就业质量和国际留学生的规模与层次逐步提高，我国研究生教育的国际声誉大幅提升。

（一）科研贡献度明显提升，在校研究生成为我国高水平学术论文写作的重要生力军

2012 年在随机抽取的权威期刊［以《中国学术期刊评价报告（2013—2014）》所定义的权威期刊为准］所刊载的 12347 篇论文中，研究生以第一作者身份发表的论文有 5048 篇，占样本总数的 40.9%。其中，硕士生以第一作者身份发表的论文占 13.0%，博士生以第一作者身份发表的论文占 22.2%。从第一作者的身份来看，理工农林类和医学类 50.0% 左右的论文为研究生以第一作者身份参与发表的。从发表的不同学科的高水平论文来看，理工农林类在校研究生的学术贡献率明显高于人文社科类和医学类在校研究生。"985 工程"高校的在校研究生学术贡献率最高，一般高校的在校研究生学术贡献率最低。平均来看，每一篇发表在国内高水平期刊上的学术论文中有 32.31% 的贡献可归功于我国在校研究生（袁本涛，王传毅，吴青，2015）。

（二）规模结构更加优化，专业学位研究生教育快速发展，研究生教育对社会需求的适应性整体提升

2012 年，全国专业学位研究生招生人数为 198883 人，占招生总数的 33.73%；专业学位研究生在校生人数为 449674 人，占在校生总数的 26.15%。2015 年，全国专业学位研究生招生人数为 263642 人，占招生总数的 40.87%；专业学位研究生在校生人数为 673000 人，占在校生总数的 35.21%。专业学位研究生教育获得了快速发展。在此期间，专业学位硕士研究生教育的发展尤为迅速，2012 年，全国专业学位硕士研究生招生人数占招生总数的比例为37.82%，2015年这一比例达到45.86%，增长了8.04个百分点（图13.1）。国家积极发展专业学位研究生教育，加强应用型高层次人才的培养，优化研究生教育结构，满足了各行各业对应用型人才的需求。

《中国教育统计年鉴》显示，2015年，全国在校研究生为1911406人，其中学术学位博士研究生占16.7%，专业学位博士研究生占0.4%；学术学位硕士研究生占48.1%，专业学位硕士研究生占34.8%。而2014年，学术学位硕士研究生占在校研究生的比例为50.33%，专业学位硕士研究生占在校研究生的比例为32.75%。2015年，学术学位硕士研究生的比例首次降至50%以下，专业学位硕士研究生的比例继续提高，研究生教育的结构进一步优化。

图13.1　2012—2015年专业学位研究生教育发展状况

数据来源：2012—2015年《中国教育统计年鉴》。

（三）培养模式改革不断深化，研究生对培养过程的总体满意率保持较高水平

中国研究生教育质量年度报告课题组从 2012 年到 2016 年的五次调查结果显示，研究生总体满意率均在 60% 以上，而且总体上呈逐渐上升趋势；总体不满意率均在 8% 以下，而且总体上呈逐渐下降趋势（图 13.2）（研究生教育质量报告编研组，2016）[21]。

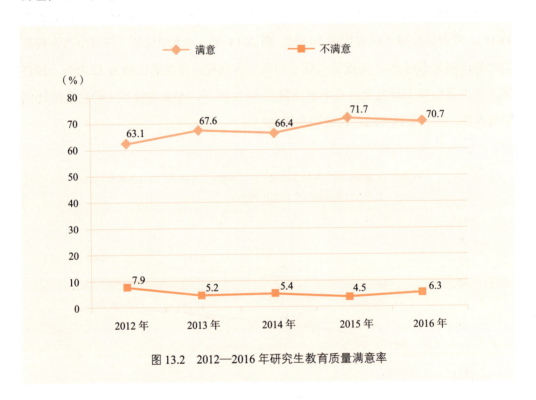

图 13.2　2012—2016 年研究生教育质量满意率

从课程教学、科研训练、导师指导和管理服务四个分项的满意率调查结果来看，导师指导的满意率最高，管理服务的满意率最低。与总体满意率呈逐渐上升趋势相一致，四个分项的满意率总体上也呈逐渐上升趋势。

（四）科研创新实践能力得到加强，研究生参与科技创新的比例稳步增长

2012—2016 年国家自然科学基金项目资助统计资料显示，2012 年以来，国家自然科学基金面上项目和重点项目参与人员构成中，研究生占比均在 50% 以上，且逐年增长；参与国家自然科学基金面上项目的研究生占在校研究生总数的比例接近 6%，博士研究生参与人数占在校博士生总数的比例维持在 10% 左右；如果只以理学、工学、农学和医学四个学科门类的在校研究生来计算，这些比例可能会更高一些。从 2012 年到 2016 年，国家自然科学基金重点项目组成员中，博士研究生的占比从 28.78% 提高到了 30.86%，研究生参与科技创新的贡献率不断提高。

（五）质量保证措施有力，博士学位论文抽检合格率稳步提升

2014 年，国务院学位委员会、教育部颁发《博士硕士学位论文抽检办法》，进一步规范博士、硕士学位论文抽检工作。学位论文抽检每年进行一次，抽检范围为上一学年度授予博士、硕士学位的论文，博士学位论文的抽检比例为 10% 左右，硕士学位论文的抽检比例为 5% 左右。每篇被抽检的博士学位论文送请三位专家进行通讯评议，评审意见分为"合格"或"不合格"。三位专家中有两位以上（含两位）专家的评议意见为"不合格"的学位论文，将被认定为"存在问题学位论文"。对连续两年均有"存在问题学位论文"，且比例较高或篇数较多的学位授予单位进行质量约谈。根据国务院学位委员会办公室公布的抽检结果，2013 年博士学位论文抽检合格率为 94.9%，2014 年博士学位论文抽检合格率为 95.4%（研究生教育质量报告编研组，2016）[61]。在扩大博士学位论文抽检范围的情况下，研究生教育质量保障进一步加强。

（六）研究生就业状况总体良好，就业质量高于本科生

2013 年，北京大学教育经济研究所对 30 所高校的问卷调查显示，高校毕业生初次就业率为 71.9%。从学历层次来看，初次就业率呈现出两头高中间低的特点，其中专科生为 79.7%，本科生为 67.4%，硕士生与博士生均为 86.2%。高校毕业生月起薪的平均值为 3378 元。学历越高起薪越高，其中专科生为 2285 元，本科生为 3278 元，硕士生为 5461 元，博士生为 8800 元（靳晓燕，葛向阳，2014）。研究生在就业时体现出了学历优势。腾讯教育 – 麦可思 2015 届应届大学生毕业流向月度跟踪调查显示，无论是北京、上海、广州和深圳，还是其他直辖市、副省级城市、地级城市及以下城市，在 2015 年毕业生首年正式工作平均薪资上，硕士毕业生始终高于本科毕业生、高职高专毕业生，即便是在其他地级城市及以下城市就业的硕士毕业生的平均薪资也要高于在北京、上海、广州和深圳等发达地区就业的本科、高职高专毕业生。

2014 年、2015 年，有 76 所教育部直属高校发布了应届毕业生就业质量年度报

告。2015 年，有 54 所教育部直属高校提供了硕士毕业生就业率数据，其中硕士毕业生就业率超过 95% 的有 44 所，低于 90% 的有 3 所；53 所教育部直属高校提供了博士毕业生就业率数据，其中博士毕业生就业率超过 95% 的有 41 所；37 所教育部直属高校提供了研究生总体就业率数据，其中研究生总体就业率超过 95% 的有 28 所（研究生教育质量报告编研组，2016）[24]。2014 年，在 54 所提供了硕士毕业生就业率数据的教育部直属高校中，硕士生就业率超过 95% 的有 41 所；在 52 所提供了博士毕业生就业率数据的教育部直属高校中，博士生就业率超过 95% 的有 45 所；在 37 所提供了研究生总体就业率数据的教育部直属高校中，研究生总体就业率超过 95% 的有 11 所（研究生教育质量报告编研组，2015）[7-8]。

（七）导师队伍质量不断提升，师生互动明显加强

研究生导师队伍的数量、质量和结构是保证研究生教育质量的核心支撑条件。研究生导师的人数从 2012 年的 298438 人增加到 2015 年的 363218 人，增幅与在校研究生人数的增幅呈正相关关系。2012 年以来，研究生教育的生师比逐年下降，2012 年的生师比为 5.8，2015 年的生师比降至 5.3（图 13.3），这表明研究生导师队伍逐步壮大，能够有更多的时间和精力指导每个研究生。

图 13.3　2012—2015 年研究生教育生师比

数据来源：2012—2015 年《中国教育统计年鉴》。

从研究生导师的职称结构来看，具有正高级职称的导师最多，比例接近一半；具有副高级职称的导师占比约为 45%；具有中级职称的导师逐年增加，2015 年占比首次超过了 5%（图 13.4），成为研究生导师队伍中的重要力量，这显示了导师队伍结构的优化和导师能力的提升，同时也意味着研究生导师资格与高级职称之间的关系在逐步弱化，"研究生导师"正在回归指导研究生的岗位本质，而不仅仅是一个固定的身份。

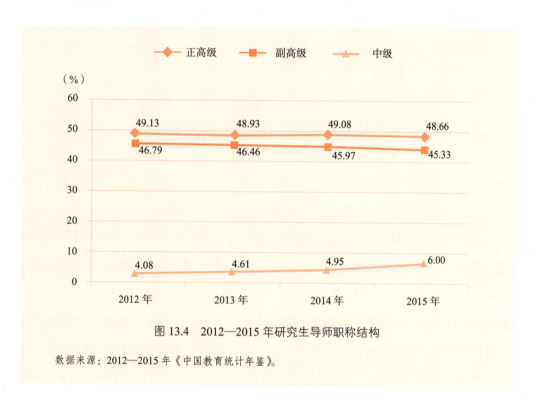

图 13.4   2012—2015 年研究生导师职称结构

数据来源：2012—2015 年《中国教育统计年鉴》。

（八）研发经费投入逐步加大，保障水平明显改善

科研经费是保证研究生教育质量的重要支撑条件。2012 年我国研发经费支出突破万亿元，达 10298.4 亿元，其中高等学校研发经费支出为 780.6 亿元。2015 年，我国研发经费支出为 14169.9 亿元，其中高等学校研发经费支出为 998.6 亿元，比 2012 年增长了 27.9%（图 13.5）。

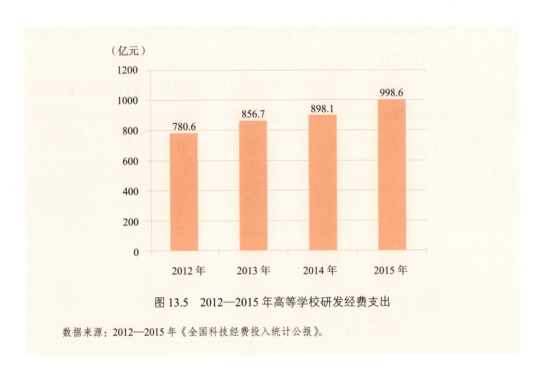

（亿元）

图 13.5　2012—2015 年高等学校研发经费支出

数据来源：2012—2015 年《全国科技经费投入统计公报》。

（九）国际声誉不断提升，来华留学研究生人数快速增长

　　十八大以来，随着中国经济的发展和研究生教育质量的提高，来华留学生的规模、层次、结构都发生了显著变化，来华攻读硕士、博士学位的留学生规模及其所占比例持续快速增长，这从一个侧面反映了中国研究生教育具有良好的国际声誉。2012—2015 年全国来华留学生统计数据显示，来华攻读硕士、博士学位的留学生人数快速增长，从 36060 人增长到 53572 人，年均增长率保持在 11% 以上。

　　从来华攻读研究生学位的留学生人数占来华留学生总数的比例来看，2012 年这一比例为 10.98%，2015 年这一比例增长到了 13.47%，这表明随着中国研究生教育质量的提升，来华攻读研究生学位的留学生人数逐渐增多。

四、研究生教育质量提升的主要经验

　　十八大以来，我国研究生教育质量提升的成功经验就是树立了科学的研究生教育质量观，较好地处理了规模与质量、需求与结构、国内与国际的关系，把研究生

培养模式改革作为提升教育质量的核心，从课程建设、导师队伍等方面建立了比较完善的质量保障体系，同时，不断探索研究生教育国际化的新路径，努力提升中国研究生教育的国际声誉。

（一）树立科学的研究生教育质量观

科学的研究生教育质量观必须把握好四个方面：一是解决好培养什么人、为谁培养人的问题。目前，我国在校研究生已超过 191 万人，其中博士生超过 32 万人。引导他们树立正确的世界观、人生观、价值观，不仅是关乎他们成长成才的实际问题，也是关乎现代化建设全局的原则性问题。二是处理好规模与质量的关系。2000年以来，我国研究生教育快速发展，引发了人们对研究生教育质量的担忧。十八大以来，在坚持质量第一的前提下，研究生教育努力实现与国家经济社会发展相适应。三是统筹好服务需求与优化结构的对接。十八大以来，我国研究生教育努力优化学科结构、区域结构和培养结构，使研究生教育与国家重大战略需求相衔接，与区域经济社会发展水平相衔接，与社会对人才的需求相衔接。四是把握好既要借鉴又要弘扬的要求。既要学习西方发达国家研究生教育较为成熟的经验、规则、标准和法律保障，又要扎根中国大地办大学，遵循教育规律，真正使研究生教育办出中国特色、办出世界水平。

（二）把研究生培养模式的改革作为提升质量的着力点

以学习者为中心的教育质量模式目前得到了广泛的认可，研究生教育质量提升的重点和难点就是培养模式的改革。十八大以来，围绕人才培养质量，研究生教育从多个方面进行了改革。一是以提高人才选拔质量为目标，改革考试招生制度。根据培养目标的不同要求，改革研究生入学考试科目内容，逐步实行分类考试，学术学位研究生重点考察专业素养和创新潜质，专业学位研究生重点考察职业素养和职业能力。博士生招生逐步建立"申请—审核"制，注重对学生专业素养、研究能力和创新潜质的综合评价。二是以提高创新能力为重点，改革学术学位研究生培养模式。十八大以来，通过科教协同育人和联合培养计划，鼓励研究生把课程学习和科研训练结合起来，提升研究生的科研原创能力。教育部发布了《关于改进和加强研究生课程建设的意见》，强化课程的前沿性、系统性，整体优化课程体系。三是以提高实践能力为重点，加大专业学位研究生培养模式改革力度。十八大以来，研究生教育通过加强实践能力训练和案例教学，提高专业学位研究生的教学质量；同时鼓励行业企业全方位参与，大力推动专业学位与职业资格有机衔接。四是发挥高水平大学的引领作用。我国研究生教育的主体是高水平大学。在"双一流"建设背景下，我国通过提升高水平大学的质量，进一步带动研究生教育整体水平的提高。

（三）切实加强研究生教育质量保障体系建设

十八大以来，我国高度重视研究生教育质量保障体系建设，加强顶层设计，在质量保证、学位授权点评估、论文抽检等方面出台多个文件，形成了较为完善的质量保障体系。具体而言，我国的研究生教育质量保障体系具有如下特点：一是"五位一体"，实现政府、学校、学术组织、行业部门与社会机构各司其职、协同配合。二是重心下移，明确培养单位是质量保障的第一主体。三是特色发展，在保证基本质量的基础上，鼓励分类管理、分类评价。四是加强质量文化建设。通过多方参与以及责任权限的下放，推动研究生教育更好地满足经济社会发展的多样化要求。提高研究生教育质量，需要完善研究生教育质量评价机制，推进管办评分离，建立健全主体多元、多维分类、公开透明的评价监督保障体系，健全研究生教育内部质量保证体系，强化政府质量监控，加强第三方监督。

（四）大力加强导师队伍建设

导师是研究生培养的第一责任人，导师的指导在很大程度上决定了研究生培养的质量。十八大以来，研究生导师队伍建设取得了新突破。一是改革导师评价机制，逐步改变单一的以科研为导向的导师评价机制，把对学生的学业指导、学术交流、思想政治教育、学术道德教育和学术训练等纳入导师评价，鼓励研究生参与对导师人才培养工作的评价。二是提高导师教学指导能力，加强导师培训，支持学术交流和访学，重视发挥导师团队的作用。三是强化师德师风建设，把学风教育纳入研究生培养的各环节，进一步强化导师对学生学风教育的职责，把学生的学风情况作为导师考核的要素，建立强制性的青年教师和导师定期培训制度，提高研究生导师队伍的素质。让研究生教育回归育人的本质，是提高研究生教育质量的核心保障。

（五）不断提高研究生教育国际化水平

研究生教育是创造和应用国际上前沿的、高深的专门知识的教与学活动，因而必须具有国际视野。十八大以来，我国研究生教育的国际化水平不断提高。一是扩大来华攻读学位的留学生规模。通过建立更灵活的招生制度，健全奖学、助学体系，吸引全球特别是发达国家的优秀青年来华攻读学位。通过改进教学环境和教学方式，营造多元文化交融的培养氛围。十八大以来，来华攻读研究生学位的留学生人数年均增长率保持在 11% 以上。二是探索中外联合培养研究生的模式，通过推动中外合作办学、合作研究，支持与高水平大学联合进行人才培养等，促进我国研究生教育水平的提高，吸引和留住国内顶尖本科生。

总之，十八大以来，我国研究生教育质量提升的成功经验就是通过确立"服务需求、提高质量"的主线，深化研究生教育综合改革，更加突出服务经济社会发展，更加突出创新精神和实践能力培养，更加突出科教结合和产教融合，更加突出对外开放，推动研究生结构类型、培养模式和发展方式的转型，以更好地适应我国经济社会发展的需要。

▶ # 第十四章

继续教育：时时处处皆学习

继续教育是我国教育体系中的重要组成部分之一。十八大以来，我国继续教育稳步发展，质量稳步提升，积累了宝贵经验，为加快学习型社会建设、到 2020 年基本形成学习型社会奠定了坚实基础。

一、继续教育质量观

继续教育质量的内涵和概念多种多样，大致有三种基本观点：其一，继续教育质量主要是指继续教育的要素质量，关注的是继续教育的资源条件，或硬件设施；其二，继续教育质量主要是指对学习者学习过程的监督，关注的是继续教育的过程质量；其三，继续教育质量主要是指学习者是否获得了某方面的知识，或者是否提高了技术技能水平，提高了某一方面的能力。

本书所指的继续教育质量，主要是终身教育体系的建设程度、继续教育环境的建设程度、政府和社会提供学习资源的丰富程度，以及学习者技术技能、文化知识的提高程度和学习者的参与率。

二、继续教育质量提升的重大举措

《教育规划纲要》提出，到 2020 年，我国基本形成学习型社会，进入人力资源强国行列。十八大提出，积极发展继续教育，完善终身教育体系，建设学习型社会。为贯彻落实《教育规划纲要》和十八大精神，教育部、有关部门和各省份积极采取多项措施，有效提升了我国继续教育的质量。

（一）推进终身教育体系和学习型社会建设

《教育规划纲要》提出，到 2020 年，构建体系完备的终身教育，促进学历教育和非学历教育协调发展，职业教育和普通教育相互沟通，职前教育和职后教育有效衔接；继续教育参与率大幅提升，从业人员继续教育年参与率达到 50%；现代国民教育体系更加完善，终身教育体系基本形成，促进全体人民学有所教、学有所成、学有所用。

更新继续教育观念，加大投入力度，以加强人力资源能力建设为核心，大力发展非学历继续教育，稳步发展学历继续教育。重视老年教育。倡导全民阅读。广泛开展城乡社区教育，加快各类学习型组织建设，基本形成全民学习、终身学习的学习型社会。

建立健全继续教育体制机制。政府成立跨部门继续教育协调机构，统筹指导继续教育发展，将继续教育纳入区域、行业总体发展规划。行业主管部门或协会负责制定行业继续教育规划和组织实施办法。加快继续教育法制建设。健全继续教育激励机制，推进继续教育与工作考核、岗位聘任（聘用）、职务（职称）评聘、职业注册等人事管理制度的衔接。鼓励个人通过多种形式接受继续教育，支持用人单位为从业人员接受继续教育提供条件。加强继续教育监管和评估。

构建灵活开放的终身教育体系。发展和规范教育培训服务，统筹扩大继续教育资源。鼓励学校、科研院所、企业等相关组织开展继续教育。加强城乡社区教育机构和网络建设，开发社区教育资源。大力发展现代远程教育，建设以卫星、电视和互联网等为载体的远程开放继续教育及公共服务平台，为学习者提供方便、灵活、个性化的学习条件。

搭建终身学习"立交桥"。促进各级各类教育纵向衔接、横向沟通，提供多次选择机会，满足个人多样化的学习和发展需要。健全宽进严出的学习制度，办好开放大学，改革和完善高等教育自学考试制度。建立继续教育学分积累与转换制度，实现不同类型学习成果的互认和衔接。

2016 年 3 月颁布的《中华人民共和国国民经济和社会发展第十三个五年规划

纲要》提出，"加快学习型社会建设"。大力发展继续教育，构建惠及全民的终身教育培训体系。推动各类学习资源开放共享，办好开放大学，发展在线教育和远程教育，整合各类数字教育资源向全社会提供服务。建立个人学习账号和学分累计制度，畅通继续教育、终身学习通道，制定国家资历框架，推进非学历教育学习成果、职业技能等级学分转换互认。发展老年教育。

（二）逐步建设中国特色开放大学体系

1. 明确开放大学的功能定位，创建新型高校

2012年教育部在《关于同意在中央广播电视大学基础上建立国家开放大学的批复》中指出，"国家开放大学是教育部直属的，以现代信息技术为支撑，主要面向成人开展远程开放教育的新型高等学校"。

国家开放大学认真贯彻落实《教育部关于办好开放大学的意见》（以下简称《意见》）等有关文件精神，以终身教育思想为引领，树立开放、灵活、优质、便捷的办学理念，充分运用现代信息技术，创新办学形式、组织模式和运行机制，努力办成服务全民终身学习的新型高等学校。国家开放大学依据区域经济社会发展水平、高等教育状况、教育普及程度等因素，确定学校在构建区域终身教育体系和建设学习型社会中的功能作用；根据自身办学基础和社会需求，科学编制学校中长期发展规划；凝练办学宗旨，明确学校发展目标、办学层次、人才培养类型和规格；发挥教育资源整合集成、现代信息技术与教育教学深度融合、人才成长通道转换衔接等方面的优势，开展人才培养模式创新；细化学校服务面向，针对区域、行业、企业等不同人群提供相适应的教育服务，坚持面向基层、面向行业、面向社区、面向农村，广泛开展职工教育、社区教育、老年教育、新型农民教育和各类培训，突出人才培养特色和学校办学特色。

2. 完善办学基础设施，营造数字化学习环境

根据时代发展与"互联网＋"发展趋势，国家开放大学重点加强了信息化基础设施建设。学校占地、教学和行政办公用房等满足基本需要，确保学校正常运转。学校致力于完善数据中心，合理配置计算机、服务器、网络、存储等关键设备，为设备提供适合的存放环境，确保其运行正常、安全可靠，能够满足大规模数据处理

需要；建设课程开发中心，为课程设计、制作、测试、评估提供必要的场所、设备和辅助设施；建设远程学习服务中心，配备与在线学习学生规模相适应的场所和设备，以满足咨询、答疑等即时服务需要；建设"云教室"，实现网络条件下的远程双向高清视频和互动教学；建设可供多种终端访问的数字图书馆，扩充教育资源；建设虚拟实验室、实训室，形成可供学习者多样化选择的虚拟实验、实习和实践环境。

3. 强化信息技术应用，提高在线教育水平

开放大学以现代信息技术为支撑。国家开放大学积极利用计算机技术、通信技术和网络技术，搭建开放性、可扩展的信息技术系统平台，实现教学、管理、服务一体化。学校致力于完善信息平台，及时发布课程开设、专业设置、学习方式、评价标准、招生信息等内容；完善学生学习平台，优化功能模块，实现学生注册、学习、交流、答疑、测验、考试等一站式在线服务；完善管理平台，强化对课程资源、学生信息、教师信息、教学运行、质量评价、行政办公等的管理，实现学校日常运转、师生教育和学习活动可监测、可分析、可调控，提高服务水平，提升管理效率。

4. 完善办学系统，提升线下支持能力

国家开放大学针对区域信息化基础条件不平衡和学习者学习需求、学习形式多样化的实际情况，充分利用各类教育资源，完善分级办学系统，创新学习服务支持机制。学校致力于加强学习中心建设，调整办学模式，完善服务功能，承担线下教学、组织学生讨论、提供考试服务、反馈学生信息、开展人才需求调研等任务。学校与学习中心实现了高速、安全的现代远程教育网络全覆盖，统一课程资源、统一教学管理、统一在线平台、统一考核评价，保证教育教学质量。学校完善了学习中心布局，根据不同学习对象及办学特点，有针对性地与区域、行业企业等开展合作，形成遍布城乡的学习中心网络，满足不同学习者多样化、个性化的学习需要。

5. 建设优质课程，满足学习需求

国家开放大学通过吸收引进、借鉴利用、自主开发等多种途径，建成满足多样化学习需求的优质课程资源。学校致力于完善课程建设的标准和流程，规范课程规

划、设计、制作、测试、试学、评审和更新等环节；充分吸收高等学校、研究咨询机构、行业企业、用人单位参与课程建设，保证内容的科学性和专业性，提高课程的实用性和针对性；适应远程教育规律和学生自主学习特点，优化课程内容呈现方式和教学活动设计，加强课程交互性，确保有效支持学生自主学习；根据学科、行业、产业的新进展和新变化，及时吸收新成果，实时更新课程内容；吸收和引进国内外各类在线课程、视频课件等优质资源，按照学科门类、学历层次、资源类型等进行分类整合，向社会开放；强化课程资源的遴选、管理与监督，确保课程内容符合党和国家的路线、方针、政策、法律、法规。

6. 完善专业建设制度，提高专业建设质量

国家开放大学根据经济社会发展、产业升级和学校发展规划，制定专业建设规划，重点建设实用、新型、交叉专业。学校注重专业建设，制定专业建设方案、工作流程、团队组建、专业评估等方面的具体办法；合理确定专业知识结构，确保专业的科学性和系统性；明确专业组建原则，细化学生专业学习的课程组合要求，满足学生灵活选课需要；建立健全专业优化和更新机制，合理调整专业设置，确保专业的应用性和实效性；建立专业定期评估制度，强化开放大学专业建设监测，确保专业建设质量。

7. 创新学习组织模式，提高教育教学效果

国家开放大学适应现代信息技术条件下在线学习特点，完善以学习者为中心、基于网络自主学习、远程支持服务与面授相结合的教学方式。学校致力于完善注册学习制度，保证每一位学生可随时注册入学；加快推进学分制改革，完善自主选课制度，满足学生个性化学习需求；完善学习服务机制，保障学生能够自主灵活安排学习时间；丰富学习媒介，支持学生使用电视、计算机、平板电脑、移动通信设备等多种终端进行学习；健全网上自主学习规则，明确学生学习内容、时长、方式、评价等方面的要求，确保学生网络自主学习严格、规范，可监测、可评价；转变教师角色，从主要是授课者转变为学生学习的咨询者、引导者、组织者，重点支持学生自主学习、组织学生交互讨论、提供在线辅导答疑等，从"以教为主"转为"以学为主"；加强线下交流与讨论，强化学生学习体验，提高教学效率，确保学习质量。

8. 强化质量保障，确保"宽进严出"

国家开放大学建立学校教学质量评估制度，加强对教学全过程和学生学习效果的监测与评价。学校致力于强化课程学习监控制度，实时记录学生在线自主学习、网上交互讨论、课程测验考试等信息，将它们作为课程学习评价的重要依据；完善课程学习考试制度，建设数字化题库、学习测评系统、电子试题保密机制、远程监控系统等，确保考试科学、安全；推行开卷与闭卷、形成性考核与终结性考试相结合的考核方式，加大形成性考核比重；探索将完成实际项目和解决实际问题作为考核的方式；推广在线考试和预约考试；严格规定课程、学历、学位等证书获得的标准和程序，向社会公布，确保证书的权威性；积极引进用人单位、专业评估机构对学校人才培养质量开展多种形式评价；发布年度质量报告，接受社会评价和监督。

9. 建设"学分银行"，实现学习成果积累和转换

国家开放大学适应全民终身学习需求，不断拓展办学功能，为学习者学习成果转换提供便利服务。学校致力于建立个人终身学习电子档案，主要存储个人信息、学习经历、学习成果及转换记录等信息；完善档案管理，一人一档、终身有效，经授权后可供用人单位、教育机构查询使用；加快学习成果认定，制定学分转换标准，对学习者在正规教育和非正规教育过程中获得的学分、证书、工作和生活经验及技能等进行认定，确定学分，实现学习成果转换；主动联系高校、行业企业和用人单位，通过协议或联盟等方式，推进学习成果的互认；探索建立"学分银行"，将学习者的各类学习成果转换成学分进行存储，实现不同类型学习成果的转换，为学习者申请相关学历证书、学位证书、毕业证书、资格证书等提供依据。

10. 创新师资队伍建设，适应教学变革需要

国家开放大学围绕课程建设和学生自主学习，建成一支适应开放教育特点、擅长运用信息技术教学的专兼职结合的教师队伍。学校通过招聘、引进、培养、培训等方式，重点在课程设计、资源开发、软件开发、学习咨询、教学组织、学习引导等方面建设专职教师队伍；通过培训开放大学系统的教师及广泛聘请高水平教师、行业企业专家等措施开展教学辅导，确保每门课程都有辅导教师，形成一大批提供远程学习导学、助学和促学的专兼职教师；以课程设计为核心，组建课程建设团

队，提高课程建设水平；以网络教学为重点，组建课程教学团队；以服务学生为目标，组建课程辅导团队；为学生配备助学咨询教师，提供选课指导、个性化学习计划指导、学习方法引导、学业咨询与提醒、学习资源获取、心理咨询、职业生涯规划等服务；为学生配备专业学习辅导教师，为学生提供在线辅导和答疑。

11. 积极开展多方合作，汇聚优质教育资源

国家开放大学开展体制机制创新，通过联盟、共建等形式，与国内外高校、科研院所、行业企业等开展全方位的合作办学，引进课程、专业、师资、技术等方面的优质资源，形成社会广泛参与、资源共建共享、与行业企业紧密联系的办学模式。学校加快推进与各类高水平在线教育机构的合作，建立协同创新机制，实现优质课程资源共享，满足学生多样化、多途径获取知识的需要；深入开展与行业企业的合作，充分发挥行业特色优势和职业资源优势，开展职业培训合作，探索开发多种适合学生网络学习的工具和软件，增强自主学习的交互性和有效性；加强引进各类教育培训机构的视频公开课、精品课程、各类非学历教育教学资源，实现优质教学资源的共享；加强"数字化学习资源中心"建设，研究和建设网络教育数字化学习资源共享机制、标准、技术与平台；整合国家和高校网络教育精品课程及相关学习资源，推动优质网络教育资源开放与共享；积极探索股份制、混合所有制等多种形式，允许组织和个人以资本、知识、技术、管理等要素参与办学服务并享受相应的权利。

（三）拓宽继续教育渠道

积极开展网络高等学历教育。网络高等学历教育是主要面向在职从业人员的非全日制高等教育，是高校继续教育和成人终身学习的重要形式，也是高等教育的重要组成部分。2013年教育部办公厅发布的《关于做好2013年现代远程教育试点高校网络高等学历教育招生工作的通知》指出，网络高等学历教育学制为："高中起点升本科五年，高中起点升专科和专科起点升本科各两年半或三年。网络高等学历教育实行学分制和弹性修业年限。"2013年，北京大学、中国人民大学、清华大学、北京交通大学、北京航空航天大学等68所试点高校开展网络高等学历教育招生，进一步拓宽了社会成员的学习渠道。

推动继续教育联盟建设。2012 年，教育部推动成立了继续教育资源开放联盟、大学与企业继续教育联盟、城市继续教育联盟，批复 50 所普通高校建设继续教育示范基地，形成了高校向社会开放资源、人才培养与企业用人相结合、服务地方经济和行业发展的新机制，探索推进了优质资源合作共建共享机制，进一步推动了优质资源开放共享。联盟高校推动了继续教育体制机制和人才培养模式的改革创新；探索了课程互选、学习成果转换积累的认证机制，促进了多种教育的融合发展；开展了一系列公益普惠活动，加大了继续教育服务社会的力度。

（四）推动重点领域的继续教育

1. 加强新型职业农民培训

2013 年，教育部启动了国家级农村职业教育和成人教育示范县创建活动，计划五年内共创建 300 个国家级示范县，为县域经济社会发展、产业发展提供人力支撑。一是强化地方政府发展农村职业教育的责任。二是大力培养新型职业农民。教育部把建立和完善培养新型职业农民的职业教育国家制度作为主要任务，并联合有关部门积极推动；积极探索建立全国性农民学分银行，构建公益性的新型职业农民培养培训制度，逐步建立国家出资购买农民学习成果的经费补偿制度。

2. 实施农民工学历与能力提升行动计划

2016 年 3 月，教育部、中华全国总工会发布《农民工学历与能力提升行动计划——"求学圆梦行动"实施方案》（以下简称《实施方案》）。《实施方案》提出："通过建立学历与非学历教育并重，产教融合、校企合作、工学结合的农民工继续教育新模式，实施'求学圆梦行动'，提升农民工学历层次和技术技能水平，帮助农民工实现体面劳动和幸福生活，有效服务经济社会发展和产业结构转型升级。到 2020 年，在有学历提升需求且符合入学条件的农民工中，资助 150 万名农民工接受学历继续教育，使每一位农民工都能得到相应的技术技能培训，能够通过学习免费开放课程提升自身素质与从业能力。"《实施方案》还提出了以下主要措施。

一是建立择优录取和企业推荐相结合的公开遴选机制。《实施方案》提出："各省（市、区）要针对本地产业发展规划和经费来源情况，公开遴选参与院校（含普通高校、开放大学、独立设置的成人高校），确定学历继续教育招生专业和计划、非学历培训项目与规模。普通高校、开放大学、成人高校在现有政策框架内，采用全国成人统一考试招生、网络教育自主招生等方式择优录取。各地工会和企业要做好生源发动、推荐组织等工作，并尽可能为农民工提供便捷的学习条件。"

二是开发与岗位紧密对接的专业课程。《实施方案》提出："参与院校要建立与企业联合开发专业课程和数字化资源的机制，不断优化专业和课程设置，努力实现学历教育和培训课程紧密对接行业需求、岗位要求、职业标准和生产过程。增加实践性课程比例，提高课程的实用性和针对性，支持与专业课程配套的虚拟仿真实训系统、实时双向交互式远程教学系统等的开发与应用。工会要积极推动参与院校与企业对接。"

三是推行校企合作培养模式和基于信息化的混合式教学模式。《实施方案》提出："参与院校要深化产教融合、校企合作，根据农民工成长规律和工作岗位的实际需要，与企业共同研制工学结合人才培养方案，建立校企双导师制和弹性学制，真正实现校企一体化育人。鼓励在农民工集中的代表性行业和大中型企业建设'农民工继续教育学习与实训中心'。要充分利用现代信息技术，探索建立网络教学与面授教学、自主学习与协作学习、个性化学习与师徒传承学习、理论学习与实践实训学习等相结合的混合式教学模式。鼓励参与院校开发适应农民工需求的在线教育资源，探索基于手机的移动教学与支持服务模式，方便农民工随时随地开展个性化学习。"

四是建立多元化的农民工继续教育质量保障体系。《实施方案》提出："参与院校要建立面向过程的内部培养培训质量保证体系，建立基于大数据分析的质量监控、跟踪、反馈和对外发布等机制。教育行政部门要完善教学质量监管制度和公示制度，建立农民工和用人单位参与教学质量评价的机制，开展满意度测评工作。"

五是建设行动计划的信息服务平台。《实施方案》提出："教育部和中华全国总工会建立'求学圆梦行动'的信息服务平台，动态发布国家及各省份相关政策信息，及时发布'求学圆梦行动'实施情况和服务农民工资源开放信息等。鼓励省级教育行政部门（含兵团）与总工会通过委托和联合建设等方式，建立服务本省农民工的'求学圆梦行动'信息服务平台和移动客户端，提供丰富的开放资源与支持服务，对纳入行动计划的项目实施业务管理和质量监控等。"

3. 面向行业企业开展职工继续教育

2015 年 7 月，教育部、人力资源和社会保障部颁布的《关于推进职业院校服务经济转型升级面向行业企业开展职工继续教育的意见》提出，"推进职业院校（含技工院校）面向行业企业开展职工继续教育"。该意见提出，"到 2020 年，职业院校普遍面向行业企业持续开展职工继续教育，市场意识明显增强，职工继续教育课程资源建设、师资队伍建设和信息化建设水平显著提升。重点提高职工的职业理想和职业道德、技术技能、管理水平以及学历层次。通过开展职工继续教育，全面促进学校管理创新，全面提高教育教学质量，全面提升服务经济社会发展的能力"，"到 2020 年，全国职业院校开展职工继续教育人次绝对数达全日制在校生数的 1.2 倍以上，承担职工继续教育总规模不低于 1.5 亿人次，实现教育类型多元化、管理规范化，多数职业院校成为行业企业职工继续教育的重要阵地，在全国建成 1000 个职工继续教育品牌职业院校，为加强企业职工继续教育提供有力支撑"。

4. 加快推进养老服务业人才培训

2014 年 6 月，教育部等九部门联合印发《关于加快推进养老服务业人才培养的意见》，对养老服务业人才培养提出了具体要求。一是提升养老服务从业人员整体素质。该意见提出，"重点依托相关职业院校、开放大学和本科院校，开展多样化的学历和非学历继续教育；鼓励养老服务业业务骨干在职攻读相关专业学位。开放大学充分发挥办学优势，开设养老服务相关专业，加快信息化学习资源和平台建设，积极发展现代远程教育，探索建立面向养老服务从业人员的教学及支持服务模式。积极开展养老机构从业人员、社区养老服务人员和社区工作者培训，提高从业人员专业能力和服务水平"。二是推行养老服务相关专业"双证书"制度。该意见提出，"推动职业院校与养老服务相关职业技能鉴定机构深入合作，实行专业相关课程的考试考核与职业技能鉴定统筹进行，推动职业院校学生在取得毕业证书的同时，获得相关职业资格证书。对于已取得养老服务业相关职业资格证书，且符合条件的从业人员，可由职业院校按相关规定择优免试录取，经考核合格后可获取相应学历证书"。

（五）营造良好的继续教育环境

1. 持续举办全民终身学习活动周

2005 年 10 月，由中国成人教育协会、中国联合国教科文组织全国委员会发起举办的第一届全民终身学习活动周在北京市西城区德胜社区教育学校拉开序幕，此后每年都举办此项活动。

2012 年，全民终身学习活动周全国总开幕式在成都市举行，主题是"加快发展继续教育，促进学习型社会建设"，来自全国各地政府、高校、企业的 300 余名代表参加了总开幕式。2013 年，以"为实现中国梦——终身学习·人人成才"为主题的全民终身学习活动周全国总开幕式在天津市滨海新区举行。2014 年，全民终身学习活动周的主题是"全民终身学习，创造出彩人生"。2015 年，全民终身学习活动周全国总开幕式在苏州市举行，主题为"发展全民终身学习，推动法治社会建设"。2016 年，全民终身学习活动周全国总开幕式在深圳市举行，主题是"推进全民继续教育，建设学习型社会"。通过举办全民终身学习活动周，近年来全国各地各部门在发展继续教育和推动全民终身学习方面持续发力、成果丰富，产生了积极广泛的社会影响。活动周已成为我国建设学习型社会的重要载体和特色品牌。2016 年，全民终身学习活动周总开幕式展示了全国全民终身学习的最新成果，推出了 112 位"事迹特别感人的百姓学习之星"和 78 个单位的"特别受百姓喜爱的终身学习品牌项目"，举办了"教育资源进社区网上博览会"，首次推出了全民终身学习活动周标识，开设了"新闻会客厅"，并加大了对各地终身学习活动的宣传，营造了全民终身学习的良好氛围。

2. 举办首届国际学习型城市大会

2013 年 10 月 22 日，首届国际学习型城市大会在北京市举行。大会由教育部、北京市人民政府和联合国教科文组织联合举办。大会的主题是"全民终身学习：城市包容、繁荣与可持续发展"。大会旨在建立一个世界各城市参与的学习型城市建设的交流与合作平台，探讨如何利用城市资源推动全民终身学习，促进社会和平、平等、和谐及创造城市可持续发展的未来。来自联合国教科文组织 102 个成员国的 500 多名代表承诺将采取措施和具体行动，加倍努力，让城市发展成为学习型城市。大会最终通过了《建设学习型城市北京宣言》和《学习型城市的主要特征》两项重要成果文件，明确了学习型城市的基本特征，提出了建设学习型城市的主要战略，对推动我国和世界范围内的学习型城市建设具有重大意义。

（六）加强质量监管

1. 贯彻实施成人教育培训服务等三项国家标准

2012 年 10 月，国家质量监督检验检疫总局、国家标准化管理委员会批准发布了《成人教育培训服务术语》《成人教育培训组织服务通则》《成人教育培训工作者服务能力评价》三项国家标准，教育部决定于 2013 年 2 月 1 日起予以实施。实施《成人教育培训服务术语》等三项国家标准，是全面贯彻十八大精神、落实《教育规划纲要》和全国继续教育工作会议精神的重要举措。大力推进教育培训服务的标准化建设和规范化管理，有利于不断提高我国继续教育的质量和水平，有利于促进我国继续教育的健康发展。

《成人教育培训服务术语》等三项国家标准的实施，既是一项政策性、规范性很强的工作，也是一项艰巨、复杂的系统工程，涉及面很广。各地在地方教育系统报刊、电视、简报、网络媒体等宣传阵地上开辟了专栏，还组织了宣讲会、专题研修班等宣传活动。为进一步实施好三项标准，各地先行开展了试点工作。各地教育行政部门确定本地区试点单位，重点选择教育行政部门批准成立的教育培训机构（包括民办学校），或选择部分由行业企业设立的教育培训机构和经营性的社会教育培训机构。同时，从事教育服务的中介机构在自愿原则下也参与试点。我国将力争通过试点并逐步推开，用 3—5 年时间，初步建立起成人教育培训服务标准体系（即非学历继续教育质量标准和评价体系）。

2. 开展现代远程教育试点高校网络教育年报年检

2013 年 10 月，教育部发出通知，要求各有关单位按照《现代远程教育试点高校网络教育年度工作自检要点》和《中央电大公共服务体系年度工作自检要点》的要求，开展自检工作；特别要加大对招生、考试、教学过程保障和校外学习中心建设与管理的自查力度；要做好年度数据统计分析工作，如实填报《现代远程教育试点高校网络教育基本情况年度统计表》和《中央电大公共服务体系基本情况年度统计表》，撰写年度工作自检报告，并提交年度教学质量报告和学校近年来改革创新工作进展情况报告。

与此同时，该通知要求各省级教育行政部门按照《现代远程教育校外学习中心（点）暂行管理办法》要求，做好属地现代远程教育校外学习中心（点）的检查评估工作；通过高校网络教育质量监管系统上报校外学习中心（点）检查评估报告及结果统计表；及时将检查评估结果反馈给校外学习中心（点）所属试点普通高校或中央电大，并以适当形式对外公布。教育部将把各省级教育行政部门对外公开的相关检查评估结果公布在"中国现代远程与继续教育网"上。各省级教育行政部门要参照上述要求组织开展对本省电大教学站点的检查评估工作。各有关高校、公共服务体系要按照校外学习中心（点）所在地省级教育行政部门的要求，加强对所设立的校外学习中心（点）的管理，认真配合省级教育行政部门开展检查评估。

教育部高等教育教学评估中心与全国高等学校现代远程教育协作组按照《现代远程教育试点高校网络教育 2012 年度、2013 年度年报年检工作实施办法》（以下简称《实施办法》）的要求，组织成立年报年检专家组和网络教育教学督导专家组，开展年报年检各项工作，并及时将有关结果上报教育部。《实施办法》提出，"教育部将根据校外学习中心检查评估、年报年检统计分析、实地抽查和年报年检等工作结果，审定年报年检结果。对于存在违规办学行为的试点高校和校外学习中心的依托单位进行严肃查处。教育部将公布有关年报年检统计与分析数据和年检结果"。各试点普通高校结合年报年检工作对试点以来的工作进行全面总结，并提交总结报告。教育部对 67 所试点高校网络教育和中央电大开放教育进行评估与验收，历次年报年检数据、结果和总结报告将作为评估与验收的重要依据。

3. 加强对高等学历继续教育专业设置的统筹规划与宏观管理

为加强对高等学历继续教育专业设置的统筹规划与宏观管理，促进各类高等学历继续教育健康、有序、协调发展，2016 年，教育部印发了《高等学历继续教育专业设置管理办法》。

该办法提出，教育部和全国高等教育自学考试指导委员会"将充分运用信息平台监测高等学历继续教育专业设置的工作运行，全面掌握专业设置整体情况和动态信息，及时公布全国高等学历继续教育专业设置和调整情况。推动建立教育行政部门、行业组织、第三方机构、高校等多方参与的监管制度和评价机制"。

该办法提出，"省级教育行政部门要充分运用信息平台掌握本行政区域内的高校继续教育专业设置情况，制订高等学历继续教育专业检查和评估办法，加强对高校高等学历继续教育专业建设的监督与评估，评估结果作为该专业继续招生、暂停招生的依据。对存在人才培养定位不适应社会需求、办学条件严重不足、教学（考试）管理严重不规范、教育质量低下等情况，省级教育行政部门要视情节责令有关高校对相应专业进行限期整改，完成整改前，该专业暂停招生，且高校不得设置新专业；情节严重且拒不整改的，省级教育行政部门应建议高校主管部门停止该专业招生"。

该办法提出，"对未按办法设置的高等学历继续教育专业，高校不得进行宣传和组织招生。对违反本办法擅自设置专业或经查实申请材料弄虚作假的高校，教育部和省级教育行政部门将予以公开通报批评并责令整改，情节严重的，三年内不得增设高等学历继续教育专业"。

该办法提出，"高校应加强高等学历继续教育专业建设，建立和完善自我评价机制。鼓励引入专门机构或社会第三方机构对学校高等学历继续教育专业办学水平和质量进行评估及认证"。

三、继续教育质量提升的重要成就

十八大以来，我国继续教育质量建设取得显著成效。终身教育体系和学习型社会建设取得重大进展，继续教育学习资源更加丰富，继续教育教学手段和形式日益多样化，社会成员继续教育参与率进一步提升，各级各类教师专业化水平进一步提高，农村职业教育和成人教育服务区域发展能力显著增强，继续教育环境更加良好。

（一）终身教育体系和学习型社会建设取得重大进展

1. 终身教育体系顶层设计基本完成

2014年6月，教育部等六部门编制的《现代职业教育体系建设规划（2014—

2020年）》提出，按照终身教育的理念，形成服务需求、开放融合、纵向流动、双向沟通的现代职业教育的体系框架和总体布局；促进学历教育与非学历教育协调发展，职业教育与普通教育相互沟通，职前教育与职后教育有效衔接。

该文件提出，在职业教育体系内部，"系统构建从中职、专科、本科到专业学位研究生的培养体系，满足各层次技术技能人才的教育需求，服务一线劳动者的职业成长。拓宽高等职业学校招收中等职业学校毕业生、应用技术类型高等学校招收职业院校毕业生通道，打开职业院校学生的成长空间。在确有需要的职业领域，实行中职、专科、本科贯通培养"；在职业教育与普通教育之间建立双向沟通的桥梁，"普通学校和职业院校可以开展课程和学分互认。学习者可以通过考试在普通学校和职业院校之间转学、升学。普通高等学校可以招收职业院校毕业生，并与职业院校联合培养高层次应用型人才"；"职业院校按照经济社会发展的需求确定人才培养的规格层次、专业体系、培养方式和质量标准。畅通一线劳动者继续学习深造的路径，增加有工作经验的技术技能人才在职业院校学生中的比重，建立在职人员'学习—就业—再学习'的通道，实现优秀人才在职业领域与教育领域的顺畅转换"。

2. 学分银行取得重大进展，学习成果互认转换初步实现

国家开放大学探索建立"学分银行"，将学习者的各类学习成果转换成学分进行存储，实现不同类型学习成果的转换，为学习者申请相关学历证书、学位证书、毕业证书、资格证书等提供依据，为学分认证、积累与转换奠定了基础。目前有关制度已经初步形成，进入试点实验阶段。与此同时，为构建中等和高等职业教育相互衔接的职业教育体系，我国在高职分类考试招生、中高职贯通培养、课程学分管理等方面进行了一系列探索。2014年高职分类考试招生151万名，占高职招生人数的45%（职成司，2015）。

3. 学习型社区、组织、城市及示范县建设深入推进

截至2014年，全国已有100多个城市开展了学习型城市建设工作；已建设国家级社区教育实验区、示范区180个，省级社区教育实验区、示范区500余个。学习型组织建设也正在我国各行各业中开展，呈现积极发展的良好势头。在街镇社区，还产生了一批"名家坊""乐龄讲堂""睦邻学习点"等基层学习组织。我国

每年举办全民终身学习活动周，近 90% 的省（市、区）开展全民终身学习活动周，400 多个城市举办读书节、读书月、读书季活动，学习型企业、学习型机关、学习型社区、学习型家庭不断涌现。让城市成为没有围墙的学校，让学习成为市民日常的生活方式，在我国蔚然成风。国家级农村职业教育和成人教育示范县建设项目扎实推进。2016 年，教育部等六部门确定了第一批国家级农村职业教育和成人教育示范县创建合格单位，共计 59 个（教育部，2016c）。

（二）继续教育学习资源更加丰富

1. 高校免费开放数字化学习资源

截至 2014 年，参与"高校继续教育数字化学习资源开放与在线教育联盟"的高校建设和开放网络课程 1.5 万余门，微课程 2 万余门，学习者达 1 亿多人；联盟高校探索了慕课、微课、移动课程等多种新型资源开放课程和教学模式，紧密结合"依法治国""三农建设""一带一路""大众创业，万众创新""创新驱动发展"等国家重大发展战略，推出包括国际轨道交通人才培养计划在内的 30 个服务于国家发展战略的人才培养和资源建设行动计划，预计今后将发展到有 500 所高校和 200 家企业以及几十个行业参加，成为中国最大的继续教育资源开放和服务联合体及公共服务平台之一，受益人数可望达到 1.5 亿人至 2 亿人（郝克明，季明明，2015）。

2. 社区教育课程资源日益丰富

社区教育课程是社区教育内涵式发展的重要内容。2010—2015 年，我国社区教育在课程内容、课程载体、教学形式、评价方式等方面都进行了许多有益的探索和创新。在长期的实践发展中，我国形成了内容丰富的社区教育课程，主要包括公民素养、人文艺术、科学技术、医疗保健、生活休闲、职业技能等几大类。公民素养主要包括公民意识、法制教育、道德教育、国情教育、家庭教育等；人文艺术主要包括文学历史、书法绘画、舞蹈戏曲、声乐器乐、语言艺术、社交礼仪等；科学技术主要包括计算机应用、数码摄像、网络应用与维护等；医疗保健主要包括四季养生、营养保健、生存自救等；生活休闲主要包括茶艺、瑜伽、旅游及其他趣味活动；职业技能主要包括美容美发、丝花制作、烹饪厨艺、家政服务、养殖技术等。课程载体多样化，既有纸质媒体，也有各种数字化形态的课程资源，如视频、网络课件、PPT、电子期刊等。而且，随着移动学习的普及，各地都加强了微课资源建设。许多地方探索建设了手机 APP 式学习课程资源，以及利用微信公众号等方式，推送各种优秀学习资源。

（三）继续教育教学手段和形式日益多样化

1. 社区教育教学形式日益多样化

社区教育拥有讲授式、研讨式、参与式、体验式等多种教学形式。例如，北京市海淀区中关村学院建立了体验式学习中心，设有烹饪、书画、古琴、茶学、红酒、手绘、木工、机器人、3D 打印、数字艺术等几十间专业工作室，开设体验式学习项目，让学习者在真实或模拟的环境中进行体验，感受学习的快乐，逐步形成了初级体验、系统培训、社会实践与专题讲座等相结合的社区教育模式。社区居民、机关事业职工、大中小学生，只要有学习兴趣和需求，都可以提前预约参加学习，每年有近万人次参与和参观学习（张少刚，2015）[25]。

2. 现代远程教育发展迅速

截至 2014 年，广播电视大学系统已为国家累计培养本专科毕业生 950 多万人，其中在职人员占 70% 以上。2014 年以来，68 所现代远程教育试点高校开设专业和课程 3000 多个，设置了现代远程校外学习中心 2 万多个，形成了广覆盖、多途径、全过程、信息化的学习支持服务体系。截至 2014 年，68 所现代远程教育试点高校不仅累计培养了 550 多万名本专科毕业生，还面向农村和西部贫困地区的社区、行业企业以及弱势群体，提供了继续教育和培训、专业证书教育和职业资格证书教育等，培训人数总计超过 500 万人（郝克明，季明明，2015）。

我国打造了社区教育、行业企业培训、在线学习、开放教育四大类公共服务平台，强化了面向广大农村、边远贫困地区的远程教育；2013 年，中国拥有 5.7 亿网民，网络学习成为民众的新选择。

（四）社会成员继续教育参与率进一步提升

一是学历继续教育人数持续增长。2014 年高等学历继续教育在校生规模达到1040.48 万人。二是非学历教育人数持续增长。2015 年全国接受各种非学历高等教育的学生为 725.84 万人次，比 2012 年增加约 331 万人次。三是全国参加继续教育的专业技术人员大幅增加。2014 年有约 1554 万人获得职业资格证书，比 2009 年增长了约 24%。四是全国企业职工全员培训率不断提升。全国企业职工全员培训率由 2010 年的 53.46% 提高到 2013 年的 63.40%。社会各个部门职工继续教育参与率由 2010 年的 41.36% 提高到 2013 年的 58.23%。党政管理和部分专业性较强的部门，管理干部和专业技术人员的继续教育参与率接近 100%。五是老年教育蓬勃展开。全国有上千万老年人通过远程教育、社区教育等形式参加学习。2014 年全国老年教育机构已有近 6 万个，学习者达 700 多万人。六是初步形成以社区学院为龙头、以社区学校为骨干的社区教育网络，上亿人次参与社区教育活动（郝克明，季明明，2015）。

（五）各级各类教师专业化水平进一步提高

一是培训模式不断创新。教师、校长每五年接受不少于 360 学时的培训目标任务。我国还优化了培训内容，改进了培训方式，推进了网络研修社区试点，探索建立了中小学教师、校长常态化研修机制。二是"国培计划"成效显著。通过示范性项目、中西部项目和幼儿园教师"国培计划"，2010 年至 2015 年，中央财政投入 85.5 亿元，培训中小学、幼儿园教师 900 多万人次。国家实施了中小学教师信息技术应用能力提升工程，2013 年至 2015 年，完成了 500 多万名中小学、幼儿园教师的专项培训；持续推进校长培训，2014 年实施中小学校长"国培计划"，推出边远贫困地区农村校长助力工程、特殊教育学校校长能力提升工程、卓越校长领航工程等，2011 年至 2015 年培训中小学校长、幼儿园园长近 11.7 万人。三是高等教育青年教师队伍建设得到加强。高等学校青年骨干教师国内访问学者项目得到深入实施，每年资助 1000 名高等学校青年骨干教师赴国内高水平大学访学研修。四是职业教育教师职业素养进一步增强。国家加大了培养力度，在卓越教师培养计划中单列中职培养项目，启动实施职教师资本科专业培养资源开发项目，深入推进职业院校教师在职攻读硕士学位工作；实施职业院校教师素质提高计划，每年组织 2.4 万多名中高职骨干教师参加国家级培训和企业实践，截至 2015 年已培训 9 万人，同时带动省级培训 30 多万人；实施教师定期到企业实践制度，以国家级基地为引领、省级基地为主体的职业教育师资培养培训体系基本形成。五是农村教师素养能力得到提升。国家实施了"国培计划"，2010 年至 2014 年，中央财政投入 64 亿元，培训全国中小学、幼儿园教师 730 多万人次，其中培训农村教师 706 多万人次，完成对 640 多万名中西部农村教师的一轮培训；2015 年集中支持中西部乡村教师校长培训，培训 200 万人；实施边远贫困地区农村校长助力工程，每年组织连片特困地区的 2000 名中小学校长、幼儿园园长参加国家级培训（教育部，2015）。

（六）农村职业教育和成人教育服务区域发展能力显著增强

国家通过实施农村职业教育和成人教育示范县创建工作，促进了农村职业教育和成人教育事业的发展，农村职业教育和成人教育取得新成绩。

1. 农村职成教育发展环境进一步优化

各地高度重视农村职业教育和成人教育示范县创建工作，积极探索区域农村职业教育和成人教育改革发展的新机制、新途径和新模式，积极营造农村职业教育和成人教育发展的良好氛围，建立健全了主要领导负责的职成教育工作部门联席会议制度，明确了相关部门促进和保障职成教育发展的职责，与经济社会发展工作同步规划，优化了县域职业教育和成人教育发展的政策环境。浙江省慈溪市将发展职业教育和成人教育列为教育全面协调发展的"一号工程"，提出打造职教强市和学习型城市的目标任务，形成了中等职业教育、社区教育和成人教育两个专项规划，构建了终身教育体系，学习型城市框架基本形成。教育系统内部强化"三教统筹"，协调发展，创新农村职业教育和成人教育发展机制。各有关县级政府均加强了基础教育、职业教育、成人教育"三教统筹"。例如，黑龙江省讷河市建设"三教融通"、相互衔接的农村学校，主动引进隆平高科等知名企业，形成了地企合作、农科教结合等办学模式；湖南省长沙市望城区普通高中与中等职业学校实现了办学条件、招生数量等"四个大体相当"（刘建同，2016）。

2. 农村职业教育和成人教育基础条件进一步改善

通过统筹规划、整体布局，许多地方形成了职业教育和成人教育办学主体交融、资源共享的格局。各示范县创建单位构建了以县级职业教育中心为龙头、乡镇成人文化技术学校为骨干、村级成人文化技术学校为基础的县域职业教育与成人继续教育培训网络，促进了城乡教育的一体化发展。各地政府统筹、部门合作、企业参与、资源共享的职业教育和成人教育运行机制初步形成，各地切实加大投入，不断改善农村职业教育和成人教育的办学条件。近三年来不少省份对创建工作给予政策和经费支持，如黑龙江省为每个示范县、创建县拨付专项经费1000万元，广东省拨付500万元。各创建县多渠道筹措资金，设立专项经费，投入逐年增加；为职业教育学校和成人教育学校划拨土地、新建校舍，建立实习实训基地，选聘紧缺专业师资。山东省诸城市投资7000多万元，启动镇街社区学院标准化建设工程，新建13所符合省定办学标准的镇街社区教育中心。福建省福清市划拨教育用地200亩，启动建设公共实训中心；龙海市将投资3.8亿元，对职业教育中心进行全面改造升级。广东省佛山市三水区建立用"事业编制置换公共服务岗位数"的职业学校教师补充新机制。各创建县认真落实乡镇成人文化技术学校人员编制，提高办学水平，使农村成人教育阵地得到巩固和发展。北京市房山区在全区23个乡镇（街道）均成立了1所社区成人职业学校，校舍独立设置，人员足额配备，经费独立核算。上海市教委实施上海市镇（乡）成人中等文化技术学校标准化建设，125所成人中等文化技术学校中有77所成为上海市标准化建设达标学校（刘建同，2016）。

3. 农村职业教育和成人教育服务区域发展和产业需求的效能提升

通过创建工作，首批示范县根据当地产业发展需求办专业，长短并举，使职业教育和成人教育专业布局结构更加合理。首批59个示范县区域内共有中等职业学校173所，建成67所国家级中等职业教育改革发展示范校或国家级重点中等职业学校，学校的数量和办学规模基本满足了当地人口和经济社会发展的需求。县域内各职业教育和成人教育学校在办好学历教育的同时，积极开展各类非学历教育和培训，满足社区不同人群的学习需求，为学习型社会建设助力。近年来浙江省慈溪市培训了181.76万人次，培训规模实现了新的突破。各地还实施了分类教育培训，助力农民增收，助推精准扶贫，弘扬传统文化。山东省诸城市成立了全国首家农村社区学院，启动"百名家庭农场主、千名青年农民和万名新市民培养工程"，培养了大批新农民、新市民。青海省湟中县通过"学校＋企业＋艺人"的模式培育民间传统工艺产业。贵州省盘县启动"一户一技能培训"三年行动计划，实施精准扶贫，当地职业学校成为首个面向东南亚合作的小语种培训基地（刘建同，2016）。

4.示范县对农村职业教育和成人教育的引领功能进一步增强

通过创建工作，创建县不断创新发展农村职业教育和成人教育的举措，探索农村职业教育和成人教育新模式，打造了一批区域农村职业教育和成人教育品牌。上海市嘉定区推动农村职业教育和成人教育积极开展国内外合作与交流，协调联合国教科文组织在嘉定区开展农村社区学习中心项目实验；其对农民实行的"分类指导、分层培训、按需实施"的培训模式多次在国际会议上进行了交流，产生了很好的国际影响。浙江省德清县坚持"以项目带培训"，通过实施农科教结合，不断提高农业生产力；其做法被联合国教科文组织国际农村教育培训与研究中心作为案例推向世界（刘建同，2016）。

（七）继续教育环境更加良好

1.继续教育政策法规进一步建立和完善

2011年，《上海市终身教育促进条例》出台；2012年，《太原市终身教育促进条例》出台；2014年，《河北省终身教育促进条例》出台；2014年，《宁波市终身教育促进条例》出台；2016年，《成都市社区教育促进条例》出台。

2.政府和全社会通力支持继续教育发展的格局基本形成

各级政府加大经费支持力度，推动图书馆、科技馆、博物馆等公共文化设施免费开放，企事业单位、社会组织和个人广泛参与，厚植了全民学习的社会土壤。继续教育的提供主体日趋多元化，不仅包括开放大学等远程教育系统和各类高校，也包括行业企业教育培训系统、各种社会力量举办的非学历教育培训机构以及社区教育系统等，形成了多层次、多规格、多类型的继续教育办学网络，呈现出学校办学为主体、企业和社会等用人单位办学为骨干、社会力量共同支持继续教育发展的新局面。上海市老干部局联合民政、教育、文化、工会等部门齐心协力推进老年教育，已形成了由4所市级老年大学、60所分校和系统校、21所区级老年大学、222所街镇老年学校、5139个居村委学习点以及167个养老机构学习点组成的市、区、街镇、居村委四级办学网络（董少校，2016），鼓励支持社会力量以多种形式参与老年教育事业，基本形成全方位、多层次、多渠道的办学新格局。多数省份的社区教育、老年教育都与此类似。

3. 继续教育办学条件得到改善

2015年《全国教育事业发展统计公报》显示，"全国接受各种非学历高等教育的学生725.84万人次，当年已毕（结）业907.54万人次；接受各种非学历中等教育的学生达4561.53万人次，当年已毕（结）业4909.07万人次"，"全国职业技术培训机构9.9万所，比上年减少0.61万所；教职工47.30万人；专任教师28.42万人"，"全国有成人小学1.48万所，在校生94.82万人，教职工2.99万人，其中，专任教师1.57万人；成人初中1071所，在校生33.70万人，教职工4414人，其中，专任教师3692人"，"全国共扫除文盲44.75万人，比上年增加0.60万人；另有47.48万人正在参加扫盲学习，比上年增加1.93万人。扫盲教育教职工2.22万人，比上年减少3956人；专任教师1.07万人，比上年减少136人。"各省份继续教育条件不断改善。2012年至2015年，上海市连续四年将"老年学校标准化建设"列入市政府实事项目，完成了上海老年大学"东西南北中"分校建设计划，并支持197所街（镇）老年学校开展标准化建设，建设功能教室1500多个，制定并发布全国首个《老年学校建设指导标准》，使上海老年学校的办学能力上了一个新台阶（职成司，2017）。

4. 构建继续教育支持服务体系

为夯实继续教育发展基础，促进继续教育资源均衡配置和内涵式发展，各省份加强了各类继续教育研究，纷纷建立了师资库、资源库。上海市在老年教育领域组建了"理论研究、素质教育、教材研发、团队指导、信息中心"等11个老年教育指导中心；启动了师资库、资源库建设，完成首批100本上海老年教育普及教材的编写工作，该套教材被国家新闻出版广电总局、全国老龄工作委员会办公室评为"2016年向全国老年人推荐优秀出版物"。

5. 积极营造良好的网络学习环境

各省份依托开放大学和电大系统广泛建立"数字化学习港"支持服务体系，已在全国31个省份设立了1400多个数字化学习中心。中国成人教育协会社区教育专业委员会推动在全国建设了71个数字化学习先行区。多数省份已经建成了高质量的数字化学习平台，如上海学习网、广东学习网、福建终身学习在线平台等，截至

2014 年底，上海学习网的点击量突破 1.5 亿次，注册人数达到 134 万人。部分经济发达区县也搭建了具有当地特色的市民学习平台。

6. 社区教育满意度不断提高

2014 年，一项对全国 61 个示范区、49 个实验区和 80 个有一定社区教育工作基础的区县的调查显示，参与社区教育的居民对社区教育认同度高，认为社区教育吸引力强且有获得感；八成以上（81.93%）的受访学习者认同或非常认同"活到老、学到老"的学习理念；近八成（77.11%）的受访学习者有兴趣参加社区组织的学习活动；七成以上（71.93%）的受访学习者对参与过的社区学习活动表示满意，认为通过参与社区教育活动能够各取所需、丰富生活、提高技能、提升幸福指数；他们对社区教育最满意的方面集中在终身学习理念、学习场所条件、授课水平、学习内容等方面（张少刚，2015）[29]。

四、继续教育质量提升的主要经验

提升继续教育质量，基础在于整合各类社会资源，根本在于构建保障体系，关键在于运用信息技术手段，支撑在于加强舆论宣传。

（一）整合社会资源是基础

继续教育涉及全社会各个领域和各个系统，是全社会乃至全人类的共同事业，需要整合全社会各种力量共谋、共建，进而实现共享。十八大以来，各地整合了各种社会力量，形成了在政府领导和统筹协调下，由教育行政部门和其他有关部门齐抓共管、共同推进，以及行业企业、全社会广泛参与的多元化推进继续教育的生动活泼的局面。继续教育的提供主体日趋多元化，不仅包括为社会成员提供各类学历与非学历网络教育的远程教育系统和各类高等学校，也包括行业企业教育培训系统、遍及城乡的由各种社会力量举办的非学历教育培训机构以及社区教育系统等。由此，我国形成了多层次、多规格、多类型的继续教育办学网络，呈现出以学校办学为主体、以企业和社会等用人单位办学为骨干、社会力量共同支持继续教育发展的局面。

（二）构建保障体系是根本

继续教育质量保障体系，既是继续教育服务学习者、服务社会经济发展的必然需求，也是提升继续教育质量、促进继续教育可持续发展的根本保障。只有不断加强继续教育内外部质量保障体系建设，不断提高各级各类教育机构的教育质量和办学水平，不断提高全民族的思想道德素质和科学文化素质，才能最终把我国建设成为人力资源强国，建设成为富强、民主、文明的社会主义现代化国家，才能实现中华民族伟大复兴的"中国梦"。

（三）运用信息技术手段是关键

十八大以来，全国各地充分利用现代信息技术手段，为广大学习者提供了更加优质的教育资源和更加方便灵活的学习机会，从而极大地提高了社会成员的学习参与率和学习质量。与此同时，也正是由于信息技术在继续教育领域得到了广泛使用，从而为弥补我国继续教育资源的相对短缺、推动我国继续教育实现跨越式发展带来了千载难逢的机遇，为促进继续教育又好又快发展、构建终身教育体系与学习型社会提供了可靠保证。

（四）加强舆论宣传是支撑

近年来，我国继续教育快速发展的实践证明，舆论宣传在传播终身教育思想和理念、推动终身学习和建设学习型社会过程中发挥了重要作用。全国终身学习活动周、各种学习型城市建设会议等广泛宣传了终身学习、终身教育、学习型社会理念，积极引导了社会舆论，使广大社会成员认识了终身学习、终身教育、学习型社会的重大意义，营造了全社会关心、尊重、认同、支持终身教育和学习型社会的氛围，形成了目前全社会积极开展继续教育、积极参与学习、积极建设学习型社会的良好环境。

▶ 第十五章

民族教育：打牢中华民族共同体思想基础

以习近平同志为核心的党中央高度重视民族工作，针对民族关系和民族教育发展的新趋势、新挑战，先后颁布了一系列重大政策举措，既有国家普惠型的政策，也有针对民族地区的扶持性措施。民族地区基本公共教育服务水平不断提高，教育均衡化不断推进，各民族学生都有机会接受公平、有质量和适切的教育，教育在社会发展和民族振兴过程中的重要作用进一步凸显。

一、民族教育质量观

民族教育是我国教育事业的重要组成部分，其发展既遵循教育发展的普遍性，又具有特殊性。民族教育的质量既包含教育质量的基本要素，也为基本要素的内涵增添了更多内容。

民族教育的质量既包括内部质量，也包括外部质量；既关注过程变化，也重视结果成效。外部的教育质量包括民族教育体系的构建与完善、教育结构的均衡与合理、教育环境的多元与包容、教育资源的充足与公平、社会贡献与生态环境的持续发展；内部的教育质量则聚焦于健康且充满活力的学生、适应民族地区教育需求的教师、为教师提供的专业发展的路径和机会、具有多元文化敏感性的课程与教材、逐渐成熟的双语教学模式、适切与全纳的教育目标及创新的人才培养模式。

二、民族教育质量提升的重大举措

十八大以来，党中央、国务院高度重视民族工作，针对民族关系和民族教育发展的新趋势、新挑战，先后召开了第二次中央新疆工作座谈会、中央民族工作会议、第六次全国民族教育工作会议和中央第六次西藏工作座谈会，制定并印发了以《国务院关于加快发展民族教育的决定》为代表的若干政策文件，对民族教育进行顶层设计和总体部署，同时在一般教育政策文件中也多次专门强调民族教育，力度之大、频次之高、涉面之广，前所未有，为各个民族的教育发展从"补齐短板"向"质量提升"转型掀开了新的历史篇章。

（一）培养少数民族高层次人才，优化民族人才结构

少数民族高层次骨干人才计划旨在为西部民族地区培养一批少数民族党政干部和各类专业人才，大力推动西部民族地区的快速发展。该计划按照"统一规划，分步实施，先试点总结经验，再逐步扩大"的要求逐步实施。早在 2004 年，教育部、国家发展改革委、国家民委、财政部、人事部联合颁布的《关于大力培养少数民族高层次骨干人才的意见》就指出，从 2005 年开始选择部分中央部属高校试点招生 2500 人（其中博士生 500 人，硕士生 2000 人），经过总结实践经验，至 2007 年达到年招生 5000 人的规模，其中博士生 1000 人（按国家统一学制执行），硕士生 4000 人。2010 年国家稳定了招生规模，延续至今。

国家在招生中对少数民族学生采取"自愿报考、统一考试、适当降分、单独统一划线"等特殊措施，按照"定向招生、定向培养、定向就业"的要求，规定毕业生一律按定向培养和就业协议到定向地区和就业单位。少数民族高层次骨干人才计划为少数民族学生接受研究生教育提供了优惠政策，使大量的少数民族学生拥有了继续深造的机会，同时定向培养、定向就业有利于防止人才流失，更好地满足了民族地区现代化建设中各领域的人才需求。

（二）丰富内地民族班办学层次，提升质量与管理水平

为帮助西藏自治区、新疆维吾尔自治区尽快培养大批建设人才，国家利用内地的办学优势，从 1985 年起在内地省、市创办西藏班（校）；2000 年开始，在北京

等 12 个城市的重点高中开办内地新疆高中班；2005 年，扩大内地新疆高中班招生规模。到 2008 年，内地新疆高中班已扩大到 12 个省市 28 个城市的 50 所学校，累计完成 9 届 2.4 万人的招生任务，90% 以上的毕业生顺利升入内地高校进行学习，其中 85% 的毕业生考取重点院校。同时，国家分别于 2010 年、2011 年举办西藏内职班和新疆内职班，培养职业技能人才。2015 年起，内地民族班保持稳定规模，不再扩招，注重教育管理服务的提升。如今，内地民族班形成了涵盖初中教育、高中教育、职业教育、预科教育、本专科教育和研究生教育在内的办学新格局，走出了一条中国特色培养少数民族人才的新道路。

2016 年，教育部办公厅颁发了《关于进一步做好内地西藏班和新疆班学生学籍管理工作的通知》，明确提出 2014 年全国中小学生学籍信息管理系统（以下简称全国学籍系统）全面应用后，内地班学生学籍转接同步纳入全国学籍系统管理，并对实施和管理提出了具体的要求和工作的方法；内地班举办省份应按照《中小学生学籍管理办法》的规定，通过全国学籍系统为内地班学生办理学籍转接手续，要严格遵循"人籍一致，籍随人走"原则，通过跨省就学或跨省转学方式将学生学籍转到内地班办班学校，提升内地民族班的管理和服务的科学化和规范化水平。

（三）狠抓教师队伍建设，聚焦民族双语教师补充及培训

2011 年 9 月 14 日，教育部办公厅印发了《关于做好少数民族双语教师培训工作的意见》，旨在积极稳妥、科学有序地推进双语教育，建设一支与双语教育发展相适应的教师队伍，提高民族教育教学质量。该文件指出"十二五"期间，中央财政将加大扶持力度，支持中西部省份进一步加强少数民族双语教师培训工作。该文件围绕双语教师培训，主要对培训工作、规划编制和机制建设、探索有效模式和加强经费的使用管理提出指导意见。

2012 年 11 月 27 日，教育部等五部门联合发布了《关于印发〈边远贫困地区、边疆民族地区和革命老区人才支持计划教师专项计划实施方案〉的通知》，提出从 2013 年起至 2020 年，每年选派 3 万名优秀幼儿园、中小学（含普通高中）和中等职业学校教师到"三区"支教一年；每年为"三区"培训 3000 名幼儿园、中小学和中等职业学校的骨干教师和紧缺专业教师。通过选派支教教师和培训当地教师，

加快"三区"教师队伍建设，提高教师素质，为推动"三区"普及学前教育、均衡发展义务教育、普及高中阶段教育、大力发展中等职业教育提供人才支持。

（四）促进民族地区产业升级，提高职业教育服务能力

2012年4月，教育部颁布《关于推进新疆中等职业教育发展的意见》，旨在举全国之力提升新疆中等职业教育办学水平和培养能力，加快培养一支靠得住、留得下、用得上的高素质劳动者和技能型人才队伍，支持新疆经济社会跨越式发展。此外，该文件还制定了阶段性目标：2012年继续扩大职业教育规模，普职比更加合理；2015年，全区88%的学龄人口接受高中阶段教育，普职比达到4:6，中等职业教育办学条件明显改善，技能型人才培养、培训能力和服务经济社会发展的能力明显增强；2020年，全区90%左右的学龄人口接受高中阶段教育，全区中等职业教育规模、质量和效益协调发展。

2013年，教育部、文化部、国家民委共同发布了《关于推进职业院校民族文化传承与创新工作的意见》，提出推动民族文化融入学校教育全过程，推动民间传统手工艺传承模式改革，服务相关民族产业转型升级与发展，加强非物质文化遗产传承人才培养，促进民族地区专业设置调整与优化，并通过一系列工作措施和组织保障予以达成。推进职业院校民族文化传承与创新是发挥职业教育基础性作用、发展壮大中华文化的基本要求，是提高技术技能人才培养质量、服务民族产业发展的重要途径。

（五）加强对口支援，培育民族地区"造血"功能

根据中央第六次西藏工作座谈会精神，为有力促进西藏和四省藏区教育事业的改革和发展，"十三五"期间将加强教育援藏工作，不断加大支援力度。教育部于2016年颁布了《关于加强"十三五"期间教育对口支援西藏和四省藏区工作的意见》。各省份、高校、直属单位深刻领会中央精神，进一步发挥人才优势、管理优势和资源优势，围绕教育教学质量、教师队伍建设、学前双语教育和中等职业教育等薄弱环节，突出重点，精准施力，不断加大教育援藏工作力度，提高教育质量。

为加快推动民族教育发展，创新对口支援的教育发展模式和政策，《关于加快中西部教育发展的指导意见》提出，继续办好内地西藏班、新疆班；实施万名教师

支教计划；增加民族地区学生上大学机会，确保人口较少民族学生有更多机会进入高水平大学学习；实施高层次双千人计划，从 2016 年起，用 5 年时间为西藏、新疆培养 1000 名左右干部，选拔培养 1000 名有潜力的优秀中青年学者。

三、民族教育质量提升的重要成就

十八大以来，我国民族教育事业快速发展，教育规模不断扩大，办学条件明显改善，学校民族团结教育广泛开展，教师队伍素质稳步提升，双语教育积极稳步推进，教育教学质量不断提高，培养了一大批少数民族人才，为加快民族地区经济社会发展、促进民族团结、维护祖国统一作出了重要贡献。由于历史、自然等原因，民族教育整体发展水平与全国平均水平相比差距仍然较大，必须把加快发展民族教育摆在更加突出的战略位置。

（一）民族团结教育探索常态化机制，将立德树人融入教育全过程

国家大力推进学校民族团结教育，将民族团结教育融入教育全过程。一是探索新的办学模式，中央和地方积极稳妥推进民汉合校；二是建立平台，在民族地区与支援省份之间建立起各族学生交流交往的平台，开展各族学生体育、文艺、联谊等活动；三是开展课程建设，教育部指导各地积极开设符合当地特色的民族团结教育地方课程，在高校和中职学校开设党的民族理论政策选修课，推进民族团结教育进教材、进课堂、进头脑。通过一系列措施扎实推进全国各级各类教育的民族团结教育工作。

（二）少数民族人才培养规模稳步扩大，人才培养成效显著

党和国家为培养少数民族地区急需的各类人才，在普通高等学校举办了少数民族预科班和民族班。到 2017 年，普通高校举办少数民族预科班和民族班，累计招收 40 余万人；实施少数民族高层次骨干人才计划，累计招收 3 万余人。据统计，绝大多数学生毕业后回到当地，扎根基层，在各个民族地区，尤其是新疆和西藏的重点地区，在经济建设、社会稳定等方面发挥着很重要的作用。2016 年，教育部对十二届全国人大四次会议第 8295 号建议的答复显示，我国 55 个少数民族都有了

自己的大学生，这主要是通过高校举办预科班、民族班来实现的。

（三）内地民族班办学层次不断丰富，规模发展与质量提升兼顾

为帮助西藏、新疆尽快培养大批建设人才，国家利用内地的办学优势，从1985年起在内地省、市创办西藏班（校），2000年开始在北京等12个城市的重点高中开办内地新疆高中班。2005年，教育部、国家发展改革委、财政部又颁发了《关于扩大内地新疆高中班招生规模的意见》，决定从当年起扩大内地新疆高中班招生规模。随着社会经济发展需求的动态变化，内地民族班的办学层次、类型、举办城市都有所调整。国家分别于2010年、2011年举办西藏内职班和新疆内职班，培养职业技能人才。2015年起，内地民族班保持稳定规模，不再扩招，注重教育管理服务质量的提升。根据2012—2015年《中国民族统计年鉴》可知，内地西藏班累计招收初中生4.64万人、高中生3.45万人、中职生0.84万人，为西藏培养了数以万计的各级各类人才；内地新疆班累计招收高中生7.10万人、中职生1.02万人，为新疆培养和输送了高校毕业生1.30万人。

（四）教师招聘和培训力度不断加大，教师队伍结构与质量明显改善

民族地区教师结构与质量不断改善，满足了民族地区的教学需求。2012—2015年，我国各级各类学校少数民族专任教师规模整体呈增长趋势，其中学前教育的增长尤为突出；主要民族地区义务教育阶段专任教师中大专及以上学历教师比例、高中阶段专任教师中本科及以上学历教师比例显著提高（图15.1）。

图 15.1 各级各类学校少数民族专任教师数量

数据来源：2012—2015 年《全国教育事业发展简明统计分析》。

　　专项教师招聘计划的实施，有效补充了民族地区教师。近年来，通过实施教育部直属师范大学师范生免费教育、"特岗计划"和农村学校教育硕士师资培养计划等项目，广大民族地区招聘到 17.7 万名有志投身教育事业的优秀教师。在中央政策示范引领下，民族地区自主探索、拓展与落实地方政策。2016 年西藏自治区出台了《西藏自治区乡村教师支持计划（2015—2020 年）实施办法》，面向昌都、那曲、阿里和日喀则等西部高海拔地区定向招录培养一批当地急需的中小学和幼儿园教师，每年不少于 500 人；实施乡村教师定向培养计划，每年单列 500 名招生计划。广西壮族自治区在全国率先构建起覆盖学前教育、义教教育、高中阶段教育、职业教育全学段的地方免费师范生教育体系；新疆、西藏等地在教育部大力支持下积极开展职教师范生免费教育，通过全国重点建设职教师资培养培训基地为新疆培养职教免费师范生，每年招收 740 名"双语双师型"职业教育教师。

　　通过实施农村中小学教师新课程网络培训项目、援助西藏中小学教师培训计

划、援助新疆中小学教师培训计划、援助边境民族地区中小学骨干教师培训项目和
"国培计划"等培训项目，民族地区 140 万人次的教师获得了素质提升（刘奕湛，
吴晶，2015）。

（五）双语教育稳步推进，新疆学前双语教育发展尤为突出

目前，全国幼儿园和中小学使用 21 个民族的 29 种文字实施双语教育。2012—
2015 年《全国教育事业发展简明统计分析》显示，2012—2015 年，我国民族省份
基础教育学校中的双语教学班数量稳步增长，从 79585 个增加到近 10 万个；接受
双语教学学生数持续增长，从 276.8 万人增加到 349.1 万人；双语教学专任教师数
快速增长，从 15 万人增加到 22 万余人，增长率高达 50%。双语教学班中以二类和
三类模式教学班为主；双语教师中担任二类模式［即除民族语文学科外，其他学科
用汉语授课、使用汉语文（汉语）教材教学的双语教学模式］教学的比例较高（图
15.2）。与此同时，学前、中小学双语课程标准、教材和教辅材料的编译和建设，
以广播、电视及其他新兴媒体为介质的双语教育资源及资源库建设，信息技术在双
语教育教学中的普遍深入应用，符合双语教育教学实际的质量监测评价体系的建
立，切实促进了双语教育从"扩规模"向"重质量"转变。

图 15.2 民族省份基础教育学校接受双语教学的学生数量

数据来源：2012—2015 年《全国教育事业发展简明统计分析》。

"十二五"期间，中央加大对新疆双语幼儿园的支持力度，推进新疆双语幼儿园建设与发展，成效显著。新疆先后实施了新疆双语教师特设岗位计划、自治区农村双语幼儿园教师招聘计划、学前双语特设岗位教师计划等，累计招聘中小学和幼儿园教师 7.26 万人，其中，双语教师 6.24 万人；此外，建成了 1600 多所南疆农村学前双语幼儿园。2012—2015 年《全国教育事业发展简明统计分析》显示，2015 年，南疆接受学前两年双语教育少数民族幼儿达 34.1 万人，比 2014 年增长了12.7 万人，普及率达到 79.5%。民族省份基础教育学校双语教师数量逐年增加（图15.3）。

图 15.3   民族省份基础教育学校双语教师数量

数据来源：2012—2015 年《全国教育事业发展简明统计分析》。

（六）民族地区职业教育加快发展，助力民族地区精准脱贫

发展职业教育是少数民族和民族地区实现两个根本性转变、提高劳动者素质的必要而有效的手段。近年来，党中央、国务院大力支持民族地区职业教育发展，着力提升少数民族学生就业创业技能和幸福生活指数。

职业教育重视民族文化传承，服务民族产业发展。根据《教育规划纲要》的部署，民族地区承担了 4 项国家教育体制改革中等职业教育重大试点项目和 16 项

中等职业教育改革创新试点项目。2013—2016 年，教育部办公厅、文化部办公厅、国家民委办公厅先后公布了 2 批共 162 个全国职业院校民族文化传承与创新示范专业点，为加强职业院校民族文化类专业建设、推进民族文化传承与创新培养符合民族文化产业需要的高素质技术技能人才。

作为我国第一个西部职业教育改革试验区，2009 年，四川省在全国率先启动藏区"9+3"免费职业教育计划，每年组织约 1 万名藏区学生到四川省内优质职业学校免费接受中等职业教育，其中 87% 以上的学生来自农牧民家庭，实现藏区贫困农牧民学生"零缴费"和"无障碍入学"。《西藏自治区 2014 年全面改善贫困地区义务教育薄弱学校基本办学条件工作总结》指出，有 4 届"9+3"毕业生走向社会，初次就业率均达到 98% 以上，这一计划让藏区老百姓看到了一人成才、全家脱贫的美好前景。

截至 2014 年底，新疆共有职业院校 198 所，其中高职学校 22 所，中职学校 176 所，4 所国家高等职业院校示范校，23 所国家中等职业学校示范校。全疆中职少数民族在校生 14.22 万人，少数民族在校生比 2009 年增长 23.65%；高职在校生 13.53 万人，比 2009 年增长 60.69%（练玉春，2015）。

（七）对口支援长效机制渐成，教育援疆援藏力度不断加大

经过探索实践，我国建立健全了中东部省份、中央企业、高校和职教集团对口支援民族地区教育发展以及中西部省份相对发达地市对口支援本地民族县的帮扶机制。"十二五"期间，19 个援疆省份实施教育援助项目 528 个，投入资金 108.5 亿元；17 个援藏省份实施教育援藏项目 148 个，投入资金 6 亿元；6 个省份在青海 6 个自治州共落实教育援助项目 86 个，援助资金近 2.8 亿元；组织实施了对口支援西部地区高等学校计划，对口支援西藏、新疆高校实现了全覆盖；建立了 17 个东中部职教集团、33 所民办本科学校对口支援藏区 17 个地州中职教育的帮扶机制（柴葳，2015）。

四、民族教育质量提升的主要经验

（一）始终注重把握方向

将立德树人贯穿于民族教育全过程，坚持党的领导，民族团结教育深入校园，"五个认同"思想全面融入教材，确保民族地区学生拥有享受优质教育的机会；坚持办好内地民族班，形成贯通各级各类教育的异地办学人才培养模式，促进各民族交往交流交融，夯实中华民族共同体思想基础。

（二）始终注重教师发展

完善民族地区教师队伍建设长效机制，提升民族地区教师待遇，落实民族地区教师激励政策，更新民族地区教师的教育理念，提升民族地区教师教学技能和双语教学水平，并为民族地区教师的交流、培训等提供多元化路径，全面提高民族地区教师的思想政治素质、师德水平和能力素质，帮助民族地区教师获得较高的社会认可度和自我认同感。

（三）始终注重双语教育

从明确双语教育阶段性目标、认真作好双语教育发展规划、进一步完善双语教育体系、进一步加强双语教育资源平台建设、加强民族文字教材建设、切实加强对双语教育的调研和科学研究等方面入手，科学、积极、稳妥推进双语教育。

（四）始终注重对口支援

通过对口支援这种异地帮扶、资源共享的政策模式，实现民族地区精准脱贫、全面小康。对口支援的机制不断创新和发展，目前已经从"输血"发展到"造血"的深度支援阶段，从"单打独斗式"支援发展为"组团式"支援，促进民族教育实现跨越式发展。

▶ 第十六章

特殊教育：一个也不能少

十八大以来，党和国家对特殊教育予以高度关注，出台了一系列重大举措推动特殊教育质量的提升，取得了显著成效。近年来，特殊学校教育教学的有效性、针对性和规范性大大加强，特殊儿童的学业水平、康复水平、职业技能均有所提升，特殊教育教师队伍的专业素养逐渐提高，融合教育氛围有效改善，我国特殊教育正从机会保障向内涵式发展转变。

一、特殊教育质量观

联合国儿童基金会在其专题报告《定义教育质量》中从以下五个方面描述了高质量的教育：第一，健康、有活力、作好充分准备、得到了家庭和社区支持的学习者；第二，健康、安全、具有保护性的、注重性别差异的、资源和设施充足的学习环境；第三，反映相关课程的教学内容，有助于获得基本能力（尤其是语文、数学和生活技能）的学习材料，以及性别、健康、营养、艾滋病预防和平等方面的知识；第四，训练有素的教师、以学习者为中心的教学方法、精心组织的课堂和学校、以促进学习和减少差异为目标的测试；第五，以知识技能获得和态度养成为中心、与国家教育目标相联系并促进学生积极参与社会的学习结果。对应到特殊教育领域中，则分别指作好充分学习准备的特殊儿童、特殊教育发展的软硬件环境、特殊教育课程和教材建设、特殊教育教师和教学及特殊儿童各领域的发展水平。本部分对于特殊教育质量的论述也以此为框架展开，以较为全面地展示十八大以来特殊教育质量提升的经验与成就。

二、特殊教育质量提升的重大举措

十八大以来，党和国家对特殊教育事业发展的重视程度空前提高，采取了一系列重大举措，推进特殊教育从机会保障向内涵式发展转变，大力提升特殊教育的保障水平和质量。十八届五中全会明确提出"办好特殊教育"，这为我国特殊教育的发展指明了方向，也对特殊教育质量的提升提出了更高的要求。整体来看，十八大以来我国特殊教育质量提升的举措主要集中在完善特殊教育体系、出台三类特殊教育学校课程标准、改革教育教学方法、提升特殊学生职业素养和职业能力、大力推行融合教育、加强特殊教育教师队伍建设等方面，相继出台了《特殊教育提升计划（2014—2016 年）》《普通学校特殊教育资源教室建设指南》《残疾人参加普通高等学校招生全国统一考试管理规定（暂行）》等专项政策。此外，在其他与教育相关的政策文件，如《国家教育事业发展"十三五"规划》中，也对提升特殊教育质量的举措进行了重申，这些举措取得了显著的成效。

（一）完善特殊教育体系

近年来，随着义务教育阶段特殊儿童入学率的较大幅度提升，积极发展包括学前教育、高中阶段教育、残疾人高等教育在内的非义务教育阶段特殊教育，逐步完善特殊教育体系，成为十八大以来相关政策关注的重点。这些政策旨在充分满足学龄前特殊儿童发展和义务教育阶段后残疾人自我实现的需要。2014 年颁布的《特殊教育提升计划（2014—2016 年）》要求将特殊儿童学前教育纳入当地学前教育发展规划，列入国家学前教育重大项目；鼓励特殊教育学校举办残疾人高中部（班），大力发展以职业教育为主的残疾人高中阶段教育；鼓励高等学校设立特殊教育学院，要求高校普通专业积极创造条件招收符合要求的残疾学生。2015 年 4 月，教育部和中国残疾人联合会联合印发了《残疾人参加普通高等学校招生全国统一考试管理规定（暂行）》，为残疾学生参加普通高考提供了便利，是完善特殊教育体系的重要举措之一。

（二）颁布盲校、聋校、培智学校课程标准

为了全面提升特殊教育学校教育教学的有效性和规范性，2016 年底教育部颁

布《盲校义务教育课程标准（2016 年版）》《聋校义务教育课程标准（2016 年版）》和《培智学校义务教育课程标准（2016 年版）》，并将进一步开展相应教材的研究和开发工作，这是十八大以来特殊教育课程建设的重要举措，使之前相对混乱的特殊教育学校教学有章可循，为特殊教育学校教学质量的提升提供了重要参考。

（三）促进教育与康复相结合

教育干预和医疗康复是特殊儿童实现缺陷补偿和潜能开发的重要手段。《国家教育事业发展"十三五"规划》中提出"促进教育与康复相结合，注重残疾学生潜能开发和缺陷补偿"，《特殊教育提升计划（2014—2016 年）》中要求"开展'医教结合'实验，提升残疾学生的康复水平和知识接受能力"，十八大以来特殊教育领域的课程和教学改革表现出鲜明的教育与康复相结合的特色，以期为特殊儿童知识水平和康复水平的提升奠定基础。

（四）大力推行融合教育

大力发展融合教育、扩大普通学校随班就读规模，是十八大以来我国特殊教育发展的主要方向。国家已逐渐意识到，大规模兴建特殊教育学校并不是长久之计，普通学校向残疾学生打开大门才是特殊儿童教育质量提升的正确道路。此外，《特殊教育提升计划（2014—2016 年）》要求逐步建立和完善特殊儿童随班就读支持体系，提出"尽可能在普通学校安排残疾学生随班就读，加强特殊教育资源教室、无障碍设施等建设，为残疾学生提供必要的学习和生活便利"。2016 年 1 月，教育部办公厅印发《普通学校特殊教育资源教室建设指南》，为资源教室的建设提供国家层面的规范和科学依据。

（五）加强特殊教育教师队伍建设

十八大以来国家高度重视加强特殊教育教师队伍建设、提升特殊教育教师专业化水平的关键作用，提出到 2020 年，形成一支数量充足、结构合理、素质优良、富有爱心的特殊教育教师队伍。具体举措主要包括：第一，教育部于 2015 年 8 月印发《特殊教育教师专业标准（试行）》，为特殊教育教师职前培养和职后培训提供依据，为未来特殊教育教师资格证制度的出台奠定基础；第二，扩大特殊教育教师培养规模，鼓励普通高校开设特殊教育专业，同时采取集中培训和远程培训相结合的方式，加大对全国特殊教育学校教师的职后培训力度；第三，要求普通师范专业开设特殊教育相关课程，提高普通教师的特教素养和指导随班就读特殊儿童的能力；第四，落实特殊教育津贴等待遇，增强特殊教育教师职业吸引力，关注特殊教育教师心理健康。

三、特殊教育质量提升的重要成就

十八大以来，在党中央和国务院对特殊教育事业的高度重视和空前支持下，我国特殊教育的质量得到了显著提升，初步实现了由机会保障向内涵式发展的转变，形成了保障特殊儿童入学机会和注重教育教学质量提升并重的局面。从特殊儿童各领域发展水平的提升，到特殊教育教师队伍专业化水平的提高和结构的优化，再到整个融合教育氛围的改善，特殊教育的发展已经不局限于提升特殊儿童的入学率，而是将其受教育质量和发展水平的提升作为核心目标。围绕质量提升这一目标，我国特殊教育的发展取得了一系列重要成就。

（一）教学针对性和有效性显著提升

特殊儿童的个体差异性对教学的个别化程度和针对性提出了天然的诉求。十八大以来，深化特殊教育教学改革、注重特殊教育的差异性和针对性等要求在相关政策文件中得以体现。目前，我国大多数特殊教育学校均在入学时通过专业、系统的评估和相关人员的讨论共同为每个学生建立个别化教育计划（Individualized Education Program, IEP），其中详细说明特殊儿童的背景信息、当前的发展水平、为其拟定的长短期目标、所需的特殊服务和具体的评估方式等内容，以个别化教育计划为依据对特殊儿童开展教育和干预，并将个别化教育与启发式、参与式、合作式等教学方法相结合，促进特殊儿童积极思考、自主学习、合作学习。此外，在教师工作量允许的情况下特殊教育学校尽量增加个训课的课时比例，以保证每个特殊儿童均能够最大限度地接受适合的教育，充分发挥潜能。

（二）特殊儿童康复水平逐渐提高

随着科学技术的发展和进步，在有关政策的支持下，在特殊教育学校中对特殊儿童进行的早期干预和康复工作取得了较大的进展。残疾人康复服务体系的健全、医教结合实验的开展、作业治疗的引入、康复人才培养力度的加强、康复设施设备的配备等，均为特殊儿童康复水平的提升提供了条件保障。十八大以来，我国对于低视力儿童、听力残疾儿童、肢体残疾儿童的康复支持力度显著加强，功能性视力的训练、人工耳蜗植入等使得特殊儿童的缺陷功能得到了有效重建和补偿，为其潜能发挥和社会适应提供了重要基础。

（三）特殊儿童学业水平不断提升

十八大以来，我国特殊教育发展的显著特征之一便是逐渐由单纯的机会保障向重视内涵式发展转变。2016 年颁布的《盲校义务教育课程标准（2016 年版）》《聋校义务教育课程标准（2016 年版）》《培智学校义务教育课程标准（2016 年版）》有效地规范了特殊教育学校的教学活动。教学手段的改进、教学资源的丰富、教师专业化水平的提高，使得特殊教育学校教学的有效性不断加强，特殊儿童的认知能力和学业水平不断提升，尤其是智力正常的视力残疾儿童、听力残疾儿童和肢体残疾儿童等，均能在特殊教育学校或普通学校中学习与普通学生完全相同或类似的课程内容，并在相关条件的保障下，通过参加普通高考获得平等接受高等教育的机会，这是其学业水平提升的最直接、最重要的体现。

（四）特殊学生职业技能和就业水平得到加强

十八大以来，特殊学生职业教育规模显著扩大，开设职业教育部的特殊教育学校以及残疾人中等职业学校的数量显著增加。同时，残疾人中等职业学校能够针对特殊学生的特点和优势调整专业结构，采用适合特殊学生的教学方法，充分整合和利用资源，建立实习实训基地，为特殊学生提供充分的见习和实习机会，使其职业技能得到有效提升。2012—2015 年《中国残疾人事业发展统计公报》显示，2012—2015 年，共有 21309 名残疾毕业生获得了职业资格，占所有毕业生的 70% 以上。

（五）特殊学生接受高等教育的机会不断扩大

特殊学生接受高等教育机会的增加是特殊教育质量和特殊学生综合素质提升的重要体现，也是特殊学生发挥潜能、赢得自信、提升生活品质的有效途径。2012 年以来，我国特殊学生接受高等教育的机会持续扩大，每年录取的残疾大学生从

2012 年的 8363 人增加至 2015 年的 10186 人，增加了 21.8%。其中，随着特殊教育高中班教学质量的不断提升和相关政策的有效落实，几年来，进入普通高校就读的残疾大学生数量增长速度较快，2012—2015 年共增加了 1279 人，占残疾大学生总增量的 70.2%，且在普通高校就读的残疾大学生占所有残疾大学生的比例保持在85.0% 左右，而进入特殊教育学院就读的残疾大学生数量保持了较为平稳、缓慢的上升速度（图 16.1）。

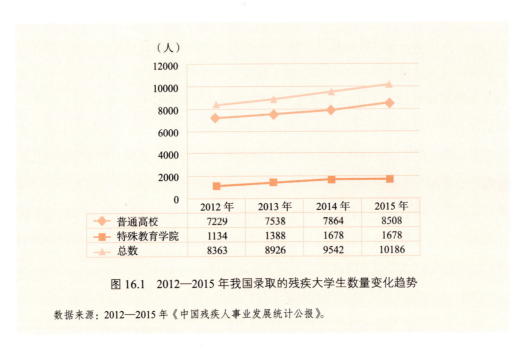

（人）

	2012 年	2013 年	2014 年	2015 年
◆ 普通高校	7229	7538	7864	8508
■ 特殊教育学院	1134	1388	1678	1678
▲ 总数	8363	8926	9542	10186

图 16.1　2012—2015 年我国录取的残疾大学生数量变化趋势

数据来源：2012—2015 年《中国残疾人事业发展统计公报》。

（六）特殊教育师资队伍专业化水平日益提升

十八大以来，特殊教育师资队伍建设得到了高度重视。2015 年，教育部颁布了《特殊教育教师专业标准（试行）》，使特殊教育教师的专业素养得到了有效提升，主要体现在以下几个方面。

1. 专任教师的学历水平逐渐提升

十八大以来，在各项大力加强特殊教育教师队伍建设的政策的支持下，特殊教育专任教师的整体学历水平得到了明显提升。其中，本科学历的专任教师数量增长速度较快，2012—2015 年共增加了 7836 人，使得本科学历的教师成为特殊教育专任教师的主力军，占所有特殊教育专任教师的 60.1%。此外，高中及高中以下学历的特殊教育专任教师数量缓慢下降，比例从 6.7% 下降至 3.4%，研究生学历的特殊教育专任教师数量逐渐上升，2015 年占比将近 2.0%，比 2012 年提高了约 0.5%（图 16.2）。

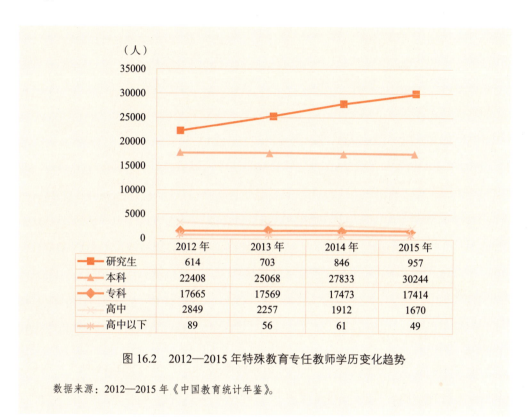

（人）	2012 年	2013 年	2014 年	2015 年
研究生	614	703	846	957
本科	22408	25068	27833	30244
专科	17665	17569	17473	17414
高中	2849	2257	1912	1670
高中以下	89	56	61	49

图 16.2　2012—2015 年特殊教育专任教师学历变化趋势

数据来源：2012—2015 年《中国教育统计年鉴》。

2. 专任教师的职称水平有所提高

职称反映了特殊教育专任教师的专业技术水平，是其综合工作能力的标志。2012—2015 年，我国特殊教育专任教师中，具有中学高级职称的教师共增加了 1517 名，占比也由 2012 年的 8.9% 提高至 2015 年的 11.1%，说明特殊教育专任教师队伍中，专业化水平较高的教师越来越多。此外，具有小学高级、小学一级职称的教师从数量上看有所增长，但占比表现出小幅下降的趋势（图 16.3）。

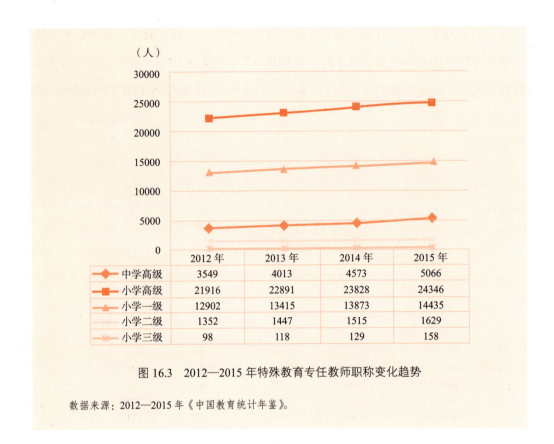

（人）	2012 年	2013 年	2014 年	2015 年
中学高级	3549	4013	4573	5066
小学高级	21916	22891	23828	24346
小学一级	12902	13415	13873	14435
小学二级	1352	1447	1515	1629
小学三级	98	118	129	158

图 16.3　2012—2015 年特殊教育专任教师职称变化趋势

数据来源：2012—2015 年《中国教育统计年鉴》。

3. 接受过特殊教育专业培训的教师比例逐年增加

由于特殊教育教师中很大一部分是由普通教育甚至其他行业转岗而来，所以，是否接受过特殊教育专业培训是影响特殊教育专任教师专业化水平的重要因素。2012 年以来，随着"国培计划"的深入开展和各项政策措施的贯彻落实，特殊教育教师培训力度大大加强，特殊教育教师中接受过特殊教育专业培训的教师比例逐年增长，尤其是 2012 年至 2013 年，从 46.7% 增长到 61.0%，共增长了 14.3 个百分点，2014 年、2015 年保持了较为稳定的增长幅度，提升了特殊教育专任教师针对特殊儿童开展教育教学的专业性和胜任力。

4. 特殊教育教师的专业素养大幅提升

随着《特殊教育教师专业标准（试行）》的颁布和教师培训力度的加强，我国特殊教育教师，尤其是城市和经济发达地区的特殊教育学校教师和随班就读教师专业素养均显著提升（王雁 等，2015）。特殊教育教师在个人修养与行为上更加富有爱心、责任心、耐心、细心和恒心，勤于学习、积极实践、不断进取；在专业知识上，更加了解并能够运用学生发展知识、学科知识、教育教学知识等；在专业能力上，提升了环境创设与利用、教育教学设计、组织与实施、激励与评价、沟通与合作以及反思与发展等能力。

（七）融合教育氛围有效改善

融合教育已成为当前国际特殊教育以及整个教育领域改革的重要趋势，我国也将大力发展随班就读作为提高特殊儿童教育普及水平和质量的主要措施。十八大以来，各项特殊教育相关政策均对随班就读给予了有力支持。随着融合教育的理念在我国教育系统中逐渐深入，其价值和合理性得到了更高程度的认可和接纳。北京、上海、浙江等地均出台了融合教育专项支持计划，山东、四川、湖北等地建立了随班就读改革和实验区，努力创设尊重、接纳、平等、参与的氛围，推动融合教育的开展。此外，社会对融合教育的宣传范围和力度均大大加强，接纳残疾学生的普通学校数量越来越多，普通教师、普通学生及其家长对残疾学生的接纳和包容程度日益提高，逐渐从积极的方面看待并认可融合教育的价值（赵斌，许小珊，马小卫，2016）。有的地区还探索建立了特殊教育学校与普通学校定期举行交流活动的制度，促进特殊教育与普通教育的相互了解。同时，越来越多的普通师范专业开设特殊教育相关课程和内容，师范生学习和了解特殊儿童和融合教育相关知识的主动性逐渐增强，教育特殊儿童的能力已成为其专业素养的重要组成部分（冯雅静，李爱芬，王雁，2016）。

四、特殊教育质量提升的主要经验

十八大以来，我国特殊儿童的受教育质量得到了显著提升，特殊教育发展取得了可喜的成就。这一方面得益于世界特殊教育发展的规律和方向逐渐清晰，为我国特殊教育的发展提供了有益的参考和借鉴；另一方面，更得益于我国紧密围绕现阶段的基本国情，探索出了符合我国特殊教育现实需要和特殊儿童身心发展规律的道路和经验。

（一）政策的倾斜和创新是特殊教育质量提升的根本保障

由于特殊教育仍然是目前我国各级各类教育中相对薄弱的环节，国家在制定和出台政策时有一定程度的倾斜，对特殊教育领域的问题予以重点关注和专门解决，例如定期出台专项政策进行保障，对一定时期内特殊教育发展的各个方面予以专门、详细的规定，以此提升教育行政部门及学校的重视程度，加强政策的落实，最终促进特殊教育质量的提升。2014年初国务院办公厅转发的《特殊教育提升计划（2014—2016年）》便是十八大以来出台的特殊教育专项政策，它提出了2014—2016年特殊教育发展的总体目标、重点任务、主要措施，为我国特殊教育的发展和特殊教育质量提升提供了有力保障。

（二）以融合教育为突破口促进普通教育系统改革是特殊教育质量提升的必然选择

特殊教育学校已经不能满足特殊儿童入学率提升及学业、社会性等方面发展的需要，普通学校向特殊儿童打开大门是当前特殊教育质量提升的必然选择。融合教育并非特殊教育领域内部的举措，而应当是整个普通教育体系改革和发展的方向，国际融合教育发展的实践和成效也充分证明了融合教育的正确性、必要性和可行性。十八大以来，我国出台的相关政策对随班就读的支持力度空前加强，对经费保障、师资队伍建设、设施设备的配备等均进行了详细规定，使得我国的随班就读工作逐渐走上规范化发展的道路，随班就读特殊儿童的受教育质量也得以提升。因此，坚定不移地走融合发展之路，进而带动整个普通教育体系的有效变革，健全随班就读支持体系和保障机制，是提高特殊儿童教育质量和生活品质的正确选择。

（三）差异化和个别化教学是特殊教育质量提升的有效途径

差异性是特殊儿童的最重要特征，特殊儿童受教育质量的提升最终需要依托高度个性化、有针对性的教育和康复服务。因此，加强个别化教育、增强教育的针对性与有效性是特殊儿童实现个性发展、充分发挥潜能的重要手段，也是特殊教育质量得以提升的有效途径。十八大以来，特殊教育相关政策均对改革特殊教育教学方法、加强个别化教育提出要求，《特殊教育提升计划（2014—2016年）》中要求"加强个别化教育，增强教育的针对性与有效性"。个别化教育在特殊儿童的教育和干预中得到了有效的贯彻和落实，个别化教育计划的制订落实和个训课的广泛开展使特殊儿童的缺陷能够得到合理补偿、优势能够充分发挥，使特殊儿童能够得到真正适合自身发展的教育。未来仍需继续深化特殊教育课程教学改革，在健全课程教材体系的同时改革教育教学方法，将教育教学规律的一般性和特殊教育及特殊儿童发展的特殊性相结合，充分发挥个别化教学在特殊儿童教育中的核心作用，提高教育的针对性和有效性。

（四）教师专业素养的提升是特殊教育质量提升的内部动力

十八大以来，特殊教育师资队伍的建设作为特殊教育质量提升的突破口和关键因素得到了国家相关政策的高度重视，建设一支数量充足、结构合理、质量优良的特殊教育教师队伍是我国当前特殊教育质量提升的迫切要求。在过去的几年中，我国特殊教育教师的学历水平不断提升，职称结构趋于合理，接受过特殊教育专业训练的特殊教育教师数量和比例均稳步增长，这些都为特殊教育教学有效性和专业性的提升提供了保障。未来我国将进一步把特殊教育师资队伍建设作为特殊教育质量提升的抓手，以"建设一支数量充足、结构合理、素质优良、富有爱心的特殊教育教师队伍"为最终目标，研究制定特殊教育学校教师编制标准和资格准入制度，保障特殊教育服务的科学性和专业性。

（五）构建多元化支持体系是特殊教育质量提升的必要保障

特殊教育质量的提升需要依托教育部门、发展改革部门、财政部门、民政部门、卫生计生部门、残联等多部门协同推进的工作机制，以实现特殊教育事业的持续、健康发展。十八大以来，我国已经初步建立了提升特殊教育质量的多元化支持体系，各有关部门多次联合发文对特殊教育的发展进行规划和要求，体现了对特殊教育质量提升的共同关注。未来将继续整合各部门资源，发挥部门优势，使其各司其职，进一步完善特殊教育支持体系，从教育、医疗、社会服务等多角度保障特殊儿童受教育质量和生活品质的提升。

▶ **第十七章**

民办教育：在分类中发展

随着我国民办教育的政策环境不断改善，我国民办教育的发展与改革成效显著。在学龄人口规模下降的情况下，民办教育的机构数和在校生数大幅增加，办学层次不断提高。到 2016 年底，全国已有民办学校 17.1 万所，比 2015 年增加 8253 所，民办学校在校生 4825.5 万人，比 2015 年增加 254 万人。随着一批有特色、创新型民办学校开始形成，民办教育的质量不断提高，为创新教育体制机制、服务经济社会发展作出了积极贡献。

一、民办教育质量观

办学质量是民办学校的生命线和核心竞争力。民办教育在扩大教育供给、吸纳社会资金和满足人民群众多样化、选择性的教育需求等方面发挥了积极的作用，然而，由于民办教育当前还处于发展的初期阶段，办学质量相对不高，社会对民办教育的认可度还不高。民办学校只有通过不断完善自身建设，把提高质量放在首位，提升内涵、办出特色，才能获得更大的发展空间。

民办教育的质量观集中体现在如何提升民办学校的办学水平上，其核心是各级各类民办学校要从以规模扩张为主的外延式发展向以质量提升为核心的内涵式发展转变，依靠质量、特色、品牌赢得社会信任。民办教育的质量观主要包含以下三个方面的内容：多样的质量观、发展的质量观、管理的质量观（唐德海，1999）。多样的质量观主要体现为人才培养的多样性；发展的质量观主要是指民办学校发展过程中办学条件与办学水平的提升；管理的质量观则侧重反映民办学校管理的规范性。

民办教育质量观的核心要素主要体现在经费、教师与管理三个方面：相对完善的经费投入体系是影响民办学校发展和质量的重要因素；教师队伍是提升民办学校质量的关键因素，提高教师待遇，加强教师队伍建设，已成为民办学校质量提升的发力点；规范管理是民办学校健康长远发展的重要基础，民办学校需要加强制度规范和预留成长空间。

二、民办教育质量提升的重大举措

党和国家高度重视民办教育的发展，先后出台了一系列支持和规范民办教育健康发展的政策文件，修订了《中华人民共和国民办教育促进法》，正式确立了非营利性和营利性民办学校分类管理，制定了分类管理的实施细则，同时也为各级各类民办学校的发展创造条件，积极鼓励地方政府探索与创新，鼓励民办学校采取多种途径实现资源共享。

（一）加强民办学校党组织建设

2016 年 4 月 18 日，习近平总书记主持召开了中央全面深化改革领导小组第二十三次会议并发表重要讲话，会议审议通过了《关于加强民办学校党的建设工作的意见（试行）》。此次会议强调，支持和规范民办教育发展，要坚持和加强党对民办学校的领导，设立民办学校要坚持党的建设同步谋划、党的组织同步设置、党的工作同步开展，确保民办学校始终坚持社会主义办学方向。

（二）改善民办教育的政策环境

1. 积极鼓励社会力量兴办教育

继 2012 年 6 月教育部出台《关于鼓励和引导民间资金进入教育领域促进民办教育健康发展的实施意见》（以下简称"22 条"），明确提出拓宽民间资金参与教育事业发展的渠道之后，十八大报告中再次明确提出"鼓励引导社会力量兴办教育"，表明民办教育在我国教育体系中占有重要地位。

2014 年 3 月，李克强总理在作政府工作报告时专门指出要鼓励发展民办学

校，体现出新一届国家政府对民办教育的重视以及大力支持民办学校发展的政策
倾向。

2016 年 12 月，国务院出台《关于鼓励社会力量兴办教育促进民办教育健康发
展的若干意见》，从加强党对民办学校的领导、创新体制机制、完善扶持制度、加
快现代学校制度建设、提高教育教学质量、提高管理服务水平六大方面，提出鼓励
社会力量兴办教育的重要举措。

2. 修订《中华人民共和国民办教育促进法》

2015 年 1 月 7 日，李克强总理主持召开国务院常务会议，按照深化教育领域
综合改革的需要，会议讨论通过了对《中华人民共和国教育法》《中华人民共和国
高等教育法》《中华人民共和国民办教育促进法》等进行一揽子修改的修正案草案，
明确提出对民办学校实行分类管理，允许兴办营利性民办学校。2016 年 11 月 7
日，第十二届全国人民代表大会常务委员会第二十四次会议审议通过了《关于修改
〈中华人民共和国民办教育促进法〉的决定》，正式通过了《民办教育促进法修正案
草案（三审稿）》，自 2017 年 9 月 1 日起施行。此次修订明确了进一步加强民办学
校党的建设，明确实行非营利性和营利性民办学校分类管理，进一步保障民办学校
举办者以及师生的合法权益，进一步完善国家扶持政策，进一步健全民办学校治理
机制等内容。

《中华人民共和国民办教育促进法》的修订充分体现了党和政府对民办教育事
业的促进和对相关政策的完善，也为深化教育领域综合改革、促进民办教育健康发
展提供了法律保障，成为民办教育改革发展新的里程碑。

（三）明确民办学校分类管理制度

2010 年颁布的《教育规划纲要》提出，要积极探索营利性和非营利性民办学
校分类管理，进行营利性和非营利性民办学校分类管理试点。2012 年，教育部出
台的"22 条"提出，要"满足人民群众多层次、多样化的教育需求，探索完善民
办学校分类管理的制度、机制"。

近年来民办教育分类管理不断探索经验与改革创新，为分类管理制度的确立
提供了很好的条件与基础。2016 年 11 月审议通过的《民办教育促进法修正案草案

（三审稿）》，正式明确了民办学校分类管理制度，并规定允许举办实施学前教育、高中阶段教育、高等教育以及非学历教育的营利性民办学校。为进一步落实和推进民办学校分类管理，加强监管，2016 年 12 月，国家多部门联合出台《民办学校分类登记实施细则》与《营利性民办学校监督管理实施细则》两个实施细则，不仅为民办学校分类管理的顺利开展提供依据，也对营利性民办学校的设立、组织机构、教育教学、财务资产、信息公开、变更与终止、监督与处罚等内容作出制度安排。

（四）促进各级各类民办学校发展

1. 大力支持民办幼儿园提供普惠性服务

为解决我国公办幼儿园资源紧缺的问题，继 2010 年《国务院关于当前发展学前教育的若干意见》提出"积极扶持民办幼儿园特别是面向大众、收费较低的普惠性民办幼儿园发展"之后，国家出台多项政策积极促进民办普惠幼儿园的发展，主要通过政府补贴、购买服务、减免租金、派驻公办教师、培训教师等方式，支持民办普惠园提供普惠性服务，并加强对其收费、质量等方面的监管。

2. 引导支持社会力量兴办职业教育，吸引社会力量参与社区教育

2014 年 5 月，国务院颁布的《关于加快发展现代职业教育的决定》不仅提出探索发展股份制、混合所有制职业院校，允许以资本、知识、技术、管理等要素参与办学并享有相应权利，还提出探索公办和社会力量举办的职业院校互相委托管理和购买服务的机制，引导社会力量参与教学过程，共同开发课程和教材等教育资源。2016 年 7 月，教育部等九部门颁布的《关于进一步推进社区教育发展的意见》提出"推进社区教育领域政府购买服务的试点工作，探索通过政府购买、项目外包、委托管理等形式，吸引行业性、专业性社会组织、社区社会组织和民办社会工作服务机构参与社区教育"。

3. 落实民办高校办学自主权

近年来，国家始终依据《中华人民共和国民办教育促进法》的相关规定，积极落实和保障民办学校的办学自主权，具体体现在如下几个方面。一是明确办学自主权范围，民办学校依法自主制定发展规划，设立内部组织机构，聘任教师和职员，

管理学校资产财务。二是进一步扩大专业设置自主权，按照国家课程标准和有关规定自主设置和调整专业、开设课程、选用教材、制订教学计划和人才培养方案。三是进一步落实招生自主权，支持民办高校参与高等学校招生改革试点，省级教育行政部门可视生源情况允许民办本科学校调整招生批次。四是取消校长聘任需报审批机关核准的规定，民办学校聘任校长不再需要核准。五是改革价格管理政策，营利性民办学校收费实行自主定价，非营利性民办学校收费政策由地方政府按照市场化方向根据当地实际情况确定。

4. 落实民办学校的优惠政策

党的十八届三中全会提出了"健全政府补贴、政府购买服务、助学贷款、基金奖励、捐资激励"等鼓励社会力量兴办教育的具体方式与举措。近年来，国家和地方各级政府不断创新扶持方式，依法落实对民办学校的各项优惠政策。一是国家在资助政策体系中对民办学校给予了同等的待遇，在健全普通本科学校、高等职业学校、中等职业学校家庭经济困难学生资助体系时，在国家助学金名额分配、评定方面，民办学校学生享有与同级同类公办学校学生同等的权利。二是国家在实施"十二五"教育领域重大建设专项时，如农村学前教育推进工程、中等职业教育基础能力建设工程、中西部高校基础能力建设工程等，都对民办学校执行统一标准、实行统一政策。

（五）加强民办学校师资队伍建设

1. 多措并举加大对民办学校教师的培训力度

国家高度重视加强包括民办学校教师在内的教师培训，多措并举，通过实施"国培计划"、职业院校教师素质提高计划、新世纪优秀人才支持计划、高等学校高层次创造性人才计划，加大对包括民办学校教师在内的教师培训力度。

2. 新修订的《中华人民共和国民办教育促进法》进一步保障民办学校教师待遇

2012年印发的"22条"明确要求民办学校依法依规保障教师工资、福利待遇，按照国家有关规定为教师办理社会保险和住房公积金，鼓励为教师办理补充养老保险。支持地方人民政府采取设立民办学校教师养老保险专项补贴等办法，提高民办学校教师的退休待遇。按照现行政策规定，民办高校教师参加的是企业职工基本养老保险。2016 年 11 月新修订的《中华人民共和国民办教育促进法》提出民办学校应当依法保障教职工的工资、福利待遇和其他合法权益，并为教职工缴纳社会保险，鼓励民办学校按照国家规定为教职工办理补充养老保险。

（六）鼓励民办学校创新育人模式

在民办学校自主创新、深化教育教学改革方面，国家允许基础教育阶段的民办学校在完成国家规定课程的前提下自主开展教育教学活动。在实践层面，自 2013 年起，33 所民办高校通过援助设备仪器、支持专业建设、开展教师培训交流等多种方式，对口援助西藏和四省藏区中等职业教育发展，取得了良好的社会效果。2016 年 12 月，国务院出台《关于鼓励社会力量兴办教育促进民办教育健康发展的若干意见》，提出积极鼓励公办学校与民办学校相互购买管理服务、教学资源、科研成果，引导社会力量参与开发课程和教材。

三、民办教育质量提升的重要成就

近年来，我国民办教育改革发展成效显著，民办教育法律及相关政策得到完善，制约民办教育发展的瓶颈问题得到解决。民办学校办学规模不断扩大，层次不断提高，一批有特色、创新型民办学校正在形成。民办学校教师人事制度改革初见成效，教师配置水平稳步提高。与此同时，各级各类民办学校的育人质量全面提升，民办学校毕业生的发展向好。

（一）民办教育发展环境得到明显改善

1. 差别化扶持政策体系日趋完善

民办教育政策与法律法规不断完善，促使非营利性民办学校、民办学历教育和学前教育得到了重点扶持。

优质的、品牌化办学的民办学校得到扶持发展。一些省份制定出台了鼓励优质民办教育做大做强的政策文件，使得优质的、品牌化办学的民办学校得到了快速发展。2015 年 12 月，河南省人民政府发布《关于加快推进民办教育发展的意见》，指出"支持民办学校做大做强……鼓励办学实力较强的民办学校组建教育集团，实行联合办学，发挥品牌效应。在全省各级示范性学校建设中，重点扶持发展一批办学规范、质量优良、特色鲜明、社会声誉好的优秀民办学校"。

民办学校办学自主权得到落实。在中央相关政策要求之下，各地纷纷出台了落实民办学校办学自主权的实施意见，推动民办学校的办学自主权得到有效保障。2013 年 8 月，新疆维吾尔自治区发布《关于进一步促进民办教育发展的意见》，要求"落实民办学校办学自主权。民办学校遵循法律法规和有关政策规定，自主开展教育教学活动"。

另外，民办学校享有了更多的税收、用地、师生权益等政策优惠。在一些政策的推动下，民办学校在税收、用地、师生权益方面得到了更多的优惠。

2. 民办学校分类管理制度更加完善

一些省份出台了配套政策，使得民办学校的分类管理探索稳步推进，对于民办学校的管理更加完善。2013 年以来，陕西、浙江、山东、上海等省市相继出台相关政策，探索对民办教育实行分类管理与登记。2013 年 7 月，陕西省教育厅等三部门发布《陕西省民办高等学校（教育机构）分类登记管理实施办法》，对民办高等学校（教育机构）实行分类登记管理。2015 年 3 月，山东省教育厅等四部门发布《关于印发〈山东省民办普通中小学校（幼儿园）分类认定办法（试行）〉的通知》，提出了非营利性和营利性民办学校的认定标准，以及非营利性和营利性两类民办学校的登记与管理办法。

3. 民办学校参与公办学校教学改革的机会日趋增多

在创新社会管理、推动政府购买社会服务的背景下，政府出台政策支持民办学校与公办学校对接，民办学校获取了更多的资源和更好的发展平台。2015 年 2 月，北京市教育委员会、北京市财政局发布《北京市民办教育机构参与中小学学科教学改革项目管理办法（试行）》，提出开展民办教育机构参与小学英语、中学学科教学改革，引入民办教育机构开展委托办学等工作。

（二）民办学校教师配置水平稳步提高

民办学校教师待遇逐渐提高，培训机制日趋完善。政府在民办学校教师队伍待遇保障等方面给予政策倾斜，建立激励机制和充满活力的教师使用机制，同时，改善办学条件，让教师留得住。

　　公办学校教师积极引领、整体带动了民办学校教师队伍的提升。通过学校与政府签订协议，鼓励公办学校教师到民办学校任职任教，引领带动民办学校发展，这一举措为民办学校提供了发展壮大的机遇，为优秀公办学校教师提供了更大的发展空间，给家长提供了选择优质教育资源的机会。

　　民办学校教师数量紧缺问题进一步缓解。除民办普通高中、民办高校外，其他各级民办学校的生师比整体上趋于下降，教师数量紧缺问题进一步缓解。2012—2015 年，民办幼儿园的生师比分别为 20.28、19.51、18.78、18.11，民办小学的生师比分别为 41.77、41.41、40.12、20.27，民办初中的生师比分别为 18.97、17.87、16.98、17.59，民办中职的生师比分别为 27.34、26.70、25.52、25.44（图 17.1）。

图 17.1　民办学校生师比

数据来源：2013—2016 年《中国统计年鉴》。

　　民办高校"双师型"教师比例逐步提高。2012—2015 年，民办专科学校"双师型"教师占专任教师的比例分别为 25.00%、25.80%、27.40%、28.30%。2012—2015 年，民办本科学校"双师型"教师占专任教师的比例分别为 7.80%、7.30%、9.79%、11.40%（图 17.2）。

图 17.2　民办高校"双师型"教师比例

数据来源：2012—2015 年《全国教育事业发展简明统计分析》。

　　民办高校教师学历水平不断提高，高学历教师比例持续稳定提高，具有研究生学历的专任教师占比不断提高。2012—2015 年，民办专科学校具有研究生学历的专任教师占比分别为 34.10%、35.40%、35.98%、37.10%。2012—2015 年，民办本科学校具有研究生学历的专任教师占比分别为 63.20%、64.60%、65.95%、67.60%（图 17.3）。

图 17.3　民办高校研究生学历教师比例

数据来源：2012—2015 年《全国教育事业发展简明统计分析》。

（三）民办院校毕业生的就业状况逐渐改善

民办高职院校毕业生的就业率整体较高，呈现平稳态势。2013 年民办高职院校毕业生的就业率为 95.30%，2014 年为 95.00%，2015 年为 95.30%，基本保持稳定（图 17.4）。

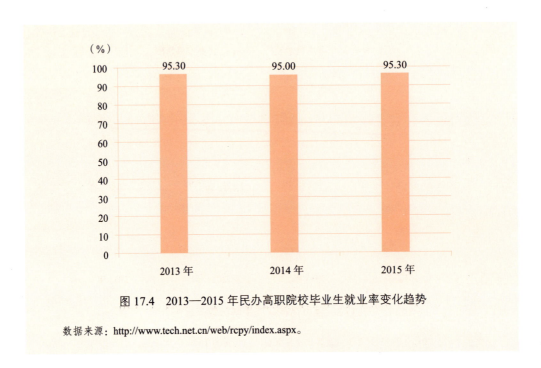

图 17.4　2013—2015 年民办高职院校毕业生就业率变化趋势

数据来源：http://www.tech.net.cn/web/rcpy/index.aspx。

　　用人单位对于民办高职院校毕业生的满意状况较好。92.6% 的用人单位对民办高职院校毕业生感到满意（中国高职高专教育网，2016）。及时了解用人单位对于民办高职院校毕业生的满意状况，有助于了解用人单位对民办职业学校人才培养的要求及毕业生培养质量，找出民办职业学校在人才培养过程中存在的问题，进一步提高民办职业学校的办学水平和教学质量。

（四）民办学校的办学特色逐渐凸显

1. 把民办园纳入学前教育教研指导网络，通过结对帮扶等多种方式提高民办园保教质量

　　2016 年 4 月，广东省教育厅等四部门印发《广东省普惠性民办幼儿园认定、扶持和管理办法》，提出"各级政府部门要加强对普惠性民办园保教质量的帮扶力度，通过优质园结对帮扶、公办民办捆绑发展、派驻幼儿园管理人员和骨干教师指导等多种途径，提升普惠性民办园保教水平"。

2. 各地建立了民办中小学质量评估体系，民办中小学育人质量得到提升

　　2015 年 12 月，中共上海市教育卫生工作委员会等三部门发布《上海市深化民

办教育综合改革指导意见》，提出"探索建立民办学校第三方质量认证制度和质量监控制度，培育更多的社会机构参与民办学校办学过程和办学质量评估"。

2013年9月，浙江省人民政府发布《关于促进民办教育健康发展的意见》，提出"把民办学校全面纳入全省教育督导评估范围。加强民办学校年度检查工作，将年度检查结果向社会公布并作为政府扶持资助和评优表彰的重要依据"。

3. 民办高职教育的内涵建设取得长足进步，社会服务能力明显增强，校企合作机制逐步完善，人才培养质量显著提升

各地不断创新民办教育管理机制，支持社会声誉好、教学质量高、就业有保障的民办高职院校，努力打造以优质民办高职院校服务产业发展、促进技术技能积累的发展局面，提升民办高职院校服务地方经济社会发展的能力。推动民办高职院校校企深度合作、产教融合，促进教育和产业同步发展，推动人才培养质量提升。

4. 民办高校人才培养方案和课程体系逐步完善，一批有特色、创新型民办高校正在形成

各地出台相关政策，不断推动民办高校的办学模式改革，修订完善人才培养方案和课程体系，增加实践教学比重，以培养学生的创新精神和实践能力为重点，注重素质教育、通识教育，努力满足社会对应用型人才知识、能力和素质的要求，创新育人机制。一批有特色、创新型民办高校正在形成，各校探索出了适合自身校情的民办高校改革思路，适应了国家对人才培养的要求，走出了独具特色的高素质应用型人才培养之路。

四、民办教育质量提升的主要经验

民办教育在我国教育体系中发挥着越来越重要的作用，民办教育的发展已从单纯追求规模扩张转向注重内涵与特色发展，分类管理与特色发展也是促进民办教育质量提升的关键要素。基于近年来我国民办教育发展取得的成绩以及地方政府与各级各类民办学校取得的实践成果，民办教育质量提升的经验可归纳为以下几点。

（一）加强党的领导是根本保证

民办教育相关政策中强调，要切实加强民办学校党的建设工作，实现民办学校党组织全覆盖，充分发挥民办学校党组织的政治核心作用。民办学校中的中国共产党基层组织按照党章开展党的活动，发挥党组织的政治核心作用，加强和改进民办学校思想政治教育工作，确保民办学校始终坚持社会主义办学方向。

（二）完善法律政策是客观需要

随着《中华人民共和国民办教育促进法》修订工作的完成，通过对民办学校党的建设、分类管理、合理回报、剩余财产归属以及政府的扶持举措等方面作出新的规定，从根本上厘清了长期困扰民办教育发展的制度性问题，为进一步明确民办学校的合法地位、维护民办学校教师和学生的合法权益奠定了法律基础。国务院《关于鼓励社会力量兴办教育促进民办教育健康发展的若干意见》及3个配套文件的颁布，增强了民办教育改革的综合性、系统性、协同性，从根本上破除了体制机制障碍，同时也要求把教师队伍建设作为提高教育教学质量的重要任务。

（三）丰富办学体制是主要途径

重视探索高等职业教育混合所有制办学，积极鼓励社会力量兴办职业教育，引导企业、个人和社会多渠道投资职业教育，使更多的资源向职业教育聚集。2015年，教育部印发了《高等职业教育创新发展行动计划（2015—2018年）》，把"探索混合所有制办学"作为"增强院校办学活力"的重要内容进行了部署。截至2016年11月，全国已有21个省（市、区）和新疆生产建设兵团承接了"开展建设混合所有制高等职业院校的理论与实践课题研究"任务和"支持公办高等职业院校和企业合作举办适用公办学校政策、具有混合所有制特征的二级学院"项目，预估支持经费共计9975万元，计划建设97个具有混合所有制特征的二级学院。同时，一些地方已经开始实践混合所有制办学模式，如政府与社会资本合作参与学校建设和管理，民办职业院校与公办职业院校互相委托管理或购买服务等模式（教育部，2016b）。

（四）突出办学特色是必然选择

引导民办学校办出特色、办出水平，培育优质教育资源和品牌是国家政策鼓励的方向。近年来，民办教育领域改革成效显著，民办学校教育教学水平不断提高。国家也不断加大支持力度，加强政策引导。一方面，支持高水平有特色民办学校建设，引导民办中小学校办出特色，鼓励发展民办职业教育，积极支持有特色、高水平、高质量民办高校发展。扶持和资助民办学校提高管理水平，加强教师队伍建设，建立民办学校与公办学校共享优质教育资源的机制，深化教育教学改革，创新人才培养模式，推动民办学校不断提高办学水平和人才培养质量。另一方面，鼓励民办学校创新育人模式。例如，允许实施高等学历教育和中等职业学历教育的民办学校按照国家课程标准和有关规定自主设置和调整专业、开设课程、选用教材、制订教学计划和人才培养方案。基础教育阶段的民办学校在完成国家规定课程的前提下可以自主开展教育教学活动。

（五）规范办学行为是底线约束

为规范民办学校办学行为，国家和各地采取了一些行之有效的措施。在国家层面，教育部、人力资源和社会保障部、民政部等部门不断强化日常监管和年度检查工作，组织开展了民办非企业单位自律与诚信建设活动，组织实施了民办非企业单位规范化建设评估，着力强化事中事后监管工作。在地方层面，有的地方提取了民办学校办学风险保证金，以备学校出现风险时退还学生学费、支付欠发的教师工资及其他必要支出。国务院《关于鼓励社会力量兴办教育促进民办教育健康发展的若干意见》以及配套文件也作出了相关规定，从设立审批、财务会计制度、内部控制、审计监督、风险防范、信息公开、失信惩戒等方面对民办学校的办学条件、办学规模、办学行为实行全方位全过程的规范和管理。

▶ 第十八章

农村教育：最美的风景是学校

农村教育历来受到党和国家的高度重视。十八大报告理清了农村教育深入改革和持续发展的基本思路，指出要"大力促进教育公平，合理配置教育资源，重点向农村、边远、贫困、民族地区倾斜"，这也成为近五年来国家出台的农村教育质量提升系列举措的政策基础。

一、农村教育质量观

现阶段，农村教育要坚持全面发展的教育质量观，需着重从教师质量、课程教学资源、学校教学设施等方面加以改进。

均衡发展、实现城乡教育一体化是实现教育公平、提升农村教育质量的必由之路。2012 年国务院颁布的《关于深入推进义务教育均衡发展的意见》提出，要"巩固提高九年义务教育水平，深入推进义务教育均衡发展"。现阶段义务教育质量不均衡，主要是教育资源尤其是优质教育资源在城乡之间、区域之间的分配不均衡。为满足人民群众对高质量教育资源的迫切需求，促进城乡教育均衡发展、提高薄弱地区特别是农村地区教育的质量势在必行。

不断解决均衡发展过程中的突出问题是发展农村教育、提高教育质量的主要思路。推动教育均衡发展，要少一些"锦上添花"，多一些"雪中送炭"。从首先普及九年义务教育的"两基"目标、到现阶段对"县域内义务教育基本均衡和基本普及十五年教育"的新"两基"追求，从首先改善农村义务教育学校基本办学条件到逐渐提高乡村教师质量等，都体现出这一基本脉络。可见，我国农村教育发展的基本思路就是抓住关键和薄弱点，在有限的条件下，逐渐推进和提升农村教育的办学水平和质量。

二、农村教育质量提升的重大举措

我国农村教育改革发展主要借助政策推行、标准制定、项目跟进、评估改进等多种方式，从提高教师素质、扩大教育资源、关爱弱势群体、丰富课程资源以及改善办学条件等方面着手，分阶段、分步骤地有序推进，从而达到提高农村教育质量的目的。

（一）围绕"提高待遇、提升质量"加强乡村教师队伍建设

十八大以来，我国乡村教师队伍建设主要围绕提升质量和提高待遇两方面来进行。2015年颁布的《乡村教师支持计划（2015—2020年）》具有里程碑式的重要意义。该政策将乡村教师队伍建设目标进一步明确化，即"到2017年，力争使乡村学校优质教师来源得到多渠道扩充，乡村教师资源配置得到改善，教育教学能力水平稳步提升，各方面合理待遇依法得到较好保障，职业吸引力明显增强，逐步形成'下得去、留得住、教得好'的局面。到2020年，努力造就一支素质优良、甘于奉献、扎根乡村的教师队伍，为基本实现教育现代化提供坚强有力的师资保障"。

1. 全方位提高乡村教师待遇

提高乡村教师物质和精神待遇，有利于激发教师工作积极性，提高教师职业幸福感，使优秀教师"留得住"，从而进一步稳定和扩大乡村教师队伍。

给予乡村教师生活补助。《中共中央国务院关于加快发展现代农业进一步增强农村发展活力的若干意见》特别指出，"设立专项资金，对在连片特困地区乡、村学校和教学点工作的教师给予生活补助"。随后，国务院办公厅、教育部先后出台多个文件落实这一要求。《关于实施教育扶贫工程意见的通知》提出"绩放工资分配向村小学和教学点专任教师倾斜"。《关于落实2013年中央1号文件要求对在连片特困地区工作的乡村教师给予生活补助的通知》要求"各地制定补助标准时，要根据教师工作、生活条件的艰苦程度等因素合理分档确定，重点向村小和教学点倾

斜、向条件艰苦地区倾斜，不搞平均主义"。为掌握补助发放情况，发现问题并及时改正，教育部 2015 年对连片特困地区乡村教师生活补助发放情况进行了调查摸底，并向社会发布通报，对下一步补助发放工作提出了新的要求。

出台绩效工资分配、职称晋升、周转房建设等优先保障政策。2013 年颁布的《关于全面改善贫困地区义务教育薄弱学校基本办学条件的意见》要求"职称晋升和绩效工资分配向教学点专任教师倾斜。农村教师周转宿舍建设和使用要优先考虑教学点教师需要"。《乡村教师支持计划（2015—2020 年）》进一步强调了要全方位提升教师生活待遇，各地要"依法为教师缴纳住房公积金和各项社会保险费。在现行制度架构内，做好乡村教师重大疾病救助工作……各地要按规定将符合条件的乡村教师住房纳入当地住房保障范围，统筹予以解决"。

建立乡村教师荣誉制度。《乡村教师支持计划（2015—2020 年）》首次明确提出精神奖励制度化，规定"国家对在乡村学校从教 30 年以上的教师按照有关规定颁发荣誉证书。省（区、市）、县（市、区、旗）要分别对在乡村学校从教 20 年以上、10 年以上的教师给予鼓励。各省级人民政府可按照国家有关规定对在乡村学校长期从教的教师予以表彰。鼓励和引导社会力量建立专项基金，对长期在乡村学校任教的优秀教师给予物质奖励。在评选表彰教育系统先进集体和先进个人等方面要向乡村教师倾斜。广泛宣传乡村教师坚守岗位、默默奉献的崇高精神，在全社会大力营造关心支持乡村教师和乡村教育的浓厚氛围"。2016 年，教育部、人力资源和社会保障部首次为 400 万名在岗和离退休教师颁发"乡村学校从教 30 年教师荣誉证书"。

2. 采取多种措施提高乡村教师质量

提高乡村教师培训质量。《关于全面改善贫困地区义务教育薄弱学校基本办学条件的意见》明确规定，"面向乡镇以下农村学校培养能承担多门学科教学任务的小学教师和'一专多能'的初中教师。提高中小学国家级培训计划的针对性和有效性，省级教师培训要向农村义务教育教师、校长倾斜"。2014 年颁布的《"国培计划"中西部农村中小学骨干教师培训项目和幼儿园教师培训项目管理办法》也提出，要"通过对农村义务教育阶段教师和农村幼儿园教师进行有针对性的专业培训，提高教师教育教学能力和整体素质，引导各地规范教师培训管理"。《乡村教师支持计划（2015—2020年）》详细阐述了从培训制度、培训资源支持、培训内容、培训手段和方式、培训经费保证等各方面提升乡村教师能力素质的途径。

完善教师交流制度。《边远贫困地区、边疆民族地区和革命老区人才支持计划教师专项计划实施方案》提出要通过教师交流的方式加大对"三区"农村教育的支援力度，即"从2013年起至2020年，每年选派3万名优秀幼儿园、中小学（含普通高中，下同）和中等职业学校教师到'三区'支教一年；每年为'三区'培训3000名幼儿园、中小学和中等职业学校的骨干教师和紧缺专业教师"。《关于全面改善贫困地区义务教育薄弱学校基本办学条件的意见》提出要"推进县域内校长教师交流轮岗，提高城镇中小学教师到乡村任教的比例"。2014年教育部等三部门联合颁发的《关于推进县（区）域内义务教育学校校长教师交流轮岗的意见》提出了"推动优秀校长和骨干教师到农村学校、薄弱学校任职任教并发挥示范带动作用"，"乡镇范围内，重点推动中心学校向村小学、教学点交流轮岗"。《乡村教师支持计划（2015—2020年）》也提出要采取多种措施"推动城镇优秀教师向乡村学校流动"，包括推进义务教育教师队伍"县管校聘"管理体制改革，采用多种途径和方式重点引导优秀校长和骨干教师向乡村学校流动等举措。

此外，《乡村教师支持计划（2015—2020年）》还从教师补充渠道、统一城乡编制标准等角度，提出了促进乡村教师队伍质量提升的政策要求。

（二）推进以扩大教育资源覆盖面为核心的学前教育三年行动计划

学前教育三年行动计划开始于2011年，第一期截止到2013年底。2013年，我国在园幼儿（含农村地区）比2010年增长了918万人，相当于前10年增量的总和，共培养农村幼儿教师29.6万名，学前教育改革取得历史性成就。十八大以后，为进一步扩大学前教育资源的覆盖面，教育部等三部门出台了《关于实施第二期学前教育三年行动计划的意见》，将发展学前教育依据的基本原则确定为"新增资源重点向贫困地区和困难群体倾斜"，并提出在2016年实现"城镇和经济发达地区的农村全面普及学前三年教育，其他农村地区特别是集中连片特困地区学前三年毛入园率有较大增长"的发展目标。为此，首先要扩大总量，尤其是"着力扩大农村学前教育资源，重点解决好连片特困地区、少数民族地区、留守儿童集中地区学前教育资源短缺问题"。

为扩大农村学前教育资源总量，国家主要采取了两个措施。第一，加大对农村地区学前教育的投入。"逐步建立起以公共财政投入为主的农村学前教育成本分担机制"，"财政性学前教育投入要最大限度地向农村、边远、贫困和民族地区倾斜"，"将原来的校舍改建类和综合奖补类项目整合为扩大学前教育资源奖补项目，支持地方改扩建和新建公办幼儿园、利用社会力量举办普惠性幼儿园、改善办园条件，并向中西部地区和薄弱环节倾斜，引导和激励地方完善学前教育公共服务体系"。第二，加强农村地区学前教育教师队伍建设。"通过生均财政拨款、专项补助等方式，支持解决好公办园非在编教师、农村集体办幼儿园教师工资待遇问题，逐步实现同工同酬"，"鼓励地方建立完善学前教育师范生免费教育制度，为农村幼儿园培养一批学前教育专业专科层次教师。各地可聘任优秀的幼儿园退休教师，到教师资源短缺的农村地区任教或开展巡回支教"。

第二期学前教育三年行动计划鼓励采取多种形式扩大农村学前教育资源，中央财政重点支持中西部尤其是农村地区学前教育发展，这对巩固一期发展成果、促进教育公平与提高农村地区学前教育质量具有重大意义。

（三）建立并完善农村留守儿童关爱服务体系

农村留守儿童是农村学生中的弱势群体，他们在心理健康发展、安全防护等方面存在较大问题，急需得到社会的关注和关爱。针对这一特殊群体，教育部等五部门在2013年发布了《关于加强义务教育阶段农村留守儿童关爱和教育工作的意见》，主要从三个方面确保留守儿童身心健康：第一，切实改善留守儿童教育条件，做到优先满足留守儿童教育基础设施建设，优先改善留守儿童营养状况，优先保障留守儿童交通需求；第二，不断提高留守儿童教育水平，加强留守儿童受教育全程管理，加强留守儿童心理健康教育和法制安全教育，加强家校联动组织工作；第三，逐步构建社会关爱服务机制，支持做好留守儿童家庭教育工作、社区关爱服务和社会关爱活动。

2016年国务院颁布的《关于加强农村留守儿童关爱保护工作的意见》从国家

层面进一步明确了加强农村留守儿童关爱保护工作的总体目标，即"家庭、政府、学校尽职尽责，社会力量积极参与的农村留守儿童关爱保护工作体系全面建立，强制报告、应急处置、评估帮扶、监护干预等农村留守儿童救助保护机制有效运行，侵害农村留守儿童权益的事件得到有效遏制。到 2020 年，未成年人保护法律法规和制度体系更加健全，全社会关爱保护儿童的意识普遍增强，儿童成长环境更为改善、安全更有保障，儿童留守现象明显减少"。为此，需要从完善农村留守儿童关爱服务体系、建立健全农村留守儿童救助保护机制、从源头上逐步减少儿童留守现象这三个方面重点推进。可见，2016 年《关于加强农村留守儿童关爱保护工作的意见》相较于 2013 年《关于加强义务教育阶段农村留守儿童关爱和教育工作的意见》而言更全面、更系统，措施更有力，为农村留守儿童身心健康发展创设了良好的政策环境。

教育系统进一步加大对留守儿童的关爱保护力度，主要通过寄宿制学校建设和农村义务教育学生营养改善计划来推进。

《关于加强义务教育阶段农村留守儿童关爱和教育工作的意见》提出要"优先满足留守儿童教育基础设施建设……使农村寄宿制学校教室、宿舍、食堂、厕所、浴室等办学条件得到明显改善……确保每名寄宿生有一个标准床位。提高义务教育阶段农村寄宿制学校公用经费……为寄宿制学校配备必要的生活教师"。《关于实施农村义务教育薄弱学校改造计划的通知》《关于实施教育扶贫工程意见的通知》《中西部农村初中校舍改造工程总体方案》等均对寄宿制学校的建设标准和规范提出了具体要求，主要包括明确学校建设标准、配置辅助人员、明确责任管理体制、规定优先保障内容以及保障学校运转经费等五个方面，确保留守儿童的学习和寄宿需要得到满足。

农村义务教育学生营养改善工作进一步"提标扩面"。自 2011 年秋季学期起，国家在集中连片特困地区（不含县城）启动农村义务教育学生营养改善计划。中央财政为国家试点地区义务教育阶段学生提供每天 3 元（全年按 200 天计算）的营养膳食补助。2014 年，该项工作进一步"提标扩面"。中央财政安排资金 9.4 亿元，将农村义务教育学生营养改善计划补助标准从每天 3 元提高到每天 4 元，达到每生每年 800 元。同时鼓励各地以贫困地区、民族地区、边疆地区、革命老区等为重点，因地制宜开展营养改善地方试点，中央财政对开展地方试点的省份按照不高于国家试点标准的 50% 给予奖励性补助。该项措施旨在提高农村义务教育学生特别是留守儿童的营养水平，提高其身体素质，缩小他们与城市学生的身体发育差距。

（四）丰富偏远地区农村学校数字教育资源

为丰富农村偏远地区教学点的课程教学资源，教育部于 2012 年启动了教学点数字教育资源全覆盖项目，旨在通过 IP 卫星将优质数字教育资源传输到全国 6.7 万个教学点，帮助农村边远地区开齐开好国家规定课程，满足适龄儿童就近接受良好教育的基本要求。《关于全面启动实施"教学点数字教育资源全覆盖"项目的通知》明确了这项工作的目标，即"2012、2013 两年，为农村义务教育学校布局调整中确需保留和恢复的教学点配备数字教育资源接收和播放设备，配送优质数字教育资源，并以县域为单位、发挥中心校作用，组织教学点应用资源开展教学，利用信息技术帮助教学点开好国家规定课程，提高教育质量，促进义务教育均衡发展，更好服务农村边远地区适龄儿童就近接受良好教育的需要"。

教学点数字教育资源全覆盖项目建设主要从三个方面展开。第一，支持各教学点建设可接收数字教育资源并利用资源开展教学的基本硬件设施，通过卫星传输方式推送数字教育资源至各教学点。第二，有条件的地区，可在中央支持的基础上进一步增加投入，提高设备和资源应用水平。第三，具备网络接入条件的教学点还应配备摄像头，利用网络建立亲子热线，满足教学点留守儿童与外出打工父母的交流需要。到 2013 年底前，要完成全国所有教学点的建设任务。

此外，十八大以来，农村义务教育学校的办学条件和保障措施也得到不断完善。《关于全面改善贫困地区义务教育薄弱学校基本办学条件的意见》《教育部关于2013 年深化教育领域综合改革的意见》《关于制定全面改善贫困地区义务教育薄弱学校基本办学条件实施方案的通知》《教育部关于进一步做好全面改善贫困地区义务教育薄弱学校基本办学条件有关工作的通知》《国务院办公厅关于加快中西部教育发展的指导意见》《国务院关于统筹推进县域内城乡义务教育一体化改革发展的若干意见》等一系列文件对农村义务教育学校的教学装备、校舍改造、县镇学校扩容、运转经费保障、教师素质提高以及教学质量提升等进行了全面的规划和改进，农村义务教育学校的办学条件明显改善，为农村义务教育质量提升提供了基本的硬件保障。

国家还提出了解决县镇"大班额"问题的发展目标。现阶段，我国将小学超过45人、初中超过50人的班级规模视为大班额。2016年国务院印发的《关于统筹推进县域内城乡义务教育一体化改革发展的若干意见》明确提出了"到2018年基本消除66人以上超大班额，到2020年基本消除56人以上大班额"的发展目标。"大班额"问题的解决，可以使县镇义务教育学校的班级人数控制在一定规模内，有利于学校和教师全面实施素质教育，有利于学生身心健康发展，进而促进教育质量的提高。

以城乡统一的生均公用经费基准定额为核心的义务教育经费保障新机制，为农村义务教育质量提升提供了必要的财力支持。2015年颁布的《国务院关于进一步完善城乡义务教育经费保障机制的通知》提出，要整合农村义务教育经费保障机制和城市义务教育奖补政策，建立统一的中央和地方分项目、按比例分担的城乡义务教育经费保障机制，这一城乡统一、重在农村的义务教育经费保障机制是提高基本公共服务水平与促进城乡义务教育一体化发展重要的制度创新，对促进教育公平，提高农村义务教育质量具有十分重要的意义。

三、农村教育质量提升的重要成就

在国家及地方政府的强力推动下，农村教育的各项政策与项目得以顺利实施，农村教育质量明显提升，成就突出，具体显现在以下方面。

（一）农村基础教育教师素质进一步提升

十八大以来，免费师范生、"特岗计划"及乡村教师支持计划等政策的实施，使得农村教师队伍进一步扩大，教师素质得到不断提升。28个省份的小学教师配备和27个省份的初中教师配备达到了国家编制标准要求，22个省份699个集中连片特困县全部落实乡村教师生活补助政策，惠及105万名乡村教师，乡村教师职业吸引力进一步增强。2016年国家投入21.5亿元，实施中西部项目和幼师国培项目，培训教师约160万人次，切实提升了农村教师的专业化水平（教育部，2017a）。

1. 农村基础教育各学段专任教师学历合格率稳步增长

专任教师学历合格率是指专任教师中达到国家要求学历的教师比例。专任教师学历合格率的提高，能够说明教师素质进一步提升。十八大以来，我国农村基础教育各学段专任教师的学历合格率稳步提升，其中学前教育阶段教师学历合格率提升最快，2015年（69.72%）较2012年（58.99%）提高了10.73个百分点。初中和小学阶段的教师学历合格率增长也十分显著，分别从2012年的66.48%和81.73%增长到2015年的76.07%和89.73%，各增长了9.59和8.00个百分点。普通高中阶段教师学历合格率增长趋势相对平稳，增加了1.59个百分点。可见，在多项政策推动下，近年来我国农村基础教育师资素质迅速提升。

2. 农村义务教育阶段代课教师比例逐年下降

小学阶段的代课教师比例从2012年的3.50%降低到2015年的2.79%，初中阶段的代课教师比例从2012年的1.32%下降到2015年的0.77%。[①]可见，在乡村教师支持计划、学前教育三年行动计划等一系列政策及其配套措施的带动下，农村基础教育各学段专任教师的素质得到明显提升，教师队伍进一步稳定，为提高农村教育教学质量提供了有力的师资保障。

3. 农村基础教育阶段生（幼）师比稳中有降

生（幼）师比是在校学生数（在园幼儿数）与学校专任教师数的比值，反映教师整体规模是否与学生数量相匹配。控制在一定范围之内的生（幼）师比，有助于教师更好地关注学生，因材施教，能确保素质教育的有效落实。十八大以来，我国农村基础教育阶段生（幼）师比呈稳中有降趋势。由于城镇化进程的加速，农村学龄儿童数量迅速减少，同时国家和各级政府采取措施增加学前教育资源供应量，缩小班级规模，补充缺编教师，这些都促使农村基础教育各学段生（幼）师比进一步降低。

---

① 根据2012年、2015年《中国教育统计年鉴》相关数据计算得出。

　　农村小学、初中和普通高中阶段生师比呈平稳下降趋势，幼师比从 2012 年的 28.36 下降到 2015 年的 22.21，小学生师比从 2012 年的 18.12 下降到 2015 年的 16.29，初中生师比从 2012 年的 13.38 下降到 2015 年 12.15，普通高中生师比从 2012 年的 16.02 下降到 2015 年的 14.55（图 18.1）。根据我国 2014 年颁布的《关于统一城乡中小学教职工编制标准的通知》，县镇、农村中小学教职工编制标准与城市标准统一，即"高中教职工与学生比为 1:12.5、初中为 1:13.5、小学为 1:19"。从统计数据来看，目前我国农村中小学的生师比比较符合或接近国家规定。在学前教育阶段，2013 年出台的《幼儿园教职工配备标准（暂行）》规定了最大幼师比为 13，可见，尽管目前农村学前教育教师数量还存在很大的缺口，但也从 2012 年的约每 28 名幼儿配备 1 名专任教师减少到 2015 年的约每 22 名幼儿配备 1 名专任教师，减少幅度明显，学前教育三年行动计划的实施效果显著。

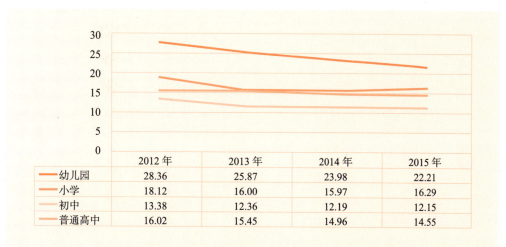

	2012 年	2013 年	2014 年	2015 年
幼儿园	28.36	25.87	23.98	22.21
小学	18.12	16.00	15.97	16.29
初中	13.38	12.36	12.19	12.15
普通高中	16.02	15.45	14.96	14.55

图 18.1　2012—2015 年农村基础教育生（幼）师比变化趋势

　　数据来源：幼儿园、普通高中数据根据 2012—2015 年《中国教育统计年鉴》相关数据计算得出，小学、初中数据来自 2012—2015 年《全国教育事业发展简明统计分析》。

　　生（幼）师比的降低，意味着每名农村教师面对更少的农村学生，一方面客观上说明了农村教师队伍相对于学生数量减少而逐渐壮大充实，另一方面也为各省份进一步提高农村教师素质、提升农村教育质量提供了重要保障。

（二）农村基础教育年级巩固率稳步提升，学前教育资源覆盖面进一步扩大

　　年级巩固率①能够说明农村学校在校生数量的稳定性。近年来，我国农村基础教育年级巩固率呈上升趋势。尽管从 2012 年到 2013 年，农村小学、初中及普通高中的年级巩固率均有所下降，但 2012—2015 年农村各学段年级巩固率总体呈上升趋势（图 18.2）。城镇化进程带来的自然减员、农村家庭到城镇寻求更加优质的教育资源等原因造成了农村在校生逐年减少，但农村基础教育各学段的年级巩固率却稳步提升，这在一定程度上反映出农村学校教育吸引力的增加，我们也可以初步推断农村教育质量有所提升。

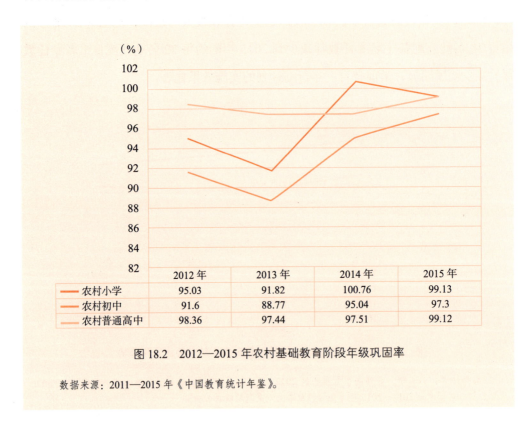

（%）	2012 年	2013 年	2014 年	2015 年
农村小学	95.03	91.82	100.76	99.13
农村初中	91.6	88.77	95.04	97.3
农村普通高中	98.36	97.44	97.51	99.12

图 18.2　2012—2015 年农村基础教育阶段年级巩固率

数据来源：2011—2015 年《中国教育统计年鉴》。

　　农村小学一年级在校生接受过学前教育的比例持续上升。2012—2015 年，农

---

①　小学阶段的年级巩固率 = 上一年度四年级在校生数 / 下一年度五年级在校生人数 ×100%，初中阶段的年级巩固率 = 上一年度二年级在校生数 / 下一年度三年级在校生人数 ×100%，高中阶段的年级巩固率 = 上一年度二年级在校生数 / 下一年度三年级在校生人数 ×100%。

村小学一年级在校生接受过学前教育的比例分别为 94.56%、95.95%、97.06% 和 97.55%。① 可以推断，学前教育三年行动计划卓有成效，有力地推动了农村学前教育资源覆盖面的扩大。

（三）留守儿童得到更多关注且营养健康状况明显改善

1. 建立农村留守儿童教育关爱观测联系点，发挥示范引领作用

2015 年，教育部在河北省张家口市万全县、安徽省六安市舒城县、江西省上饶市弋阳县、河南省固始县、湖北省孝感市、重庆市垫江县、四川省巴中市南江县、贵州省黔南州福泉市、陕西省安康市石泉县、甘肃省平凉市崇信县建立了 10 个农村留守儿童教育关爱观测联系点，通过观测联系点的建设，发挥对全国农村留守儿童关爱工作的示范引领作用。

2. 寄宿制学校建设为留守儿童提供了较高质量的学习生活环境

各项政策、项目的实施使寄宿制学校的建设有标准可依，教学设施和学生生活设施得到改善。2016 年，通过农村义务教育薄弱学校改造计划，全国共购置学生用床及食堂、饮水、洗浴等生活设施设备 1157 万个，大部分地区寄宿制学校基本实现一人一床位，农村学生住宿、用餐、饮水、洗浴条件得到较大改善。2015 年，中央财政安排补助资金 7.5 亿元，专项用于支持四省藏区义务教育寄宿制学校及附属设施建设，集中兴建一批标准化寄宿制学校，有效解决了这类地区学生居住分散、上下学交通不便等突出问题（教育部，2017a）。

3. 营养改善计划提高了学生的身体素质

农村义务教育学生营养改善计划的实施，使连片特困区和国家及地方试点县农村学生营养水平得到提高、身体素质进一步增强。截至 2017 年 3 月，全国共有 29 个省份（京、津、鲁单独开展了学生供餐项目）1590 个县实施了营养改善计划，覆盖学校 13.4 万所，受益学生总数达到 3600 多万人。全国超过 1/2 的县实施了营养改善计划，超过 1/2 的义务教育学校提供营养餐，近 1/4 的义务教育阶段学生享受营养膳食补助。全国实行食堂供餐的试点学校比例达到 71.0%，国家试点县达到

---

① 　根据 2012—2015 年《中国教育统计年鉴》相关数据计算得出。

76.6%（比 2012 年提高了近 20 个百分点），大大提高了供应安全、卫生、营养饮食的能力（孙竞，熊旭，2017）。

根据中国疾病预防控制中心连续 4 年（2012—2015 年）的跟踪监测，通过实施营养改善计划，试点地区学生的平均身高和体重增长明显，高于全国农村学生平均增长速度。2015 年，各年龄段男女生的平均身高比 2012 年高 1.2—1.4 厘米，平均体重分别比 2012 年多 0.7 千克和 0.8 千克。学生贫血率从 2012 年的 17.0% 降低到 2015 年的 7.8%，营养状况得到改善，学生学习能力有所提高，缺课率明显下降（教育部，2017b）。

此外，借助教学点数字资源全覆盖项目，农村教学点教学资源共用共享状态基本形成。自 2012 年项目开始到 2014 年底，全国 6.36 万个教学点全面完成建设任务，实现设备配备、资源配送和教学"应用"三到位（陈鹏，2014），逐步解决了农村边远地区教学点长期以来面临的缺师少教、无法开齐开好国家规定课程的问题，进一步丰富了教学点的优质课堂资源。

四、农村教育质量提升的主要经验

紧紧围绕党和国家工作重心，准确把握农村教育发展的基本思路，高度重视现阶段农村教育发展问题，不断完善和调整发展政策与措施，是提升农村教育质量、促进农村教育取得跨越式发展的重要途径。

（一）高位布局农村教育是提升质量的根本保证

历年的党和国家的纲领性文件均强调农村教育在推进城乡一体化、新农村建设以及实现小康社会过程中的重要性，并将农村教育改革发展纳入小康社会和新农村建设的战略格局中，在城乡一体化和完善农村基本公共服务体系的高位布局中发展农村教育、推动教育公平进程。这成为当前谋划和推出相关政策的基本理念和思想基础。

十八大报告、2013—2016 年连续出台的指导"三农"工作的中央"一号文件"等政策对农村教育的未来发展提出了要求，指明了方向，并随着改革的深入推进，不断聚焦新问题、提出新要求。例如，十八大报告提出要"大力促进教育公平，合理配置教育资源"；2013 年的中央"一号文件"在农村社会事业发展的布局中审视农村教育，积极推进城乡教育公共资源配置，并提出要关注农村留守儿童问题；2014—2016 年中央"一号文件"则围绕城乡发展一体化，提出要推进城乡基本教育公共服务均等化，建立健全农村留守儿童关爱服务体系，以及从多方面入手提升农村教育公共服务水平。

正是由于党和国家对农村教育事业的高度重视，将农村教育发展置于国家发展的战略格局中优先考虑，加强了各级地方政府细化并落实相关政策的决心和力度。这对提高农村教育质量、推进教育公平大有裨益。

（二）补足发展"短板"是提升农村教育教学质量的基本思路

农村教育是我国教育发展中的薄弱环节，历来是教育投入优先保障的重要领域。《教育规划纲要》明确提出，2012 年国家财政性教育经费支出占国内生产总值的比例达到 4%。新增教育经费主要用于薄弱环节和关键领域，实现向农村地区、贫困地区和民族地区，向农村义务教育、学前教育和高水平教师队伍建设等关键领域倾斜。

可见，确保基本、补足短板是我国现阶段农村教育发展的基本思路，一系列政策的制定和实施均建立在这一理念的基础上，政策的最终目的是在有限的条件下，有效提升农村教育的办学水平和质量。例如，改善农村地区薄弱校基本办学条件、扩大农村优质教育资源、提高乡村教师质量、关爱留守儿童等举措，就是通过多种渠道"雪中送炭"，确保薄弱环节和关键领域优先发展，从而实现整体提升农村教育质量的目的。

（三）分期开展专项工程是提升农村教育质量的重要策略

农村教育质量提升是一个综合的系统工程，需要一个长期复杂的过程才能实现，实践证明，借助专项工程分期推进，卓有成效。针对农村教育发展中的薄弱环节和关键领域，国家集中力量，分阶段、分重点开展多种专项工程和计划，逐一突破主要问题和矛盾，确保农村教育改革发展的阶段性目标得以实现。

例如，学前教育三年行动计划从 2011 年启动，到现在已经实施了两期，基本完成了预期目标。根据《教育规划纲要》的部署启动的义务教育学校标准化建设项目，被分解为薄弱学校基本办学条件改善计划及农村初中改造工程等项目分别推进。为加大对留守儿童的关爱力度，国家也分别启动农村义务教育学生营养改善计划、标准化建设农村寄宿制学校工程等，确保政策目标的实现。

（四）项目评估与督导是落实农村教育政策的有效手段

为避免政策执行失真，确保农村教育各项政策能够有效落实，达到预期目标，国家还加强了评估与督导环节，通过定期对政策执行主体和项目本身进行科学评价、结果反馈，面向社会公开信息来加大群众民主监督的力度，督促政策执行主体和项目本身持续改进，从而更好地实现评估和督导的目的。

国家及各地教育督导评估机构在项目评估和督导工作中起到了关键作用。国家及地方出台的各项政策也强调督导检查是重要的保障措施。例如《乡村教师支持计划（2015—2020年）》要求"地方各级人民政府教育督导机构要会同有关部门，每年对乡村教师支持计划实施情况进行专项督导，及时通报督导情况并适时公布"。国家督导机构也根据实际情况组织针对政策执行情况的专项督导检查。例如，2016年国家教育督导委员会对2014—2016年贫困地区义务教育薄弱学校基本办学条件情况进行了专项督导，总结了取得的成效，提出了存在的问题，明确了下一阶段工作的具体要求。

第四编

教育质量保障体系更加完善

education

　　这些年，教育质量之所以得以提升，全靠保障有力。教育质量的保障主要涉及党建保障、标准保障、课程保障、教师保障和信息化保障。这些保障不断完善，构成一个健全的体系。

▶ **第十九章**

把抓好党建作为最大的政绩

习近平总书记在党的群众路线教育实践活动总结大会上的讲话中指出，各级各部门党委（党组）必须树立正确的政绩观，坚持从巩固党的执政地位的大局看问题，把抓好党建作为最大的政绩。十八大以来，从开展党的群众路线教育实践活动到开创党风廉政建设和反腐败斗争新局面，从贯彻落实八项规定到切实改变工作作风，党中央坚持党要管党，从严治党，采取一系列举措推进党的建设新的伟大工程，全面提高党的建设科学化水平。为深入贯彻落实十八大精神，教育系统各级党组织和广大党员干部认真学习和实践党的建设新方法、新举措，党建工作取得显著成效。

一、教育系统党建工作的重大举措

为坚定不移推进教育系统全面从严治党，教育部直属机关、直属高校和整个教育系统以高度的政治责任感和使命感，积极采取多项举措，全面加强党的思想建设、组织建设、作风建设和党风廉政建设，切实提高教育系统党建工作科学化水平。

（一）全面加强教育系统党的思想建设

1. 注重理论学习和武装

我国教育事业始终坚持社会主义办学方向，以马克思主义理论为指导，确保在思想上和行动上与党中央保持一致。十八大召开以来，教育系统内各级党组织和广大党员始终重视和加强理论学习，坚定理想信念，不断提升政治素养。

一是深入学习习近平总书记系列重要讲话精神。十八大以来，习近平总书记发表系列重要讲话，深刻回答了新形势下党和国家事业发展的一系列重大理论和现实问题，提出了许多富有创见的新思想、新论断、新观点、新要求。教育系统上下深入学习贯彻习近平总书记系列重要讲话精神，将学习总书记关于教育工作的重要论述作为十八大以来教育系统的重大政治任务。全面系统地学习了习近平总书记"五四"青年节、"六一"儿童节、教师节、庆祝中国共产党成立95周年、纪念长征胜利80周年等发表的重要讲话及一系列重要批示指示，认真领会其科学内涵和精神实质，深刻把握贯穿其中的立场、观点、方法，做到在思想上与党中央保持高度一致。

二是深入学习宣传贯彻以习近平同志为核心的党中央治国理政新理念、新思想、新战略。教育系统广大干部师生对中央召开的重要会议精神、作出的重大决策、发布的重要文件，包括十八大和十八届三中、四中、五中、六中全会精神，"中国梦"和社会主义核心价值观等，及时组织传达学习，不折不扣贯彻落实中央新精神，将党中央治国理政新理念、新思想、新战略深入贯彻到教育改革发展稳定各项工作中去。

2. 扎实开展专题教育

为积极响应中央号召，建立健全严格的党内生活制度，教育系统组织广大党员开展以"为民、务实、清廉"为主要内容的群众路线教育实践活动；扎实开展"三严三实"专题教育，开展专题研讨，深入查摆问题，强化整改落实和立规执纪，将专题教育与做好本职工作结合起来，通过专题教育激发党员干部热情和进取精神；开展"学党章党规、学系列讲话，做合格党员"学习教育活动。新修订的《中国共产党廉洁自律准则》和《中国共产党纪律处分条例》把严守政治纪律和政治规矩放在首位。2017年以来，教育系统深入贯彻落实中央关于推进"两学一做"学习教育常态化、制度化的新要求，确保广大党员干部、师生更加紧密地团结在以习近平同志为核心的党中央周围，为不断推动教育事业改革发展稳定提供坚强的思想保证。

3. 弘扬优秀传统文化教育

为培养广大党员的爱国主义情怀，增强文化自信，十八大以来，教育系统更加重视中华优秀传统文化教育。围绕深入贯彻落实十八届三中全会关于"完善中华优秀传统文化教育"和习近平总书记关于弘扬中华优秀传统文化系列重要讲话精神，教育部于 2014 年 3 月印发了《完善中华优秀传统文化教育指导纲要》，以弘扬爱国主义精神为核心，以家国情怀教育、社会关爱教育和人格修养教育为重点，把加强中华优秀传统文化教育与培育和践行社会主义核心价值观相结合、与革命传统教育相结合，努力培养富有民族自信心和爱国主义精神的社会主义事业建设者和接班人。各级地方党委和各级各类学校深入开展"爱学习、爱劳动、爱祖国"教育、烈士纪念日纪念活动、中国人民抗日战争暨世界反法西斯战争胜利 70 周年纪念活动，举办"礼敬中华优秀传统文化""中国汉字听写大会"等活动。

（二）持续加强教育系统党的组织建设

十八大作出创新基层党建工作、加强基层服务型党组织建设的重大部署，这体现了党对新的历史条件下基层党组织根本功能的新定位和对核心任务的新认识，进一步明确了基层党组织建设的方向和重点。教育部高度重视教育系统党的组织建设工作，努力把教育系统基层党组织建设成为推动教育事业科学发展的坚强堡垒。

一是认真贯彻中央决策部署，着力加强党对教育事业的领导。为加强对教育系统和教育部直属机关党建工作的统一领导，根据《中央国家机关贯彻落实全面从严治党要求实施方案》有关要求，教育部成立了党建工作领导小组，定期研究解决直属机关和高校党建工作重大问题。各省（市、区）党委加强教育工委、高校工委建设，有效指导各地教育系统党建工作。

二是切实推进高校基层党组织建设。第一，从制度上确保高校基层党组织建设，制定并印发《关于坚持和完善普通高等学校党委领导下的校长负责制的实施意见》《关于加强新形势下高校教师党支部建设的意见》等文件。第二，健全高校党建工作责任体系，完善党建工作考评办法，监督检查党委领导下的校长负责制落实情况。第三，加强高校思想政治宣传工作，制定《普通高等学校辅导员培训规划（2013—2017 年）》《关于加强和改进高校宣传思想工作队伍建设的意见》《关于加强和改进高校青年教师思想政治工作的若干意见》《普通高校思想政治理论课建设体系创新计划》等一系列政策文件，召开全国高校党建工作年度会议，举办"全国高校党委书记校长学习贯彻习近平总书记系列重要讲话和中央精神专题研讨班"，全面加强高校教师思想政治建设，努力办好高校思想政治理论课，重点建设一批教学科研皆强的马克思主义学院，整体推进教材、教师、教学等方面综合改革创新，扎实推进高校思想政治课综合改革创新，不断提高思想政治课教育教学质量，为推动高校宣传思想工作质量提升和创新发展提供坚强有力的组织保证。2016 年 12 月 7 日至 8 日，全国高校思想政治工作会议召开，教育部党组随后学习传达全国高校思想政治工作会议精神，研究部署贯彻落实工作，强调学习贯彻落实会议精神是教育系统的首要政治任务，要求各地各高校要准确把握学习贯彻落实工作重点。第四，重视高校学生党员的发展工作，提高大学生党员发展质量。第五，加强民办高等院校的党建工作。

三是加强中小学党建。中共中央组织部、中共教育部党组联合印发《关于加强中小学校党的建设工作的意见》，要求各级党委和有关部门按照全面从严治党要求，推进中小学校党组织和党的工作全覆盖，增强党组织政治功能，充分发挥政治核心作用，切实加强中小学校党的建设。举办中小学校党组织书记示范培训班，建立中小学党建网络培训平台，对中小学党建工作情况开展专项督查。

四是加强教育管理干部队伍建设。重视各级各类干部选拔培养工作，加大培养选拔年轻干部、女干部、少数民族干部和党外干部力度，积极推进教育系统内外干部交流。

（三）切实加强教育系统党的作风建设

以习近平同志为核心的党中央站在党和国家事业全局的高度，对党的作风建设作出了重大部署和系统安排。教育系统坚决拥护中央决策部署，切实抓好贯彻落实工作。十八大以来，教育部党组高度重视作风建设，把加强政风行风学风建设作为办好人民满意的教育的重要基础性工作，采取了一系列举措，取得了初步成效。

一是坚决贯彻落实中央八项规定及系列规定精神。为进一步改进工作作风，推进为民务实清廉机关建设，办好人民满意的教育，根据中央八项规定及实施细则的要求，教育部出台了《贯彻落实中央改进工作作风、密切联系群众〈八项规定〉和〈实施细则〉的实施办法》，从改进调查研究、热情服务群众、精简会议文件、规范出访活动、改进新闻报道、厉行勤俭节约等九个方面，提出 20 项具体要求。各司局、各单位根据中央精神，迅速组织了学习交流，深刻领会中央作出八项规定的重要意义，切实把思想和行动统一到中央精神上来。

二是构建覆盖各级各类教育的师德建设体系，规范教师行为。教育部先后制定出台《关于建立健全中小学师德建设长效机制的意见》和《关于建立健全高校师德建设长效机制的意见》，并出台中小学教师 10 条行为规范和高校教师 7 种禁止行为，明确了为师从教的政治底线、法律底线、道德底线。各地各校积极响应并迅速采取行动，大力查处师德行为失范、办学行为不规范、有偿家教等突出问题，大力培育党员教师师德行为典范，彰显党员教师的示范表率形象。

三是全面推进"阳光治校"，深化党务、政务、校务公开。扩大高校招生信息公开范围，严肃查处考试招生环节违纪行为，严肃查处学校基建领域、校办企业腐败案件，切实加强高校科研经费管理，切实加强对学术诚信的监督检查。

四是聚焦全面从严治党，加强巡视整改工作。中央对 31 所中管高校进行了全面"政治体检"，加强了党对高校的领导，促进了高校管党治党、办学治校各项工作，发挥了标本兼治作用。为打好打赢中管高校巡视整改这场硬仗，教育部党组成立由党组书记任组长的中管高校巡视整改工作领导小组，落实好指导和督促巡视整改的责任。另外，教育部实现直属高校、直属单位和驻外教育机构巡视工作全覆盖。为深入学习贯彻落实十八大精神，按照《中国共产党章程》《中国共产党党内监督条例》《中国共产党巡视工作条例（试行）》的要求，教育部出台《关于进一步加强和改进巡视工作的意见》，印发《中共教育部党组贯彻〈中国共产党巡视工作条例〉实施办法》，召开巡视专员学习贯彻《中国共产党巡视工作条例（试行）》培训会、巡视工作动员部署会，确保了巡视工作的顺利进行。截至 2017 年 6 月，先后组建了 64 个巡视组，分 8 个批次对 49 所直属高校和 33 家直属单位开展巡视，实现了巡视全覆盖、巡视监督无死角，对巡视中发现的问题不整改、不查处的，严肃执纪问责，完成了党中央交办的政治任务，兑现了教育部党组的政治承诺，为深入推进教育系统全面从严治党、营造风清气正的政治生态和良好育人环境提供了坚强支撑与有力保障。

（四）狠抓教育系统党风廉政建设

十八大以来，我们党着眼于新的形势任务，把全面从严治党纳入"四个全面"战略布局，把党风廉政建设和反腐败斗争作为全面从严治党的重要内容，正风肃纪、反腐惩恶，着力构建不敢腐、不能腐、不想腐的体制机制。为落实全面从严治党，教育部党组以前所未有的力度狠抓教育系统党风廉政建设，大力改善教育行风，着力营造风清气正的育人环境。

一是全面落实党建工作责任制。围绕落实党风廉政建设主体责任、监督责任，教育部党组分别出台实施意见，与直属高校、直属单位逐一签署《党风廉政建设约谈承诺书》，层层分解责任，逐级传导压力，定期进行检查和通报，督促落实。各地按要求逐级建立健全相关制度，确保"两个责任"在教育系统"落地"。

二是完善廉政风险防控体系。印发《教育部直属高校和直属单位基本建设廉政风险防控手册》，举办廉政风险防控研讨班，从源头上预防腐败，做好廉政风险点的实时监控，保证公共权力在阳光下运行。

三是加强廉洁教育。召开专题培训班，举行党风廉政警示教育活动，要求教育系统广大党员严格遵守《中国共产党廉洁自律准则》和《中国共产党纪律处分条例》，追求道德高线，守住纪律底线。

四是加大对违纪和腐败案件线索的查处力度，重拳打击不正之风和腐败问题。十八大以来，通报典型案例已成为一种常态。以案释纪明纪，释放执纪必严的强烈信号，加强教育系统党员干部队伍建设，给各级领导干部敲响警钟、亮起红灯，发挥警示教育作用，进一步强化教育系统党员干部党章党规党纪意识，坚决反对和纠正"四风"，打造风清气正的教育政治生态，保证教育改革发展顺利推进。教育系统各级党组织和广大党员干部结合实际、对照案例、举一反三、吸取教训，认真学习贯彻中央新颁布的《中国共产党廉洁自律准则》和《中国共产党纪律处分条例》，深入开展党规党纪教育活动。

二、教育系统党建工作的重要成就

在教育部党组的正确领导和系统内广大党员的共同努力下，十八大召开以来，教育系统在坚定党员理想信念、加强基层党组织建设、提高党员素质、严肃党内政治生活等多个方面取得了明显成效，为深化教育教学改革、提高办学质量提供了坚强有力的保证。

（一）坚定理想信念，教育系统党的思想建设取得显著成效

高度重视思想建设，是以习近平同志为核心的党中央在实践中总结出来的一条宝贵经验。习近平总书记把理想信念形象地比作共产党人精神上的"钙"，强调共产党人如果缺少理想信念，或者理想信念不坚定，精神上就会"缺钙"，就会得"软骨病"。教育系统各级党组织通过多种方式深入学习中国特色社会主义理论体系和习近平总书记系列重要讲话，广大党员干部的方向更加明确、思想更加统一、力量更加凝聚、信心更加充足。

1.高校思想政治工作取得突出成绩

高校思想政治工作是党和国家思想政治工作的前沿阵地，承担着对大学生进行系统的马克思主义理论教育的任务，是对大学生进行思想政治教育的主渠道。高校思想政治工作在引导大学生坚定对马克思主义的信仰、对社会主义的信念、对党和政府的信任等方面发挥了重要作用。十八大以来，各高校全面贯彻党的教育方针，紧紧围绕落实立德树人这一根本任务，牢固树立创新、协调、绿色、开放、共享五大发展理念，不断推动高校思想政治工作创新发展，不断巩固马克思主义在高校的指导地位，高校思想政治工作取得了突出成绩。

一是大学生思想主流呈现向上向好的良好态势。2016年大学生思想政治状况滚动调查结果表明，当前大学生思想主流继续保持积极健康、向上向好的良好态势。大学生高度认同以习近平同志为核心的党中央治国理政新理念新思想新战略。86.3%的学生认为"到2020年，国家治理体系和治理能力现代化将取得重大进展"，86.6%的学生对"党的创造力、凝聚力、战斗力进一步增强"表示乐观，分别比前一年上升1.9个和2.5个百分点。以习近平同志为核心的党中央在大学生心目中的形象更加鲜活、更加丰满，"亲民""实干""廉洁""务实"等印象连续3年排在前列。大学生积极培育和践行社会主义核心价值观，立志成长成才、提升道德素养、投身社会实践的意识进一步增强。91.2%的学生赞同"核心价值观是一个民族赖以维系的精神纽带，是一个国家共同的思想道德基础"。92.8% 的学生赞同"大学生应成为社会主义核心价值观的积极传播者和践行者"，98.0% 的学生赞同"诚信是做人之本"，与前一年相比分别提高了 1.4 个和 1.1 个百分点，广大学生对社会主义核心价值观的知晓率、认同度不断提升，培育和践行核心价值观的积极性明显提升（全国大学生思想政治教育发展研究中心，2016）。

二是高校思想政治课教师队伍不断壮大和优化。据统计，截至 2016 年，全国共有思政课教师近 7 万人，中青年教师已成为思政课教学的骨干力量。教师培养培训力度不断加大，全国高校有专职辅导员 13 万多人、兼职辅导员 5 万多人，成为高校思想政治工作的骨干力量。党员比例不断提高，年龄结构、职称结构、学历结构不断优化，成为新时期高校思政工作教师队伍的显著特征（柴葳，郑丽平，2016）。

2. 中小学校思想道德建设有了新进展

十八大明确指出，全面提高公民道德素质是社会主义道德建设的基本任务。学校是青少年学习和成长的摇篮，是青少年思想道德建设的主渠道、主阵地。十八大以来，教育系统内各有关部门努力将加强和改进青少年思想道德建设的各项工作落到实处，全国各中小学校认真学习宣传贯彻十八大精神，坚持育人为本、德育为先，深入进行理想信念教育，有针对性地开展了丰富多彩的道德教育和实践活动，未成年人思想道德建设工作不断取得新的进展。

一是社会主义核心价值观教育有序开展，各地各校逐渐形成了学习和践行社会主义核心价值观的良好氛围，青少年的理想信念、责任担当、文明守纪、勤俭节约、学风考风等不断好转。2015 年，为全面总结交流各地落实《教育部关于培育和践行社会主义核心价值观进一步加强中小学德育工作的意见》的有益经验和做法，教育部组织专家评选出了 283 个全国中小学社会主义核心价值观教育优秀案例，案例涉及中华优秀传统文化教育、理想信念教育、公民意识教育以及心理健康教育等多个方面，有目标、有举措、有过程，为进一步推进中小学校培育和践行社会主义核心价值观提供了好的经验和做法。

二是"我的中国梦"主题教育活动广泛开展，取得良好成效。自教育部党组发出关于深入开展"我的中国梦"主题教育活动通知以来，各地教育部门和学校纷纷行动起来，将"中国梦"主题教育活动作为德育工作的重中之重，结合实际情况，制定详细的实施方案，通过丰富多彩的主题活动，增进了广大青少年对"中国梦"的理解、认同和情感，掀起了"中国梦"校园文化建设热潮。"中国梦"的主题融入了各中小学的课堂教学、校园文化建设、社会实践活动等各个方面，对加强和改进未成年人思想道德建设起到了至关重要的作用。

（二）完善制度和基层党组织，教育系统党的组织建设得到扎实推进

十八大以来，教育系统党建工作责任制进一步落实，基层党建工作全面推进，基层党组织和党的工作覆盖面不断扩大，学习型、服务型、创新型党组织建设成效显著，党员队伍的教育管理和发展工作得到加强和改进，基层党组织推动发展、服务群众、凝聚人心、促进和谐的作用和党员的先锋模范作用进一步发挥。

一是完善了党员发展和管理的相关制度。发展党员是各级党组织的一项重要任务，教育部党组十分重视高校学生党员的发展，为深入贯彻落实十八大精神，建设高素质高校学生党员队伍，根据《中国共产党章程》《中国共产党普通高等学校基层组织工作条例》等有关规定，提出《关于进一步加强高校学生党员发展和教育管理服务工作的若干意见》。其中强调了高校学生党员是学生中的骨干分子，学生党员队伍建设是高校党的建设的基础工程。做好新形势下的学生党员发展和教育管理服务工作，对于提高学生党员队伍整体素质，培养造就中国特色社会主义事业合格建设者和可靠接班人，实现"两个一百年"目标、实现中国梦，具有重大而深远的意义。

二是学习型、服务型、创新型党组织基本建成。十八大报告第一次提出了建设学习型、服务型、创新型党组织这一重大命题。教育系统上下深入学习十八大和十八届三中、四中、五中全会中关于党的组织建设的相关精神和要求，切实加强了系统内各基层党组织的建设，经过不懈努力，党组织的学习氛围更浓厚，服务水平得到提升，创新意识也有明显提高，党组织的创造力、凝聚力和战斗力得到了增强。创建学习型党组织，深入开展学习贯彻习近平总书记系列重要讲话精神宣讲活动，使教育系统内广大党员牢固树立了全员学习和终身学习的理念，学习内容不

断扩展，学习载体日益丰富，学习制度日渐完善，优秀的学习成果不断涌现，使学习成为党组织的鲜明特征，广大党员的思想素质和业务水平得到了质的提高。创建服务型党组织，使广大党员在工作中牢固树立了以服务为宗旨、坚持以人为本的工作作风，系统内各级各类单位的服务意识进一步增强，服务能力和水平得到整体提升，使党组织充分发挥了服务群众、凝聚人心的作用。创建创新型党组织，进一步增强了党员干部的创新理念、创新思维、创新意识；各基层党组织在开展党建活动、党员教育培训时不断探索创新方式方法，积极运用现代信息技术手段，形成了富有活力的党建活动新局面。

三是教育系统内党员数量稳步增长，党员队伍建设得到全面加强。十八大以来，教育系统内各级党组织严格按照《中国共产党发展党员工作细则》中"控制总量、优化结构、提高质量、发挥作用"的要求，对入党积极分子、预备党员进行严格教育和管理，不断壮大教育系统的党员队伍，增强了党组织的活力。据统计，截至 2016 年 6 月 30 日，全国高校在校大学生党员总数逾 211 万人，占全国高校学生总数的 7.7%，共有学生党支部 7.96 万个，全国高校教职工党员总数为 125 万人，占高校教职工总数的 56.0%，共有教职工党支部 10.06 万个（柴葳，郑丽平，2016）。

（三）增强党员修养，教育系统党的作风建设不断深化

十八大以来，习近平总书记关于加强作风建设特别是深入落实中央八项规定精神、坚持不懈纠正"四风"的重要论述，深化了对马克思主义执政党作风建设的规律性认识，赋予了其新的时代内涵，为新形势下加强和改进党的作风建设提供了行动指南。教育系统上下认真贯彻十八大精神，多措并举，系统内各级党组织的作风建设得到了不断深化。

一是教育系统各级党组织深入学习和贯彻中央八项规定，广大党员文风、学风、工作作风和生活作风不断改进。以 2013 年教育部公布的统计数据为例，在反对形式主义方面，工作会议同比减少 36.5%，发文同比减少 10.6%，简报数量由 102 种减少为 11 种，下降了 89.2%；压缩了评估项目，规范了检查工作。在反对官僚主义方面，改进调查研究，建立了多项密切联系群众的制度。加大审批改革工

作力度，下放、取消的项目占总体审批事项的 43.3%。完善节约型机关建设，2013年会议费同比减少 55%，办公设备购置同比减少 42%。着力压缩"三公"经费。2013 年教育部公务接待费用较 2012 年减少 87.21 万元，因公出国（境）费用减少 315.63 万元（教育部，2014）。教育系统始终坚持"作风建设永远在路上"的原则，不断落实和巩固作风建设成果，进一步开创了作风建设新局面。

　　二是广大教育工作者的业务水平、个人素质和党性修养得到显著提升。十八大以来，教育系统加强了教师队伍建设，规范了从教行为，教师队伍"求真务实，崇尚实干"的风气进一步得到发扬，同时，教育系统进一步加强了师德建设，严肃整治了有偿家教、收受家长钱物等师德突出问题，以实实在在的成效取信于社会。十八大以来，教育系统在教师师德师风上的建设力度不断增大，教师师德水平和素质持续提升。各地各校通过强化师德教育、健全考评机制，使广大教职工的思想政治水平和道德修养不断提高。各地违规办班、有偿家教、体罚和变相体罚学生等各类违反师德行为得到切实的规范；教师教育培训更加全面、深入，有效增强了教职工履行岗位职责的本领和依法执教的能力。广大教师不断提高业务水平，增强自身修养，发扬着敬业爱岗、关爱学生、尊重家长、廉洁从教、为人师表的良好师风。

（四）全面从严治党，教育系统党风廉政建设力度前所未有

　　十八大对党风廉政建设和反腐败工作予以前所未有的高度重视，教育系统上下自十八大以来，切实按照中央的要求做好党风廉政建设工作，改进了工作思路，积极推进了各项举措，严肃了党内政治生活，从思想上、履职上、工作纪律上、廉洁自律上严格要求干部，努力在教育系统内形成积极向上、干事创业、风清气正的政治生态，行风建设取得明显成效，教育系统的干部作风有根本性转变，确保了各项工作任务有序高效完成，对于积极推动教育均衡、协调、健康发展起到了关键作用。

　　一是人民群众满意度提高。2013 年，教育部党组带头改进作风，以上带下，出台了落实中央八项规定的 20 条措施，抓住重要节点，狠刹不正之风。教育部机关会议费同比下降 47%，"三公"经费支出同比下降 23%（王立英，2014）。

　　二是典型案件处理力度增大。全国教育纪检监察部门受理信访 39438 件，立案 4046 件，结案 3867 件，涉案人数 4905 人，给予党政纪处分 3837 人，涉嫌犯罪被

移送司法机关处理 284 人。涉案金额共 1.94 亿元，挽回经济损失 1.56 亿元。查处教育乱收费涉案金额 1.62 亿元，3218 人受到党纪政纪处分，教育部通报曝光 30 起群众反映强烈的典型案件（王立英，2014）。

三是巡视工作效果显著。2013 年教育部启动新一轮巡视工作，对 8 所直属高校和 4 个直属单位进行巡视，发现问题线索 28 件，提出整改意见建议 80 条。结合群众路线教育实践活动，对中央第十巡视组发现的高校管理中存在的普遍性问题，进行全面清查，查摆发现问题 550 个（王立英，2014）。新一轮巡视工作启动后，教育部推进巡视工作常态化，巡视组每年严格进行两轮巡视工作。教育部党组在 2016 年第二轮巡视工作动员部署会上通报了 2016 年第一轮巡视中发现的党的领导弱化、党的建设缺失、全面从严治党不力等方面存在的突出问题。第二轮巡视时，教育部党组共派出 11 个巡视组，分别对北京交通大学、中央财经大学等 8 所直属高校和孔子学院总部、中国教育出版传媒集团有限公司等 9 家直属单位开展巡视（教育部，2016d）。

三、教育系统党建工作主要经验

教育系统必须坚持全面从严治党方针，必须毫不动摇、坚持不懈地加强和改进各级各类学校党建工作，全面贯彻中央要求，切实把中央的"规定动作"落实、落细、落小，同时结合教育系统特色，创造性设计并开展"自选动作"，努力推进教育系统党的建设。

（一）必须紧紧围绕党的中心任务和学校的中心工作抓党建

围绕中心、服务大局是教育系统加强和改进党建工作的基本前提。十八大以来，教育系统把加强党的建设放到"全面建成小康社会、全面深化改革、全面依法治国、全面从严治党"的四个全面战略布局的大局，放到培养中国特色社会主义事业的合格建设者和可靠接班人的大局，放到推进高校改革发展稳定的大局，放到促进教育教学、加强科学研究、推进社会服务的大局中去谋划，围绕中心抓党建，用中心工作的成效衡量和检验党建工作成效。实践证明，要把教育工作做好，首先要下大力气把党建抓好，必须从战略高度认识抓好党建工作的极端重要性，坚持把党建和中心工作一起谋划、部署、考核，必须要从中国特色社会主义建设的高度出发，把人才培养这个根本任务落实到学校各项工作之中，凝聚人心、推动发展、促进和谐，为促进教育事业全面协调可持续发展提供坚强的组织保证。

（二）必须把思想建党作为教育系统党建的首要政治任务

思想建设是党的根本建设。只有理论上清醒才能有政治上清醒，只有理论上坚定才能有政治上坚定。十八大以来，教育系统尤其是高等学校坚持社会主义办学方向，坚持马克思主义在学校意识形态领域的指导地位，不断加强思想理论建设。实践证明，加强和改进教育系统党的建设，必须把思想建设作为第一位的工作，推动教育系统坚持不懈地学习实践中国特色社会主义理论体系，推动广大党员干部和师生员工不断增强学习贯彻党的基本理论、基本路线、基本纲领、基本经验的自觉性和坚定性，化思想自觉为行动自觉，确保教育系统党的各方面建设更好地为发展中国特色社会主义教育事业服务。

（三）必须落实立德树人根本任务，不断加强和改进未成年人思想道德建设和大学生思想政治教育

培养德智体美全面发展的中国特色社会主义的合格建设者和可靠接班人，是学校的根本任务，也是学校坚持社会主义办学方向的本质要求。学校培养的人是不是合格，首要标准是思想政治素质是不是合格。十八大以来，教育系统以培育和践行社会主义核心价值观为统领，出台在各级各类学校推动培育和践行社会主义核心价值观长效机制建设的意见，着力建设高素质学生思想政治工作队伍，全面加强和改进学生思想政治教育工作，不断提升学生思想政治素质。实践证明，为了完成培养中国特色社会主义合格建设者和可靠接班人这个根本任务，必须坚持把立德树人放在首位，全面实施素质教育，不断加强和改进未成年人思想道德建设和大学生思想政治教育，确保中国特色社会主义后继有人。

（四）必须切实加强党对高校宣传思想工作的领导

意识形态工作是党和国家一项极端重要的工作，做好高校宣传思想工作，加强高校意识形态阵地建设，是一项战略工程、固本工程、铸魂工程，事关党对高校的

领导，事关全面贯彻党的教育方针，事关中国特色社会主义事业后继有人。十八大以来，国家高度重视高校思想政治工作，完善高校宣传思想工作机制，加强高校宣传思想工作人才培养，建立健全高校党委统一领导、党政工团齐抓共管、党委宣传部门牵头协调、有关部门和院（系）共同参与的工作机制。实践证明，各级党委和政府必须从战略和全局的高度，充分认识加强和改进高校宣传思想工作的极端重要性和现实紧迫性，把这项工作始终摆在重要位置。必须切实加强党对高校的领导，构建高校宣传思想工作大格局。

（五）必须强化基层党组织整体功能，下大力气抓好教育系统基层党组织建设

加强党对教育的领导，学校基层党组织建设十分重要。党的工作最坚实的力量支撑在基层，党的生命力、战斗力、号召力、吸引力主要体现在党支部、党总支等一个个基层党组织中。十八大以来，基层党组织的设置以及工作体制和运行机制得到进一步完善，活动内容不断丰富，活动方式更加灵活，党员队伍规模不断扩大，基层党组织的战斗堡垒作用和广大党员的先锋模范作用得到充分发挥。实践证明，教育系统党建工作必须狠抓基层组织建设，从细微处入手，从支部和党小组抓起，从党员的行为和作风抓起，着力解决基层党组织地位虚化、功能弱化和思想政治工作淡化等问题，切实夯实大后方，加强基层党建阵地和工作队伍建设。

（六）必须坚持全面从严治党，努力打造风清气正的教育政治生态

风清气正的教育政治生态是党建工作的目标之一，也是保证教育事业发展的条件之一。十八大以来，教育系统锲而不舍地落实中央八项规定精神，把严守政治纪律和政治规矩放在首位，深入开展纪律教育。加强对党员干部的管理监督，不断完善选人用人机制，坚持正确用人导向。通过加强和改进巡视工作，切实强化党内监督。突出惩治重点，持续保持遏制腐败的高压态势。整治和查处违规办班、有偿补课、择校乱收费、教师收受礼品礼金、虚报冒领套取教育资助资金等群众反映强烈的突出问题，全面推行信息公开，让权力在阳光下运行，教育政治生态得到明显好转。实践证明，教育系统必须坚决贯彻落实中央决策部署，把管党治党作为最根本的政治责任，把守纪律讲规矩摆在更加突出的位置，坚决落实全面从严治党要求，切实增强全体党员的政治意识、大局意识、核心意识、看齐意识，持续推动教育系

统党风廉政建设和反腐败工作，风清气正的教育政治生态及其积极作用才能持久保持。

附录：十八大以来教育系统党建工作相关政策目录

1.《中共教育部党组关于教育系统认真学习贯彻党的十八大精神的通知》（教党〔2012〕35 号）

2.《中共教育部党组关于教育系统学习贯彻习近平总书记五四重要讲话精神的通知》（教党〔2013〕8 号）

3.《中共教育部党组关于教育系统学习贯彻习近平总书记教师节前夕致全国广大教师慰问信精神的通知》（教党〔2013〕28 号）

4.《中共教育部党组关于在"五四"期间深入开展中国梦宣传教育活动的通知》（教党〔2013〕5 号）

5.《中共教育部党组关于认真学习贯彻党的十八届三中全会精神的通知》（教党〔2013〕33 号）

6.《中共教育部党组关于在全国各级各类学校深入开展"爱学习、爱劳动、爱祖国"教育的意见》（教党〔2013〕25 号）

7.《中共教育部党组关于在教育系统深入学习贯彻全国宣传思想工作会议精神的通知》（教党〔2013〕26 号）

8.《中共教育部党组关于教育系统深入学习贯彻习近平总书记系列讲话精神的意见》（教党〔2013〕34 号）

9.《中共教育部党组关于在教育系统深入开展向"践行焦裕禄精神的好校长"张伟同志学习活动的通知》（教党〔2014〕11 号）

10.《中共教育部党组关于开展烈士纪念日纪念活动的通知》（教党〔2014〕33 号）

11.《中共教育部党组共青团中央关于在各级各类学校推动培育和践行社会主义核心价值观长效机制建设的意见》（教党〔2014〕40 号）

12.《中共教育部党组关于学习贯彻习近平总书记六一重要讲话精神的通知》（教党〔2014〕20号）

13.《中共教育部党组关于认真组织学习〈习近平总书记系列重要讲话读本〉的通知》（教党〔2014〕24号）

14.《中共教育部党组关于教育系统学习贯彻习近平总书记教师节重要讲话精神的通知》（教党〔2014〕32号）

15.《中共教育部党组关于认真学习贯彻党的十八届五中全会精神的通知》（教党〔2015〕36号）

16.《中共教育部党组关于教育系统学习贯彻中央领导同志教师节重要回信和讲话精神的通知》（教党〔2015〕30号）

17.《中共教育部党组关于深入学习宣传以习近平同志为总书记的党中央治国理政新理念新思想新战略的通知》（教党〔2016〕43号）

18.《中共教育部党组关于深入学习贯彻习近平总书记有关教育工作和青年成长成才重要指示精神开展"五四"系列主题教育活动的通知》（教党〔2016〕19号）

19.《中共教育部党组关于教育系统学习贯彻习近平总书记在庆祝中国共产党成立95周年大会上的讲话的通知》（教党〔2016〕35号）

20.《中共教育部党组关于教育系统学习贯彻习近平总书记教师节重要讲话精神的通知》（教党〔2016〕44号）

21.《中共教育部党组关于教育系统认真学习贯彻习近平总书记在纪念长征胜利80周年大会上重要讲话精神的通知》（教党〔2016〕53号）

22.《中共教育部党组关于做好高等学校"学党章党规、学系列讲话，做合格党员"学习教育有关工作的通知》（教党〔2016〕11号）

23.《中共教育部党组关于印发〈教育部直属机关开展"两学一做"学习教育的实施方案〉的通知》（教党函〔2016〕12号）

24.《中共教育部党组关于印发〈以"四个合格"为目标要求深化"两学一做"学习教育、加强直属机关党建工作的实施方案〉的通知》(教党〔2016〕51号)

25.《中共教育部党组关于教育系统深入开展爱国主义教育的实施意见》(教党〔2016〕4号)

26.《中共教育部党组关于印发〈2017年教育部党组理论学习中心组及司局级以上干部集体学习方案〉的通知》(教党函〔2017〕16号)

27.《教育部办公厅关于召开2017年高等学校思想政治理论课教学指导委员会年度工作会议的通知》(教社科厅函〔2017〕13号)

28.《中共教育部党组关于印发〈推进直属机关"两学一做"学习教育常态化制度化的实施方案〉的通知》(教党函〔2017〕27号)

29.《中共教育部党组关于推进高等学校"两学一做"学习教育常态化制度化的实施意见》(教党〔2017〕22号)

30.《中共教育部党组关于印发贯彻落实〈中国共产党问责条例〉实施办法(试行)的通知》(教党〔2017〕26号)

31.《中共中央组织部中共中央宣传部中共教育部党组关于认真贯彻习近平总书记重要指示广泛开展向黄大年同志学习活动的通知》(教党〔2017〕30号)

32.《中共教育部党组关于印发〈普通高等学校辅导员培训规划(2013—2017年)〉的通知》(教党〔2013〕9号)

33.《中共中央组织部中共中央宣传部中共教育部党组关于加强和改进高校青年教师思想政治工作的若干意见》(教党〔2013〕12号)

34.《中共中央组织部中共中央宣传部中共教育部党组关于进一步加强高校学生党员发展和教育管理服务工作的若干意见》(教党〔2013〕22号)

35.《中共中央宣传部中共教育部党组关于加强和改进高校宣传思想工作队伍建设的意见》(教党〔2015〕31号)

36.《中共教育部党组关于学习贯彻落实全国高校思想政治工作会议精神的通知》(教党〔2016〕58号)

37.《教育部关于勤俭节约办教育建设节约型校园的通知》（教发〔2013〕4号）

38.《中共教育部党组关于深入推进高等学校惩治和预防腐败体系建设的意见》（教党〔2014〕38号）

39.《中共教育部党组关于印发〈高等学校深化落实中央八项规定精神的若干规定〉的通知》（教党〔2016〕39号）

40.《教育部办公厅关于举办全国高校研究生党员骨干"严格党内政治生活"专题网络培训示范班的通知》（教思政厅函〔2017〕14号）

41.《教育部关于印发〈教育部直属高校和直属单位基本建设廉政风险防控手册〉的通知》（教发函〔2015〕137号）

42.《中共教育部党组关于印发2015年党风廉政建设工作要点的通知》（教党〔2015〕15号）

43.《中共教育部党组关于印发〈中共教育部党组贯彻《中国共产党巡视工作条例》实施办法〉的通知》（教党〔2016〕12号）

44.《中共教育部党组关于印发2016年党风廉政建设工作要点的通知》（教党〔2016〕13号）

45.《中共教育部党组中央纪委驻教育部纪检组关于印发〈2017年党风廉政建设工作要点及直属机关任务分工方案〉的通知》（教党〔2017〕13号）

▶ # 第二十章

有什么样的标准就有什么样的质量

习近平总书记指出，标准决定质量，有什么样的标准就会有什么样的质量，只有高标准才有高质量。国家教育标准体系的完善程度是国家教育制度健全程度的重要标志。建立与完善国家教育标准体系是深化教育改革、全面提高教育质量的内在要求，也是深入推进教育管办评分离、全面推进依法治教的必然选择。自《教育规划纲要》颁布实施以来，尤其是十八大以来，教育标准体系建设进入系统化部署与实施的新阶段。

一、教育标准对于教育质量提升的重要作用

改革开放以来，我国初步建立了教育监测与评价方法体系，形成了适合国情的教育评价实践模式，同时存在评价组织体系不够健全、标准体系不够完善、评价内容不够全面等问题（高宝立，2011）。自中共中央、国务院印发的《中国教育改革和发展纲要》提出"建立各级各类教育的质量标准和评估指标体系"以来，随着《面向 21 世纪教育振兴行动计划》等国家教育规划、文件，以及《中华人民共和国教师法》、《中华人民共和国教育法》、《中华人民共和国职业教育法》、《中华人民共和国高等教育法》、《中华人民共和国民办教育促进法》、新修订的《中华人民共和国义务教育法》等的颁布与落实，我国教育标准体系建设逐步被纳入顶层设计，教育标准体系的建设步伐也逐步加快。2010 年 7 月，《教育规划纲要》发布，全

文"标准"一词出现 42 次，指出制定、建立及完善各类标准 20 多项，并特别强调"制定教育质量国家标准，建立健全教育质量保障体系"，以此为标志，我国教育标准体系建设进入系统化部署与实施的新阶段。

（一）教育标准的引领作用

全面提高教育质量是我国教育改革与发展的主题和重要目标，也是我国教育政策的重要指向（杨润勇，2011）。改革开放以来，我国坚持实施科教兴国战略和人才强国战略，实现了从人口大国向教育大国的历史性跨越，用 15 年的时间全面普及了九年制义务教育，并通过高等教育改革实现了高等教育大众化的目标。随着教育的普及和规模的扩大，教育结构调整与教育质量更加受到关注。2010 年，《教育规划纲要》提出，"把提高质量作为教育改革发展的核心任务"。2017 年，《国家教育事业发展"十三五"规划》在指导思想中提出"着力提高教育质量"，并进一步确立了"教育质量全面提升"的目标，要求"十三五"时期的教育改革和发展"必须紧紧围绕全面提高教育质量"的主题。可以说，"十三五"期间，我国教育进入提高质量、优化结构、促进公平的新阶段，而全面提升教育质量既是教育政策的重要导向，也是当前面临的重要课题。

全面提升教育质量需要强化国家教育标准的引领作用。2017 年 2 月，国务院常务会议通过了《中华人民共和国标准化法（修订草案）》，决定将草案提请全国人大常委会审议。会议强调，质量立国要强化标准引领，在完善工业品标准的同时，要着力在服务标准的修订上下更大功夫。国家教育标准是监测、督导、评估以及开展教育活动的基本规范、准则和具体化的要求，涉及各级各类教育活动的全过程和全方位。当前，我国教育质量标准具有不规范、不健全、不均衡的特点（李新翠，杨润勇，2015），建立和完善各级各类学校建设标准、学科专业和课程体系标准、教师队伍建设标准、学校运行和管理标准、教育质量标准等各个方面的国家教育标准，可对各级各类教育质量的提升发挥引领作用。

（二）教育标准的规范作用

全面提升教育质量需要强化国家教育标准的规范与约束作用。质量是教育的核心。"十二五"期间，尽管我国教育质量稳步提升，各级各类学校特别是农村学校办学条件有较大改善，但教育发展还存在不平衡、不协调的问题，城乡、区域之间教育差距也仍然较大。不以规矩，不能成方圆。国家教育标准具有规范性、专业性和权威性。"十三五"期间，进一步推进教育教学改革、提高教师素质、改善学校办学条件、促进教育信息化等，都离不开相应的国家教育标准体系的建立健全与实施监督。执行国家教育标准，有利于规范各级各类教育实践活动，进而提高教育质量。同时，无论是强制性还是推荐性的国家教育标准，其权威性不言而喻。各地在执行强制性的国家教育标准时不能打折扣，尤其是在科学推进城乡义务教育学校标准化建设、消除城乡二元结构壁垒、消除大班额乃至提升乡村教育质量方面，国家教育标准可以发挥强大的保障作用，必须严格执行。因此，建立与完善各级各类学校教育质量标准，健全各级各类学校建设、教育装备、教师队伍建设、教育投入、教育信息化等标准体系，推进教育标准实施和监督，就是在完善教育质量的保障机制。

（三）教育标准的评价作用

全面提升教育质量需要强化国家教育标准的评价作用。教育标准是评价教育活动的基本规范和基本准则，也是教育质量监控的坚实后盾。一些发达国家专门制定了评估和监控教育质量的指标体系（李玉静，2012）。2012年，《国家教育事业发展第十二个五年规划》提出，建立从"学前教育质量标准"到"研究生教育质量标准"，乃至"科研质量评价标准"和"教育质量评价标准"等在内的"国家教育标准体系"。2013年11月，党的十八届三中全会通过的《中共中央关于全面深化改革若干重大问题的决定》第42条"深化教育领域综合改革"中提出："深入推进管办评分离"，"强化国家教育督导，委托社会组织开展教育评估监测"。2015年5月，教育部发布了《关于深入推进教育管办评分离促进政府职能转变的若干意见》，明确了管办评分离的行动路线图。政府部门规范教育管理、决策、执法、服务与监督等工作需要依据相关的标准，学校规范办学需要依据相关的办学标准，教师执教需要依据相关的教育标准，社会评价需要依据相关的评价标准。因此，"十三五"期间，要基本实现管办评分离，形成政府依法管理、学校依法自主办学、社会各界依法参与和监督的格局，需进一步加快国家教育基本标准建设，提高教育标准的权威性和适切性，并发挥教育标准的评价功能。其中，无论是学校开展自我评价，还是专业机构和社会组织开展第三方教育评价，都应紧密结合国家教育基本标准及有关行业标准，将相关标准作为重要依据。同时，在总结教育质量提升经验、查找教育质量存在问题、推进教育质量提升的过程中，要切实发挥教育标准的诊断、导向和激励作用。

二、推进国家教育标准体系建设的重大举措

十八大以来，我国国家教育标准的顶层部署与系统规划进一步强化，研究制订与出台进程进一步加快，这些举措切实推动了国家教育标准体系的建设。

（一）强化国家教育标准体系的顶层部署与系统规划

改革开放以来，我国教育质量标准体系建设经历了笼统化、具体化和系统化三个阶段（李新翠，杨润勇，2015）。20 世纪 90 年代以来，党中央、国务院在重大纲领性文件中对教育标准的部署与规划不断加强，国家教育标准体系的建设步伐逐步加快。进入 21 世纪，尤其是 2010 年《教育规划纲要》提出"制定教育质量国家标准，建立健全教育质量保障体系"以来，国家教育标准体系的顶层部署更加得到强化。

1. 将教育标准化体系建设纳入国家标准化体系建设顶层规划

2012 年 6 月发布的《国家教育事业发展第十二个五年规划》提出："建立健全具有国际视野、适合中国国情、涵盖各级各类教育的国家教育标准体系"，列举了教育标准体系的六大类别：各级各类学校建设标准、学科专业和课程体系标准、教师队伍建设标准、学校运行和管理标准、教育质量标准和国家语言文字标准。此外，提出"完善标准实施和检验制度"。这是继《教育规划纲要》之后，对教育标准体系建设的进一步全面部署。2014 年，中央全面深化改革领导小组办公室将研究国家教育标准体系列入当年工作要点。

2015 年 12 月，国务院办公厅印发了我国标准化领域第一个国家专项规划《国家标准化体系建设发展规划（2016—2020 年）》，从国家层面部署推动实施标准化

战略，加快完善标准化体系，全面提升我国标准化水平。其中，将教育标准化体系建设作为国家标准化体系建设的重点领域，提出建立健全教育领域标准体系，进一步明确到 2020 年基本建成具有国际视野、适合中国国情、涵盖各级各类教育的国家教育标准体系的目标，并进行了顶层和系统部署。由此，我国教育标准化体系建设被正式纳入国家标准化体系建设的范畴。

2017 年 1 月，国务院发布的《国家教育事业发展"十三五"规划》进一步将"加强教育标准工作"作为构建有效监管体系的首要任务，并指出"加快完善国家教育标准体系，完善各级各类学校教育质量标准，健全各级各类学校建设、教育装备、教师队伍建设、教育投入、教育信息化、教育督导、学校运行、语言文字等标准"。

2017 年 2 月 22 日，国务院常务会议通过了《中华人民共和国标准化法（修订草案）》，这改变了 1988 年制定的《中华人民共和国标准化法》未将教育标准体系建设纳入其中的状况，为新时期国家教育标准体系的建立完善及教育标准化工作的推进进一步提供了法律保障。

2. 将国家教育标准体系建设作为教育部不断深入推进的重点工作

从教育部年度工作要点中"标准"一词的出现频数来看，2012 年以来，年均出现 20 次，最高的时候出现 25 次，与之前的年度相比，出现频数明显增加。

（1）2012—2014 年的工作要点中，虽未提出教育标准体系建设，但均对具体的标准建设工作进行了部署

例如，《教育部 2012 年工作要点》在维护学校安全与稳定以及学前教育、基础教育、职业教育、高等教育等各级各类教育工作中多处提到具体的教育标准建设工作，如"加快制订各级各类学校建设标准、办学标准，建立标准实施监督机制"，"启动研制基础教育各学科学业质量标准"，"研究制订本科各专业类教学质量国家标准和有关专业人才培养质量评价标准"等。《教育部 2013 年工作要点》提出，"开展义务教育标准化建设示范县（市、区）创建工作"，"修订普通高中课程方案（实验）及课程标准"，"印发首批中职专业教学标准"等。《教育部 2014 年工作要点》提出，"出台《幼儿园工作规程》和《幼儿园玩教具配备标准》"，"印发《普通高等学校体育工作基本标准》","研究制订中小学各学科学业质量标准"等。

(2) 自 2015 年开始,教育部年度工作要点将"国家教育标准体系"建设作为重要内容

《教育部 2015 年工作要点》提出,"推进国家教育标准体系建设","研究发布国家教育标准体系框架,制订教育标准制定审核办法,探索建立国家教育标准核准委员会",同时,对教育标准的具体工作进行了安排,如"组织编制中小学学校建设标准","印发《义务教育学校安全规范》","公布 92 个本科专业类教学质量国家标准"等。《教育部 2016 年工作要点》提出,"加快完善国家教育标准体系"。《教育部 2017 年工作要点》提出,"研究制订教育标准管理办法、国家教育标准体系框架,制订加快推进教育标准化工作的意见"。由此可见,自《教育规划纲要》发布实施以来,"标准"是教育部年度工作要点中的热词,加快推进教育标准化工作是近几年乃至今后一段时期的工作重点。

(二) 加快国家教育标准的研究制订与出台进程

根据《中华人民共和国标准化法》的规定,按照制定标准的主体可以将标准分为四类,分别是国家标准、行业标准、地方标准和企业标准。国家标准由国务院标准化行政主管部门即中国国家标准化管理委员会(中华人民共和国国家标准化管理局)制定;行业标准,即没有国家标准而又需要在全国某个行业范围内统一的技术要求,由国务院有关行政主管部门制定;地方标准由省、自治区、直辖市标准化行政主管部门制定;企业标准由企业制定。

十八大以来,国家教育标准体系建设进程加快。据初步统计,2012 年至 2017 年 5 月共制定与完善 282 项教育标准(文件)[①],除 2017 年的 18 项标准外,2012—2016 年共发布 264 项标准,年均制定与完善标准 52.8 项。其中,2013 年制定与完善的教育标准量最多(图 20.1)。

[①] 参照 2016 年国务院法制办公室发布的《中华人民共和国标准化法(修订草案征求意见稿)》中的标准定义,标准(含标准样品),是指农业、工业、服务业和社会事业等领域统一的技术和管理要求。本研究中,统计国家教育标准时,将教育领域中虽无标准编号、文件名称中也无"标准"二字但具有技术和管理要求性质的文件,如测评与评估办法、建设指南、管理规程等作为相当于教育标准的文件(共 45 项)一并进行了统计。

图 20.1　2012—2016 年国家发布的教育标准文件数量

三、国家教育标准体系建设的重要成就

十八大以来，国家教育标准体系建设进程加快，成就显著，初步形成的包括各级各类学校建设标准、学科专业和课程体系标准、教师队伍建设标准、学校运行和管理标准、教育质量标准、教育装备标准、教育信息化标准和国家语言文字标准等类别，涵盖学前教育、基础教育、职业教育、高等教育和继续教育等各级各类教育的国家教育标准体系，为教育质量的全面提升进一步奠定了扎实的基础。

（一）各级各类学校建设标准

在学前教育领域，2016 年 4 月，住房和城乡建设部发布了《托儿所、幼儿园建筑设计规范》，同年 11 月，住房和城乡建设部、国家发展改革委批准发布了《幼儿园建设标准》。《托儿所、幼儿园建筑设计规范》对托儿所、幼儿园的基地和总平面、建筑设计、室内环境、建筑设备等进行了规定。《幼儿园建设标准》主要包括总则、建设规模与项目构成、选址与规划布局、面积指标、建筑与建筑设备、主要技术经济指标等，使幼儿园新建、改建和扩建项目的审批、核准、设计和建设有了具体标准。上述标准的发布与实施进一步提高了幼儿园建设的科学化、规范化管理水平，进一步保障了托儿所、幼儿园的建筑设计质量。

在基础教育阶段，2012 年 2 月，住房和城乡建设部发布了《中小学校体育设施技术规程》，使城镇和农村中小学校体育基本教学、课外体育活动和课余体育训练的基本条件和质量有了保障。2015 年 5 月，教育部、文化部、国家新闻出版广电总局联合印发了《关于加强新时期中小学图书馆建设与应用工作的意见》，将中小学图书馆建设与应用工作提高到新的水平，推动了书香校园和书香社会的建设。2015 年 7 月，教育部办公厅发布了《中小学心理辅导室建设指南》，适用于全国中小学心理辅导室的建设、规范、管理与督导评估，该指南的发布为进一步加强和规范中小学心理辅导室建设，切实发挥心理辅导室在提高全体学生心理素质、预防和解决学生心理行为问题中的重要作用奠定了基础。

在特殊教育阶段，2012 年 1 月，教育部转发了住房和城乡建设部、国家发展改革委发布的《特殊教育学校建设标准》，该建设标准主要包括总则、建设规模与建筑项目构成、布局、选址、校园规划与建设用地、校舍建筑面积指标等内容。2016 年 1 月，教育部办公厅印发了《普通学校特殊教育资源教室建设指南》，其中包含了《普通学校特殊教育资源教室配备参考目录》。上述标准的发布与实施切实推动了特殊教育学校和普通学校特殊教育资源教室的标准化建设。

在高等教育阶段，2015 年 8 月，教育部发布了修订之后的《教育部重点实验室建设与运行管理办法》，进一步规范和加强了教育部重点实验室的建设和运行管理工作。

此外，2014 年 4 月，国家质量监督检验检疫总局和中国国家标准化管理委员会发布了国家标准《学校安全与健康设计通用规范》，该标准规定了学校健康安全的管理、计划和设计、教学工作环境、服务、教学区域设备、工具和加工有关健康安全的通用要求，适用于普通中小学、中等职业学校，大学和相关机构可参照执行。

（二）学科专业和课程体系标准

在义务教育课程标准方面，2011 年 12 月 28 日，教育部印发义务教育语文等19 个学科课程标准（2011 年版），并要求这 19 个学科课程标准从 2012 年秋季开始执行。新标准的实施为新时期全面实施素质教育，深化基础教育课程改革，提高教育质量提供了依据与保障。

在特殊教育课程标准方面，2016 年 11 月，教育部发布《盲校义务教育课程标准（2016 年版）》《聋校义务教育课程标准（2016 年版）》《培智学校义务教育课程标准（2016 年版）》，这三类特殊教育学校的义务教育课程标准是我国首次专门为残疾学生制定的一整套系统的标准。

在职业教育阶段，2012 年 11 月教育部职成司印发了部分《高等职业教育学校专业教学标准（试行）》目录，2014 年 4 月和 12 月教育部办公厅先后印发了《中等职业教育学校专业教学标准（试行）》（前后两批，共涉及 230 个专业）。专业教学标准是开展专业教学的基本文件，是明确培养目标和规格、组织实施教学、规范教学管理、加强专业建设、开发教材和学习资源的基本依据，是评估教育教学质量的主要标尺，同时也是社会用人单位选用职业学校毕业生的重要参考。专业教学标准的发布，加强了职业教育教学基本建设和专业建设，为进一步提高职业教育教学质量提供了保障。

在高等教育阶段，教育部于 2012 年 9 月对 1998 年印发的普通高等学校本科专业目录和 1999 年印发的专业设置规定进行了修订，形成了《普通高等学校本科专业目录（2012 年）》和《普通高等学校本科专业设置管理规定》。新目录和新规定的印发实施，是关系到我国高等教育改革与发展的一项基础性、全局性、战略性重要举措，关系到教育资源的配置和优化，对于提高人才培养质量、促进高等教育与经济社会的紧密结合，都具有十分重要的意义。此外，这一时期还印发了《高等学历继续教育专业设置管理办法》《中医专业学位设置方案》和《高等学校思想政治理论课建设标准》等。

（三）教师队伍建设标准

在教师校长专业标准方面，出台了幼儿园、小学、中学、中等职业学校以及特殊教育教师专业标准，幼儿园园长、义务教育学校校长、中等职业教育学校校长专业标准。教师专业标准是国家对合格教师专业素质的基本要求，是教师实施教育教学行为的基本规范，是引领教师专业发展的基本准则，是教师培养、准入、培训、考核等工作的重要依据。校长专业标准是对学校合格校长专业素质的基本要求，是制定相关学校校长任职资格标准、培训课程标准、考核评价标准的重要依据，同时也利于规范校长的办学行为和推进教育领域相关突出问题的解决。

此外，《"国培计划"课程标准（试行）》（2012 年 5 月）、《幼儿园教职工配备标准（暂行）》（2013 年 1 月）及《中小学教师信息技术应用能力标准（试行）》（2014 年 5 月）等标准的发布，为规范引导教师校长专业成长、加快教师队伍建设提供了保障。

（四）学校运行和管理标准

1. 城乡义务教育经费

在学校运行和管理标准方面，经费标准是一项重要的内容。在生均经费标准方面，统一了城乡义务教育学校生均公用经费基准定额。自 2006 年实行农村义务教育经费保障机制改革以来，生均公用经费经过六次提标，从最初的年均 10—20 元不断提高。随着 2015 年 11 月《国务院关于进一步完善城乡义务教育经费保障机制的通知》发布实施，通过"三个统一、两个巩固"建立城乡统一、重在农村的义务教育经费保障机制，推动"两免一补"和生均公用经费基准定额经费随学生流动可携带。"三个统一"是：统一"两免一补"政策，统一公用经费基准定额，统一经费分担机制。《国务院关于进一步完善城乡义务教育经费保障机制的通知》规定，"从 2016 年春季学期开始，统一城乡义务教育学校生均公用经费基准定额。中央确定 2016 年生均公用经费基准定额为：中西部地区普通小学每生每年 600 元、普通初中每生每年 800 元；东部地区普通小学每生每年 650 元、普通初中每生每年 850 元"。"落实生均公用经费基准定额所需资金由中央和地方按比例分担，西部地区及中部地区比照实施西部大开发政策的县（市、区）为 8:2，中部其他地区为 6:4，东部地区为 5:5。"而以前，农村义务教育经费由中央和地方共同负担，城市由地方负责、中央适当奖补。这次完善城乡义务教育经费保障机制是我国义务教育发展史上的又一个里程碑。

2. 特殊教育生均公用经费

特殊教育生均公用经费有了国家标准。2014 年 1 月，国务院办公厅转发的教育部等部门制定的《特殊教育提升计划（2014—2016 年）》提出，"义务教育阶段特殊教育学校生均预算内公用经费标准要在三年内达到每年 6000 元"，"随班就读、特教班和送教上门的义务教育阶段生均公用经费参照上述标准执行"。2015 年 11 月发布的《国务院关于进一步完善城乡义务教育经费保障机制的通知》进一步指出，"特殊教育学校和随班就读残疾学生按每生每年 6000 元标准补助公用经费"。

3. 资助政策与资助标准

在资助政策与标准方面，十八大以来，新出台了资助政策 6 项，完善了资助政策 9 项。2013 年，设立研究生国家助学金，设立研究生学业奖学金，完善研究生"三助"岗位津贴等。2014 年，营养膳食补助标准从每人每天 3 元提高到 4 元，国家助学贷款标准从 6000 元提高到本专科生 8000 元、研究生 12000 元，并相应提高基层就业和应征入伍服兵役贷款代偿标准。2015 年，延长国家助学贷款还款期限，放宽财政贴息范围，出台高校学生直招士官国家资助政策，扩大中职免学费覆盖范围，将中等职业学校和普通高中国家助学金标准由年生均 1500 元提高到 2000 元。2016 年，出台普通高中建档立卡等贫困家庭学生免学杂费政策。2017 年，统一城乡义务教育"两免一补"政策，即对城乡义务教育学生免除学杂费、免费提供教科书，对家庭经济困难寄宿生补助生活费等（教育部财务司，2017）。

4. 督导评估办法与评估指标体系

各类督导评估办法及评估指标体系的完善，为健全督导制度、规范学校办学行为、全面提升教育质量提供了切实保障。十八大以来，国家发布了系列督导评估办法。例如，《中小学校责任督学挂牌督导办法》《中小学校责任督学挂牌督导规程》《县域义务教育优质均衡发展督导评估办法》《中小学校体育工作督导评估办法》《全面改善贫困地区义务教育薄弱学校基本办学条件工作专项督导办法》《中小学（幼儿园）安全工作专项督导暂行办法》《幼儿园办园行为督导评估办法》《中等职业教育学校办学能力评估暂行办法》《高等职业教育院校适应社会需求能力评估暂行办法》等。

（五）教育质量标准

在教育质量方面，教育部于 2014 年 7 月发布了《国家学生体质健康标准（2014 年修订）》，科技部、中央宣传部于 2016 年 4 月印发了《中国公民科学素质基准》。

在教育质量评价方面，为基本建立体现素质教育要求、以学生发展为核心、科学多元的中小学教育质量评价制度，切实扭转单纯以学生学业考试成绩和学校升学率评价中小学教育质量的倾向，促进学生全面发展、健康成长，教育部于2013年6月下发《关于推进中小学教育质量综合评价改革的意见》，提出了《中小学教育质量综合评价指标框架（试行）》，要求建立健全中小学教育质量综合评价体系。此外，教育部发布了《中小学生艺术素质测评办法》（2015年5月），教育部办公厅发布了《学生足球运动技能等级评定标准（试行）》（2016年6月）等。

在高等教育质量方面，国务院学位委员会、教育部先后印发了《一级学科简介》《一级学科博士、硕士学位基本要求》及《专业学位类别（领域）博士、硕士学位基本要求》，由此，各类研究生教育质量有了国家标准。2013年11月，教育部、中国工程院联合下发了《卓越工程师教育培养计划通用标准》，该通用标准分为本科、硕士和博士三个层次，规定了卓越计划各类工程型人才培养应达到的基本要求，是制订行业标准和学校标准的宏观指导性纲领，为卓越计划参与高校推进人才培养模式改革、不断提升工程技术人才培养水平提供了保障。

（六）教育装备标准

1.基础教育装备

在基础教育装备标准方面，经全国教学仪器标准化技术委员会审查通过，2013年7月，教育部发布了《教学用玻璃仪器一般质量要求和试验方法》《教学用玻璃仪器酒精灯》等69项教育行业标准。2016年10月，教育部发布了《立方体组》《透明盛液筒》等11项教育行业标准。此外，还发布了小学和初中的音乐、美术、体育器材设施配备标准。

2.职业教育装备

在职业教育装备方面，教育部于2014年7月发布了《职业院校护理专业仪器设备装备规范》《职业院校汽车运用与维修类相关专业仪器设备装备规范》等五项教育行业标准，于2016年7月发布了《中等职业学校风电场机电设备运行与维护专业仪器设备装备规范》《中等职业学校太阳能与沼气技术利用专业（太阳能技术利用专业方向）仪器设备装备规范》等四项教育行业标准。

3. 校车校服安全

在校车校服安全方面，国家质量监督检验检疫总局、中国国家标准化管理委员会发布了《专用校车安全技术条件》《专用校车学生座椅系统及其车辆固定件的强度》《中小学生校服》《中小学生交通安全反光校服》等国家标准。

上述教育装备标准的发布与实施促进了各级各类教育装备的标准化建设，为教育质量的全面提高进一步提供了保障。

（七）教育信息化标准

在教育信息化标准方面，国家质量监督检验检疫总局、中国国家标准化管理委员会发布了《信息技术学习、教育和培训学习对象分类代码》《信息技术学习、教育和培训学习技术系统体系结构》等系列推荐性国家标准。教育部于 2012 年 3 月发布了《教育管理信息　教育管理基础代码》《教育管理信息　教育管理基础信息》《教育管理信息　教育行政管理信息》《教育管理信息　普通中小学校管理信息》《教育管理信息　中职学校管理信息》《教育管理信息　高等学校管理信息》《教育管理信息　教育统计信息》等七个推荐性教育信息化行业标准。此外，发布了《教育行业信息系统安全等级保护定级工作指南（试行）》《职业院校数字校园建设规范》等文件，由此进一步加快教育信息化进程，推动教育信息化标准体系建设。

（八）国家语言文字标准

在国家语言文字标准方面，国务院发布了《通用规范汉字表》（2013 年 6 月），进一步提升了国家通用语言文字的规范化、标准化、信息化水平。教育部、国家语委发布了《国家语言文字工作委员会语言文字规范标准管理办法（2015 年修订）》《汉字应用水平等级及测试大纲》（2016 年修订）。

此外，国家质量监督检验检疫总局、中国国家标准化管理委员会发布了关于公共服务领域英文翻译和书写质量的系列推荐性国家标准，如《公共服务领域英文译写规范第 1 部分：通则》《公共服务领域英文译写规范第 2 部分：交通》等，这些国家标准规定了交通、旅游、文化、娱乐、体育、教育、医疗卫生、邮政、电信、餐饮、住宿、商业、金融共 13 个服务领域的英文译写原则、方法和要求。该系列标准的实施促进了我国公共服务领域的英文译写工作的规范化和标准化，也促进了我国公共服务和治理能力的提升。

四、国家教育标准体系建设的主要经验

十八大以来，通过抓顶层设计、基础建设和基本标准，加快了国家教育标准体系建设进程，为各级各类教育质量的提升进一步提供了支撑与保障。

（一）抓顶层设计，将国家教育标准体系建设摆在重要位置

1. 教育标准化纳入了《中华人民共和国标准化法（修订草案）》

2015 年发布的《深化标准化工作改革方案》要求"加快推进《中华人民共和国标准化法》修订工作，提出法律修正案，确保改革于法有据"。《中华人民共和国标准化法（修订草案）》规定，标准（含标准样品），是指农业、工业、服务业和社会事业等领域统一的技术和管理要求。按照这一规定，社会事业领域的教育标准也将纳入其中，将使教育标准化工作进一步得到法律保障。

2. 在依据相关教育法律法规建立与完善国家教育标准的同时，将相关教育标准的制定与完善写入新修订的教育法律法规中

例如，"标准"一词在 2006 年修订的《中华人民共和国义务教育法》中出现 12 次，在《中华人民共和国高等教育法》（1998 年通过，2015 年修订）中出现 8 次，均为相关领域教育标准的制定与完善提供了法律依据。又如，2017 年 1 月国务院第 161 次常务会议修订通过的《残疾人教育条例》中，"标准"一词出现 13 次，如"残疾儿童、少年特殊教育学校（班）的课程设置方案、课程标准由国务院教育行政部门制订"，"省、自治区、直辖市人民政府应当根据残疾人教育的特殊情况，依据国务院有关行政主管部门的指导性标准，制定本行政区域内特殊教育学校的建设标准、经费开支标准、教学仪器设备配备标准等"，"结合当地实际为特殊教育学校和指定招收残疾学生的普通学校制定教职工编制标准"等，涉及课程标准、学校建设、设备配备、经费配备、师资配备等各个方面，而 1994 年 8 月国务院发布的《残疾人教育条例》中仅有 2 处出现"标准"，即"普通职业教育学校必须招收符合

国家规定的录取标准的残疾人入学"和"普通高级中等学校、高等院校、成人教育机构必须招收符合国家规定的录取标准的残疾考生入学"。《残疾人教育条例》是特殊教育的专项法规，对于特殊教育而言，将相关标准列入其中是进一步制定与完善特殊教育标准的重要法律依据。

3. 在"中发""国发"等中字头、国字头文件中对国家教育标准体系建设进行顶层部署

例如，在《教育规划纲要》《国家标准化体系建设发展规划（2016—2020 年）》《国家教育事业发展"十三五"规划》等重大规划中不断加强对国家教育标准体系建设的顶层设计。

4. 将教育标准建设作为国家重大教育改革乃至攻坚克难的重要举措，并体现于国家文件和部委文件之中

除了重大规划之外，近几年国务院以及教育部等发布的其他推进教育领域改革的文件频频出现"标准"一词。例如，在国务院办公厅发布的《关于加快中西部教育发展的指导意见》中，"标准"一词出现 19 次，如"制定教学点办学条件、教师配备等基本标准""标准化建设寄宿制学校""建立健全分类分专业的中职学校生均经费标准"。在国务院发布的《关于统筹推进县域内城乡义务教育一体化改革发展的若干意见》中，"标准"一词出现 18 次，如"加快推进县域内城乡义务教育学校建设标准统一、教师编制标准统一、生均公用经费基准定额统一、基本装备配置标准统一"等。在国务院办公厅发布的《关于强化学校体育促进学生身心健康全面发展的意见》中，"标准"一词出现 10 次，如"完善国家体育与健康课程标准""按标准配齐体育教师和体育教研人员""制定学生运动项目技能等级评定标准和高等学校体育学类专业教学质量国家标准"等。在教育部发布的《关于深入推进教育管办评分离促进政府职能转变的若干意见》中，将加快国家教育基本标准建设作为推进依法行政和推进依法评价的重要举措，"标准"一词出现 15 次。可见，标准建设是加快中西部教育发展、推进县域内城乡义务教育一体化，乃至深入推进教育管办评分离等教育改革的重要举措。

（二）抓基础建设，为国家教育标准体系建设提供切实保障

1. 加强教育标准化科研机构建设

2016年5月，教育部直属的国家级综合性教育智库中国教育科学研究院进行了组织机构调整，其中新设立了教育法治与教育标准研究所。该研究所的成立进一步壮大了国家教育标准化工作的研究力量。

2. 加强教育标准化相关技术委员会管理与建设

目前，教育标准化技术委员会主要有四家，即全国教育服务标准化技术委员会、全国信息技术标准化技术委员会教育技术分技术委员会（原教育部教育信息化技术标准委员会）、全国教学仪器标准化技术委员会和国家语言文字工作委员会。2016年9月，全国信息技术标准化技术委员会教育技术分技术委员会发布了委员会的《章程》（草案），从总则、工作任务、组织机构和经费四方面进行了规定。国家语言文字工作委员会于2015年修订了《国家语委科研项目管理办法》。这些工作加强了委员会的科学管理建设，为教育标准的研制、认证和应用推广等工作规范有序开展提供了更好的保障。

3. 加强国家教育标准体系建设的研究工作

《教育规划纲要》发布以来，教育部组织研究力量持续开展国家教育标准体系建设相关研究。如委托中国教育科学研究院开展了"制定教育质量国家标准，建立教育质量保障体系"的研究，以及"国家教育标准体系框架研究"等基础性的研究工作。这些研究工作为推动国家教育标准体系建设提供了重要的智力支持。

（三）抓基本标准，从重点领域突破完善国家教育标准体系

标准体系建设工作头绪较多，类别较繁杂。例如，《教育规划纲要》提出"建立健全教育质量保障体系"，并具体指出制定、建立及完善"学前教育办园标准""国家义务教育质量基本标准""高等学校编制标准"等20多项标准。《国家教育事业发展第十二个五年规划》提出了各级各类学校建设标准、学科专业和课程体系标准、教师队伍建设标准等教育标准体系的六大类别。面对这一庞大的标准体系，在进行顶层设计的同时，抓重点领域和基本标准是党的十八大以来推进国家教育标准建设的重要经验。

1. 加强重点类别基本国家教育标准建设

例如，发布《小学音乐教学器材配备标准》《小学美术教学器材配备标准》等，加强教育装备标准建设；发布义务教育语文等 19 个学科课程标准（2011 年版），加强学科专业和课程体系标准建设；出台幼儿园、小学、中学、中等职业学校以及特殊教育教师专业标准，幼儿园园长、义务教育学校校长、中等职业教育学校校长专业标准，加强教师校长专业标准建设。

2. 加强重点领域国家教育标准建设

一方面，继续加强基础教育和高等教育（含继续教育）领域的国家教育标准建设；另一方面，加强了学前教育、特殊教育、职业教育等重点领域的国家教育标准建设。

▶ 第二十一章
把经典嵌在学生脑子里

习近平总书记2014年9月在北京师范大学指出，很不赞成把古代经典诗词和散文从课本中去掉，"去中国化"是很悲哀的，应该把这些经典嵌在学生脑子里，成为中华民族文化的基因。这为课程改革指明了方向。课程是党的教育方针、国家意志和社会主义核心价值观的集中体现，是学校教育教学活动的基本依据，在人才培养中发挥着核心作用，直接影响人才培养质量。十八大以来，针对学校教育存在的重智育轻德育，片面追求分数和升学率，学生创新能力、实践能力不强，课程体系不够系统，学科育人水平不高，评价体系与课程改革不相适应等问题，我国全面深化课程改革，整体构建符合人才培养规律、体现时代发展特征、具有中国特色和国际视野的课程体系，建设门类齐全、学段衔接的教材体系，倡导自主、合作、探究的学习方式与启发、讨论、参与的教学方式，推动以学生全面发展为根本、科学多元的评价制度改革，落实立德树人根本任务，对于促进教育内涵式发展、全面提高育人水平、提升教育质量具有重要意义和价值。

一、基础教育课程改革的重大举措

为把党的十八大和十八届三中全会关于立德树人的要求落到实处，充分发挥课程在人才培养中的核心作用，基础教育课程改革聚焦提升综合育人水平，整体规划，系统设计，通过统筹规划课程体系、规范教材管理、提高课堂教学水平、深化考试招生制度改革等工作，为促进各级各类学校学生健康成长、全面发展奠定了坚实的基础。

（一）统筹规划课程体系，增强课程综合育人功能

学校教育应着力培养哪些关键素质，才能真正体现党的教育方针并落实促进人的全面发展的教育理想和价值追求？对于这些问题的回答，长期以来只有模糊的方向而缺乏具体的内容，这也是阻碍我国素质教育深入实施的重要因素。课程是学校教育的核心，课程体系的规划、课程目标的制定、课程内容的选取集中体现着国家对人才培养的要求。为深入贯彻落实十八大以来的各项要求，推进应试教育向素质教育转轨，增强课程综合育人功能，我国启动了义务教育教材修订、普通高中课程方案和课程标准修订、研制《中国学生发展核心素养》等工作。

1. 修订完善义务教育各学科课程标准

为贯彻落实《教育规划纲要》，适应新时期全面实施素质教育的要求，深化基础教育课程改革，提高教育质量，教育部组织专家对义务教育各学科课程标准进行了修订完善。2011 年《教育部关于印发义务教育语文等学科课程标准（2011 年版）的通知》发布，标志着 2011 年版义务教育学科课程标准正式印发，并于 2012 年秋季开始执行。新修订的课程标准着力强化"德育为先"，突出学生能力培养，强调课程内容的时代性、先进性，涵盖小学一年级到初中三年级的所有学科。其中，外语科目的课标细化到英语、日语和俄语三种。新修订的课程标准印发后，教科书修订随之启动。2012 年，起始年级教材的修订、审定工作完成，并于 2012 年秋季学期开始使用。2013 年秋季，14 个学科共 168 套义务教育教材全部完成修订，并通过审查，陆续投入使用。

2. 修订普通高中课程标准

2013 年普通高中课程方案修订启动，重点研究、解决新时期普通高中教育的定位和性质、课程设计的依据与任务，以及课程实施的政策支持与物质条件保障等问题。2014 年教育部颁发《教育部关于全面深化课程改革落实立德树人根本任务的意见》，提出"依据学生发展核心素养体系，进一步明确各学段、各学科具体的育人目标和任务，完善高校和中小学课程教学有关标准"的要求。同年，普通高中课程标准的修订工作启动。本次普通高中课程标准修订是立足于统筹推进课改的大背景、站在立德树人的全局视野和战略高度而进行的，在修订思路和原则上，强调

把学生发展核心素养和学业质量标准要求率先落实到高中课程标准中；同时坚持问题导向，着力解决十余年高中课改中存在的突出问题；突出时代性、基础性、选择性；合理确定课程容量和难度，提高课程的适宜性，增强课程的可操作性；做好高中课程标准修订与高考改革政策的衔接，确保学和考的有机结合，增强育人效果。

（二）坚持教材正确导向，统编中小学德育、语文、历史学科教材

为做好教材管理工作，解决新时期教材建设的诸多问题，2017年4月教育部成立教材局，2017年7月国家教材委员会成立。国家教材委员会的主要职责是：指导和统筹全国教材工作，贯彻党和国家关于教材工作的重大方针政策，研究审议教材建设规划和年度工作计划，研究解决教材建设中的重大问题，指导、组织、协调各地区各部门有关教材工作，审查国家课程设置和课程标准制定，审查意识形态属性较强的国家规划教材。

1. 统编中小学德育、语文、历史学科教材

为系统完整地落实社会主义核心价值观教育、国家主权意识教育、革命传统教育、中华优秀传统文化教育和法治教育等内容，牢牢把握正确的政治方向，2011年，教育部着手统一组织编写义务教育语文、历史和德育三科教材，在教材编写中全力关注社会主义核心价值观教育的落实，做好社会主义核心价值观"进教材"的环节。2014年底，完成部编义务教育德育、语文起始年级和历史全部册次教材编写工作，完成现行义务教育三科教材起始年级教材修订工作。2016年秋季开始，新编、修订完成的义务教育道德与法治、语文、历史学科教材陆续投入使用。三科"部编本"教材的编写和修订，实现了教材的思想性、科学性、人文性和时代性的有机统一。

2. 规范中小学教科书选用秩序

新课程改革以来，随着教材选用权的逐步下放，在教材选用上出现了一些问题，损害了教育教学质量，加重了学生学习负担，给课程改革带来了消极和负面影响。为规范教科书选用秩序，2014年9月，教育部制定印发《中小学教科书选用管理暂行办法》，明确了地方、学校和教师在教科书选用中的职责和教科书选用程序、选用工作监督和对违规行为的处罚等。这是对多年来中小学教科书选用基本

政策、制度建设等的经验总结，也是新中国成立后颁布的第一部中小学教科书选用规范性文件。在教科书编写审查上，根据中国国情和实践经验总结，积极创新审查制度，在义务教育三科教材审查上首次实行学科审查、综合审查、专题审查、终审"四审"制度，全方位、多角度定向把关。同时，完善教材审查专家库建设，规范教材审查标准、程序、方法，使教材审查工作更加科学、公开、公平、公正，推动形成更具中国特色的课程教材审查制度。开展教材及教辅使用情况及其质量状况的跟踪监测，及时发现问题，加强指导和监督。这些举措为下一步修订《中小学教材编写审定管理暂行办法》和《中小学教辅材料管理办法》奠定了基础。

（三）深化课堂教学改革，改进学科教学育人功能

课堂教学是育人的主渠道。《教育部关于全面深化课程改革落实立德树人根本任务的意见》指出："全面落实以学生为本的教育理念。各地要组织开展育人思想和方法研讨活动，将教育教学的行为统一到育人目标上来。要在发挥各学科独特育人功能的基础上，充分发挥学科间综合育人功能，开展跨学科主题教育教学活动，将相关学科的教育内容有机整合，提高学生综合分析问题、解决问题能力。充分利用现代信息技术手段，改进教学方式，适应学生个性化学习需求。强化教学的实践育人功能，确保实践活动占有一定课时或学分。"通过教学改革将深化课程改革的任务落到实处。

（四）创新考试评价体系，综合评价学生素质

社会主义现代化建设，需要培养千千万万乃至数以亿计的各种各样的人才；中国梦的实现，需要凝聚全社会每一个人的力量。2013 年，习近平主席在十二届全国人民代表大会第一次会议上讲道："生活在我们伟大祖国和伟大时代的中国人民，共同享有人生出彩的机会，共同享有梦想成真的机会，共同享有同祖国和时代一起成长与进步的机会。"让每个人共同享有人生出彩的机会，落实在课程教学改革中，就是要引导全社会尤其是教育实践工作者树立多样化的、正确的教育观念和人才成长观念，彻底转变唯学历的选人用人观念，转变唯分数、唯智育的教育教学观念，建立多元化的学生评价标准和发展性的学生评价体系，从而让每个学生在一个全面多元的评价体系引领下能够获得个性化的发展，真正实现成长和进步的机会共享。

1. 实施中小学教育质量综合评价改革

2013 年，教育部启动实施中小学教育质量综合评价改革，以扭转现行教育中依然存在的单纯以学生学业考试成绩和学校升学率评价中小学教育质量的倾向，建立体现素质教育要求、以学生发展为核心、科学多元的中小学教育质量评价制度，促进学生全面发展、健康成长。《教育部关于推进中小学教育质量综合评价改革的意见》提出了推进中小学教育质量综合评价改革的总体目标、原则，并提出建立综合评价指标体系、健全评价标准、改进评价方式方法等，建立健全了中小学教育质量综合评价体系。教育质量综合评价改革突显"以学生发展为核心""以评价促进学校发展"的理念，推进提升学生素养、减轻学生负担的"绿色评价"。教育部研制了《中小学教育质量综合评价指标框架（试行）》。该框架包括学生品德发展水平、学业发展水平、身心发展水平、兴趣特长养成、学业负担状况等五个方面的20 个关键性指标。

2. 深化考试招生制度改革

2014 年，国务院印发《关于深化考试招生制度改革的实施意见》，这是国家发布的宏观规划的考试招生制度改革的总体方案及高考改革等各领域的改革实施意见，它标志着新一轮的考试招生制度改革的全面启动。首先启动浙江和上海两地的考试招生制度改革试点，2017 年总结成效和经验，全面推广实施。2020 年基本建立中国特色现代教育考试招生制度，形成分类考试、综合评价、多元录取的考试招生模式，健全促进公平、科学选才、监督有力的体制机制，构建衔接沟通各级各类教育、认可多种学习成果的终身学习"立交桥"。

中考是衔接义务教育和高中阶段教育的重要枢纽，其改革取向和效果直接影响素质教育的实施和学生的发展。中考制度改革的重点举措主要包括两方面内容。第一是探索以初中学业水平考试成绩和综合素质评价情况为依据的招生综合评价方式。根据课程开设和学生学习的具体情况，在相关科目学习完成后，及时安排相应考试，减轻学生集中复习和备考的压力，完善学生成长记录，客观反映学生全面发展和个性发展的实际情况，为高中录取提供参考。第二是完善优质高中招生名额合理分配到区域内初中的办法。通过优质高中招生名额分配的措施，为薄弱初中的学生提供进入优质高中的机会，发挥中考改革的公平效应，同时，实现利用中考改革促进义务教育均衡发展的杠杆效应。

二、基础教育课程改革的重要成就

十八大以来，各级教育部门深入贯彻落实基础教育课程改革的各项要求，扎实推进各项工作，努力增强课程的系统性，明确课程育人目标，挖掘课程育人价值，加强教材制度建设，转变教与学的关系，探索评价制度改革，为提升学校育人质量作出了积极的探索。

（一）立德树人根本任务全面落实

1. 社会主义核心价值观融入基础教育全过程

课程教材是社会主义核心价值观教育的重要载体，基础教育阶段是立德树人的关键期。无论是义务教育阶段，还是普通高中教育阶段的课程标准和教材的修订完善，均以落实立德树人根本任务、有机融入社会主义核心价值观作为重要指导思想和根本要求，体现思想性，增强政治性，全面传承中华优秀传统文化，弘扬社会主义法治精神，充分体现民族特点，培养学生树立远大理想和崇高追求，形成正确的世界观、人生观、价值观。各个学科都结合具体内容进一步挖掘凝练各自的独特育人价值，有机融入社会主义核心价值观教育。德育、语文、历史三门学科更是将社会主义核心价值观内容明确写入课程标准，充分发挥了人文学科的独特优势。总之，通过课程教材全面落实立德树人根本要求，进一步把社会主义核心价值观精细化、操作化，确保社会主义核心价值观和先进教育思想理念最终落地生根、入脑入心。

2. 基于中国学生发展核心素养的基础教育课程体系初步建构

我国基础教育课程体系、课程方案是在新课程改革之初制定的，在全球化、信息化、人才竞争日益激烈的今天，并不能完全适应时代的发展需要。如就课程改革目标来讲，未来社会需要什么样的人才、对哪些能力和素质的要求最为突出、各学段应达成什么样的育人目标等问题在原来的课程体系中并未得到充分体现，缺乏顶层设计；也较少关注在课程设置、学段衔接、跨学科整合上如何突出对创新人才的培养。本次普通高中课程标准修订之际，教育部率先组织专家团队集中研制中国学生发展核心素养体系框架。中国学生发展核心素养框架的提出，是科学落实立德树人根本任务的重要举措，它是新的历史时期我国对"培养什么人"问题的具体回答，有助于实现从学科中心转向对人的全面发展的关注，同时也为学校教育的育人模式、评价方式的转型奠定了基础。本次普通高中课程标准修订，就是基于中国学生发展核心素养体系进行的。各学科专家组依据学生发展核心素养，科学设计各学段学科课程，精心选择教育内容，指导教材编写。同时，根据学生发展核心素养，建立素养不断提升的发展水平表现等级，借以对学生学业质量、核心素养进行监测评估，实现对学校教育教学行为的有效反馈与指导，系统推进基于学生核心素养发展的课程体系建设。

（二）中国特色的教材管理体制机制日趋形成

1. 国家和地方层面的教材管理制度逐步建立健全

十八大以来，我国中小学教材管理一方面注重中国国情和本土实践经验总结，一方面借鉴吸收国际管理经验，坚持走中国特色的课程教材管理道路，在体制机制建设上取得了重大进展。积极创新教材审查制度，探索并推广"四审"制度，研究修订《中小学教材编写审定管理暂行办法》，进一步强化对教材编写、审定、修订、使用工作的规范管理。已经印发《中小学教科书选用管理暂行办法》，规范中小学教材选用管理，指导各地制订《中小学教科书选用管理暂行办法》实施细则，推进更加规范有序地选用教科书。通过提升教材管理科学化水平，促进中小学教材质量不断提高。

2. 教材使用满意度较高

修订后投入使用的义务教育教科书得到一线教师的认同，大部分教师认为修订后的教科书更能体现育人目标，更加符合学生的需求。按照"一科一套教辅"的要求，将省编配套教辅材料配给学生使用，能够严格落实任何单位和个人不得以任何形式强制或变相强制学校或学生购买任何教辅材料，不得进入学校宣传、推荐和推销任何教辅材料的要求，有效地减轻了学生的课业负担和家庭的经济负担。西南大学评估组（2015）对全国 14 个省份 10 万余名中小学生的抽样调查显示，近五年来，小学生课业负担总体呈下降趋势。2010—2014 年，每周课时数超过 30 节的小学比例由 39.14% 下降到 26.82%，每天家庭作业时间超过 1 小时的学生比例由48.70% 下降到 37.41%，每天体育锻炼时间超过 1 小时的学生比例由 58.32% 上升到 72.13%。

（三）教与学关系不断优化

1. 确立了以学生发展为本的教学理念

随着新课程改革的不断深入，课堂教学改革更加凸显学科特色，中小学在注重学生基础知识和基本技能培养的基础上，更加强调掌握科学的方法，更加强调实践能力的提高，促进学思结合、手脑并用、知行统一，努力培养创新思维、创新精神和创新能力。课堂教学体现出新的基调和特征："育人为本"成为课堂教学的根本要求，"立德树人"是课堂教学的核心主题，"将积极的情感、端正的态度、正确的价值观自然融入课程教学全过程"是课堂教学的关键环节，而"促进学生健康成长"成为我国中小学优质课堂教学的根本追求。

2. 中小学教学方式有较大转变

新课程理念深入人心，自主、合作、探究的学习方式与启发、讨论、参与的教学方式不断得到推广。"翻转课堂"等新的教学方式开始在中小学实践，学生的学习方式发生变化，个性化学习需求逐渐得到满足。各地对教学模式的实践探索，推动课堂教学从教师本位向学生本位转变，从独白式教学向对话式教学转变，从封闭式教学向开放式教学转变，从知识点向问题域转变，从传递接受式教学向以引导探究为主要特征的多样化教学转变。同时，中小学积极开展学科间整合的探索，把不同背景下的知识有机地联系起来，培养学生全面地、整体地面对问题情境，提高学生综合解决问题的能力，促进学生个性的和谐发展。

3. 教学研究成果丰硕

近年来，各地区、各学校因地制宜，积极探索课堂教学改革，积累了丰硕的成果和成功经验。2014 年，教育部组织开展了首届基础教育国家级教学成果奖评选，最终评出 417 项获奖成果，其中，教学类成果有 183 项，获奖数量位列第一名。如李吉林完成的"情境教育实践探索与理论研究",窦桂梅等完成的"小学语文主题教学实践研究",江建敏等完成的"创建生物情景教室促进生物教学改革"等。这些课堂教学研究成果都是基于具体学科教学研究获得的,是中小学教师挖掘各学科核心知识的育人价值、发挥学科知识独有育人功能的积极探索,展示了我国中小学教学研究的最新成果,对中小学课堂教学改革产生了重大的影响。

(四)学生学业水平处于世界领先地位

1. 上海学生 PISA 测试成绩连续名列前茅

2009 年,上海 152 所学校的 5115 名学生第一次正式参加 OECD 组织的第四次 PISA 测试。在参加评估的 67 个国家和地区中,上海学生的阅读素养、数学素养、科学素养均排名第一,远高于 OECD 国家的平均成绩。2012 年,上海 155 所学校的 6374 名学生代表全市各类中学约 9 万名 15 岁在校生参加了 OECD 组织的第五次 PISA 测试。在参加评估的 65 个国家和地区中,上海学生各项成绩继续位居全球第一。

2. 四省市学生 PISA 测试成绩位居世界前列

2015 年,北京、上海、江苏、广东四省市 268 所学校的 1 万多名学生参加了 OECD 组织的第 6 次 PISA 测试。在参加测试的 72 个国家和地区中,四省市学生的科学测试成绩排名第 10、阅读测试成绩排名第 27,数学测试成绩排名第 6,位居世界前列。

3. 小学生学业成绩稳中有升

西南大学评估组(2015)提供的义务教育第三方评估情况报告表明,2010—2014 年,在小学课业负担有所降低的背景下,小学生数学成绩优秀率从 36.20% 上升到 38.53%,语文成绩优秀率从 37.92% 上升到 44.51%,数学成绩不良率从 16.40% 下降到 15.36%,语文成绩不良率从 14.90% 下降到 14.23%。

(五)综合素质评价体系日趋完善

1. "绿色评价"理念逐渐形成

"绿色评价"旨在改变单纯以学业成绩作为唯一标准的评价方式,更加全面地对学生学业水平状况和各校课程标准的执行情况进行监控,引导学校为实现"轻负担高质量"的教学而努力。教育部在全国确定了 30 个试点，推行中小学教育质量评价改革，通过品德发展水平、学业发展水平、身心发展水平、兴趣特长养成、学业负担状况等五个方面 20 个关键性指标，对学校和学生进行全新的"绿色评价"，不再"唯分数和升学率论英雄"。通过发挥评价的引导、诊断、改进、激励等功能，重视学校进步和努力程度，改变过于强调甄别和简单分等定级的做法，促进学校在已有基础上不断提升教育教学质量，并通过评价发现学校特色，鼓励学校办出特色，促进学校特色化发展。

2. 部分地区综合素质评价体系投入使用

综合素质评价是以过程性为主、真实性的评价，是一种了解学生、发现和培育学生良好个性的重要手段。2014 年 9 月，国务院颁布《关于深化考试招生制度改革的实施意见》，明确将综合素质评价作为"学生毕业和升学的重要参考"。同年 12 月，教育部发布《关于加强和改进普通高中学生综合素质评价的意见》，要求 2015 年起"各省（区、市）要提出高中学生综合素质评价基本要求，制定具体办法"，为高校招生录取提供重要参考依据，教育部对中考改革也提出了相似要求，这标志着"综合素质评价"作为一项教育制度在我国已经正式确立。综合素质评价的推进，促进了高招从"招分"向"招人"的转变。综合素质评价的结果在综合评价录取中作为初审和校测的重要依据；在自主招生中作为入选、初审和面试环节的参考资料；在普通高校录取中作为同分录取及专业调剂录取的重要参照依据之一。综合素质评价信息使用范围逐渐拓宽，使用更为深入，使高校招生录取工作向科学、专业、公正又迈进了一大步。

（六）中高考改革试点启动

自 2014 年启动的高考制度改革，对招生计划分配方式、考试内容与形式、录取机制、监督管理机制进行综合改革。在考试形式和考试内容方面，新方案从四个方面提出了改革的要求。第一，要完善学业水平考试。引导学生学好每门课程，学业水平考试结果是毕业和升学的重要依据。2014 年教育部出台了完善高中学业水平考试的指导意见。第二，规范高中学生综合素质评价。综合素质评价要反映学生德智体美全面发展的状况，其评价结果是毕业和升学的重要参考，并出台规范高中学生综合素质评价指导意见。第三，加快推进高职院校分类考试，与普通高校相对分开，实施"文化素质＋职业技能"的评价方式。第四，深化高考的考试内容改革。科学设计命题内容，着重考查学生独立思考能力和运用所学知识分析问题、解决问题的能力。2015 年起增加使用全国统一命题试卷省份。

浙江与上海是本次高考改革的试点地区，两地一直是考试招生制度改革的先行地区，在自主招生、分类考试、学业水平考试、三位一体综合评价方面有着较丰富的经验积累。在国务院《关于深化考试招生制度改革的实施意见》颁布后，两地分别颁布了本地的高考综合改革试点方案。其改革方案以及后续的实践探索与经验也成为全国各地关注以及学习的焦点。各地关于考试评价的整体统一与个体差异相结合，学业纸笔测试与综合性、过程性表现评价相结合的探索不断推进与深化。

三、基础教育课程改革的主要经验

围绕深化课程改革的各项主题，各级教育行政部门坚持育人为本，以社会主义核心价值观为统领，以改革创新为动力，以健全体制机制为重点，以提高育人质量为核心，统筹推进课程改革，全面落实立德树人根本任务，为探索中国特色的基础教育课程改革道路积累了丰富的经验。

（一）落实立德树人根本任务是课程教学改革的方向

2012 年，十八大报告进一步深化了十七大所提出的"坚持育人为本、德育为先"的教育理念，第一次明确提出"把立德树人作为教育的根本任务，培养德智体美全面发展的社会主义建设者和接班人"，这为此后的教育教学改革指明了发展方向。2013 年，十八届三中全会又进一步强调了这一要求，明确提出"全面贯彻党的教育方针，坚持立德树人，加强社会主义核心价值体系教育，完善中华优秀传统文化教育，形成爱学习、爱劳动、爱祖国活动的有效形式和长效机制，增强学生社会责任感、创新精神、实践能力"。从根本上看，立德树人与党的教育方针、素质教育的总体要求以及教书育人的要求在内涵上具有高度的一致性，是一脉相承的。

青少年是国家的未来、民族的希望，他们的价值取向决定了未来整个社会的价值取向。青少年时期是人生观、世界观、价值观形成的关键时期，立德树人、培育和践行社会主义核心价值观必须从青少年抓起，依托课程，真正落实到课程体系和各科教材中。课程教材质量的提升必须以是否落实了立德树人根本任务作为衡量标准。中小学课堂教学作为落实立德树人的重要抓手和突破口，必须加强社会主义核心价值观教育。

（二）以学生发展为核心是课程教学改革的趋向

"以学生发展为核心"是时代精神在教育中的表现形式，它充分体现了以人为本的基本理念，是全面推进课程教学与育人模式改革的基本前提。

课程教学与育人模式改革要尊重每个学生发展的独特性。每个学生都是一个拥有鲜活生命的个体，他们的个性千差万别，推进课程教学改革，必须尊重每个学生发展的这种独特性和唯一性，理解、包容每个学生，关注每个学生发展的可能性，并努力挖掘每个学生的内在力量。中小学课堂教学尤其要尊重学生的性格、能力差异，在基于差异的基础上真正促进学生的发展。

课程教学与育人模式改革要尊重每个学生发展的完整性。课程教学若只强调理性和知识的绝对权威、只关注抽象知识的灌输，将会带来学生的片面发展，学生的社会责任感、创新能力和实践能力等被忽视。所以，课程教学应关注每个学生发展的完整性，关注每个学生在教学中的体验与感悟，关注师生、生生间的互动交往，关注学生个体的精神生命、生命意义与价值的实现。

课程教学与育人模式改革要尊重每个学生发展的主动性。在课堂教学过程中，只有确立了学生的主体地位，强调培养学生的自主学习能力和习惯，调动学生自主学习的积极性，发挥学生在学习过程中的主动性、能动性和创造性，才能真正实现学生的发展。

（三）尊重教书育人规律是课程教学改革的取向

尊重教育的规律性，既要尊重教育的外部规律，关注当前社会经济文化对人才培养的内在要求，以此作为推进课程教学改革、优化育人模式的重要依据；又要尊重教育的内部规律，基于学生身心发展的特点，不断探索课程教学的内在逻辑。区域或学校既要重视对课程教学实践中优秀经验的总结、规律的提炼和提升，又要关注教育科研对课程教学实践的指导和推动作用。

1. 尊重本土性

推进课程教学改革，既要立足本土社会环境和本土教育发展特点，基于学校的发展历史与现状、优势与不足、成绩与问题；又要强调通过激发本土教育者的改革动力，提高他们参与课程教学改革的能力。因此，要提升课程教学质量，必须基于区域和学校的特点，帮助校长和教师转变观念，充分调动他们参与课程教学质量提升的积极性和主动性，提高他们参与质量提升的能力素养。

2. 尊重复杂性

课程教学质量提升是一个系统的、循序渐进的复杂工程。一方面，课程教学作为教育系统的一个子系统，与学校管理、教师教育等其他子系统有着千丝万缕的联系；另一方面，课程教学作为独立的系统，涉及课程内容、课程实施、课程评价等多个方面、多个要素，不同要素相互关联、相互照应。所以，提升课程教学质量，必须充分把握其复杂性，对课程教学及相关要素之间的关系抽丝剥茧、全面把握，循序渐进。

（四）推进评价考试改革是课程教学改革的导向

评价与考试制度改革具有重要的导向作用，是教育综合改革的关键环节。推进基础教育课程评价与考试制度改革，是推动基础教育课程改革不断深化、全面实施素质教育、落实立德树人根本任务的重要举措，是引导社会和家长树立科学的教育质量观、营造良好育人环境的迫切需要。

人才评价观是影响评价改革方向，引导评价改革推进与实施的根本问题。只有建立了科学的学校评价体系，才能扭转以升学率评价学校的现状；只有形成了多元化的人才评价标准，才能扭转唯分数论的单一学生评价标准，让人人成才成为可能，为因材施教、人尽其才创设路径。扭转人才评价固有观念，完善多元化的人才评价标准，构建人人皆可成才、人人尽显其才的评价生态环境；扭转学校评价的固有观念，深化绿色发展评价理念，完善学校教育质量综合评价体系，科学引导学校人才培养模式的改革创新。

进一步深化贯彻落实学生综合素质评价，促进学生全面发展、推动学校人才培养模式变革、切实扭转基础教育学生评价生态。坚持正确的育人导向，践行社会主义核心价值观，着眼学生德智体美全面发展，把握学生的个性特点，注重考查学生的社会责任感、创新精神和实践能力，全面考查学生的多方面素养水平，以全面、多样化的评价标准促进学生健康成长和全面而富有个性的发展。

▶ 第二十二章

做"四有"好老师

习近平总书记 2014 年 9 月在北京师范大学考察时指出，广大教师要做有理想信念、有道德情操、有扎实学识、有仁爱之心的好老师。十八大以来，国家采取多种措施，健全师德建设长效机制，完善教师资格标准和教师专业标准，加强教师培养培训，优化教师资源配置和教师队伍结构。各地各校积极贯彻落实习近平总书记系列重要讲话精神和教育部要求，教师队伍质量不断提升，师德教育创新开展，名师名校长队伍建设得到加强，教师结构不断优化。

一、教师队伍质量观

教师质量既是教育质量的组成部分，又是教育质量的前提保障。教师队伍质量观是对教师队伍的质量高低的理性认识，决定着教师队伍建设的方向，影响着教师队伍建设的实际行动。树立科学的教师队伍质量观对教育质量提升意义深远。

教师队伍质量是一个复杂的、多维度的概念，不仅需要从个体考察，更要体现群体特征。就个体而言，教师质量强调对学生学业发展的影响，注重教师个人的人格因素、教师实践的过程性因素和教师效能的结果性因素。相对于个体的教师质量而言，教师队伍质量则关注教师的群体质量，强调基于提高国家教育质量的教师整体素质提升。《教育规划纲要》提出"加强教师队伍建设"，旨在提高教师队伍整体质量，并通过加强师德建设、提高教师业务水平、提高教师地位待遇、健全教师管理制度四个方面来具体落实，这涉及师德、教师培养培训、教师资格、教师学历、教师编制、教师职称等多个方面，总体表现为师德、素质和结构三个维度。

二、教师队伍质量提升的重大举措

十八大以来，国家非常注重构建制度化的师德建设机制，加强师德管理；完善教师资格考试和资格准入制度，制定校长教师专业标准，加强教师培养培训，全面提升教师业务素质；通过创新教师队伍补充机制、优化教师资源配置等途径，不断优化教师队伍结构，满足教师队伍发展的需要。

（一）构建制度化的师德建设机制

1. 建立健全教师职业道德规范

十八大以来，国家注重加强中小学、职业院校以及高校的师德规范，建立健全师德建设的长效机制。

（1）健全中小学师德建设长效机制

教师是教育的根本，师德是教师的灵魂。为弘扬高尚师德，切实解决当前出现的师德突出问题，引导教师立德树人、为人师表，不断提升教师的人格修养和学识修养，努力建设一支师德高尚、业务精湛、结构合理、充满活力的中小学教师队伍，2013年9月，教育部印发《关于建立健全中小学师德建设长效机制的意见》，要求建立健全教育、宣传、考核、监督与奖惩相结合的中小学师德建设长效机制。具体要求是：创新师德教育，引导教师树立远大职业理想；加强师德宣传，营造尊师重教社会氛围；严格师德考核，促进教师自觉加强师德修养；突出师德激励，促进形成重德养德良好风气；强化师德监督，有效防止失德行为；规范师德惩处，坚决遏制失德行为蔓延；注重师德保障，将师德建设工作落到实处。

（2）完善高校师德建设长效机制

高校教师的思想政治素质和道德情操直接影响着青年学生世界观、人生观、价值观的养成，决定着人才培养的质量，关系着国家和民族的未来。2014年9月，教育部印发《关于建立健全高校师德建设长效机制的意见》，划出了具有警示教育意义的师德禁行行为"红七条"，明确高校教师不得损害国家利益、学生和学校合法权益，不得在教育教学中违背党的路线方针政策，不得在科研中弄虚作假等，否则依法依规给予警告、记过、降低专业技术职务等级、撤销专业技术职务或者行政职务、解除聘用合同或者开除处分，对严重违法违纪的要及时移交相关部门。2016年8月，教育部发出《关于深化高校教师考核评价制度改革的指导意见》，将师德考核摆在教师考核的首位，贯穿日常教育教学、科学研究和社会服务的全过程。

（3）提高职业院校教师素质

提高职业院校"双师"素质，对于职业院校的发展意义重大。2016年10月，教育部、财政部发布《关于实施职业院校教师素质提高计划（2017—2020年）的意见》，要求加快建成一支师德高尚、素质优良、技艺精湛、结构合理、专兼结合的高素质专业化的"双师型"教师队伍，开展中职、高职、应用型高校教师团队研修和协同创新，创建一批中高职教师专业技能创新示范团队，推进教师和企业人员双向交流合作，建立教师到企业实践和企业人才到学校兼职任教常态化机制，通过示范引领、创新机制、重点推进、以点带面，切实提升职业院校教师队伍整体素质和建设水平。

2.明确教师违反职业道德的处理办法

制定中小学和高校教师违反职业道德的处理办法，依规处理中小学教师违反职业道德的各种行为，完善高校青年教师师德考核和奖惩制度。

（1）完善高校青年教师师德考核和奖惩制度

高校青年教师是高校教师队伍的重要力量。加强高校青年教师队伍建设，有助于确保高校青年教师坚持正确的政治方向，增强高校思想政治工作的针对性和实效性。2012年9月，教育部等部门发布《关于加强高等学校青年教师队伍建设的意见》，要求提高青年教师思想政治素质和师德水平，确保青年教师自觉坚持正确的政治方向，践行社会主义核心价值体系，开展各种形式的师德教育和学术规范教育，完善青年教师师德考核和奖惩制度；对有严重失德行为、影响恶劣者，按有关规定严肃予以处分或者撤销教师资格。

（2）依规处理中小学教师违反职业道德行为

对中小学教师违反职业道德的行为依规作出处理，对于教育和警示中小学教师严守师德具有重要意义。为规范教师职业行为，保障教师、学生的合法权益，2014年1月，教育部印发《中小学教师违反职业道德行为处理办法》，具体规定了教师应受处分的具体违规行为，包括在教育教学中有违背党和国家方针政策的言行，遇突发事件时不履行保护学生人身安全的职责，在招生考试、考核评价、职务评审和教研科研中弄虚作假、营私舞弊，体罚和变相体罚学生造成学生身心伤害等；还细化了教师违规所应受处分的分类，具体包括警告、记过、降低专业技术职务等级、撤销专业技术职务或者行政职务、开除或者解除聘用合同等。

（3）严禁教师收受学生及家长礼品礼金等行为

少数学校存在的教师违规收受学生及家长礼品礼金等不正之风，对教师形象造成严重损害。2014年7月，教育部印发《严禁教师违规收受学生及家长礼品礼金等行为的规定》，要求严禁索要或接受学生及家长赠送的礼品礼金、有价证券和支付凭证等财物，严禁参加由学生及家长安排的可能影响考试、考核评价的宴请或旅游、健身休闲等娱乐活动等。

（4）严禁在职中小学教师有偿补课

严禁中小学教师有偿补课是落实立德树人根本任务的必然要求。为加强中小学教师师德师风建设，规范办学行为，切实减轻学生学业负担，2015年6月，教育部印发《严禁中小学校和在职中小学教师有偿补课的规定》，提出六个"严禁"，包括严禁中小学校组织、要求学生参加有偿补课等。对违反规定的在职中小学教师，视情节轻重予以相应处分。

3.加强师德考评和培训

完善师德考评制度，将师德建设作为学校考核和办学质量评估的重要指标，将中小学教师师德教育等作为教师培训的必备内容。

（1）加强师德建设和考评

加强师德建设和考评，对于规范教师的师德、提升教师的师德水平具有重要意义。2012年8月，国务院出台《关于加强教师队伍建设的意见》，要求完善师德考评制度，将师德建设作为学校考核和办学质量评估的重要指标，对教师实行师德表现一票否决制；对严重失德、影响恶劣者按有关规定严肃处理直至撤销教师资格。

（2）深化中小学教师培训模式改革

近年来，中小学教师培训取得明显进展，但也存在针对性不强、内容泛化等突出问题。为适应基础教育课程改革和全面实施素质教育的现实需求，2013 年 5 月，教育部发布《关于深化中小学教师培训模式改革全面提升培训质量的指导意见》，要求将中小学教师师德教育等作为通识课程，列入培训必修模块，遵循立德树人根本要求，增强教师教书育人的责任感和使命感。

（二）采取多种措施提升教师素质

十八大以来，国家采取多种措施，建立和完善教师资格考试和资格准入制度，制定校长教师专业标准，强化教师培养培训，全面提升教师业务素质。

1.制定中小学、中职和特殊学校等的教师专业标准

针对幼儿园园长及教师、中小学教师、义务教育学校校长、中等职业学校教师、特殊教育教师制定专业标准，推动乡村教师培训模式变革，规范中小学教师培训考核，提升培训管理效率。

（1）制定教师专业标准

2012 年 3 月，教育部颁布幼儿园和中小学教师专业标准，提出学生为本、师德为先、能力为重、终身学习的基本理念，为建立高素质、专业化幼儿园和中小学教师队伍提供"指南针"。2013 年 2 月，教育部制定《义务教育学校校长专业标准（试行）》，作为制定义务教育学校校长任职资格标准、培训课程标准、考核评价标准的重要依据。2013 年 9 月，教育部制定《中等职业学校教师专业标准（试行）》，作为中等职业学校教师培养、准入、培训、考核等工作的基本依据。2015 年 1 月，教育部针对普通高中、中等职业学校、幼儿园印发校长和园长专业标准，旨在建设高素质的普通高中校长、中等职业学校校长、幼儿园园长队伍。2015 年 8 月，教育部印发《特殊教育教师专业标准（试行）》，明确特殊教育教师专业标准的基本内容，作为特殊教育教师培养、准入、培训、考核等工作的重要依据。

（2）推动乡村教师培训模式变革

推动各地变革乡村教师培训模式，有助于提升乡村教师培训实效，提升乡村教师培训质量。2016 年 1 月，教育部研究制定《送教下乡培训指南》《乡村教师网络

研修与校本研修整合培训指南》《乡村教师工作坊研修指南》《乡村教师培训团队置换脱产研修指南》等乡村教师培训指南，推动各地变革乡村教师培训模式，提升乡村教师培训实效。

(3) 规范中小学教师培训考核

当前教师培训不同程度地存在考核不规范等问题。为完善教师培训制度，激发教师参训动力，促进教师终身学习，提升教师能力素质，2016 年 12 月，教育部出台《关于大力推行中小学教师培训学分管理的指导意见》，要求普通中小学、幼儿园、特殊教育学校、中等职业学校实行教师培训学分管理，规范培训考核评价，探索建立教师培训学分银行，推进教师培训学分信息化管理，提升培训管理效率。

2. 完善教师资格考试和资格准入制度

实施幼儿园教师资格考试制度，要求中职学校专业教师具有中等职业学校教师资格证书，中小学教师资格申请者要参加全国教师资格考试，建立特殊教育教师专业证书制度，扩大中小学教师资格考试与定期注册制度改革试点。

(1) 实施幼儿园教师资格考试制度

幼儿园教师承担着保育和教育的双重职能，事关儿童的健康成长和学前教育的健康发展。为发展学前教育，加强幼儿园教师队伍建设，2012 年 9 月，教育部等部门发布《关于加强幼儿园教师队伍建设的意见》，要求全面实施幼儿园教师资格考试制度，建立幼儿园园长任职资格制度；幼儿园教师须取得相应教师资格证书，具有其他学段教师资格证书的教师到幼儿园工作，应在上岗前接受教育部门组织的学前教育专业培训。

(2) 要求中职学校专业教师具有中等职业学校教师资格证书

中职学校"双师型"专业教师团队，应有较高的业务水平和有关资格证书。2012 年 12 月，教育部办公厅发出《关于制订中等职业学校专业教学标准的意见》，要求中职学校专任教师应具有相应专业或相关专业本科以上学历，并具有中等职业学校教师资格证书、专业资格证书及中级以上专业技术职务所要求的业务能力。

(3) 要求中小学教师资格申请者参加全国教师资格考试

全国统一的教师资格考试有助于确保中小学教师资格考试工作的平稳顺利实

施。为严格教师职业准入，保障教师队伍质量，2013 年 8 月，教育部印发《中小学教师资格考试暂行办法》，要求申请幼儿园、中小学、中职学校教师和实习指导教师资格者须参加相应类别的全国统一教师资格考试。

(4) 研究建立特殊教育教师专业证书制度

特殊教育教师专业证书制度，对于保障特殊教育教师专业水平具有重要作用。为加快推进特殊教育发展，提高特殊教育教师专业水平，2014 年 1 月，国务院办公厅发出《关于转发教育部等部门特殊教育提升计划 (2014—2016 年) 的通知》，要求研究建立特殊教育教师专业证书制度，逐步实行特殊教育教师持证上岗。

(5) 扩大中小学教师资格考试与定期注册制度改革试点

全面实施中小学教师资格考试与定期注册制度，有利于严把教师队伍入口关和不断提高教师队伍整体素质。为了及时总结经验，发现和解决改革试点中出现的新问题，确保扩大改革试点工作平稳实施，2015 年 7 月，教育部办公厅发布《关于进一步扩大中小学教师资格考试与定期注册制度改革试点的通知》，扩大试点范围，全面实施中小学教师资格考试与定期注册制度，严把教师队伍入口关。

3. 强化教师培养培训

(1) 完善教师培养培训制度

为深化教师教育改革，提升教师培养培训水平，培养造就高素质专业化教师队伍，2012 年 9 月，教育部等部门出台《关于深化教师教育改革的意见》，要求构建开放灵活的教师教育体系，发挥师范院校在教师教育中的主体作用，鼓励综合大学发挥学科综合优势，参与教师教育；完善教师培养培训制度，发挥部属师范大学师范生免费教育的示范引领作用；实施卓越教师培养计划，推进教师培养模式改革，发挥行业企业在培养"双师型"教师中的作用，促进教师培养、培训、研究和服务一体化；创新教师培训模式，增强培训针对性和实效性。

(2) 加强特殊教育教师队伍建设

特殊教育教师肩负着促进残疾人全面发展和社会公平正义的重要责任。为坚持"特教特办"，大力加强特殊教育教师队伍建设，2012 年 9 月，教育部等部门发布《关于加强特殊教育教师队伍建设的意见》，要求加大特殊教育教师培养力度，提高特殊教育教师专业化水平；改革培养模式，积极支持师范院校与医学院校合作培养特殊教育教师、康复类专业技术人才；开展特殊教育教师全员培训。2014 年 1 月，国务院办公厅发出《关于转发教育部等部门特殊教育提升计划 (2014—2016 年) 的通知》，要求加大"国培计划"中特殊教育教师培训的比重；逐级开展特殊教育教师全员培训和校长、骨干教师培训；加强普通学校随班就读、资源指导、送教上门等特殊教育教师培训。

(3) 全面提升中小学教师培训质量

全面提升中小学教师培训质量，对于加强中小学教师队伍质量建设具有重要作用。为解决中小学教师培训存在的有关突出问题，深化中小学教师培训模式改革，2013 年 5 月，教育部发布《关于深化中小学教师培训模式改革全面提升培训质量的指导意见》，要求按需施训，改进培训内容，转变培训方式，强化培训自主性，规范培训管理。

(4) 提升中小学教师信息技术应用能力

信息技术应用能力是信息化社会教师必备的专业能力。为贯彻落实国家教育信息化总体要求，全面提升教师信息技术应用能力，2013 年 10 月，教育部出台《关于实施全国中小学教师信息技术应用能力提升工程的意见》，要求建立教师信息技术应用能力标准体系，提升教师信息技术应用能力、学科教学能力和专业自主发展能力，开展教师信息技术应用能力测评，促进信息技术与教育教学融合取得新突破。

(5) 实施卓越教师培养计划

我国教师培养质量不断提高，但也存在适应性和针对性不强、教学内容和教学方法相对陈旧等问题。为推动教师教育综合改革，全面提升教师培养质量，2014 年 8 月，教育部发布《关于实施卓越教师培养计划的意见》，要求深化教师培养模式改革，建立高校与地方政府、中小学（幼儿园、中等职业学校、特殊教育学校）协同培养新机制，推动教育教学改革创新，建立模块化的教师教育课程体系，开展规范化的实践教学，探索建立社会评价机制。

(6) 完善"长江学者奖励计划"

"长江学者奖励计划"是深入落实人才强国和创新驱动发展战略的重要措施。

为进一步加强高校高层次人才队伍建设，2015年"长江学者奖励计划"除特聘教授、讲座教授外，首次设立青年学者项目，重点支持优秀青年学术带头人，努力将其培养成优秀学科带头人。

（7）加强师范生教育实践

近年来，师范生教育实践不断加强，但依然是教师培养的薄弱环节，师范毕业生的教育教学能力尚不能完全适应中小学需要。为增强师范生的社会责任感、创新精神和实践能力，全面提升教师培养质量，2016年3月，教育部发布《关于加强师范生教育实践的意见》，要求将教育实践贯穿教师培养全过程，丰富创新教育实践形式，实行实习资格考核制度，全面推行教育实践"双导师制"，完善多方参与的教育实践考核评价体系，协同建设长期稳定的教育实践基地，建立健全指导教师激励机制。

（8）规范职业学校教师企业实践

职业学校"双师型"教师队伍建设，要求不断提升职业学校的教师实践教学水平。为促进职业学校教师企业实践和专业发展，建设高水平的职业教育教师队伍，2016年5月，教育部等七部门印发《职业学校教师企业实践规定》的通知，要求进一步加强职业学校"双师型"教师队伍建设，提升教师实践教学水平；专业课教师（含实习指导教师）要根据专业特点每5年累计不少于6个月到企业或生产服务一线实践，没有企业工作经历的新任教师应先实践再上岗；公共基础课教师也应定期到企业考察学习。

（9）加强职业院校"双师型"教师专业技能培训等分层分类培训

为进一步加强职业院校"双师型"教师队伍建设、提升教师培训水平，推动职业教育发展实现新跨越，2016年10月，教育部、财政部发出《关于实施职业院校教师素质提高计划（2017—2020年）的意见》，组织职业院校教师校长分层分类参加国家级培训，提高教师"双师"素质和校长办学治校能力。

（10）推进实施高校教师"国培计划"

教育部教师工作司2017年工作要点提出，2017年推进实施高校教师"国培计划"，完成2000名中西部高校新入职教师示范性培训，支持1000名高校教师国内访学。

（三）优化教师队伍结构

1.创新教师队伍补充机制

补足配齐幼儿园教师，完善"特岗计划"、师范生免费教育和农村学校教育硕士师资培养计划（以下简称"硕师计划"）等政策以吸引优秀毕业生补充农村教师队伍，结合地方实际确定特殊教育学校教职工编制标准。

（1）补足配齐幼儿园教师

数量充足的幼儿园教师队伍是幼儿园正常开展教育教学的基本条件。针对近年来幼儿园教师数量不足的问题，2012年9月，教育部等部门发布《关于加强幼儿园教师队伍建设的意见》，要求补足配齐幼儿园教师，合理确定公办幼儿园教职工编制并严禁挤占挪用；建立幼儿园教师长效补充机制；启动支持中西部农村边远地区开展学前教育巡回支教试点，吸引优秀人才到农村边远贫困地区幼儿园任教。

（2）逐步完善"硕师计划"

十八大以来，国家持续推进自2004年开始实施的"硕师计划"，不断提高农村教师学历水平和整体素质；从2010年开始，进一步扩大"硕师计划"规模，不断改善农村教育体系。

（3）持续实施和完善"特岗计划"

十八大以来，国家持续实施和逐步完善自2006年开始实施的"特岗计划"，公开招聘高校毕业生到"两基"攻坚县农村义务教育阶段学校任教，逐步解决农村师资总量不足和结构不合理等问题，提高农村教师队伍整体素质。2010年开始，"硕师计划"与"特岗计划"结合实施。

（4）完善师范生免费教育政策

十八大以来，国家逐步完善自2007年开始实施的师范生免费教育政策，在北京师范大学等六所部属师范大学，以及2013年新增省部共建师范院校江西师范大学实行师范生免费教育，免费师范生在校学习期间免除学费、免缴住宿费并补助生活费，所需经费由中央财政安排。

（5）结合地方实际确定特殊教育学校教职工编制标准

发展特殊教育有助于推进教育公平，但有些地方还存在特殊教育师资短缺的问题。为加快推进特殊教育发展，2014 年 1 月，国务院办公厅发出《关于转发教育部等部门特殊教育提升计划（2014—2016 年）的通知》，要求针对特殊教育学校学生少、班额小、寄宿生多、残疾差异大、康复类专业人员需求多、承担随班就读巡回指导任务等特点，可结合地方实际出台特殊教育学校教职工编制标准。

（6）统一城乡中小学教职工编制标准

促进教育公平，要求统筹城乡教育资源均衡配置。针对近年来城乡中小学教职工编制标准不统一的问题，2014 年 11 月，中央编办、教育部、财政部发出《关于统一城乡中小学教职工编制标准的通知》，要求将县镇、农村中小学教职工编制标准统一到城市标准，即高中教职工与学生比为 1:12.5、初中为 1:13.5、小学为 1:19，促进城乡中小学教育资源均衡配置。

2. 优化教师资源配置

（1）发挥补助政策吸引优秀教师到乡村学校（教学点）任教的作用

乡村教师生活补助针对条件艰苦的乡村学校专门设立，体现了国家对乡村教师的关心和对农村教育的重视。为规范乡村教师生活补助经费管理，2013 年 12 月，教育部印发《关于加强乡村教师生活补助经费管理有关工作的通知》，要求充分发挥补助政策吸引优秀教师到乡村学校（教学点）任教的作用，强化乡村教师生活费补助管理，实行实名制管理；补助要重点向条件艰苦地区倾斜，向村小学和教学点倾斜。

（2）全面落实特殊教育教师工资待遇倾斜政策

切实执行特殊教育教师工资待遇倾斜政策，对于建立稳定的特殊教育教师队伍和激发其工作内驱力有重要意义。2014 年 1 月，国务院办公厅发出《关于转发教育部等部门特殊教育提升计划（2014—2016 年）的通知》，要求对在普通学校承担残疾学生随班就读教学和管理工作的教师，在绩效考核中给予倾斜；各地要为送教教师和承担"医教结合"实验的医务人员提供工作和交通补贴。

（3）推进县（区）域内义务教育学校校长教师交流轮岗

深入推进义务教育均衡发展，教师资源配置是关键。但近年来城乡、学校间义务教育师资水平总体仍存在明显差距，成为制约义务教育均衡发展的突出问题。校长教师交流轮岗是加强农村校、薄弱校校长教师补充配备，推进义务教育均衡发展的重要举措。2014年8月，教育部等部门出台《关于推进县（区）域内义务教育学校校长教师交流轮岗的意见》，重点引导优秀校长和骨干教师向农村地区、薄弱学校流动；创新校长教师交流轮岗的方式方法，支持优秀校长、特级教师和省级教学名师到中西部边远贫困地区农村学校任职任教；建立健全校长教师交流轮岗的激励保障机制；切实保障参加交流轮岗校长教师的工资待遇，在绩效工资分配中予以倾斜，同时优先分配使用教师周转房，对参加交流轮岗并作出突出贡献的校长教师，在各级评优表彰工作中予以倾斜。

（4）实施乡村教师支持计划

当前，乡村教师队伍面临职业吸引力不强、优质资源配置不足、整体素质不高等突出问题，制约了乡村教育持续健康发展。为吸引优秀人才到乡村学校任教，促进教师队伍整体水平提高，促进教育公平，推动城乡一体化建设，2015年6月，国务院办公厅印发《乡村教师支持计划（2015—2020年）》，着力加强老少边穷岛等边远贫困地区乡村教师队伍建设，吸引优秀人才到乡村学校任教；拓展乡村教师补充渠道，适时提高特岗教师工资性补助标准；鼓励城镇退休的特级教师、高级教师到乡村学校支教讲学；全面落实集中连片特困地区乡村教师生活补助政策，依据学校艰苦边远程度实行差别化的补助标准；职称（职务）评聘向乡村学校倾斜；推动城镇优秀教师向乡村学校流动；建立乡村教师荣誉制度。

三、教师队伍质量提升的重要成就

十八大以来，各地各校积极建立健全师德建设长效机制，加强教师培养培训，优化教师结构，教师质量逐步提升，成效显著。

（一）师德建设成效显著

十八大以来，各地各校积极贯彻落实习近平总书记系列重要讲话精神和教育部师德师风建设系列制度文件要求，建立健全教育、宣传、考核、监督、奖惩相结合的师德建设长效机制，积累了宝贵经验，取得了显著成效。

1.师德建设长效机制基本形成

各地各校依据教育部有关规定建立健全师德建设长效机制的实施细则和办法，落实严禁违规收受礼品礼金、严禁有偿补课等管理规定，从源头和根本上遏制违反师德行为的发生，引导广大教师以德立身、以德立学、以德施教。2017年1月，教育部推出"天津市和平区开展'人人讲师德，弘扬正能量'系列活动"等30个全国师德建设优秀工作案例。这些案例均在师德建设总体工作或某项工作方面理念先进、举措有力、实绩突出、经验典型，涵盖了各级教育行政部门、中小学校和高校，覆盖面广，影响力大，显示出各地各校落实中央要求、结合实际加强师德建设的积极进展和良好成效。

2.师德教育创新开展

各地各校注重改革完善师德养成课程模式，把社会主义核心价值观教育融入教师培养培训全过程。教育部及各地开展优秀教师巡回报告进校园活动，为广大师生上好师德教育开学第一课。建立一线优秀教师进课堂宣讲师德先进事迹制度。推动组织师德典型走进课堂生动诠释师德内涵，讲好师德故事。广泛开展以培育社会主义核心价值观、弘扬中华优秀传统文化和提升依法施教能力为主要内容的"四有"好老师主题教育活动。

3.师德典型表彰宣传得到加强

教育部及各地继续做好教书育人楷模推选活动。教育部、中国教科文卫体工会开展全国师德楷模、全国师德标兵评选表彰活动。相关媒体积极开展"寻找最美乡村教师"等活动，通过多种形式展示"四有"好老师时代风采。结合每年的教师节进行宣传庆祝活动，大力宣传优秀教师先进事迹，营造尊师重教的良好风尚。

（二）教师素质能力逐步提升

通过推进教师培养内涵式发展，建设教师培养培训基地，加强名师名校长队伍建设，教师素质能力逐步提升。

1.教师培养获得内涵式发展

教育部在2013年启动卓越教师培养计划，分类推进幼儿园、小学、中学、中职、特殊教育教师培养模式改革，建立高校与地方政府、中小学（幼儿园、中等职业学校）"三位一体"联合培养新机制，全面推进教师培养机制、模式、课程、师资、质量评价等方面的综合改革。教师教育国家级精品资源共享课建设计划继续实施，推进了教师教育课程教学改革。各地大力加强乡村教师队伍建设，定向施策，精准发力，探索出了一批先进做法。2016 年 9 月教育部评选出"北京开展中小学教师开放型教学实践活动"等 20 个全国乡村教师队伍建设优秀工作案例，推介这些地方在培养造就素质优良、甘于奉献、扎根乡村的教师队伍方面的经验。

2. 教师培养培训基地启动建设

教育部于 2013 年推动职业教育师资培养培训基地建设工作，启动建设中小学幼儿园教师培养培训基地，促进教师培养、培训、研究和服务一体化。高等学校推动设立教师发展中心。县级教师培训机构与教研、科研、电教等部门逐步整合，县级教师发展中心走向规范建设。特殊教育教师培养培训基地建设得到推进，特殊教育师资培养培训能力逐步提升。"国培计划"中培训的特殊教育教师比重加大。

3. 名师名校长队伍建设得到加强

教育部继续做好国家级教学成果奖和国家高层次人才特殊支持计划中小学教学名师评选工作，并于 2013 年启动实施中小学名师名校长培养工程，创新实施"教育部 – 中国移动"中小学校长培训项目，启动幼儿园园长和中小学校长"国培计划"。中小学教师校长培训模式不断创新，提高了培训的针对性、实效性。中小学教师校长网络研修社区建设试点逐步推进，探索建立教师校长常态化研修制度。边远贫困地区农村校长助力工程、特殊教育学校校长能力提升工程、卓越校长领航工程得到深入实施，名校长培养工作和中小学校长职级制改革试点工作得到进一步推动。

（三）教师结构不断优化

十八大以来，国家通过多种方式在增加教师数量的同时，注重优化教师结构。

1. 中小学的生师比明显改善

2012 年和 2015 年《中国教育统计年鉴》显示，2012—2015 年，各级各类学校的生师比除普通高校变化不大外，义务教育学校、高中阶段学校都有程度明显的改善，小学、初中由 2012 年的 17.36、13.59 分别降至 2015 年的 17.05、12.41，普通高中、中等职业学校由 2012 年的 15.47、24.19 分别降至 2015 年的 14.01、20.47，更加有利于教育教学质量的提高。

2. 教师结构更加优化

2012 年和 2015 年《中国教育统计年鉴》显示，2012—2015 年，教师的性别结构、年龄结构、学历结构和职称结构总体趋于优化。除学前教育女教师比例略有下降外，其他各级各类教育女教师比例都有所增加。学前教育女教师比例由97.97% 微降为 97.92%，表明新增少量男教师进入幼儿园。特殊教育学校、小学、初中、普通高中、中等职业学校及普通高校女教师比例则分别由 72.37 %、59.58%、50.92%、49.05%、49.98%、47.28% 上升为 73.02%、63.73%、53.53%、51.35%、51.95%、48.62%。

各级各类教育教师年龄结构比较合理。2015 年各学段 30—44 岁的中青年教师占比均在 50% 以上，其中小学因新增教师较多，中青年教师所占比例较 2012 年还有所增加。

教师学历优化更为明显，各级各类学校高学历教师比例都呈上升趋势，2015年与 2012 年相比，特殊教育学校、小学、初中、普通高中、中等职业学校及普通高校高学历教师比例分别增加 3.30 个百分点、6.98 个百分点、8.60 个百分点、2.14个百分点、1.60 个百分点和 3.86 个百分点。尤其是义务教育学校由于持续采取免费师范生、特岗教师等教师补充措施，教师学历提升程度更为突出。

教师职称结构也有所改善，中高级职称教师所占比例除小学因新进 10 万名教师而略有下降外，其他各学段都有提升，特殊教育学校、初中、普通高中、中等职业学校及普通高校中高级职称教师所占比例 2015 年比 2012 年分别增加 0.15 个百分点、2.89 个百分点、2.03 个百分点、1.25 个百分点和 1.40 个百分点。

四、教师队伍质量提升的主要经验

十八大以来，教师队伍整体素质有较大提升，我国在教师队伍建设和质量提升过程中取得了一些宝贵经验，具体表现在建标准、抓源头、补短板、提待遇等方面。

（一）建标准是提升教师队伍质量的基础

1. 系列教师专业标准的制定引领教师专业成长

从 2011 年出台《教师教育课程标准（试行）》，到 2012 年出台幼儿园、小学、中学教师专业标准，再到后续出台中等职业学校教师专业标准，幼儿园园长、义务教育学校校长、普通高中学校校长、中等职业学校校长专业标准，幼儿园教职工配备标准，中小学校长信息化领导力标准等，教育部规范引导教师校长专业成长，对教师校长队伍的专业发展起到积极推动作用。

2. 教师专业标准保障教师队伍质量提升

教师专业标准的出台为教师培养培训、教师管理和教师队伍质量提升提供了重要保障。充分发挥教师专业标准引领和保障作用，有助于深化教师教育改革，建立教师教育质量保障体系，不断提高教师培养培训质量。教师培养机构依据教师专业标准，不断深化教师教育改革，完善课程设置，创新培养模式，改革教师教育教学方式，重视社会实践和教育实习，有效提高了教师队伍质量。

（二）抓源头是提升教师队伍质量的根本

1. 教师协同培养机制有助于从源头上提升教师队伍质量

国家启动卓越教师培养计划，全方位推进幼儿园、小学、中学、中职、特殊教育教师培养模式改革，建立高校、政府、中小学校（幼儿园、中等职业学校、特殊教育学校）合作培养师范生的新机制，改变过去师范生毕业难以站稳讲台，不会讲课、不会管理学生等实践不足问题，从源头上提高了教师队伍质量。

2. 改善师范生生源质量是提升教师队伍质量的根本

国家探索采取"大类招生、二次选拔"等方式改善师范生生源质量，对教师队伍质量的提升起到了积极推动作用。另外，国家适度扩大教育硕士招生规模，提升教师培养层次，助力教师队伍素质提升；创新师范生培养方式方法，指导各地及相关学会、协会、高校开展师范生技能展示活动，强化"三字一话"（钢笔字、毛笔字、粉笔字和普通话）等师范生基本功训练，提高师范生培养质量，为中小学提供高质量的未来教师。

3.教师资格考试和定期注册制度改革有效规范和提高了教师准入门槛

自 2011 年中小学教师资格考试和定期注册制度改革试点启动以来，各地全面推进试点，提高教师准入门槛，破除教师资格终身制，提升教师队伍的质量和水平。2013 年，扩大试点范围。2015 年 7 月，进一步扩大中小学教师资格考试和定期注册制度改革试点范围。新增试点省份原则上选择 1—2 个地级市开展中小学教师资格定期注册制度改革试点。全面推进试点，严把教师入口关，为教师队伍质量提升提供了重要保障。

（三）补短板是教师队伍质量提升的重点

农村教师数量不足，整体素质不高，这是农村教师队伍存在的主要问题，这些问题制约着农村教师队伍质量的提升。补齐农村教师短板，切实采取多种措施补足农村教师数量和提升农村教师素质是我国教师队伍质量提升的重中之重。

1.补足农村教师队伍数量是加强农村教师队伍建设的基础性措施

近年来国家始终将农村教师队伍建设放在重要战略地位，采取多种措施补足农村教师数量。通过实施师范生免费教育政策和"特岗计划"等措施，补充和增加了农村教师队伍数量，弥补了农村教师数量的不足。《乡村教师支持计划（2015—2020 年）》进一步拓展了农村教师补充渠道，有效推动了城镇优秀教师向农村学校流动。

2.全方位提升农村教师素质水平是提升教师队伍整体素质的重要举措

我国 80% 的教师在农村，农村教师队伍质量的提升是全国教师队伍整体质量提升的关键。国家采取多方面措施提升农村教师队伍素质水平。通过实施"硕师计划""国培计划"等举措，加强对农村教师队伍的培养培训，全面提升农村教师队伍素质。《乡村教师支持计划（2015—2020 年）》注重采取多种措施提升农村教师队伍素质水平，如注重提高农村教师思想政治素质和师德水平，职称（职务）评聘向农村学校倾斜，建立农村教师荣誉制度等。

（四）提待遇是吸引和留住优秀教师的关键

1.教师薪资待遇的提升有助于吸引优秀人才加入教师队伍

义务教育学校率先从 2009 年起实施绩效工资，保证义务教育教师平均工资水平不低于当地公务员平均工资水平。教师工资待遇保障机制的逐步完善保障了教师工资待遇的落实。全面落实集中连片特困地区乡村教师生活补助政策，鼓励各地提高补助标准，依据学校艰苦边远程度实行差别化补助，扩大补助范围，这在有效调动农村教师工作积极性的同时，也激励了一些优秀毕业生加入农村教师队伍。北京师范大学中国教育政策研究院所作的《〈国家中长期教育改革和发展规划纲要（2010—2020年）〉中期评估教师队伍建设专题评估报告》显示，2013年至2015年底，中央财政下达综合奖励补助资金近44亿元，惠及604个县的近95万名乡村教师，有效调动了乡村教师的任教积极性。

2. 农村学校教师住宿条件的改善是鼓励优秀教师扎根农村的重要措施

"十二五"期间，教育部会同国家发改委开展艰苦边远地区农村学校教师周转宿舍建设，重点为特岗教师、支教和交流教师及离校较远的寄宿制学校管理教师提供保障条件，加快建设边远艰苦地区农村教师周转宿舍。北京师范大学中国教育政策研究院所作的《〈国家中长期教育改革和发展规划纲要（2010—2020年）〉中期评估教师队伍建设专题评估报告》显示，截至2014年，中央安排预算内资金约141亿元，建设教师周转宿舍25.2万套，入住教师31.2万人，建设规模888.6万平方米，有效调动了农村教师的工作内驱力和工作积极性。

▶ 第二十三章

以信息化推动优质教育资源全面共享

2015 年，习近平向国际教育信息化大会致贺信，指出要努力以信息化为手段扩大优质教育资源覆盖面。教育信息化既是当前日新月异的信息技术进步所带来的必然诉求，更是党中央、国务院在深刻认识其本质的基础上，站在以人为本、以民为本、以创新型人才培养为本的立场上所制定的前瞻性和战略性的教育发展基本方略，体现出了党中央和各级人民政府对如何向人民提供更满意的优质教育的责任担当。

一、信息化背景下的教育质量观

以教育信息化推动教育质量的提升，首先必须要让每个孩子都能接受到优质的教育，这是教育质量整体提升和公平发展的基础。信息化背景下的教育质量观不是服务少数人的质量观，而是面向每个人的质量观，是公平的质量观，是属于"人人"的质量观。

以教育信息化推动教育质量的提升，还必须要满足每个学生的个性化教育需求，这是教育质量深度提升的重要途径。信息化背景下的教育质量观不是工业化、标准化的质量观，而是基于人的发展需求、借助信息技术的优势所形成的个性化、终身化的质量观，是属于"时时、处处、事事"的质量观。

以教育信息化推动教育质量的提升，最终必须要让每个学习者通过信息技术成为学习的主导者，这是教育质量创新提升的终极要义。从国家和社会发展的角度而言，我们目前需要通过教育信息化帮助每个学习者最大限度地释放出自己的学习主动性、积极性和创造性，为培养创新型国家建设所需的高素质人才奠定基础。因而，信息化背景下的教育质量观不仅是"人人、时时、处处、事事"的质量观，更是以激发出人的主动创新能力为宗旨的质量观。

二、以信息化推动优质教育资源全面共享的重大举措

十八大以来，我国高度重视教育信息化发展，将教育信息化纳入国家信息化发展整体战略。目前，以信息化推动优质教育资源全面共享的重大举措主要包括着力开展"三通两平台"建设、扩大优质教育资源覆盖面、推动高校在线课程建设和推广信息化试点示范机制等。

（一）着力开展"三通两平台"建设

2012 年 9 月，全国教育信息化工作电视电话会议提出："十二五"期间，要以建设好"三通两平台"为抓手，也就是宽带网络校校通、优质资源班班通、网络学习空间人人通，建设教育资源公共服务平台和教育管理公共服务平台。

网络学习空间的运用改变了教师的传统研修方式、教学方式，师生互动方式及学生学习方式。"网络学习空间人人通"面向的对象是教师和学生。网络学习空间使得教师的研修方式、教学方式，学生的学习方式，教师与学生之间、教师与教师之间及学生与学生之间的互动方式发生了新的变革。

2012 年以来，通过"宽带网络校校通、优质资源班班通"建设，国家着力提升学校的信息化环境建设，多地将"校校通"列入基本办学标准；实施"百所数字校园示范校"项目；大力开展优质数字资源与软件建设，探索资源建设与服务购买机制，集中力量建设"教育资源公共服务平台"；在基础软硬件条件大幅提升的基础上，积极倡导教师应用、探索以学习者为中心的教学新模式。

2014 年 7 月，教育部正式启动"一师一优课、一课一名师"活动，鼓励教师实现课堂教学信息化的常态化、普遍性应用，充分调动各学科教师在课堂教学中应

用信息技术的积极性和创造性，使每位中小学教师都能够利用信息技术至少上好一堂课，同时建设一支善于开展信息化教学的骨干教师队伍，使每堂课至少有一位优秀教师能够利用信息技术讲授。活动的开展使得广大中小学教师从一节课开始，逐渐适应信息技术在课堂的应用，为课堂教学信息化的常态化、普遍性应用奠定了基础。

大力开展覆盖全国各级各类教育的学校、教师、学生的信息管理系统建设及信息入库工作，提升教育管理与服务能力。不仅强调信息技术在教育教学中的应用，还充分发挥信息技术优势提升教育管理信息化服务水平。着力打造教育管理公共服务平台。《国务院关于深入推进义务教育均衡发展的意见》要求"省级教育部门要尽快建立与国家基础教育信息化平台对接的电子学籍管理系统和学校管理信息系统，建立以居住地学龄人口为基准的义务教育管理和公共服务机制"。重点建设贯穿学前教育、中小学教育、中等职业教育和高等教育等各个教育层次的教育基础信息数据管理与服务系统。目前，全国中小学生学籍信息系统已经建成，并实现了2.08亿学生信息入库，可方便快捷地受理省内转学、跨省转学等教育服务。

鼓励学校建设电子校务平台，提升学校服务师生的能力和水平。电子校务平台是近年来国家鼓励学校建设的重点，《教育部关于新形势下进一步做好普通中小学装备工作的意见》明确鼓励探索建设智慧校园。《教育信息化十年发展规划（2011—2020年）》要求建立电子校务平台，加快学校管理信息化进程，推动学校管理规范化与校务公开，支持学校服务与管理流程的优化与再造，提升管理效率与决策水平，深入推进管理信息化，从服务教育管理拓展为全面提升教育治理能力。

（二）扩大优质教育资源覆盖面、逐步缩小数字化差距

十八大以来，"补短板、兜底线"是教育信息化建设的核心任务，在"三通两平台"项目的顺利推动下，农村地区、边远贫困地区、民族地区教育信息化基本条件得到大幅提升。2013年12月，经国务院批准，教育部、国家发展改革委、财政部启动实施全面改善贫困地区义务教育薄弱学校基本办学条件的工作，农村学校网络教学环境得到大幅改善，信息化应用基础条件进一步夯实。《国务院关于加快发展民族教育的决定》要求加强民族地区教育信息基础设施建设。《国务院办公厅关

于加快中西部教育发展的指导意见》要求实现教学点数字教育资源全覆盖，有条件的地方接入宽带网络。

2012年底，教育部、财政部联合实施了教学点数字教育资源全覆盖项目，配套开发系列优质数字资源，从2013年9月开始通过卫星和网络两种方式同步播发。2012年，国家教育资源公共服务平台上线，目前平台提供300多万条基础教育资源，涵盖了义务教育阶段一至九年级各版本教材的所有学科。此外，深入推进"专递课堂、名师课堂、名校网络课堂"建设，不断扩大优质资源覆盖面和共享度。

（三）加强高等学校在线开放课程建设

为加快推进适合我国国情的在线开放课程和平台建设，2015年4月，教育部发布《关于加强高等学校在线开放课程建设应用与管理的意见》。按照文件精神，计划在高等教育领域建设一批以大规模在线开放课程为代表、课程应用与教学服务相融通的优质在线开放课程，认定一批国家精品在线开放课程，建设在线开放课程公共服务平台，促进在线开放课程广泛应用，规范在线开放课程的对外推广与引进，加强在线开放课程建设应用的师资和技术人员培训，推进在线开放课程学分认定和学分管理制度创新。

（四）推广实施试点示范建设机制

为探索教育信息化环境建设、优质教育资源共建共享与应用、教育管理信息化等方面的发展路径和方法，逐步形成教育信息化在促进教育公平、提高教育质量、建设学习型社会、推动教育教学改革等方面的有效模式和体制机制，总结和推广成功经验，全面提升教育信息化发展水平，教育部于2012年1月发布《关于开展教育信息化试点工作的通知》，启动教育信息化试点建设工作，并于同年底公布第一批教育信息化试点单位682个。

2015年，教育部启动信息技术与教育教学深度融合示范培育推广计划，旨在充分发挥榜样示范作用，挖掘典型案例，编辑形成典型案例集，推广试点经验。2016年8月，教育部发布《关于报送中小学教育信息化应用工作总结和组织推荐典型示范案例的通知》，面向各地征集中小学教育信息化应用典型案例，要求各省（市、区）推荐2—4个区域（包括地、市、县、区）、3—6所学校（包括中小学、幼儿园和特殊教育学校）作为典型案例备选。通过典型案例的宣传，总结形成典型应用模式，助力推广示范。

三、以信息化推动优质教育资源全面共享的重要成就

十八大以来，通过一系列的战略举措，教育信息化已成为带动教育现代化发展和教育质量整体提升的不可或缺的重要动力。经过近年来的建设，以信息化推动优质教育资源全面共享已成为当前教育信息化发展的关键内容，并主要在数字教育资源服务体系、教学模式的新突破、薄弱地区教育质量提升和教育管理信息化水平提高方面取得了积极进展。

（一）数字教育资源服务体系日臻成熟

1. 国家数字教育资源公共服务体系初具规模

国家教育资源公共服务平台于 2012 年底上线运行，到 2016 年 12 月，已开通教师空间 960 万个、学生空间 470 万个、家长空间 389 万个，已实现与 22 个省级平台和 23 个市（县）级平台的互联互通，服务体系注册用户达到 5800 万人（教育部科技司，2016）。到目前为止，全国已有超过 30% 的学校开通了网络学习空间，师生空间开通数量超过 6300 万个。

2. 搭建跨时空集成的教育资源库，并初步实现共建共享

2010 年，国家启动职业教育专业教学资源库建设项目。截至 2016 年 10 月，中央财政已投入专项资金近 5.2 亿元，拉动社会各界支持资金 6 亿元左右，形成了由 71 个国家级专业教学资源库、1 个民族文化传承与创新资源库（包括 8 个子库）和 1 个学习平台构成的国家级资源库建设体系，覆盖了农林牧渔、交通运输等 19 个专业大类。共有 745 所（次）院校和 1337 个（次）行业企业参与；形成各类多媒体资源 71 万余条，资源总量达到 15.8 太字节（TB）；注册学员达 92 万余人，累计访问量超过 1.5 亿人次。截至 2015 年底，国家组织开发了 300 多门国家精品资源共享课程教学资源，开通了全国中等和高等职业教育数字化学习资源平台，向社会免费开放了 1000 余门网络教育精品课程和 1000 余门视频讲座，国家数字化学习

资源中心整合了 3 万多门继续教育课程，湖南、广东、山东、辽宁等省份也建设了网络学习空间和数字化资源库，初步实现了职业教育数字化优质资源的共建共享（吴升刚，2016）。

3. 高等教育优质数字资源日益丰富

截至 2016 年 3 月，国家精品开放课程建设进展顺利，视频公开课已上线 992 门、资源共享课已上线 2886 门；爱课程网"中国大学慕课"、清华大学"学堂在线"、上海交通大学"好大学在线"和北京大学"华文慕课"陆续开通服务，企业主导建设的慕课平台不断涌现。我国高水平大学率先建设了一批慕课课程，上线的慕课超过 1400 门、为高校定制课程（SPOC）5600 多门次，选课超过 3000 万人次，在校生获得在线课程学分的超过 200 万人次。据报道，截至 2016 年底，我国高水平大学共有 170 余门优质在线开放课程走向世界；普通高校继续教育数字化学习资源开放联盟建设开发了 2 万余门课程和 5 万余个微课程；国家开放大学累计完成了 2.8 万个五分钟课程的建设，免费供学生和社会公众阅览、学习；网络孔子学院注册人数达 986.3 万人、注册学员达 60.1 万人，累计开设在线汉语课程 30.5 节（黄蔚，2016）。

（二）信息技术支持下的新型教学模式不断涌现

1. 网络学习空间的应用推动信息技术与教育教学深度融合

各地积极开展"网络学习空间人人通"建设和应用，全国已有超过 1/3 的学校开通了网络学习空间，师生实名制网络学习空间开通数量已突破 6300 万个，应用范围包括基础教育、职业教育、高等教育和继续教育，490 多万名教师应用空间开展网络教研，410 多万名教师应用空间开展教学。江苏省广大师生充分利用网络学习空间开展互助教学、网络教研、个人进修、自主学习和资源共享等活动。安徽省"十二五"期间，师生网络学习空间开通率分别达到 96.0% 和 77.9%，并在学生空间增加个人成长记录和综合素质评价内容，通过电脑、手机、平板电脑等可以随时记录成长历程。浙江省组织建成 1000 个教师特色空间，积极探索网络学习空间建设与应用的有效模式，引领和推动空间的规模化、常态化和深度应用。

2. 多样化的信息化教学模式逐渐满足学生个性化的需求

在普及应用的基础上，各地以满足学生的多样化和个性化需求、提高学生的创新能力和综合素质等理念为导向，探索形成了一大批信息技术支撑下的教学模式和学习方式。浙江省形成了杭州智慧教育"融创"学习共同体、宁波空中课堂、温州创客教育、镇海一对一数字化教学等一批信息化教育教学模式和机制创新典型案例。江苏省形成了南京"新三基"教育、无锡感知课堂、苏州未来教室、南通智慧教育、泰州"泰微课"、扬州城乡学校网上结对等典型案例。黑龙江省形成了哈尔滨市香滨小学以学生为中心的"能力导向式"教学模式、七台河第九中学立足课改的非常"6+e"教和学基本范式等典型案例。

3. 在线开放课程变革教与学的方式

在基础教育领域，教育虽仍以面对面为主，但是在线教育也逐渐融入课堂教学，并多与翻转课堂密切结合。重庆市聚奎中学、广东深圳南山实验学校、山东省昌乐一中等学校在翻转课堂和微课教学实践方面取得了较好成效。2013 年 8 月，华东师范大学慕课中心牵头，从全国分别选取了 20 所知名高中、20 所知名初中、20 所知名小学，成立了 C20 慕课联盟（高中）、C20 慕课联盟（初中）和 C20 慕课联盟（小学）。华东师范大学慕课中心和联盟学校共同探索基础教育领域的慕课建设与翻转课堂的实施。在高等教育领域，建成了"爱课程网"等高校和社会广泛认可的课程平台，实现了近 4000 门国家精品课程向社会公众免费开放共享，普通社会公众足不出户就可以共享高等学校名师名课。同时，在线开放课程的国际影响力不断上升。与世界互联网高等教育同步开发的，以"985 工程"高校、"211 工程"高校为主建设的优质课程已近 800 门，选课人数累计超过 1700 万人次；我国 10 所高水平大学建设的 172 门优质在线开放课程陆续登录国际知名在线开放课程平台，中国大学生不用走出国门也能学习全球名师课程。百万学生已获得在线开放课程学分，教学与学习方式变革成效开始显现。

（三）薄弱地区教育质量明显提升

1.教学点数字教育资源全覆盖项目帮助偏远地区儿童实现就近接受良好教育的愿望

2012年11月底，教育部、财政部启动实施教学点数字教育资源全覆盖项目，配套开发人教版一至三年级8门国家规定课程的数字资源。2013年9月开通后，教学点教师可以同时通过教学点专题网站和呼叫中心热线电话获得远程指导和服务。到2014年底，项目累计投资5.5亿元，仅耗时2年就实现了全国6.4万余个教学点设备配备、资源配送和教学应用"三到位"。项目的实施帮助教学点开好包括音乐、美术、英语在内的全部国家规定课程，有效破解了长期以来困扰教学点的开课难题，帮助400多万偏远地区的孩子实现了就近接受良好教育的愿望。

2."三个课堂"推进城乡教育均衡发展

各省份采用"专递课堂、名师课堂、名校网络课堂"等形式，稳步推进优质数字教育资源在教育教学过程中的应用，促进农村、边远、贫困、民族地区共享优质教育资源，提升课堂教学质量。湖南、湖北等省份通过"专递课堂"等模式，以中心校带动教学点等课堂结对形式，使教学点和农村薄弱学校的孩子享受到优质教育资源。安徽省扩大在线课堂的常态化应用，已覆盖59个县（区）的1986个教学点，惠及全省20多万名偏远地区儿童，有效解决了教学点因缺少师资不能完全开设"小五科"课程的难题。内蒙古自治区从2015年开始在全区范围内推进"同频互动课堂"建设与应用，在学校间开展同频互动教学和教研，推进城乡教育均衡发展。

（四）教育管理信息化水平提高

1."两级建设、五级应用"的教育管理信息化格局初步形成

教育部、财政部等部门联合推进教育管理信息化建设，初步构建起两级（国家、省）建设、五级（国家、省、市、县、校）应用的格局，国家级数据中心基本建成，省级数据中心建设快速推进，建设了支撑学生、教师、学校等核心业务管理的29个信息系统及各类基础数据库（赵秀红，2015）。目前，全国已建成覆盖50多万所学校（机构）的学校（机构）数据库、覆盖学前到高等教育1700多万教师

的教师数据库和 2.4 亿学生的学生数据库、覆盖全国中小学 200 万栋校舍的校舍数据库、覆盖全国中职学生的资助数据库，实现了学校"一校一码"、学生"一人一号"，覆盖全国的教育管理信息系统建设与应用体系日趋完善。

2. 全国中小学生学籍率先实现统一管理

全国中小学生学籍信息管理系统于 2014 年 1 月开始全国联网运行，已实现 2.08 亿学生信息入库（其中在校生 1.61 亿），完成省内转学 1630 万例、跨省转学 261 万例、招生 2972 万例，大大节约了学籍管理的人力成本、时间成本和经济成本，成为教育系统深受学生和家长欢迎的民生工程和民心工程。

3. 各领域共同推进数字校园建设

在基础教育领域，国家实施了百所数字校园示范校项目，制定了《数字校园示范校建设指南》，遴选了 191 所学校作为项目校，积累了大量可供借鉴的数字校园综合解决方案，并在此基础上，形成了《数字校园示范校建设标准》。在职业教育领域，国家印发了《职业院校数字校园建设规范》，遴选了 172 所职业院校作为第一批职业院校数字校园建设实验校；实施了职业教育专业教学资源库建设项目，实现了对高等职业教育 19 个专业大类的全覆盖；推进了全国中等职业学校学生管理信息系统和全国中等职业学校管理信息系统建设，推动了职业教育管理信息化。在高等教育领域，应用信息化手段创新教学模式、提高管理效率，在人才培养、科学研究、社会服务、文化传承等方面发挥了重要作用。

四、以信息化推动优质教育资源全面共享的主要经验

总结成绩不是终点，总结回顾成功经验，有助于在未来探索出更加光明的前进道路。总体而言，将教育信息化发展纳入国家战略、"三通两平台"的整体规划、坚持信息技术与教育教学深度融合和统筹规划教育信息化发展配套机制是助力优质教育资源全面共享的重要经验。

（一）坚持国家战略

将教育信息化发展纳入国家发展战略，既是教育信息化发展的重大机遇，也是

以教育信息化推动教育质量提升的根本保证。十八大以来，党中央、国务院高度重视教育信息化工作，十八届三中全会首次将教育信息化写入中央全会决议，明确提出"构建利用信息化手段扩大优质教育资源覆盖面的有效机制，逐步缩小区域、城乡、校际差距"的重要任务。2015 年 7 月发布的《国务院关于积极推进"互联网 +"行动的指导意见》提出，要"探索新型教育服务供给方式。鼓励互联网企业与社会教育机构根据市场需求开发数字教育资源，提供网络化教育服务。鼓励学校利用数字教育资源及教育服务平台，逐步探索网络化教育新模式，扩大优质教育资源覆盖面，促进教育公平。鼓励学校通过与互联网企业合作等方式，对接线上线下教育资源，探索基础教育、职业教育等教育公共服务提供新方式。推动开展学历教育在线课程资源共享，推广大规模在线开放课程等网络学习模式，探索建立网络学习学分认定与学分转换等制度，加快推动高等教育服务模式变革"。这些重大举措，指导教育战线将思想统一到对教育信息化重要作用的深刻认识上来，有利于凝聚各方面力量，加快推进教育信息化工作。

（二）坚持整体规划

推进教育信息化建设、以教育信息化带动教育质量提升必须要有工作的抓手。十八大以来，教育战线以建设"三通两平台"为教育信息化建设的核心目标和重要抓手，明确教育信息化的发展方向，完善学校教育信息化基础设施，加快数字教学内容建设与共享，扩大优质教育资源覆盖面，促进教学方式与学习方式的变革。各项重点工作进展顺利，总体上超过了预期目标，应用效果逐渐显现，为教育信息化发展提供了坚实支撑。

（三）坚持应用融合

以教育信息化推动教育质量提升，关键在应用信息化手段促进教育方式变革。应用融合既是切入点，又是着力点。必须坚持教育信息化应用与教育实践相结合，把"促进信息技术与教育教学深度融合"作为教育信息化发展的核心理念，加快推动信息技术的全面应用。十八大以来，教育战线坚持以应用为导向，将"坚持应用驱动、机制创新"作为教育信息化发展的基本思路，创新教师培训内容和形式，树立应用典型，通过各类活动激发和推动学校与教师课堂用、经常用、普遍用，以应用带建设、以应用促发展，加快从以教为中心向以学为中心转变、从知识传授为主向能力培养为主转变、从以课堂学习为主向多种学习方式转变，满足学习者的多样化与个性化学习需要，使教育更加体现以人为本。

（四）坚持配套建设

构建教育信息化发展相关配套机制是以教育信息化推动教育质量提升的重要保障。十八大以来，各级教育主管部门和各级各类学校抓住有利时机，针对信息化与教育改革发展的融合不够、优质教育信息资源总量不足、多头管理、重复建设、标准不统一、教师应用信息技术的能力不能满足教育教学需要、统筹管理比较薄弱等问题，构建了教育信息化发展配套机制，通过系统部署推出扩大优质教育资源覆盖面的有效机制，全方位多途径提升了教师的信息技术应用能力。建设教育管理系统、推进实现教育发展决策科学化、推进教育信息化评估标准建设、以评促建、广泛开展信息技术教育应用试验和试点推广等举措，有力促进了教育信息化推动教育质量的提升。

余 论

不忘初心、继续前进。面向未来，应继续把提高质量作为教育改革发展的核心任务，在坚持优先发展战略的基础上，进一步确立以质量提升为核心的内涵式发展道路。

一、进一步增强教育质量自觉

十八大以来，我国在提升教育质量上取得了重要成就，同时也必须清醒地认识到，教育质量的提升不是教育事业发展的阶段性任务，而是永恒的主题。我国教育在质量的提升上仍有努力的空间，与世界先进水平仍然存在差距，各级各类教育仍需要进一步协调发展，补齐短板。因此，未来五年，要把提高质量摆在更加重要的战略位置，始终保持提升质量的紧迫感，有质量意识和质量自觉，在教育改革发展中时时想到质量、处处促进质量的提升。

二、进一步创新人才培养方式

从人力资源大国迈向人力资源强国和人才资源强国，迫切需要高质量的教育作为支撑。当前，我国在人才队伍建设的规模、结构和素质上仍需进一步加强，培养的技术人才与生产实践相脱节的现象仍然存在。面对人才竞争局势，教育工作者要深刻认识到人才是社会经济发展的第一资源，认识到我国社会经济发展的新常态，以培养适应社会发展的人才为目标，在各级各类教育中，不断提升学生的关键能力，培养学生勇于探索的创新精神、善于解决问题的实践能力、服务国家服务人民的社会责任感，使学生从小树立法治观念和法治意识，彻底扭转重分数轻素质、重知识传授轻全面育人的倾向，全面提高人才培养质量。

三、进一步深化课程教学改革

提高教育质量，要坚持以课程改革为抓手。着眼于创新教学方法的变革，一是倡导启发式、探究式教学，将传统讲授式课堂和开放讨论式课堂有机结合，培养学生独立思考的能力和勇于创新的精神；二是开发实践课程和活动课程，注重教学和实践的紧密结合，充分利用各类社会教育资源，形成学校和企业、科研机构协同育人的模式；三是注重学生的个体差异，因材施教，推进分层教学、走班制、导师制等改革；四是坚持以教育信息化为引擎，将信息化手段充分运用到课堂上，推进教学信息化的常态应用。

四、进一步提高教师队伍素质

教师是教育质量提升的根本保障。教育发展需要大力培养造就一支师德高尚、业务精湛、充满活力的高素质专业化教师队伍。未来五年，应大力吸引一流人才从事教育，吸引优秀学生读师范当教师，培养高层次中小学和中等职业学校教师队伍；实行更积极、开放、有效的人才引进政策，优化人才发展环境，建设高校一流人才队伍。持续加强师德师风建设。完善师德师风考评监督机制，各地各校应建立及时有效的反馈机制，准确掌握教师在师德师风方面的动向，加大对各类违反师德师风行为的惩处力度，保证教师队伍的纯洁性。加强教师能力建设，促进教师专业化水平的提升，以教师水平的提升带动教育质量的提升。重视教师对从事教学工作必备的专业技能和技巧的掌握，对教师教育教学的基本功严格要求；创新教师培训，提高教师信息技术应用能力，鼓励教师利用信息技术提升教学水平、创新教学模式，积极发展"互联网＋"教育。完善教师管理。严格教师资格准入制度，选拔学历与能力相契合的高素质人才充实教师队伍；严格在职教师管理制度，根据各级各类教师的岗位特点，完善教师职称制度，改进教师考核评价制度，克服唯学历、唯职称、唯论文等倾向，为广大教师创造潜心教书育人的大环境。

五、进一步改善教育环境

教育质量的提升离不开良好的育人环境。教育要紧密围绕国家发展格局，对接我国的人才强国战略和"一带一路"倡议，加快人才优先发展的战略布局，以高层次、高技能、创造性人才为培养重点，建设一支高素质人才队伍。要为教育质量的提升营造良好的政策环境。始终坚持教育优先发展战略，加大教育投入，强化政策保障；深化素质教育，准确把握提高教育质量的要求和路径，攻坚硬件，强化软件，进一步加强统筹管理，持续推进教育的优质均衡发展。始终保持舆论导向的正确性，为教育的发展营造和谐友好、积极向上的社会氛围。提高舆论引导能力，根据受众的差异，提高宣传的实效性和针对性；全面提升教育新闻媒体的宣传水平，充分利用新媒体的特点和优势，营造主流的舆论态势。大力推进教育信息化环境建设。在"互联网＋"的大背景下，着力将以网络和多媒体为核心的现代信息技术运用于教育领域，实现教学形式、方法、手段等方面的创新和变革，努力达成信息技术与教育教学的深度融合。营造安全的校园环境。强化校园法制体系建设，从根源上杜绝校园欺凌和校园暴力；定期开展校园安全专项治理行动，排查校园安全隐患。筑起安全校园的"防护网"，是一切教育活动顺利进行的保障。

本着对国家未来负责、对每一个孩子负责的高度责任感和使命感，我们必须以更大的智慧和勇气，在推动我国从教育大国向教育强国迈进的过程中，不断推进教育改革，大力提高教育质量，努力办好人民满意的教育！

参考文献

毕斯塔，何培，李萍，2013. 联合国教科文组织对教育质量的解释 [J]. 教育理论与实践 (20)：22-23.

柴葳，2015. 为了"一个都不能少"的承诺：近年来我国民族教育改革发展成就综述 [N]. 中国教育报，2015-08-18(1).

柴葳，郑丽平，2015. 高扬信仰的风帆：党的十八大以来高校思想政治工作综述 [N]. 中国教育报，2015-12-07(1).

柴葳，李小伟，2016. 让美育与学生"美遇"：全国学校美育改革发展综述 [N]. 中国教育报，2016-08-30(1).

陈鹏，2014. 全国 6.36 万个教学点实现数字教育资源全覆盖 [N]. 光明日报，2014-12-23(1).

陈如平，2014. 普通高中特色发展的路径选择 [EB/OL].(2014-12-22)[2017-08-22]. http://edu.qq.com/a/20141222/042914. htm.

陈志利，张新平，2014. 普通高中多样化发展的本质 [J]. 现代教育管理 (11)：49-53.

邓友超，2017. 提升教育内涵式发展的量级 [N]. 中国教育报，2017-05-11(7).

董少校，2016. 全国老年教育工作座谈会举行 [EB/OL].(2016-12-21)[2017-08-25]. http://www.moe.edu.cn/jyb_xwfb/s6319/zb_2016n/2016_zb06/16zb06_sqlnjy/201612/t20161221_292591.html.

杜娟，2013. 高职院校学生主要积极心理品质现状和对策研究 [D]. 长沙：湖南农业大学 .

冯宝安，周兴平，2016. 2010—2015 年在园幼儿死亡事件统计分析与解决对策 [J]. 学前教育研究 (2)：12-21.

冯雅静，李爱芬，王雁，2016.我国普通师范专业融合教育课程现状的调查研究 [J]. 中国特殊教育 (1)：9-15, 29.

高宝立，2011.制定教育质量国家标准的重要意义 [N]. 中国教育报，2011-11-01(9).

龚平，2015.高职学生积极心理品质、社会支持对总体幸福感的影响及教育对策研究 [D]. 武汉：华中师范大学.

顾明远，1998.教育大辞典：增订合编本：上 [M]. 上海：上海教育出版社.

郝克明，季明明，2015.五年来继续教育发展的成就与启示 [EB/OL]. (2015-12-12)[2017-08-25]. http://moe.gov.cn/jyb_xwfb/moe_2082/zl_2015n/2015_zl63/201512/t20151211_224503.html.

胡鞍钢，2001.中美日印四国经济规模与财富比较：中国如何创造和增加国民财富 [J]. 国际论坛 (5)：44-50.

胡鞍钢，王洪川，鄢一龙，2015.教育现代化目标与指标：兼谈"十三五"教育发展基本思路 [J]. 清华大学教育研究 (3)：21-26, 47.

黄蓉生，2012.关于高等教育质量基本问题的思考 [J]. 中国高教研究 (4)：5-9.

黄蔚，2016.木铎金声，教育发展更均衡 [N/OL]. (2016-03-14)[2017-08-28]. 中国教育报，2016-03-14(1). http://www.jyb.cn/china/gnxw/201603/t20160314_654959.html.

季琼雨，2014.高职院校师德师风建设的调查与分析 [J]. 温州职业技术学院学报 (3)：33-36.

姜绳，2013.对首部研究生教育质量"国家标准"的几点看法 [EB/OL].(2013-09-27) [2017-08-25]. http://learning.sohu.com/20130927/n387365033.shtml.

蒋夫尔，2015.新疆发布双语教育质量监测报告：双语教育效果开始显现 [N]. 中国教育报，2015-07-23(1).

教育部，2014.巩固教育实践活动成果　办好人民满意教育：教育部召开党的群众路线教育实践活动总结会议 [EB/OL].(2014-01-23)[2017-02-16]. http://www.jyb.cn/china/gnxw/201401/t20140124_568381.html.

教育部，2015.《国家中长期教育改革和发展规划纲要（2010—2020 年）》中期评估教师队伍建设专题评估报告 [EB/OL].(2015-12-07)[2017-08-25]. http://www.moe.edu.cn/jyb_xwfb/xw_fbh/moe_2069/xwfbh_2015n/xwfb_151207/151207_sfcl/201512/t20151207_223264.html.

教育部，2016a. 2015 年全国教育事业发展统计公报 [EB/OL].(2016-07-06)[2017-08-25]. http://www.moe.edu.cn/srcsite/A03/s180/moe_633/201607/t20160706_270976.html.

教育部，2016b. 关于政协十二届全国委员会第四次会议第 1405 号（教育类 146 号）提案答复的函 [EB/OL].(2016-11-16)[2017-02-15]. http://www.moe.edu.cn/jyb_xxgk/xxgk_jyta/jyta_ghs/201612/t20161206_290991.html.

教育部，2016c. 教育部等六部门关于公布第一批国家级农村职业教育和成人教育示范县名单的通知 [EB/OL].(2016-11-29)[2017-08-25]. http://www.moe.gov.cn/srcsite/A07/zcs_cxsh/201612/t20161227_293110.html.

教育部，2016d. 深化政治巡视坚决打好巡视全覆盖攻坚战：教育部党组召开 2016 年第二轮巡视工作动员部署会 [EB/OL].(2016-10-18)[2017-02-16]. http://www.moe.edu.cn/jyb_xwfb/gzdt_gzdt/moe_1485/201610/t20161018_285415.html.

教育部，2016e.《职业教育专业教学资源库建设资金管理办法》答记者问 [EB/OL].(2016-10-13)[2017-06-27]. http://www.moe.gov.cn/jyb_xwfb/s271/201610/t20161013_284760.html.

教育部，2017a. 全面改善贫困地区义务教育薄弱学校基本办学条件工作专项督导报告 [EB/OL].(2017-02-15)[2017-03-30]. http://www.moe.edu.cn/jyb_xwfb/gzdt_gzdt/s5987/201702/t20170215_296262.html.

教育部，2017b. 学生营养改善计划　铸就民族健康未来 [EB/OL].(2017-03-02)[2017-03-30]. http://www.moe.edu.cn/jyb_xwfb/gzdt_gzdt/s5987/201703/t20170302_297932.html.

教育部科技司，2016. 2016 年 12 月教育信息化工作月报 [EB/OL].(2017-01-25)[2017-02-13]. http://www.moe.gov.cn/s78/A16/s5886/s6381/201701/t20170125_295694.html.

教育部财务司，2017. 十八大以来学生资助工作新成就和学生资助规范管理年有关情况 [EB/OL]. (2017-02-28)[2017-04-15]. http://www.moe.gov.cn/jyb_xwfb/xw_fbh/moe_2069/xwfbh_2017n/xwfb_170228/170228_sfcl/201702/t20170228_297541.html.

靳晓燕，葛向阳，2014. 高校毕业生就业　其实没那么悲观 [N]. 光明日报，2014-05-14(6).

李季湄，冯晓霞，2013.《3—6 岁儿童学习与发展指南》解读 [M]. 北京：人民教育出版社 .

李立国，易鹏，薛新龙，2016.跨越中等收入陷阱要求增加教育投入：经济发展不同阶段国家教育投入的特征与启示 [J]. 中国高教研究 (9)：55-62.

李新翠，杨润勇，2015. 我国教育质量标准文本分析与完善策略 [J]. 教育理论与实践 (13)：16-19.

李玉静，2012. 国际职业教育质量评估指标体系比较分析：以 UNESCO、欧盟和澳大利亚为样本 [J]. 职业技术教育 (28)：76-80.

练玉春，2015. 职业教育助力民族地区发展 [N]. 光明日报，2015-09-16(6).

刘博超，2016. 美育短板如何补足 [N]. 光明日报，2016-09-01(6).

刘博智，2016. 175 所高校撤销 576 个学位点 [N]. 中国教育报，2016-10-20(1).

刘贵华，2015. 中国研究生教育发展报告 2013[M]. 北京：教育科学出版社 .

刘建同，2016．教育部职成司副司长刘建同在全国农村职成教育推进会上的讲话 [EB/OL].(2016-12-23)[2017-08-25]. http://jky.sdedu.gov.cn/index.php?a=shows&catid=6&id=628.

刘克勇，2016. 多元职业教育质量观及其质量保障体系的构建 [J]. 中国职业技术教育 (28)：51-55.

刘奕湛，吴晶，2015.同在蓝天下　共沐春风里：我国民族教育发展成就综述 [EB/OL].(2015-08-17)[2017-07-01]. http://education.news.cn/2015-08/17/c_1116279272.htm.

刘月霞，马云鹏，2015. 我国普通高中课程改革的特征、条件与实施策略 [J]. 课程·教材·教法 (1)：61-67.

楼世洲，薛孟开，2015. 人力资源强国目标下教育发展的三次战略转型 [J]. 教育发展研究 (5)：1-5.

卢晓中，2000. 90 年代以来世界高等教育的核心理念 [J]. 高等教育研究 (5)：103-106.

麦可思研究院，2013. 2013 年中国大学生就业报告 [M]. 北京：社会科学文献出版社 .

麦可思研究院，2014. 2014 年中国大学生就业报告 [M]. 北京：社会科学文献出版社 .

麦可思研究院，2015. 2015 年中国大学生就业报告 [M]. 北京：社会科学文献出版社 .

麦可思研究院，2016. 2016 年中国大学生就业报告 [M]. 北京：社会科学文献出版社 .

孟万金，张冲，Wagner R，2016. 中国中学生积极心理品质测评量表修订报告 [J]. 中国特殊教育 (2)：69-73.

潘懋元，2000. 高等教育大众化的教育质量观 [J]. 中国高教研究 (1)：9-11.

彭未名，2000. 高等教育质量的本质与特性探析 [J]. 交通高教研究 (3)：33-35.

乔昊，2014. 高职院校学生职业道德培养"IDD"体系构建研究 [D]. 重庆：重庆交通大学.

全国大学生思想政治教育发展研究中心，2016. 2016 年大学生思想政治状况滚动调查表明大学生思想主流积极健康、向上向好 [R/OL].(2016-05-31)[2017-02-16]. http://www.moe.gov.cn/jyb_xwfb/gzdt_gzdt/s5987/201605/t20160531_247095.html.

萨利斯，2005. 全面质量教育 [M]. 何瑞薇，译. 上海：华东师范大学出版社.

上海教育科学研究院，麦可思研究院，2015. 2015 中国高等职业教育质量年度报告 [M]. 北京：高等教育出版社.

申继亮，2015. 普通高中教育改革与发展的着力点 [N]. 中国教育报，2015-11-04(7).

沈健，2015. 让美育成为教育现代化的亮色 [N]. 光明日报，2015-10-12(5).

沈玉顺，2002. 现代教育评价 [M]. 上海：华东师范大学出版社.

石中英，2014. 关于现阶段普通高中教育性质的再认识 [J]. 教育研究 (10)：20-27.

孙竞，熊旭，2017. 教育部：学生营养改善计划年底覆盖所有国家级贫困县 [EB/OL].(2017-03-02)[2017-03-30]. http://edu.people.com.cn/n1/2017/0302/c367001-29119648.html.

唐川，2015. 加强西部地区农村美育工作 [N]. 中国教育报，2015-10-13(6).

唐德海，1999. 民办高等教育质量观的匡正 [J]. 高等教育研究 (4)：28-29.

田慧生，2015. 落实立德树人根本任务　全面深化课程教学改革 [J]. 课程·教材·教法 (1)：3-8.

王定华，2016. 我国中小学生思想品德状况再调查与再思考 [J]. 教育科学研究 (1)：18-24.

王嘉毅，2015. 以特色创建引领学校美育 [N]. 光明日报，2015-10-12(5).

王立英，2014. 以深化改革推进教育系统党风廉政建设：在教育系统党风廉政建设工作暨全国治理教育乱收费部际联席会视频会议上的讲话 [EB/OL].(2014-02-27)[2017-02-16]. http://www.moe.edu.cn/publicfiles/business/htmlfiles/moe/moe_176/201402/164748.html.

王素，方勇，孙毓泽，2012. 高等教育竞争力：模型、指标与国际比较 [J]. 教育研究 (7)：122-129.

王雁，王志强，冯雅静，等，2015. 随班就读教师专业素养现状及影响因素研究 [J]. 教师教育研究 (4)：46-52.

卫建国，陈鑫，2013. 中小学教师职业情感实证分析：以中部六省中小学师德调研为基础 [J]. 山西师大学报（社会科学版）(6)：131-136.

吴升刚，2016. 突出应用驱动　强调学习导向　加快高职教育信息化建设 [J]. 中国职业技术教育 (5)：10-13.

吴玉鸣，李建霞，2004. 中国区域教育竞争力与区域经济竞争力的关联分析：兼复胡咏梅教授等 [J]. 教育与经济 (1)：6-12.

西南大学评估组，2015. 义务教育第三方评估情况 [EB/OL].(2015-11-26)[2017-08-21]. http://www.moe.gov.cn/jyb_xwfb/xw_fbh/moe_2069/xwfbh_2015n/xwfb_151126/151126_sfcl/201511/t20151126_221196.html.

许洪帅，2015. 音乐教育的"失序"与"顺序" [N]. 光明日报 2015-06-23 (14).

许洪帅，2016. 中小学生音乐素养的内涵与培养 [J]. 课程·教材·教法 (11)：71-77.

薛海平，胡咏梅，2006. 国际教育竞争力的比较研究 [J]. 教育科学 (1)：80-84.

研究生教育质量报告编研组，2015. 中国研究生教育质量年度报告 (2015)[M]. 北京：中国科学技术出版社 .

研究生教育质量报告编研组，2016. 中国研究生教育质量年度报告 (2016)[M]. 北京：中国科学技术出版社 .

杨玳梧，2014. 高职学生社会主义核心价值观认同培养的研究 [D]. 广州：暨南大学 .

杨明，2000. 中国教育国际竞争力评价 [J]. 北京观察 (7)：6-8.

杨倩，2013. 当代高中学生法治意识存在的问题及对策研究 [D]. 武汉：华中师范大学 .

杨润勇，2011. 关于构建教育质量国家标准的政策分析与建议 [J]. 教育理论与实践 (4)：16-19.

于素梅，2014. 对体育教学质量内涵及影响因素相关问题的研究：从强化体育课谈起 [J]. 体育学刊 (2)：81-85.

袁本涛，王传毅，吴青，2015. 我国在校研究生的学术贡献有多大 ?[J]. 高等工程教育研究 (1)：154-160.

袁振国，2016. 教育质量的国家观念 [J]. 中国教育学刊 (9)：52-56.

张绘，2017. "后 4% 时代"我国教育经费投入需多维度改革并举 [J]. 教育科学研究 (1)：27-33.

张少刚，2015. 方兴未艾的全民终身学习：2014 年社区教育满意度调查报告 [M]. 北京：中央广播电视大学出版社 .

张烁，2015. 数据：中小学生非正常死亡人数逐年下降 [EB/OL].(2015-03-01)[2017-02-23]. http://edu.people.com.cn/n/2015/0331/c1053-26775879.html.

张文静，崔雪芹，2013. 研究生全面收费面面观 [J]. 科学新闻 (10)：26-28.

赵斌，许小珊，马小卫，2016. 普教教师对随班就读态度的相关研究述评 [J]. 绥化学院学报 (7)：13-16.

赵丽霞，2012. 当前我国中小学生基本道德品质调查研究 [J]. 德育研究 (7)：76-79.

赵秀红，2015. 我国教育信息化三年六突破 [N]. 中国教育报，2015-05-16(1).

赵英，2014. 教师质量概念建构的内涵与外延 [J]. 山西师大学报（社会科学版）(11)：42-145.

赵中建，2005 . 总序：向管理要质量 [M] // 杨全印，孙稼麟 . 学校文化研究：对一所中学的学校文化透视 . 北京：教育科学出版社 1-5 .

职成司，2015. 现代职业教育体系框架基本形成 [EB/OL].(2015-12-03)[2017-08-25]. http://www.moe.edu.cn/s78/A07/zcs_ztzl/ztzl_zcs1518/zcs1518_yw/201512/t20151207_223527.html.

职成司，2017. 上海市教育委员会上海市老龄工作委员会办公室关于印发《上海市老年教育发展 "十三五" 规划》的通知 [EB/OL]. (2017-01-11)[2017-08-25]. http://www.moe.edu.cn/jyb_xwfb/s6319/zb_2017n/2017_zb01/17zb01_zcfg/201701/t20170111_294603.html.

钟秉林，2016. 深化综合改革　坚持依法治教　提高教育质量 [J]. 教育研究 (2)：30-36.

中国疾病预防控制中心，2016. 农村义务教育学生营养改善计划学生营养健康监测评估情况 [EB/OL].(2016-08-30)[2017-01-30]. http://www.moe.edu.cn/jyb_xwfb/xw_fbh/moe_2069/xwfbh_2016n/xwfb_160830/160830_sfcl/201608/t20160829_276992.html.

中国教育科学研究院国际比较教育研究中心，2012. 高等教育竞争力：模型、指标与国际比较 [J]. 教育研究 (7)：122-129.

中国高职高专教育网，2016. 高等职业教育质量年度报告 [EB/OL].(2016-07-15)[2017-02-15]. http://www.tech.net.cn/web/rcpy/index.aspx.

中南大学高等教育研究所课题组，2011. 教科文组织近十年高等教育质量阐述 [J]. 现代

大学教育 (6)：19-26.

中央教科所国际比较教育研究中心，2010. 中国教育竞争力：评价模型构建与国际比较 [J]. 教育发展研究 (17)：1-6.

朱建民，2017. "美育八项主张"彰显立德树人 [N]. 中国教育报，2017-07-03 (7).

朱湘虹，2003. 论质量是我国高等教育发展的核心 [J]. 煤炭高等教育 (2)：23-25.

朱玉林，2015. 中小学德育导师制的实施现状与改进对策：基于江苏省吴江市中小学的调查 [D]. 武汉：华中师范大学 .

ACECQA, 2016. National quality standard [EB/OL]. (2016-06-20)[2017-06-26]. http://www.acecqa.gov.au/national-quality-framework/the-national-quality-standard.

Ministry of Education and Culture of Finland, 2010. Perusopetuksen laatukriteerejä laajennetaan aamu-jailtapäivätoimintaan ja kerhoihin [EB/OL]. (2010-02-05) [2017-06-26]. http://minedu.fi/artikkeli/-/asset_publisher/perusopetuksen-laatukriteereja-laajennetaan-aamu-ja-iltapaivatoimintaan-ja-kerhoihin.

UNESCO, 2000. The Dakar framework for action [Z]. Adopted by the World Education Forum, Dakar, Senegal, 26-28 April.

UNESCO, 2004. Education for all: the quality imperative: EFA global monitoring report 2005[R]. Paris: UNESCO Publishing.

UNICEF, 2000. Defining quality in education[C]. Paper presented by UNICEF at the meeting of the International Working Group on Education, Florence Italy, June.

World Economic Forum, 2016. The Global Competitiveness Report 2016-2017[R]. (2016-09-28) [2017-05-15]. http://www3.weforum.org/docs/GCR2016-2017/05FullReport/TheGlobalCompetitivenessReport2016-2017_FINAL.pdf.

后　记

　　为系统总结十八大以来以习近平同志为核心的党中央发展中国特色、世界水平的现代教育所取得的辉煌成就，中国教育科学研究院启动了"十八大以来我国教育质量提升成就与经验研究"（课题批准号：GYG12017001），并将其列为2017年度基本科研业务费专项资金委托/招标项目。本书就是这个课题的最终成果。

　　课题领导小组由院长田慧生担任组长，院长助理、《教育研究》总编高宝立协助，负责课题总体的设计、要求与把关。下设核心写作组、协调联络组和专题研究组。核心写作组由教育理论研究所所长邓友超任组长，成员有郭元婕、陈春勇、燕新、项纯、王学男、牛楠森、何蕊、卢彩晨等，负责设计思路框架、组织推进、统稿修订等。协调联络组由科研管理处处长王小飞任组长，成员有王新波、黄海军等，负责与有关司局、机构和专家等沟通联络。专题研究组由各研究所组成，承担各个专题的研究工作。

　　经过近一年的研究，书稿得以付梓。导论，第一编第一、第二、第三章和后记由核心写作组执笔，第一编第四章由曹培杰、浦小松、张永军执笔。第二编第五章由侯金芹执笔，第六章由于素梅、刘芳丽、周誉执笔，第七章由许洪帅执笔。第三编第八章由易凌云、刘占兰、高丙成执笔，第九章由燕新执笔，第十章由牛楠森、张杰夫、方铭琳、单志艳、李红恩、李建民执笔，第十一章由聂伟、赵晶晶、姜泽许执笔，第十二章由饶燕婷执笔，第十三章由孟照海执笔，第十四章由卢彩晨执笔，第十五章由王学男、吴霓、李楠、黄颖、彭妮娅、王帅执笔，第十六章由冯雅静、杨希洁、彭霞光执笔，第十七章由李楠、吴霓、罗媛、朱富言、王帅执笔，

　　第十八章由刘晓楠执笔。第四编第十九章由张宁娟、何蕊、吴杨、秦岩执笔，第二十章由赵小红执笔，第二十一章由黄琼、杨莉娟、项纯、杨清、孙智昌执笔，第二十二章由陈春勇、王文宝、李新翠、高慧斌执笔，第二十三章由祝新宇、魏轶娜、罗李、张臻执笔。余论由何蕊执笔。

　　各专题报告完成后，核心写作组对书稿进行了分头统稿、交叉统稿、集中统稿等多轮修改，特别是郭元婕、陈春勇、燕新做了大量工作。教育理论研究所万作芳参与了前期部分资料搜集整理工作，博士后刘磊明参与了后期部分统稿工作。全书由田慧生、邓友超定稿。

　　需要特别说明的是，为了全方位展示十八大以来教育质量提升的成就与经验，我们采用了多种分类逻辑。虽然个别内容有交叉，但是考虑到这些内容对于每一部分来说又是必需的，所以没有做删减。由于参与研究与写作的人员较多，文风多样，本着尊重执笔人、文责自负的原则，未强求统一。

　　本研究得到了各方面的大力支持。院有关部门负责人为执笔人创造了有利条件，给予了大力支持。在此向教育发展与改革研究所所长吴霓、基础教育研究所所长陈如平、高等教育研究所所长张男星、职业与继续教育研究所所长孙诚、课程教学研究所所长郝志军、教育督导评估研究所副所长任春荣、教师发展研究所所长张布和、德育与心理特教研究所所长孟万金、体育卫生艺术教育研究所所长吴键、国际比较教育研究所所长王素、教育信息与数据统计研究所所长马晓强、教育法治与教育标准研究所所长杨润勇、院办党办主任于发友、全国教育科学规划领导小组办公室常务副主任刘贵华、《中国德育》主编张宁娟等表示感谢。

　　感谢教育部教育发展研究中心主任陈子季、副主任杨银付的用心指导，感谢教育科学出版社社长、总编辑李东的热心支持，感谢教育科学出版社学术著作编辑部主任刘明堂的精心编校。